우울증 거듭나기

TRANSFORMING DEPRESSION

Healing the Soul through Creativity

우울증 거듭나기

David Rosen, M. D. 지음
이도희 옮김

학지사

Transforming Depression:
Healing the Soul through Creativity
by David Rosen

[역자 서문]

이 책은 2002년 니콜라스-헤이스(Nicolas-Hays) 출판사에서 출간한, 미국 정신과 의사이자 융학파 분석가인 데이비드 로젠(David Rosen)이 저술한 *Transforming Depression*을 번역한 것이다. 원제목을 우리말로 어떻게 옮길까 고민하다가, 이 책의 부제인 '창조성을 통한 영혼의 치유(Healing the Soul through Creativity)' 처럼 우울증을 극복하고 새로운 인격으로 거듭나는 과정을 지칭하는 의미로 '우울증 거듭나기' 라고 붙여 보았다.

역자는 2006년도 한국분석심리학회 동계학술대회에서 '자살의 분석심리학적인 의미' 라는 주제로 발표 준비를 하면서 우연한 기회에 이 책을 알게 되었다. 그해 9월에 역자를 포함한 세 명의 한국융연구원 수료자들은 국제분석심리학회 정회원이 되기 위한 마지막 관문인 구술시험을 치렀다. 학회 관계자 두 명이 시험관으로 내한하였는데 시험을 마친 다음, 시험관이었던 J. 캠브레이(J. Cambray, 차기 학회장)와 M. 스타인(M. Stein, 전 학회장)과 이야기하는 시간을 가졌다. 대화 중에 두 사람 모두 자살에 관해 참고할 만한 저서로 이 책을 소개해 주면서 상징적인 죽음을 통한 초월적 경험을 한 사람들의 사례가 담겨 있다고 하였다. 기대했던 내용이었기에, 역자는 바로 구해서 읽어 보고 많은 도움을 받았다. 그 후 우리나라의 독자들, 특히 우울증과 자살 위험이 있는 사람들을 치료하는 정신과 의사와 전공의뿐 아니라 그 밖의 다양한 정신보건 관계자들과 상담 전문가들 그리고 우울증에 시달리며 고통받고 있는 일반인들에게 권하고 싶어 이 책을 번역하기로 마음먹었다.

우울증과 자살은 우리 사회에서 이미 낯선 단어가 아니다. 남부럽지 않게 살던 유명 연예인의 잇단 자살, 몇 년 전부터 유행처럼 번지던 인터넷 자살 사이트를 통한 정보의 공유와 그에 따른 동반자살 시도 등의 뉴스가 심심치 않게 등장해 우리를 놀라게 하고 있다. 과도한 입시 스트레스로 인해 청소년이 자살했다는 소식은 이미 익숙해져 버린 지 오래되었다. 이에 더하여 심각한 경제 위기를 겪으면서 생활고를 비관한 가장이 가족과 함께 동반자살을 했다는 비극적인 소식도 드물지 않게 들려온다. 마침내 각종 통계보고에서 우리나라의 자살 증가율이 OECD 국가 중 1위를 차지하고, 2004년에는 인구 10만 명당 자살자 수가 25.2명으로, 헝가리 다음으로 2위를 차지했다. 자살은 이제 우리 사회에서 공개적으로 논의해서 시급히 해결해야 할 문제 중 하나가 되었다. 이와 더불어 자살의 직접적인 원인이 되는 우울증 또한 시급히 다루어져야 할 중요한 문제가 되었다.

자살은 스스로 자신의 생명을 앗는 행위로, 한 개인에게뿐만 아니라 그가 속한 가정과 사회에 커다란 슬픔과 부정적 영향을 미치는 사건임에 틀림없다. 대부분의 자살자는 여러 이유에서 심한 좌절과 절망을 겪다가 그 유일한 출구로 자살을 택한다고 한다. 그들을 좌절과 절망에 이르게 하는 것에는 개인의 내적 갈등뿐만 아니라 여러 사회경제적, 환경적 요인이 복합적으로 관여하는 것 같다.

자살이 이렇게 어느 한 가지로 설명할 수 없는 다양한 측면을 가지고 있기에 여러 학문 분야의 관심을 골고루 받아 왔던 것이 사실이다. 사회 현상으로서의 자살은 사회학 분야의 몫이고, 자살의 윤리적이고 종교적인 측면은 여러 종교적인 관점에서 이해할 수 있을 것이다.

의학, 특히 정신의학에서는 자살자의 역학에 관한 것과 가족 및 사회 환경이 자살에 미치는 영향, 외적 스트레스 등 자살을 유발하는 위험인자, 자살행동의 유전적 또는 생물학적 요인, 각종 정신질환과 자살 간의 상관관계, 자살 예방을 위한 지역사회 정신의학의 역할 등에 관한 연구를 하고 있다. 이들은 기본적으로 자살행동을 비정상적인 것으로 보고 그 원인을 주로 외적 요인에서 찾아보려는 노력을 보인다. 그리고 그러한 병적인 행동을 개인의 입장에서 이해하려는 것보다는 집단의 입장에서 그런 행동을 방지하려는 데 중점을 두고 있다.

반면, 분석심리학을 비롯한 심층심리학에서는 자살을 개인 내면의 심리적 측면에서 이해해야 할 현상으로 본다. 여기서 자살은 개인의 전인격의 죽음이 아니라 잘못 적응된 병적인 자아의 죽음, 자기와 단절된 자아의 죽음 그리고 새로운 재생을 위한 죽음으로 이해된다. 그러한 상징적인 죽음을 통해 인격은 새롭게 변할 수 있다. 그런 의미에서 자살충동은 목적론적 입장에서 새로운 삶을 향한 동경이고 영적인 새로워짐을 위한 인격 내부에서 오는 강력한 요청이라고도 볼 수 있다. 어떠한 외적 스트레스나 좌절 경험이 있어 죽음을 결심한 사람에게도 그 내면에 새로운 변환을 향한 강력한 요청이 있다는 것이다. 이것은 죽음이 갖는 상징적인 작용을 이해하면 알 수 있다.

상징적인 죽음과 재생의 경험을 통한 인격의 변환은 인류 역사에서 계속 반복돼 오는 하나의 원형적인 모티브다. 민담에서는 주인공이 자아 희생이라는 상징적인 죽음을 통해 보다 성숙한 인격으로 발전한다. 원시사회의 성인식이나 입무의례에서는 상징적인 죽음이나 해체의 고통을 경험하고 다시 살아남으로써 부족의 책임 있는 전사가 되고 샤먼이 되기도 했다.

그렇지만 여기서 문제가 되는 것은 대부분의 우울증과 자살충동을 가진 당사자가 그러한 무의식의 목적론적인 의미를 모른다는 데에 있다. 따라서 자살 위험이 있는 환자들을 대하는 치료자는 그들이 그러한 의미를 알고 그 과정을 안전하게 수행해 나갈 수 있도록 도와주어야 한다. 이런 의미에서 이 책에서 소개하는 자아 죽이기와 거듭나기의 모델은 자살 환자를 치료하는 데 임상적으로 유용한 가이드가 될 것이다. 그는 자신이 명명한 자아 죽이기를 통해 정신의 파괴적인 부분이나 주도적인 자아 이미지와 부정적인 동일시를 죽게 하거나 죽임으로써, 우울증과 자살 위험이 높은 환자들이 상징적인 죽음을 경험하고 새로운 인격으로 거듭나는 변환을 체험한다고 했다.

로젠도 지적했듯이, 이런 과정은 결코 쉽게 이루어지지 않는다. 그것은 실제적인 죽음의 고통을 겪는 것과 같은 어려운 과정이다. 그렇기에 그 과정을 인도하는 치료자의 역할이 중요하다. 그중 대부분의 분석가들이 공통되게 말하는 중요한 것은 환자와 치료자 간에 견고한 치료적 관계가 형성되어야 한다는 것이다. 그 관계 속에서 치료자는 환자가 죽음과 재생을 체험하게 하고 나아가 자기실현의 과정을 안내하는 영혼의 안내자 역할을 수행할 수 있다.

이 책은 저자 자신의 개인적인 경험을 이야기하는 프롤로그로 시작하여 모두 4부로 구성되어 있다. 프롤로그에서 저자는 가까운 사람들의 자살로 인한 상실감과 자신의 첫 결혼의 실패로 인한 심한 절망감의 경험을 이야기하면서 자신이 자살과 우울증에 대한 관심을 발전시켜 온 과정을 설명한다. 결국 그것은 이 책이 나오기까지의 저자의 개인적인 체험의 역사라 하겠다. 이는 마치 자신의 병을 치료하는 과정을 통해 위대한 치료자로 거듭나는 상처받은 치료자의 전형을 보는 듯하여 인상적이었다.

1부에서는 우울증에 대한 이론을 간단히 소개하고, 자살 위험이 있는 환자를 식별하고 그들을 치료하는 여러 방법을 소개한다. 이 부분에서 저자는 기존의 거의 모든 학파들의 다양한 이론들을 간단히 소개하는 수고를 아끼지 않았다.

2부에서는 저자가 만든 자아 죽이기와 거듭나기의 모델에 관해 설명하고, 그것을 이해하기 위한 기본적인 개념을 설명하고 있다.

3부는 이 책에서 가장 많은 지면을 할애한 부분인데, 저자 자신이 제안한 모델에 따라 치료한 우울증 환자 두 명과 자살 위험이 높은 환자 두 명의 치료과정을 상세히 소개한다. 이들 네 명의 환자는 여러 어려움을 겪긴 했지만, 치료자의 인도 아래 자신의 내면을 보려는 지속적인 노력을 하여 자아 죽이기를 통한 상징적 죽음의 경험으로 우울증에서 거듭나는 체험을 한다. 그 과정에서 그들의 무의식 산물인 꿈과 적극적 명상의 자료들을 제시하며 설명하고 있다. 독자들은 네 사례 모두에서 힘들지만 의미 있는 과정을 통해 진행되는 감동적인 치료여행을 볼 수 있을 것이다. 그러나 오랜 시간 분석가와 환자 사이에서 이루어진 치료과정을 짧은 지면에 소개하는 것은 한계가 있어 충분히 전달되지 않는 부분이 있는 것도 사실이다. 아마도 분석심리학적 분석치료에서 상징을 해석하는 작업은 분석가와 환자 사이의 변증법적인 과정의 산물이기에 그것을 간단하게 설명하기란 쉽지 않기 때문일 것이다. 따라서 독자들이 주의해야 할 점은 이 책에 나오는 다양한 무의식의 산물에 관한 해석을 너무 일반화하지 말아야 한다는 것이다.

마지막으로 4부에서는 상징적인 죽음과 거듭나기의 과정을 개인의 병적인 심리학에만 국한하지 않고, 개인의 일생을 통한 단계적인 성숙과정 그리고 국가와 세계를 포함한 집단의 문제로 그 개념을 확대 적용하려는 저자의 작은 노력이 표현된다.

영어와 번역에 문외한인 역자가 단지 독자들에게 좋은 내용을 전해 줄 욕심으로 무리하게 번역을 시도해 보았다. 다행히 이 책의 저자가 역자와 같은 분야를 전공하였기에 책에 나오는 개념을 이해하는 데는 무리가 없었으나 번역을 통해 그것을 일반 독자들에게 알기 쉽게 설명하는 것은 어려운 일임을 절감했다. 이에 독자들이 영어 표현에 대한 이해 부족으로 어색한 부분이 있더라도 널리 이해해 주기를 바란다. 그리고 번역에 잘못된 점이 있을 경우 주저 없이 알려 주면 겸허히 받아들이겠다.

이 책에 나오는 분석심리학과 정신의학의 용어는 가능하면 한국분석심리학회와 대한신경정신의학회에서 공식적으로 사용하는 용어에 준하여 번역하였다.

마지막으로 번역 경험이 없는 역자에게 선뜻 출판을 약속하고 이 번역서를 세상에 나오게 해 준 학지사 김진환 사장님과 정성들여 편집해 준 강물결 님에게도 감사를 드린다. 아울러 인문학이 죽어 가고 있다는 요즈음 심층심리학 관련 저서를 많이 출간해 주고 있는 학지사에 거듭 감사를 드린다.

2009년 1월 논현동 진료실에서

역자 이도희

차례 Contents

3부_거듭나는 여행 넷

4부_변화의 나선형: 상징적 죽음과 새로운 인생

프롤로그

"결국 한 번 태어난 것과 마찬가지로
두 번 태어나는 것도 놀라운 일이 아니다."
- 볼테르

이 책은 우울증에서 거듭나고 자살을 대신하는 의미 있는 대응책을 찾는 것에 관한 것이다. 그것은 나의 고통스러운 개인적 경험과 그 후 여러 해 동안의 연구 그리고 의사이며 정신과 의사 및 정신분석가로서의 나의 임상 경험에서 나왔다. 25년 전 자살이 나에게 현실적인 문제로 일어났을 때, 나는 이 심리적 위기가 나의 삶을 창조적으로 증진시킬 수도 있고 파괴할 수도 있는 잠재적 가능성을 가졌다는 것을 인식하지 못했다. 또한 나의 개인적 위기를 죽음과 관련되는 고대의 보편적 또는 원형적 패턴과도 연결하지 못했다.

개인적인 이야기

우울증과 자살충동을 극복하는 것에 대한 나의 관심은 청년기와 초기 성인기에 무척이나 나를 힘들게 했던 몇몇 사건에서 기인한다. 그것들은 이상한 사건이 아니다. 오히려 원형적이라고 할 만큼 평범해서 음미해 볼 가치가 있다.

우울증과의 심각한 만남은 내가 열다섯 살 때 처음 일어났다. 나는 미주리 주 스프링필드에 있는 센트럴 고등학교 2학년을 마치면서 처음으로 실질적인 일자리를 얻었다. 그것은 맥도날드에서 밀크셰이크를 만드는 일이었다. 나는 돈과 재미, 자유가 있는 특별하고 멋진 여름을 학수고대했다. 그 여름은 엘비스 프레슬리의 앨범 'It's Now or Never'가 발매되는 것으로 시작됐다.

그런데 갑자기 그 황홀한 여름의 환상이 깨져 버렸다. 어느 날 어머니는 "짐을 꾸려라! 주말을 할머니와 함께 보낼 거야."라고 말했다. 그 주말은 2주일로 바뀌었다. 우리는 캔자스 시의 할머니 집에서 네바다로 이사했고, 그곳에서 어머니는 아버지와 이혼했다. 나의 멋진 여름은 수포로 돌아갔다. 나는 가정, 아버지 그리고 친구들과 단절되면서 마치 죽어 가는 것 같았다. 그러나 절망적이지는 않았다. 여기에 나의 심리적인 생존의 열쇠가 있다.

되돌아보면 나는 부모의 이혼과 가정에서 벗어난 것으로 인한 반응성 우울증을 앓고 있었던 것 같다.[1] 그 결과로 나는 무의식

1) Kast(1988), pp. 123-145.

적이긴 하지만 자연스러운 슬픔의 과정을 겪었다. 이 과정을 통해 짧게는 내가 금방 겪은 상실을 애도하고 새로운 상황에 적응할 수 있었고 길게는 앞으로의 위기를 다루는 방법을 미리 알게 되었다.

그런 위기 중 첫 번째 것이 2년 뒤에 일어났다. 그 당시 어머니, 형, 세 명의 여동생과 나는 캘리포니아 산타크루즈 근처의 샌프란시스코 남부에 정착했다. 아버지는 어머니를 자기에게 돌아오게 할 생각으로 재정적인 도움을 주지 않았다. 그래서 우리는 이전에 살았던 생활양식에 비하면 원시적으로 살고 있었다. 찬장 대신에 사과 광주리를, 장의자 대신에 문짝에 쿠션을 대고 다리를 단 것을, 그리고 침대 대신에 맨바닥에 잠자리용 매트를 사용했다. 어머니는 집에서 멀리 떨어진 곳에서 일을 했다. 나도 방과 후에 일을 했는데, 종종 밤 9시나 10시가 되어도 집에 가지 못했다. 내가 이렇게 외로운 동안에 새 친구 댄과 그의 가족은 무한한 위로가 되었다. 특히 댄의 아버지 밀트는 내 인생의 무게를 덜어 주고 인생을 긍정적으로 바라보도록 도와주었다. 그는 결코 화를 내거나 낙담하지 않고 대부의 역할을 해 주었다. 그는 나를 받아 주고 내 말을 들어 주고 나를 돌봐 주었다. 나는 실제로 댄과 그의 가족과 함께 살았던 것이다.

고등학교를 졸업한 그해 여름, 나는 친척들과 친구를 만나러 미주리로 여행을 갔다. 여행에서 돌아왔을 때, 어머니는 내게 충격적인 소식을 전했다. 밀트가 머리에 총을 쏴 자살했다는 것이었다. 나는 그 소식을 듣고 반복해서 "안돼!"만을 외칠 수밖에 없었다. 내가 "왜죠?"라고 물었을 때, 어머니는 "몰라, 아무도 몰라."라고 대답했다. 내가 볼 때 밀트는 모든 것을 가졌다. 훌륭한 가족과 집 그리고 그가 좋아했던 근사한 직업까지도 말이다. 나는 마음속으로 밀트가 자살할 수 있다면 누구나 할 수 있을 거라고 생각했다. 심지어는 나도 가능할 거라고.

이런 깨달음은 자살에 관한 나의 생각에 하나의 전환점이 되었다. 비록 내가 자살할 수 있다고 상상할 다른 근거가 없다고 하더라도, 그리고 자살기도에 관한 생각이 나를 불쾌하게 만든다고 하더라도 나는 절대적으로 중요한 사실을 인정할 수밖에 없었다. 즉, 어느 누구도 자살 성향에서 면역돼 있지 않는다는 것이다. 반대로 당신이 어떤 사람과 아주 가깝다고 하더라도 그에게서 그런 성향을 발견하는 것은 불가능할지도 모른다.

몇 년이 지난 후, 나는 이것의 또 다른 증거를 경험했다. 샘은 스프링필드에서 나와 함께 자란 친구였다. 그는 내가 버클리에 있는 동안 그곳의 캘리포니아 대학에 다녔다. 그리고 내가 미주리 대학 의과대학을 다니기 시작했던 시기에 그는 미주리로 돌아와 창조적인 글쓰기 대학원 과정에 입학했다. 나는 그의 생활 대부분을 알고 있었기에 그의 인격에 대한 나의 인상이 매우 정확했다고 생각했다. 대부분의 경우 그는 사교성이 뛰어나고 모험을 좋아했으며 사랑스럽고 재미있고 행복했다. 그렇지만 때로 그는 우울하고 위축됐다. 그가 시인이었기 때문에, 그런 묘한 모순적인 성격의 혼합을 보여 주는 것이 적절해 보였다. 그의 기분이 아무리 가라앉는다고 하더라도 반드시 다시 올라올 것만 같았다.

10월의 어느 화창한 날, 샘은 늘 보던 포도주 병을 들고 우리

집에 왔다. 우리는 나무 밑 잔디에 앉아서 그가 아내와 겪는 어려움에 관해 이야기했다. 그는 그녀를 떠나고 싶어 했다. 그러나 어린 딸에게 미칠 영향 때문에 주저했다. 그를 더욱 낙담시킨 것은 그가 시를 더 이상 출간할 수 없다는 사실이었다. 나는 그의 불평에 공명판 역할을 하는 데 익숙했는데, 이것이 문제였던 것 같다. 공명판은 진정으로 듣는 것이 아니다. 게다가 나는 의과대학과 나 자신의 부부문제 때문에 정신이 없었다. 샘은 자신이 삶을 마감하는 것처럼 느낀다고 말했다. 그러나 나는 그를 그런 길에서 벗어나게 할 수 있다는 마음에서 "오, 일이 그렇게 나쁘지는 않네. 좋아질 거야. 걱정하지 마!"라고 단순히 반응했다.

샘은 집으로 돌아가서 부엌칼을 집어 들고는 옷을 벗고 욕조에 들어가 위장을 일곱 번 찌르고 왼쪽 손목을 뼈가 보일 때까지 빙 둘러 베었다. 그의 아내가 그를 발견하고 급히 병원으로 데리고 가서 가까스로 그의 생명을 건졌지만 그를 아는 모든 사람들의 눈에 그는 분명 넋이 나간 사람이었다. 그의 의사도 친구들도 넋을 되찾아 줄 수 없었다. 그는 6개월 뒤에 목매달아 자살했다.[2)]

내가 깊숙이 관여됐던 이 고통스러운 사건은 나에게 의문으로 남아서, 나는 그 답을 갈구해 왔다. 어떻게 샘이 그를 사랑하는 우리 모두와 더불어 그의 시적인 영감을 배반할 수 있었을까? 나는 왜 그가 정말로 자살시도를 할 것이란 것을 인식하지 못했을

2) 샘이 죽고 나서 그의 시집이 출간되었다. 윌리엄 스테플(William Staple)이 서문을 쓰고 내가 소개하고 게리 스나이더(Gary Snyder)가 후기를 쓴 Weishaus(1974) 참조.

까? 내가 그를 어떻게 그만두게 할 수 있었을까? 누가 또는 무엇이 그를 막을 수 있었을까?

이렇게 나는 어린 시절의 가정 파괴, 충격적인 밀트 아저씨의 죽음, 덜 놀랐지만 훨씬 더 사무친 샘의 죽음 등에서 우울증과 자살과의 만남으로 심한 상처를 받았다. 그러나 그것들은 내가 의과대학에 들어간 지 얼마 되지 않아 겪었던 첫 결혼의 실패와 관련된 상황만큼 견디기 힘들지는 않았다. 의과대학에서 내게 요구하는 시간과 에너지의 양이 엄청났기 때문에 첫해 말에는 우리의 관계가 한계에 이르렀다. 배우였던 아내는 여름휴가 동안 사우스캐롤라이나의 힐튼헤드섬에 있는 극장에서 여름공연 레퍼토리를 공연하기 위해 혼자 떠나고 싶어 했다. 불행히도(아니면 운 좋게도) 나는 그녀와 같이 가겠다고 했다.

어느 날 밤, 내가 바에 앉아 그녀를 기다리고 있는데 그녀가 주연 남자배우와 함께 걸어 들어왔다. 그녀는 나를 본체만체하고 연극이 끝났어도 그 남자와의 낭만적인 관계는 끝나지 않았다는 것을 과시하려 했다. 나는 둘을 지켜보다가 내가 지금 느끼고 있는 분노를 터뜨리면 무슨 일이 일어날까 두려워서, 바에서 뛰쳐나가 차에 올라타고 좁고 굴곡이 심한 섬의 길을 거칠게 달렸다. 나는 지금 겪고 있는 고통보다는 죽음이 훨씬 더 나을 것이라고 생각하고 제방에 충돌하거나 다리에서 추락하는 것을 상상했다.

그때 매우 이상한 일이 일어났다. 나는 들판을 질주하다가 멈춘 다음, 차에서 내려 달빛이 비치는 정글 같은 지대를 헤치며 달려가기 시작했다. 달리면서 나는 나 자신을 높은 곳에서 볼 수 있었는데, 내가 나무에 가려 사라졌다가 다시 나타나곤 했다. 그 영상과 내 마음의 상태가 점점 더 명료해졌고, 마침내 나는 "떠나라!"고 말하는 목소리를 들었다. 나중에서야 나는 이 내면의 목소리가 '진정한 자기(real self)'[3]라고 이름 붙여진 것에서 나온 것임을 알게 되었다. 이 경험에서의 이상한 감각이 내가 가진 유일한 유체이탈의 경험이다. 이제야 나는 그것을 자아를 넘어선 것으로 이해한다.[4] 과도한 신체적인 표현행위를 통해 나는 나도 모르게 영혼(soul)과 심혼(spirit)의 중심을 발견했고, 나의 자기는 나를 발견했던 것이다. 나의 자기보존 본능이 나의 운명을 지배했다.

나는 내 결혼생활이 끝났다는 것을 알고 그것을 받아들이고는 곧바로 힐튼헤드를 떠났다. 그러나 내가 구조됐다는 사실이 내가 절망감, 무력감 그리고 무가치감을 의식에서 느끼지 않았다는 것을 의미하지는 않았다. 나는 뉴욕으로 가서 정신과 의사의 진찰을 받았다. 나는 샘한테 들었던 말을 그에게 되풀이하는 나 자신을 발견했다. "나는 실패자예요. 희망이 없어요. 왜 사나요?"

그의 대답은 간단하고 현명했다. 그것은 그 후 여러 좌절에 대한 나의 반응이 되어 왔다. "당신은 실패자가 아닙니다." 그가 말했다. "당신은 결혼생활에 실패한 것입니다."

---

3) Maslow(1980).

4) Wilber(1980).

내 경험에서 무엇을 얻었는가

이 충격적인 사건을 둘러싼 미묘한 느낌은 내 인생 그리고 의사, 정신과 의사 및 분석가로서의 나의 실제 임상에 잊을 수 없는 인상을 남겼다. 나는 자동적인 자아 유체이탈의 경험이 내가 자아 죽이기(egocide)라고 부르는 것, 즉 고통과 고통을 주는 지배적인 자아상 또는 자아정체성을 놓아주는 것의 한 사례였다는 것을 깨닫게 되었다. 접미사 -cide'는 살해를 의미한다. 그렇지만 자아 죽이기는 자아의 죽음으로 경험되는 자아의 상징적인 죽이기다. 즉, 자아가 보다 높은 원리인 자기에 대해 희생하는 것이다. 이러한 자아 죽이기는 우울증 거듭나기(transforming depression)의 핵심 전략이고 이 책의 중심이다. 나의 경우에 희생된 것은 나 자신이 남편으로서 가졌던 자아상이다. 내가 그 상을 놓아주었을 때, 내 안에 있는 보다 높은 힘인 자기에 나를 내맡길 수 있음을 알았다.[5)]

나는 자아 죽이기가 강력한 사건에서의 자살에 대한 대책이고, 삶을 거부하는 대신에 그것을 긍정하면서 우울증에서 벗어나는 길이라는 것을 인정하게 되었다. 그러나 자아 죽이기가 반드시 슬픈 사람을 즉시 행복한 사람으로 바꾸어 주는 스위치는 아니다. 자아 죽이기를 경험한 사람은 내가 사우스캐롤라이나에서 떠나온 뒤에 했던 것처럼 뒤에 남은 자아상을 애도하는 과정

5) 나는 내맡긴다는 것은 거듭나기로 이끄는 불교적인 의미의 자아를 버리는 것으로 사용한다 (Wilber, 1980; Jung, 1968a, pp. 23-25 참조).

을 겪어야만 한다. 그럼에도 불구하고 놓아주고 버리는 능력은 이전의 지배적인 자아상에 의해 만들어진 제한을 뛰어넘는 것을 나타낸다. 그리고 그것은 그 사람의 자아의 궁극적인 거듭나기와 자기정체성을 향한 길을 닦아 준다(여기서 나는 자아를 개인의 의식적인 정체성의 인식을 나타내는 것으로, 자기는 그 사람의 독특한 개인적인 존재와 자존감 그리고 자기실현의 표현을 나타내는 것으로 사용한다.).

나는 의과대학을 마칠 때까지 개인적인 경험에서 어떻게 자살을 기도하는가에 대해 두 가지 중요한 실마리를 찾았다. 배반의 영역을 질주하여 힐튼헤드섬에서의 절망에 대해 창조적으로 다시 방향을 잡으면서, 나는 말 그대로 거절당한 남편으로 죽고 싶은 나의 자아상을 넘어섰다. 더불어 대학 시절과 의과대학 시절 동안에 그림을 그린 것이 우울한 상태를 극복하는 데 도움이 되었다. 내가 이 교훈을 처음 배웠던 때는 UC 버클리 학부생으로 열아홉 살이었다. 그렇지만 그것은 강의실에서 일어나지 않았다. 깊은 우울증에 빠져 있으면서 그것이 지나가기를 기다리다가, 나도 모르게 나의 첫 정동적인 풍경—그 시기의 내 마음의 상태라고 느껴지는 것을 자발적으로 자유롭게 묘사한 것—을 그리려는 마음이 생겼다([도판 1] 참조). 놀랍게도 이 간단한 행위가 나의 우울한 기분을 완전히 몰아냈다.

몇 년이 지나 A. 로멜(A. Lommel)의 『샤머니즘: 예술의 시작(*Shamanism: The Beginning of Art*)』이라는 책을 읽었을 때, 나는 비로소 왜 내가 우울증에서 벗어나 나 자신을 그릴 수 있었는지를 충분히 인식했다. 인류 역사의 시작부터 오늘날까지 샤먼들은 지금 우리 세상의 의사, 정신치료자 또는 분석가, 종교적인 지도자 등의 역할을 합한 것과 같은 다양한 역할을 취함으로써 부족사회에서 치료자의 역할을 해 왔다. 샤먼은 개인적인 생명을 위협하는 질환(보통 심한 우울증)을 그림 그리기, 공예, 시낭송, 여행(강렬하고 거의 망아 상태와 같은 시각적인 여행) 등의 창조적인 활동을 이용하여 극복하고 완성된다. 샤먼은 자기 서품(敍品)과 부족의 인정을 거친 후, 자신의 창조적인 재능을 이용해 다른 사람들이 육체적이고 정서적인 문제를 다루는 것을 돕는다. 내가 본능적으로 나 자신의 우울한 기분을 거듭나게 하려고 했던 것의 가치는 이렇게 역사에 의해 인정받았다. 오늘날 나는 그것이 정신 치료와 분석을 받고 있는 환자들의 삶에서 반복적으로 증명되는 것을 보고 있다.

의과대학을 졸업했을 때, 나에게는 우울증과 자살에 관한 좀 더 전문적인 수준의 지식을 알아야 한다는 목표가 있었다.[6] 그 목표에서 가장 초기의 중요한 목적지 중의 하나는 당연히 금문교였다.

더 많은 단서: 자살 생존자들은 무슨 말을 하는가

금문교는 그 자체의 고유한 아름다운 구조를 차치해 놓고서라도 도시와 지방, 항구와 대양, 바다와 하늘 사이의 통로라는 특

6) 나는 의과대학생이었을 때 이미 자살의 문제를 연구하기 시작했다(Rosen, 1970, 1976a 참조).

별한 상징적인 아름다움을 가지고 있다. 그러므로 금문교가 투신자살을 하려는 사람들이 선택하는 장소라는 것은 놀라운 일이 아니다. 1937년 다리가 개설된 이래로 2천 명 이상의 사람들이 투신한 것으로 추정되고, 이는 금문교를 자살의 성소로 만들었다.[7] 투신은 거의 예외 없이 치명적인 결과를 낳는다. 다리에서 물까지의 높이는 약 78미터이며, 투신자는 시속 121킬로미터의 속도로 물에 부딪히게 된다.

샌프란시스코의 UC 메디컬센터 전공의 시절, 나는 그렇게 엄청나고 분명한 자살시도를 했다가 생존하면 어떠할까 궁금했다. 금문교에서 투신했던 생존자에 관한 기사를 신문 1면에서 보고 이런 궁금증에 불이 붙었다. 나는 연구를 기획하고 그 사람과 다른 생존자들을 만나 면담하기로 작정했다. 아직 살아 있는 생존자가 오직 여덟 명뿐이라는 사실을 알고, 나는 샌프란시스코-오클랜드만 다리에서 투신했다가 살아난 사람을 면접 대상자로 추가했다. 이 다리 역시 자살하기에는 위압적인 장소이고 생존 가능성이 낮은 곳이다. 처음에 나는 금문교에서 생존한 여덟 명 중 네 명, 샌프란시스코-오클랜드만 다리의 생존자 두 명 중 한 명과 면담할 수 있었다. 그리고 나중에 금문교에서 생존한 세 명을 더 면담했다.

나는 이들 생존자로부터 자살 가능성을 알아내고 그것을 방지하는 데 유용할 통찰을 얻기를 원했다. 더불어 상실, 실패, 거부

7) 이 추정치는 생존자와 자살자의 비율을 1:100으로 계산하여 추정한 수였다. 1990년에는 금문교에서 뛰어내린 후 살아남은 사람이 스무 명으로 알려졌다. 실제 생존자나 자살자의 수는 모른다.

당함, 우울증 또는 부정적인 자아상에 심리적으로 종속하는 모든 상태 등과 같은, 내가 이미 언급한 부분적이거나 상징적인 죽음의 형태를 겪고 있는 사람에게 도움이 될 정보를 얻고 싶었다. 특별히 나의 자아 죽이기 이론을 정교하게 하여 보다 치료적으로 유용하게 만들고 싶었다. 이런 목적을 위해 나는 특히 다음의 두 질문에 대한 답을 원했다. (1) 생존자들은 그런 엄청난 외상적인 사건, 즉 죽음에 근접한 경험을 어떻게 이해했을까? (2) 그런 사건이 장기적으로 그들의 삶에 미친 영향은 무엇이었을까?

내가 피험자로부터 받은 메시지는 기대했던 것보다 더 분명하고 중요했다. 열 명의 생존자가 투신한 이유는 여러 가지였으나, 그들의 공통된 핵심 감정은 외로움, 소외감, 우울, 거절, 무가치감 그리고 절망감이었다. 이들 열 명은 자살기도를 하기 전에 종교에 대해 아주 다양한 견해를 가졌었지만, 모두가 뛰어내린 뒤의 영적인 초월감을 인정했다.

실제로 물에 닿는 것을 기억하는 두 명의 생존자 중 한 명의 말이 특히 의미가 있다.

> 처음에는 모든 것이 검다가 점차 회갈색으로 변하고 마침내 빛이 되었다. 빛이 잠에서 깨어나듯이 나의 마음을 열었다. 나는 아주 평온했다. 내가 물 위로 떠올랐을 때 살았다는 것을 알았다. 새로 태어난 기분이었다. 나는 물을 밟고 노래했다. 행복했고 기쁨에 넘쳤다. 이는 보다 높은 영적인 세계가 있다는 나의 믿음을 확인시켜 주었다. 나는 초월 경험을 했다. 그 순간 나는 새로운 희망과 삶의 목표로 다시 채워졌다.[8)]

자살기도에서 살아난 것은 또 다른 사람에게는 전혀 새롭고 힘을 주는, 우리 문화의 가장 강력한 죽음 초월의 원형인 예수 그리스도와의 동일시를 가져다주었다.

> 투신하기 전에 나는 무신론자였다. 하느님에 대한 진정한 믿음이 없었다. 그러나 투신한 다음 나는 충실한 기독교인이 되었다. 하느님과 예수 그리스도를 믿게 되었다. 그리스도는 나에게 살아 있는 현실이 되었다. [후에 병원에서 그는 그리스도와 그의 여러 제자가 그 주변에 모여 있는 것을 느꼈다.] 그것은 아직도 계속된다. 나는 지금 고통스러운 성장, 즉 다시 태어나는 중이다.

자살기도를 하기 전에 독실한 기독교 신자였고 교회에도 열심히 나갔다고 기술한 또 다른 생존자는 투신을 경험하고 나서 믿음이 훨씬 더 강해졌다고 했다.

> 나는 죽지 않았기 때문에 선택받았다고 느꼈다. 나는 사람들 앞에서 이에 대해 말했다. 감사했다. 난 그들 앞에서 울었다. 나는 다른 사람을 돕고 싶었다. 하느님이 얼마나 대단하고 권능이 있으며 우리가 얼마나 미약한지를 지적했다. 그리고 그것은 우리에게 달렸다고 말했다. 나는 순수했고 내면이 더 깨끗해졌다. 어떻게든 내가 영적인 영역에서 다른 사람을 도와주고 있고, 다른 이들은 나의 간증으로 도움을 받았다고 생각했다.

8) Rosen(1975). 다음의 인용도 같은 논문에서 발췌했다.

또 어떤 생존자는 자신의 영적인 초월과 거듭나기의 경험을 보다 초교파적으로 설명했다.

> 그것은 대부분의 사람의 이해를 넘는 것이다. 나는 새가 나는 것을 보는 것처럼 인생의 기적을 인정한다. 삶에서 거의 벗어나려고 할 때는 모든 것이 보다 의미 있어진다. 난 모든 사물과 합쳐지고 모든 사람과 하나가 되는 경험을 했다. 정신적인 재생 후에도 나는 모든 이의 고통을 느낀다. 살아난 것은 내 인생의 믿음과 목표를 확인시켜 주었다. 모든 것이 분명하고 밝았다. 나는 창조주와의 관계를 인식하기 시작했다.

열 명의 피험자들은 모두 자기가 선택한 죽음의 도약에서 살아남음으로써 실제적인 자살 대신에 내가 **자아 죽이기**라고 부르는 **상징적인 자살**을 완수했다.[9] 회상해 보면, 그들은 각자가 혼란스럽고 기가 꺾인 상태에서 투신을 계획했다는 것을 깨달았다. 그런 상태에서 그들은 그들의 전 존재를 특별한 실패나 부정적인 자아 혹은 자기상이라는 용어로 적절치 못하게 규정지었다. 그들 모두가 양쪽 다리에 자살방지 시설을 만들라고 권유했다는 점이 보다 주목할 만했다. 나는 모든 사례에서 이런 청원을 자살에 대한 내면의 방지물이 투사된 것으로 해석한다. 다시 자살을 시도할 위험이 아주 높은, 대부분의 심각한 자살기도 생존자와는 반대로, 내가 면담했던 열 명의 생존자들은 아무도 다시 자살

9) Rosen(1976b).

을 시도하지 않았다.

다리에서 투신한 후 생존한 사람들에게서 배운 것은 나 자신의 치유여행과 내가 환자에게 경험하도록 한 치유여행을 통합하는 결과를 만들었다. 사람들은 자아 죽이기를 통해 우울증과 자살충동을 극복할 수 있다. 이런 치유여행에서 내가 배워 온 것을 부분적으로 이 책에서 펼쳐 보이고자 한다.[10)]

나의 자아 죽이기와 거듭나기 이론을 발전시키는 동안 가장 중요한 스승의 일부는 바로 이들 열 명의 생존자였다. 그들은 자살을 기도했지만 살아났고, 자신이 어떻게든 정신적인 재생의 길을 닦아 놓았다는 것을 알았다. 그들은 살아나면서 상징적으로 그들 과거의 부정적인 자아정체성을 죽였다. 또한 내면의 죽음과 생명력 그리고 부정적인 자아와 자기 사이에 있는 분열을 초월했다. 우울하고 죽고 싶은 상태에서 살아난 행위를 통해 그들은 스스로 거듭났다. 그들의 경험은 나와 나의 환자들에게 새로운 패러다임의 기초가 되었다.

자아 죽이기와 거듭나기의 상식적인 모델

나의 자아 죽이기와 거듭나기 이론을 되도록 간단히 표현해 보면, 그것은 심리학적인 발달의 나쁜 뉴스/좋은 뉴스의 시나리오를 제시한다. 나쁜 뉴스는 우리 모두가 때때로 우울해진다는

10) 치유에 관한 나의 철학의 보다 광범위한 논의는 Rosen(1973, 1977, 1989, 1992)과 Reiser & Rosen(1985) 참조.

것이다. 우리는 실패하거나 잃거나 추락한다. 어떤 사람에게 우울증은 자기가 완전히 무가치하다고 느끼는 데까지 이른다. 이런 어두운 심연에서 그 사람은 영혼과 심혼의 상실을 경험한다. 희망의 불꽃은 꺼져 가고, 자살이 유일한 해결인 듯 보인다. 그렇지만 좋은 뉴스는 자아의 한 부분만 죽어도(또는 죽임을 당해도) 된다는 것이다. 이러한 상징적인 죽음(또는 자아 죽이기)은 긍정적인 정신의 거듭나기 또는 새로운 인생을 예고할 수 있다.

다시 말하자면, 자아 죽이기와 거듭나기의 모델은 네 가지 측면을 포함한다. 나쁜 뉴스, 좋은 뉴스, 상징적인 죽음 그리고 새로운 인생이 그것이다. 나쁜 뉴스는 타락 상태, 절망에 이르는 부정적인 전환, 직업의 상실과 같은 실패로 인해 야기된 우울증 등이다. 이것은 자아(나)의 수준에 있다. 상실을 포함하는 나쁜 뉴스는 거절당함에 근거하고 자아의 상처로 경험된다. 우리가 참고 견뎌낼 수 있다면 불운은 좋은 뉴스로 이어진다. 좋은 뉴스는 우리가 추락한 다음에 다시 구해질 수 있다는 것이다. 우리는 도움의 손길, 지지, 격려 그리고 치료를 필요로 할지도 모르지만 다시 회복할 수 있다. 하강 다음에는 상승이 있다. 절망 다음에는 기쁨이, 실패 다음에는 성공이 있다. 이 좋은 뉴스에 기초하여 자아는 다시 조절 상태에 있음을 느낀다. 그러면 그 사람은 보다 진보된 자아상을 갖게 된다.

사람들은 대부분의 삶을 자아 수준에서 살아간다. 그렇지만 인생의 위기와 같은 커다란 추락이 있을 때는 죽음과 직면하게 된다. 이때 우리는 죽고 싶은 정도는 아니라 하더라도 심하게 우울해지는 경향이 있고 영혼의 상실감을 경험한다. 그리하여 절망에 빠져 생을 마감하려는 데 집착하게 된다. 익명의 단주동맹(Alcoholics Anonymous: AA)은 커다란 변화가 일어나기 위해서는 어떤 사람이 거의 기능할 수 없을 정도로 바닥을 쳐야만 한다고 주장한다. 그런 극단적인 낙담의 상황에서 자아는 스스로 전환하여 마지막의 처절한 조절행위를 할 수 있다. 궁극적인 실패의 상태를 극복하기 위해 남겨 둔 자아의 유일한 의지처가 자살시도다. 그것은 의식적인 자아의 행위다.[11]

그러므로 바로 그 결정적인 순간에 개인이 내면의 삶과 죽음 사이의 투쟁을 초월할 수 있고 통찰력과 이해를 얻을 수 있다면, 그 사람은 자신과 중요한 타인들과의 관계를 유지하면서 자아 죽이기와 거듭나기를 선택할 수 있다. 누구나 비극적인 상황을 이야기하고 철저히 분석할 수 있고, 그런 부정적인 지배적 자아상의 상실을 겪을 수 있다. 그것은 삶의 중단과 직면시킨다.

자살에 도달하기 위해 부정적인 자아는 우리의 가장 어둡고 억압된 면인 그림자와 은밀히 결탁한다.[12] 살아남는 길은 자아 죽이기(부정적인 자아 죽이기)와 그림자 죽이기(부정적인 그림자 죽이기)를 포함한다. 한마디로 이것은 거짓 자기를 죽이는 것이다. 이런 상징적인 죽음은 보다 깊고 큰 추락에 이르게 하는데, 그것

11) 이에 관해서 조엘 와이즈하우스(Joel Weishaus)가 통찰력 있는 언급을 했다. "'의식적인 자아의 행위'는 자아가 그 자신의 죽음을 믿지 않은 상태에서 행해진다. 그러므로 자아 죽이기와는 반대로 자살은 진지한 행위가 아니고 자아가 트릭스터(Trickster, 아메리카 인디언 신화에 나오는 익살꾼이며 사기꾼, 반인 반수, 반신(半神), 그리고 형태를 수시로 변환시키는 존재의 상으로 문화 영웅이기도 하다. 심리학적으로 트릭스터의 상은 그림자에 해당되는 것으로 볼 수 있다.-역주)의 양식으로 한 행위다."

12) 융은 심지어 이렇게 말한다. "그림자는 부정적인 자아 인격과 연결되고 우리가 고통스럽거나 후회스럽게 느끼는 모든 성질을 포함한다."(Jung, 1968b, p. 177)

은 실제로 죽음과 같은 느낌이며, 마치 끝없는 허공으로 들어가는 것과 같다. 이것이 죽음-재생의 투쟁으로 특징짓는 무서운 전이기다. 자아가 조각났을 때, 개인은 상실감을 느낀다. 그러나 그 사람이 정신의 중심인 자기(최상의 존재)와 접촉할 때, 높은 본질에 버금가는 자아의 재구성과 재건에 이르게 한다. 이것이 **진정한 자기**(진정한 존재)의 출현이다.

마지막 단계는 죽음-재생의 경험을 겪고 살아남은 사람에 의거한 새로운 인생을 포함한다. 그 사람은 새로 태어난 느낌이고 사기가 충전된다. 나는 이제 자살한 한 사람과 자아 죽이기를 하고 거듭나기를 겪은 다른 한 사람, 이렇게 두 명의 유명인사의 경험을 통해 내가 의미하는 것을 예시하겠다.

엘비스 프레슬리와 베티 포드

첫 번째 사례인 엘비스 프레슬리는 이카루스 증후군(Icarus syndrome)을 구현했다. 그는 높이 날았고 태양에 너무 가까이 갔다. 그는 밀랍으로 만들어진 날개가 녹자 바다로 추락하여 익사했다. 그는 정서적으로나 육체적으로 팽창되었고 왕의 자리에 고착된 상태였다. 엘비스는 창조적이지만 자기 파괴적인 왕이었다. 나쁜 뉴스는 그의 약물남용이 심해지고 그가 심하게 중독되어 가고 있다는 것이었다. 그는 이혼한 후 추락했다. 때로는 사회적 위치와 본래의 재능으로 상승했다. 그렇지만 그는 곤경에서 벗어날 수 없었고 돌아올 수 없는 심연으로 점점 더 깊이 추락하고 있었다. 이 나쁜 뉴스는 점점 더 나빠져서 결국 그는 여러 약물의 과다복용으로 자살하기에 이르렀다.[13)]

그의 부정적인 자아는 부정적인 그림자와 공모하였고, 약물복용은 급격한 형태의 자기 파괴가 되었다. 만일 엘비스 프레슬리가 약물과 자살 콤플렉스를 제거하고 상징적인 죽음의 경험(자아 죽이기)을 했더라면, 그는 다시 젊어지고 어쩌면 그의 가족과 함께 지금도 살아 있었을 것이다.

나는 비슷한 인간적인 곤경에 처했지만 살아남은 한 사람을 언급하고 싶다. 그는 많은 사람으로부터 칭송받은 베티 포드다.[14)]

아이러니하게도 베티 포드 클리닉은 엘비스 프레슬리가 도움을 청하러 갔던 장소였다. 엘비스와는 달리, 베티는 그녀가 우울하고 자기 파괴적이라는 것을 인정했다. 그녀는 자신의 자살 콤플렉스를 죽게 할 수 있었다. 그것이 그녀를 죽이는 대신에 그녀가 그것을 죽인 것이다. 나쁜 뉴스는 그녀가 알코올중독이었다는 것이다. 알코올은 그녀를 죽음에 이르게 하는, 점점 더 나쁜 뉴스로 떨어지는 길로 이끌 수 있었다. 자아의 수준에서 좋은 뉴스는 그녀가 자신의 상황을 초월하여 통찰력을 얻을 수 있고 상징적인 죽음(또는 자아 죽이기)과 거듭나기를 경험하는 선택을 할 수 있다는 것이다. 보다 높은 권능인 자기와의 접촉을 통해서 그녀의 새로운 인생은 평범한 이차적인 자아 지위를 포함하게 되었다. 그 안에서 그녀는 자신이 궁극적으로 조절되고 있지 않았다는 것을 알았다. 그녀는 이러한 보다 높은 힘에 굴복했다. 베티 포드는 새롭게 재건된 도덕성으로 그녀 자신의 치유와 다른

13) Goldman(1990).

14) Ford & Chase(1988).

이의 치료(이타적인 봉사)를 계속했다. 이것이 개성화(전체성으로 가는 과정)의 특성이다.

융학파의 인본주의적인 관점

이 책 전체의 심리학적인 관점은 융학파에 기초한다. 칼 융(Carl Jung)은 개인이 자신의 자아정체성(의식의 중심이 되는 자아)을 확립하는 동안에 억압되거나 무의식화된 것 등 정신의 주요한 측면에 특히 관심을 집중한다. 융은 이러한 측면을 남자에 있어서의 **아니마**(반대 성의 여성 원리) 또는 여성에 있어서의 **아니무스**(반대 성의 남성 원리), **페르소나**(우리가 쓰는 마스크, 사회적인 역할과 연결), **그림자**(우리 정신의 어둡고 알지 못하고 무의식적인 측면), **자기**(우리 존재의 중심과 전체성) 등으로 정의했다. 융학파의 패러다임 안에서 개인은 개성화되기 위해서 인생의 후반기에 이런 측면들을 의식의 빛으로 밝혀야만 한다. 개성화는 근본적으로 과거의 지배적인 자아정체성의 상징적인 죽음과 새로 만들어진 **자아-자기** 정체성의 출현을 포함하는 정신의 전체성을 얻으려는 과정이다.

나의 자아 죽이기 개념에 가장 직접적으로 영향을 준 것은 융의 심리학적인 죽음과 재생의 역동이론이다. 융의 이론에는 다리에서 투신했다가 생존한 사람들의 심리적인 죽음과 재생의 기록에서 내 자신이 발견한 것과 유사한 강력한 영적 요소가 내재해 있다. 삶의 영적 차원이 신경증적인 것이나 착각이라고 생각했던 프로이트와는 달리, 융은 영적 차원이 치유 및 완전히 인간이 되는 것과 통합적으로 관련이 있다고 믿었다.

융에 의하면, 우리가 한정된 자아정체성을 영적으로 초월하고 거듭나게 하는 방법은 정신을 보다 깊이 탐구하고 **개인적 무의식**을 넘어 **집단적 무의식**까지 들어가는 것이다. 융은 인간의 태아가 각각 종의 신체적이고 생물학적인 진화를 반복하듯이, 인간의 정신도 종의 정신적이고 심리적인 경험 모두를 반영한다고 가정했다. 그는 똑같은 상징, 신화 그리고 모티브가 역사를 통틀어 멀리 떨어져 있는 문화 속에 널리 퍼져 있는 것에서 이 집단적 무의식의 증거를 찾았다. 융은 이런 상징, 신화 그리고 모티브를 원형의 표상으로 불렀고, 개인의 정신건강을 회복시키려는 모든 치료의 과정에서 이 원형적인 층을 고려하는 것이 아주 중요하다고 했다.

나는 우울하다거나 죽고 싶다는 사람들의 감정을 다루면서, 환자가 창조적인 표현(특수한 행위나 예술적인 작품을 통한)을 함으로써 원형을 인식하고 배역을 바꾸는 것이 **거듭나기**의 과정에 필수적인 부분이라는 것을 알았다. 예를 들어, 어떤 환자가 자신의 아버지와의 내적 갈등으로 심리적 장애를 겪고 있다면, 그 갈등은 개인인 아버지에게만 초점을 맞추어서는 완전히 해결될 수 없다. 치유과정에 참여하는 것에 영향을 미치기 위해서, 환자는 자신의 정신 안의 가부장적인 원리, 즉 잠재적으로 자기 파괴적인 방식으로 자신의 반응에 영향을 미치는 아버지와 관련된 모든 집단적 무의식상의 기록을 받아들여야만 한다.

융은 그가 **적극적 명상(active imagination)**이라고 부르는 기법을 통해 그의 환자에게 이들 상과 직면하도록 격려했다. 그 방식은 일종의 자유롭게 흐르게 하는 목표지향성이 없는 창조적인 명상이다. 내가 6~9장에서 논의한 환자들은 그림 그리기, 색칠하기, 쓰기(시와 산문), 도예하기, 춤추기를 통해 비슷한 방식으로 이들 상과 직면해 왔다.

융 심리학의 치유철학과 분석치료에 근간이 되는 것이 죽음과 재생의 주제이기에, 이 책은 자연스럽게 융 심리학과 가깝다. 재에서 솟아나는 불사조처럼, 자기 치유와 관계되는 개인의 신화를 충족시키는 데 기여하는 창조력은 파괴의 힘으로부터 출현한다.

자아 죽이기는 긍정적이고 삶에 우호적인 정체성이 나타날 수 있도록 상징적으로 부정적이고 삶에 위협적인 정체성과 직면하고 그것을 파괴하는 창조적인 과정이다. 우울증 거듭나기는 이런 과정이 분석적인 정신치료 상황, 심지어 우울증으로 너무나 심하게 고통을 받아 반복적으로 자살기도의 위험성이 있던 사람의 경우에 어떻게 성공적으로 작용하는가를 설명한다.

이 책의 약속

이 책은 서로 다른 인생을 살아왔으나 모두 자아 죽이기라는 어렵지만 거듭나는 길을 택한 두 명의 여성과 두 명의 남성의 심층적인 이야기를 들려준다. 나는 많은 사람들이 이들의 이야기와 관련될 수 있다고 생각하여 이들을 선택했다. 우울, 자포자기, 무의미, 절망감 그리고 자살은 우리 사회에 만연해 있다. 그리고 어린이 성적 학대, 유기, 알코올 관련 문제, 입양 등의 시급한 문제를 포함한 사례도 만연해 있다. 우울증 거듭나기는 그들의 무의미, 절망 그리고 타락을 변신시켜 의미, 희망 그리고 그들의 개인적인 신화의 도덕성을 고취하도록 전개하는 것을 목표로 한다. 그것은 존재하는 용기를 반영한다. 이들 개인은 우울하고 자살하고 싶은 콤플렉스를 벗어 버리고 자아 죽이기를 하며 그 과정에서 스스로 거듭난다. 그들의 경험은 다른 사람들이 같은 일을 하는 데 안내 역할을 한다. 베티 포드가 그러했고, 수없이 많은 사람들이 도움을 받았다. 엘비스 프레슬리도 똑같은 선택에 놓였다. 그렇지만 그는 왕이라는 흑색 망상에 눈이 멀었다. 그의 내면에서 자신이 그렇지 않았다는 것을 알았어야만 했다. 스스로를 죽이기 위해 그는 철저히 잘못되고 외롭고 무가치하고 절망적으로 느꼈음에 틀림없다.

이 책은 모든 이들에게 우울증과 자살을 대신할 수 있는 상징적인 죽음과, 새로운 인생을 포함하는 어려운 여정인 자아 죽이기와 거듭나기라는 대안적인 길을 제공하기 위해 쓰였다.

이 책은 또한 자기 치유에 관한 것이다. 나는 심하게 우울하거나 자살하려고 하는 사람이라도 자기 비판적이고 자기 파괴적인 충동을 초월하고 거듭나는 선택을 할 수 있다는 것을 경험을 통해 안다. 상호 갈등하는 힘 위로 솟아나는 초월이 거듭나기 과정에서 필수적인 단계다. 초월의 가치는 우리가 전투 현장을 넘어서서 전체적으로 개관할 수 있다는 것이다. 그것은 이해의 거울 이미지다. 나는 그것을 내가 어려운 과제를 분명히 보기 위해서 그 밑에 겸손하게 서 있는 것과 같이 바라본다. 초월이 유발할 수 있는 약점은 그것이 무관심, 팽창 그리고 고립으로 이르게 할 수 있다는 것이다. 초월은 하나의 과정이지 고착될 장소가 아니다. 다음 단계는 거듭나기로, 진정한 변화에 필수적인 것이다. 거듭나기는 대극의 합일의 결과로 일어나며 새로운 것으로 이르게 한다. 이것이 창조적인 변화다.

이 책은 독자들이 나쁜 뉴스를 다루고, 좋은 뉴스를 기다리고, 자아 죽이기와 거듭나기를 통해 상징적인 죽음과 새로운 인생을 용이하게 하도록 도와줄 수 있다. 내가 지난 17년간 치료해 왔던 환자들과 지금도 치료하고 있는 환자들에게 그것은 일관되게 삶을 향상시키는 질적인 변화를 가져다주었다. 자아 죽이기와 거듭나기의 개념은 우울증과 자기 파괴적인 욕구를 가진 이들을 도와주는 사람들뿐 아니라 그것과 씨름하고 있는 사람들에게 힘을 줄 것이다.

이 책은 어떻게 구성되어 있는가

처음 세 장에서 나는 우울증을 이해하고, 자살을 알고, 이런 상태를 어떻게 인식하고 치료하는가에 초점을 두었다. 내용을 잘 알고 있는 독자들은 1부(배경과 맥락)를 정리 차원에서 빨리 읽어도 된다. 그렇지만 초심자들에게 이것은 책의 나머지 부분에 대한 중요한 배경이 되는 정보와 맥락을 제공해 준다.

2부(혁신적인 치유법)에서는 우울증, 환멸 그리고 타락을 치료하는 혁신적인 방법을 제시한다. 4장은 이 새로운 치료적인 접근, 즉 자아 죽이기와 거듭나기를 다루고, 개인과 집단 치료 모두에 초점을 둔다. 5장은 잠재적인 적극적 명상 기법에 초점을 두는데, 그것은 치유적인 상징을 창조적인 거듭나기의 원형으로 이용한다.

3부(거듭나는 여행 넷)에서는 나의 임상 사례(두 명의 우울증 환자와 두 명의 자살 환자)를 심층적으로 다룬다. 이들은 자아 죽이기와 거듭나기를 예시한다. 6장은 꿈과 적극적 명상의 도움으로 레베카가 어떻게 근친상간을 회상하고 치료하는가를 알려 준다. 7장은 잃어버렸다가 입양된 푸에르(puer: 오비디우스의 '변신이야기'에 나오는 소년 신의 이름으로, 심리학적으로는 어른이 되었어도 청소년의 심리에 머물러 있는 사람들을 가리키는 말로 사용되고 있다-역주)인 게리가 어떻게 그의 친부모를 만나고 성장하고 마침내 그의 잃어버린 영혼을 찾는가를 보여 준다. 8장은 자아 죽이기와 거듭나기가 샤론의 자살 성향을 어떻게 되돌렸는가를 밝혀 준다. 그녀는 매우 혼란스럽지만 재능 있는 대학원생이었으며, 그런 경험 후 상처받은 치유자가 되는 길을 시작한다. 9장은 침울하고 자살 성향이 많은 전문직 종사자 폴이 느리지만 분명하게 자아 죽이기를 하고 그 과정에서 우울증과 자기 자신을 거듭나게 하는 것을 보여 준다.

4부(변화의 나선형: 상징적 죽음과 새로운 인생)의 10장에서는 위기의 시점에 대해 논의하고 자아 죽이기가 어떻게 도움을 줄 수 있는가를 논의한다. 예를 들어, 자아 죽이기를 강조하면 초기 인생 위기의 가장 비극적인 결과물인 십대의 자살을 줄일 수 있다고 주장한다. 이 마지막 장은 자아 죽이기와 거듭나기의 패러다임을 점점 더 작아지고 있는 우리의 세계에 적용하고 있다.

에필로그는 자아 죽이기와 거듭나기의 결과로 어떻게 의미가 생기는가를 보여 준다.

자아 죽이기와 거듭나기의 지침

나는 자아 죽이기가 계몽(illumination)의 과정, 골칫덩어리와 숨겨진 비밀에 빛을 밝히는 과정이 되기를 바란다. 이 책은 영혼의 어두운 밤에서 벗어나려고 애쓰는 고통 속에 있는 개인과 그들에게 필요한 도움을 제공하는 그들을 사랑하는 이들 그리고 고통받는 내담자와 작업하는 치료자들을 위한 안내서로 쓰였다. 그것은 어두움 속을 들여다보고, 그 사람의 개인적인 영혼을 풍성하게 하는 신화를 발견하고, 그다음 신화를 충분하고 즐겁게 살아가는 것에 관한 것이다. 나의 가장 큰 소망은 이 새로운 치료적인 접근인 자아 죽이기와 거듭나기가 활성화되어 마침내 비생산적인 우울증과 불필요한 자살을 줄이는 데 기여하는 것이다.

더불어 이 책은 인간의 생존에 관한 것이다. 자아 죽이기와 거듭나기의 개념은 심한 우울증과 자살 충동자를 치료하기 위한 모델로 사용되는 것을 넘어서, 심한 우울증세나 자살 위험은 없다 해도 슬픔, 우울감 그리고 타락을 경험하고 정신적인 재생의 필요성을 느끼는 사람들에게도 적용된다. 그것은 전체 인간 가족에게 타당성이 있다.

자아 죽이기와 거듭나기는 우리가 지금 집단자살을 기도할 잠재적 가능성이 있기 때문에 시의 적절하다. 우리들 각자에게 그 이슈는 개인에서와 마찬가지로 세계와 밀접히 연결돼 있다. 내가 집단살해(omnicide)라고 이름 붙인 이 세계의 의도적인 파괴는 예방될 수 있다. 우리 세상은 우리가 전쟁과 자기 파괴를 종식시킬 기회를 가지고 있기 때문에 살기에 좋다. 만일 우리가 우리 자신에게 상처주거나 죽이는 것과 관련된 이슈를 초월하고 거듭나기를 할 수 있다면 우리 개인, 가족, 사회, 국가 그리고 세계에는 희망이 지속될 것이다.

1부_ 배경과 맥락

1
우울증의 이해와 의미의 탐색

"슬픔이 있는 곳에 성스러운 땅이 있다."
- 오스카 와일드

심리학과 정신과학의 이론가들은 총괄론자(lumper)와 분할론자(splitter)의 두 그룹으로 나뉠 수 있다. 우울증을 분류할 때, 총괄론자는 가능한 한 모든 형태의 우울증(일상 언어로 슬픔, 울적함, 애도, 죽고 싶은 절망감 등을 포함하는)을 하나의 우산 아래 넣으려고 한다. 반면에 분할론자는 가능한 한 모든 우울증의 형태 간 차이를 정교하고 분명하게 그려 내려고 애쓴다. 이런 차이를 차치해 두고, 총괄론자와 분할론자는 우울증을 자기 비판적인 정신신체적 활력상실을 특징으로 하는 장애 또는 질병(혹은 분할론자의 경우 수많은 장애와 질병으로)과 같은 부정적인 용어로 정의하는 경향이 있다.

나는 총괄론자와 분할론자가 제시한 우울증에 대한 가장 중요한 통찰을 모두 취하여 중간적 입장을 취할 것이다. 또한 우울증을 호의적인 정동으로 조명하고 그것을 의미에의 탐색과 연결함으로써 둘 다에서 벗어날 것이다. 나는 우울증은 그 사람이 새로운 현실에 적응하는 데 도움을 줄 수 있고, 그렇기 때문에 긍정적인 가치가 있을 수 있다고 믿는다.

육식동물과 악천후 혹은 지진을 피하기 위해 낮 동안 어두운 동굴에 은신처를 마련해야만 했던 원시인들을 상상해 보자. 아마도 그들은 배고프고 춥고 두려울 테지만 최소한 밖에 있는 것보다는 안전하다. 그리고 그들은 한낮의 빛에서 철수함으로써 평형을 되찾을 수 있는 기회를 얻었다. 우울증은 동굴 속에서 성소를 찾는 것과 유사하다. 인간의 정신에서 우울증은 붕괴되는 상황에 대한 자연스러운 반응이다. 비록 여러모로 불쾌하지만, 정신이 그 상황에 적응하고 그것을 겪어야 한다면 우울증은 필수적이다.

혹은 우울증을 죽어 가는 식물에서 나온 씨앗이 발아할 수 있는 어두운 지하로 생각해 보자. 만일 우울증의 토양이 적당히 기름지다면 그 결과는 정신의 새로운 삶, 다시 말해 정신적인 재생일 것이다. 이런 형태의 유기체의 성장은 질풍노도의 청소년기에 우리 안에서 자연스럽게 일어난다. 그때 우리의 정신은 상징적이지만 고통스러운 부모 지배하의 자아의 죽음을 겪는데, 이것이 그 자신만의 젊은 성인 자아의 탄생을 예고하는 것이다.

우울증을 긍정적인 상태로 보는 나의 견해가 독특하기는 하지만 이에도 다른 지지자들이 있다. 고전시대에 플라톤(서구적인 사고에서 최초의 중요한 분리론자)은 정신질환, 그러므로 그것의 중요한 형태의 하나인 우울증을 두 개의 주요 범주로 나누었다. 그 중 하나인 질병(disease)은 정말로 부정적이다. 그러나 다른 하나인 신성한 선물(divine gift)은 확실히 긍정적이고, 네 개의 하위 범주로 구성된다. 하위 범주들은 각각 그들만의 특별한 영감을 주는 가치를 갖는데, 그것은 각각 예언적인(prophetic), 종교적인(religious), 시적인(poetic) 그리고 에로스적인(erotic) 것이다.[1)]

현대에 우울증을 긍정적인 힘으로 보는 매우 두드러진 옹호자는 칼 융이었다. 그는 1913년 프로이트와 결별한 다음, 괴롭지만 거듭나게 하는 우울증을 겪었고 청소년의 죽음과 재생의 경험과 유사한 심리적인 재생을 체험하였다.[2)]

보다 최근에는 아서 슈메일(Arthur Schmale)이 우울증이 인간의 정신에서 적응적인 역할을 할 수 있다고 주장하고 있다.[3)] 그는 "[우울증적인] 반응은 개인적으로 경험하면 불쾌할 수 있지만 성장, 현실 검증, 심지어 생존에 이르기까지 적응적인 중요성을 갖는다."라고 언급했다. 조지 엥겔(George Engel)[4)]의 영향을 받았다는 그의 이론에 따르면, 우울증은 식물과 단세포 유기체뿐 아니라 영장류와 인간을 포함한 보다 고도로 진화된 동물에서도 발견되는 생물학적인 보존-물러남의 기전(conservation-withdrawal

1) 보다 자세한 내용과 이것과 이 장의 역사적인 정보에 대한 논의는 Meninger, Mayman, & Pruyer(1967)와 Jackson(1986) 참조.

2) Jung(1963), pp. 146-199

3) Schmale(1973).

4) Engel(1962).

mechanism)으로 작동한다. 이 기전은 '자극이 지나치게 강해지고 적극적으로 그것을 피할 수 없을 경우에 물러남과 불활성을 통해' 그 개체를 보호하는 데 기여한다. 물러남과 불활성이 시작될 때, 그 기전은 갑작스럽게 혹은 서서히 휴지 기간(수면이나 동면과 같은)을 잡아 둔다. 에미 거트(Emmy Gut)가 최근에 쓴 책에서는 우울증의 적응적인 측면과 비생산적인 기분이 어떻게 생산적이 되는가에 초점을 두고 있다.[5)]

나도 역시 우울증이 잠재적으로 도움이 된다고 본다. 개인의 심리적인 보존-물러남의 기전이 작동되고 있을 때, 그 사람은 적응적인 우울증 상태에 있다. 즉, 그는 창조적인 생각이 나타나기 직전의 잠복기와 같은 일시적인 불활성의 시기에 있다. 이것은 병적인 반응이 아닌 자연스러운 것이고, 아마도 적극적 명상과 정신건강의 재건을 위해 필요한 상태로서의 앤서니 스토어(Anthony Storr)의 고독 개념[6)]과 훨씬 더 비슷한 기본적인 과정이다.

불행하게도 서구 문명에서는 우울증을 주요한 상실, 특히 사랑하는 이의 죽음 뒤에 겪는 정상적인 애도 반응을 제외하고는 부끄럽게 보는 것이 지배적인 견해였다. 외부의 관찰자에게 우울증은 결코 생산적으로 보이지 않는다. 오히려 우울한 사람은 자포자기하고 자신의 영혼을 깊은 심연에 버린 것 같아 보인다. 역사적으로 로마 가톨릭 교회는 슬픔과 근심을 주요한 죄 중의 하나인 우울증(tristitia)의 증세로 보았다. 교회 밖의 세상에서는

5) Gut(1989).
6) Storr(1989).

근면, 낙관주의 그리고 자기 통제가 늘 주요한 덕목이었다. 그러므로 우울한 사람은 문화에 의해 교묘하게 자신이 병들고, 심지어는 악하다고까지 생각하도록 압력을 받았다. 이는 그들의 우울증을 이해해서 그것이 진정 무엇인지를 인식할 수 있는 시간과 장소를 허락하지 않았다. 그들은 너무나 부끄러워하거나 혹은 그것을 부인하거나 숨기거나 슬퍼하는 데에만 집착하였다.

나는 우울증이 모두 긍정적이라고 주장하는 것은 아니다. 단지 우울증은 좋은 면과 나쁜 면을 모두 가지고 있고, 우울한 사람들은 그들이 건강한 상태로 회복하는 여정을 마치려면 우울증의 진정한 본질을 알아야만 한다는 것이다. 전도서를 의역하면, 어두움과 우울, 수면 그리고 물러남의 시간이 있다면 빛과 기쁨, 활동 그리고 계약의 시간도 있다. 정말로 부정적인 것은 오랫동안 한 극단 또는 그 반대 상태에 머물러 있는 것이다.

무엇보다도 나는 우울증이 하나의 원형, 즉 인생 그 자체와 같이 오래된 정동적인 소질이라고 가정한다. 그것은 생물학적, 심

[그림 1-1] 음/양

리학적, 사회적 그리고 실존적/영적 방식으로 표현된다. 그것은 다른 원형과 마찬가지로 어두운 면과 밝은 면을 모두 가지고 있다. 이런 면에서 우울증은 대극의 균형으로서의 모든 존재의 원형인 중국의 음양의 원리와 닮았다([그림 1-1] 참조). 여기서 어두움(음)과 밝음(양)은 함께 작용해 전체를 이룬다. 각각의 내부에는 다른 것의 작은 부분이 있다. 그들은 직선으로 분리될 수 없다.

나는 우울증을 어떻게 개념화하는가

나는 총괄론자에 동조하며 우울증을 하나의 근본적인 실재로 본다. 객관적으로 그것은 **페르소나를 통해 기분(mood)**으로 드러난다. 주관적으로 그것은 **정서(emotion)**로 느껴지거나 그렇지 않기도 하고, 보다 깊은 수준에서는 느껴지거나 그렇지 않는 **정동(affect)**의 형태를 띤다.

정동은 정신의 가장 깊은 또는 원형적인 수준을 가리킨다. 개인에게서 분노, 화, 슬픔 등과 같은 폭발적인 감정의 분출이 있다면 그것은 존재의 핵심을 건드렸기 때문이다. 그 결과로 초래되는 것은 붉고 뜨거운 용암을 분출하는 화산과 같은 정동의 정신적인 폭발이다.

한 수준 더 표면 가까이에 나오면 정동과 관련된 실제의 정서가 있다. 이것은 원형적인 정동이나 정서의 소질과는 대조적으로 주관적인 감정의 상태다. 어떤 상황에서 개인은 그들이 경험하고 있는 정서를 의식적으로 인식할 수도 있고 하지 못할 수도 있다. 그리고 인식한다고 하더라도 그들은 그 정서를 표현해도 되고 안 해도 된다.

기분은 감정이 드러나는 가장 표면 수준에 있는 것으로, 외부의 관찰자가 인지하는 첫 번째 수준의 감정이다. 때로 개인은 정동, 정서, 기분이 일치하지 않게 표현하기도 한다. 가장성 우울증(masked depression)이라는 우울장애가 있다. 이는 출처가 분명치 않은 정동을 가리키는 진실하지 못한 또는 거짓된 자신을 나타낸다. 예를 들면, 어떤 사람이 행복과 만족의 가면을 쓸 수 있지만 그 웃는 얼굴 뒤에는 우울과 분노의 정서와 정동이 있을 수 있다. 그런 경우 결국에는 그 가면에 균열이 생기고 진짜 정서와 정동이 외부 관찰자와 그 사람 모두에게 분명해지는 일이 발생한다. 이 거짓 자기는 자살과 관련하여 심각한 영향을 미친다.

보통 우울한 정동, 정서, 기분은 수시간, 수일, 심지어 수개월 동안 정신에 어두움을 드리운다. 그러나 그것이 정신질환이 있다는 증거가 되지 못하고, 또 그러한 상태가 정상적인 삶을 살지 못하도록 하지도 않는다. 그것은 본질상 일시적이며 커다란 문제를 일으키지 않고 지나간다. 그렇지만 개인의 우울증이 일 년 이상 상대적으로 줄어들지 않고 기능을 손상시키는 심각한 절망을 동반한다면 그 우울증은 비정상적(엄밀히 말하면 병적)으로 여겨진다.

단일한 실재의 우울증은 정상에서 비정상에 이르기까지의 연속(continuum)을 형성한다. 한쪽 극단인 연속의 정상적인 끝은 일상 기능을 방해하지 않는 일시적인 슬픔, 애도 그리고 사별의 경험이다. 그것은 대부분의 사람들이 가벼운 실망이나 실제적인 중요한 상실로 인해 겪는 경험일 것이다. 연속의 다른 한쪽 끝에는 보다 지속적이고 손상을 입히는 신경증적인 우울증과 정신병적 우울증과 같은 임상적 우울증의 형태가 있다.[7)]

사기의 회복

특정한 증세나 분류와는 상관없이 모든 우울증 사례에 공통되는 하나의 특징은 사기(morale)의 상실이다. 실제 임상에서 사기는 개인 일상의 도덕성, 목적의식 그리고 충성심에서 드러난다. 심리학적으로 우울한 사람의 사기가 회복될 수 있다면 그 사람의 회복의 기회는 엄청나게 증가한다.

일반적으로 사기의 상실은 개인의 정신, 의지 또는 용기의 붕괴와 관련이 있다. 제롬 프랭크(Jerome Frank)는 우울증의 보편적인 특성 중 하나로 사기 저하(demoralization) 상태를 정의하면서 사기 저하된 사람을 다음과 같이 묘사한다.

> [그들은] 스스로 자신의 기대나 다른 사람의 기대를 충족시키지 못했다는 것을 알고, 어떤 시급한 문제에 직면할 수 없다는 것을 안다. 그들은 상황이나 자신을 변화시키는 데 무력감을 느낀다. 심한 경우 그들은 미칠 것 같은 두려움이 생기면서 감정을 조절할 수 없

7) Regier, Hirshfeld, Goodwin et al.(1988). 이들 저자는 미국에서 주요(정신병적)우울증이 6개월 동안 전 인구의 3%에서 발견되고, 일생 동안에는 거의 두 배인 5.8%에서 발견된다고 한다. 그들은 1년에 주요우울증에 사용되는 국가적인 비용이 160억 달러 이상이라고 한다. 기분부전증(신경증적 우울증)은 일생 동안 인구의 3.3%에서 발견된다. 이 두 장애를 합치면 6개월 동안의 유병률은 5.8%였다. 이는 약 1,000만 명에 해당된다. 그리고 평생 유병률은 8.3%로 약 1,400만 명의 미국인이 평생 동안 한 번 이상의 우울증을 겪는다. 임상적인 우울증은 우리의 중요한 보건문제 중 하나다.

> 다는 두려움을 느낀다. 이것이 정신치료의 도움을 청하는 그들의 특징이다. 그들의 삶의 공간은…… 시간과 공간에서 제한된다. 그러므로 그들은 좁은 습관적인 행위에 고착되고, 새로움과 도전을 피하고, 장기계획을 세우기를 꺼려한다. 그들은 마치 심리학적으로 시공간적인 모퉁이에 위축돼 있는 것 같다.[8)]

사기 저하된 개인은 인생의 어려운 상황에 직면할 수 없고 거기서 벗어날 수도 없다고 느낀다. 그러한 느낌은 일반적으로 환경적인 스트레스뿐 아니라 개인의 정신에 형성된 취약성에서 비롯된다. 정신치료는 그런 사람을 도와 학습된 무력감, 실존적인 실망 및 절망과 같은 사기 저하된 상태를 극복하게 하는 데 매우 효과적일 수 있다.

나도 프랭크와 마찬가지로 사기 저하가 대부분의 사람들이 정신치료에 오는 주된 이유 중의 하나라고 생각한다. 사기 회복은 환자의 의미에의 탐구를 포함한다. 그것은 자신과 미래에 대한 새로운 확신에 기본이 될 수 있는 인생을 새롭게 하는 의미다.

우울증의 이해: 전체적인 접근

이미 밝혔듯이, 우울증과 자살을 보는 나의 견해는 분할론자보다는 총괄론자에 가깝다. 그렇지만 각 사례를 이해하기 위해서는 하나의 체계로 합치기 전에 여러 요인들(생물학적, 심리학적,

8) Frank(1963), pp. 314–315; Frank(1974).

사회적, 실존적/영적)로 분리할 필요가 있다고 생각한다. 만일 하나의 요인 그룹을 다른 것에서 분리하여 그것에 우울증과 자살에 관한 '진리'가 있다고 말한다면 그것이 바로 우리가 어려움에 처하는 곳이고, 때이고, 방법이고, 이유다. 나는 우울증이나 자살을 총체적으로 이해하기 위해서는 모든 요인 그룹이 다 고려되어야 한다고 믿기에, 모든 사례에 대한 나의 접근은 전체적인 접근 혹은 체계적 접근이라고 부르기도 한다.[9] 그렇지만 전체 체계를 고려하기 전에 다양한 요인 그룹을 살펴보자. (1) 생물학적 요인, (2) 심리학적 요인, (3) 사회적 요인, (4) 실존적/영적 요인.

생물학적 요인

우울증의 병인론에는 생화학적인 화합물이 분명히 포함된다. 우울증은 뇌 속의 특정한 단가아민 신경전달물질의 농도가 낮거나 이들 신경전달물질이 각 신경세포에 수용되는 것의 장애와 관련돼 있다.[10]

정신신경내분비학(psychoneuroendocrinology: PNE)은 단가아민 신경전달물질이 시상하부에서 펩타이드의 분비와 함께 뇌하수체샘의 호르몬 분비도 조절한다는 것을 보여 준다. 부신 호르

9) von Bertalanffy(1968).

10) 세 개의 주요 단가아민 신경전달물질은 카테콜아민인 노르에피네프린과 도파민 그리고 인돌아민인 세로토닌이다. 서로 다른 형태의 우울증이 이들 각각의 생화학적 화합물의 낮은 농도와 상관관계가 있다는 주장을 지지하는 증거들이 많아지고 있다(Schildkraut, Green, & Mooney, 1989 참조). 그렇지만 몇몇 연구에서는 우울증에서 카테콜아민의 배출이 증가하고 신경수용체의 활성이 저하되었다는 사실이 발견되었다. 이는 신경전달물질의 농도와는 상관없이 그들의 기능적인 저하가 우울증과 관계가 있다는 것을 보여 준다(Rush, 1990 참조).

몬 체계와 갑상선 호르몬 체계는 균형이 깨졌을 때 종종 우울증을 일으키는 두 개의 중요한 내분비체계다.[11)]

정신신경면역학(psychoneuroimmunology: PNI)은 개인의 면역체계에 심리적인 사건과 신경학적인 사건이 미치는 영향을 연구한다.[12)] 개인 마음의 심리적인 상태가 그 사람의 일반적인 건강에 영향을 미칠 수 있다는 최근의 연구가 생물학의 희망을 다룬 노먼 커즌스(Noman Cousins)의 책에 실려 있다.[13)] 그것은 악성 흑색종을 앓고 있는 두 그룹의 환자를 포함했다. 대조군인 한 그룹에게는 그 상태에 맞는 표준 의학적인 치료를 하였다. 다른 한 그룹에게는 똑같은 치료 외에 정신사회적인 강화를 하였다. 이는 좌절감, 무력감, 절망감을 극복하는 데 집단적인 지지, 치료 그리고 특별한 도움을 주는 '도전자의 사회(Society of Challengers)'라는 팀에 의해 시행되었다. 우리는 유머가 정신사회적 강화의 한 부분이라고 가정할 수 있다. 그 팀의 한 구성원이었던 커즌스가 자신의 치명적인 질환을 웃음으로(예를 들면, 막스 형제의 영화를 보면서) 성공적으로 치료했던 것으로 유명했기 때문이다.[14)] 모든 피험자는 연구를 시작할 때와 6주, 6개월 그리고 1년 간격으로 기분 상태, 질병에 대한 인격의 적응, 삶의 질 그리고 면역세포의 기능이 측정되었다. 이러한 측정치들은 정신사회적인 강화가 긴장, 불안, 우울 그리고 낙담의 감소와 의미 있는 상관관계

11) Schildkraut, Green, & Mooney(1989).

12) Ader(1981).

13) 파지 파지(Fawzy Fawzy)와 노먼 커즌스 등이 수행한 이 연구는 Cousins(1989), pp. 250-263에 보고되었다.

14) Cousins(1975).

가 있고, 질병에 대한 인격의 적응과 삶의 질의 향상 그리고 긍정적인 면역체계의 변화와 의미 있는 상관관계가 있다는 것을 보여 주었다.

유전연구(양자, 쌍둥이, 가족)는 우울증이 유전된다는 것을 시사한다. 이것은 특히 양극성장애나 조울증에서 그러하다.[15)]

심리학적 요인

프로이트 학파의 견해는 시작으로서 중요하다. 초기 정신분석학 이론에서 우울증은 리비도(libido)의 막힘으로 간주했다. 이 이론은 성적인 욕망이 충족되지 못한 채 방치되면 사람들은 자신이 불필요하고 사랑받지 못한다고 느끼고, 결과적으로 자기 비난과 자기 비하를 하게 된다고 주장한다.[16)]

지그문트 프로이트(Sigmund Freud)의 이 분야의 고전적인 작품 『애도와 우울증(*Mourning and Melancholia*)』은 정상적인 사별과 병적인 우울증을 비교한다.[17)] 프로이트에 의하면, 사랑하는 사람이 아직도 살아 있고 건강하다고 해도 사별과 같은 정도나 그보다 더 심한 우울증을 경험할 수 있다. 프로이트가 멜랑콜리라고 부른 이것은 사랑 또는 만족의 대상으로서의 애착 대상의 상실에서 올 수 있다. 개인은 상실한 애착 대상에게 분노를 느끼지만, 그 분노는 애착 대상에게 전해질 수 없기에 그 사람의 자

15) Gershon, Berettini, & Goldin(1989); Gershon, Hamovit, Guroff et al.(1982); Weissman, Kid, & Prusoff(1982).

16) Abraham(1927).

17) Freud(1959).

아로 향하게 된다. 이런 우울증적인 반동효과는 무엇보다도 분노를 품고 있다는 것에 대한 (초자아로부터 오는) 죄책감으로 인해 더 나빠질 수 있다. 프로이트는 멜랑콜리를 '극심한 고통스러운 낙담, 외부세계에 대한 관심의 중단, 사랑하는 능력의 상실, 모든 활동의 억제, 때로는 극단적인 망상적 수준에 이르기까지의 자존감의 감소'로 특징지었다. 정상적인 애도 또는 사별도 비슷한 증상을 보이지만 두드러진 자존감의 저하는 보이지 않는다.

하인즈 코헛(Heinz Kohut)은 이상화된 애착 대상이 없이 개인은 자존감과 에너지 결여에 기반한 '공허한 우울증(empty depression)'을 발전시키거나 자기 거절에 기초한 '죄업 우울증(guilt depression)'을 발전시킨다는 견해를 견지한다.[18]

칼 융은 다른 초기의 정신분석학자들과 같이 우울증을 막힌 리비도로 보았다. 그것은 '고착된' 느낌으로서 에너지와 즐거움의 상실을 초래한다. 그렇지만 그는 또한 우울증을 근본적으로 다르게 상징적인 '자궁'으로의 퇴행으로 보았다. 그것은 때로 '영혼의 상실'을 동반하는 '정신의 죽음'으로 기술되는 무의식 상태와 관계가 있다. 융에게 그런 우울한 깊은 곳으로의 하강은, 개인의 입장에서 활성화된 과거의 측면을 의식과 현재로 통합하기 위한 목적으로 '과거로 돌아가기'를 용이하게 해 주는 불수의적인 내향화를 의미했다.[19]

융은 또한 원초적 물질(prima materia, 다시 말해 집단적 무의식)로

18) Kohut(1977).

19) 이 부분의 융의 인용은 Jung(1967a), pp. 169-170, 293, 404, 408, 435에서 발췌한 것이다.

의 퇴행에 관해 기술했다. 그것은 '위험이 굉장히 큰' 곳이고 개인이 '절멸과 새로운 인생 사이에 걸려 있는' 곳이지만, '재생을 위한 모성적인 용기(vessel)'를 찾는 곳이기도 하다. 그는 계속해서 "만일 원초적 물질이 의식으로 동화될 수 있다면 그 내용물은 재활성화되고 재구성될 것이다."라고 주장한다. 덧붙여 융은 남녀 영웅 정체성의 희생을 '자아성의 포기'와 상실된 영혼의 되찾음으로 기대하였다.

융의 해석자들은 우울증의 특별한 가치를 분명히 해야 할 때 서로 다른 태도를 취한다. 예를 들어, 오다즈닉(Volodymir Walter Odajnyk)은 "자아가 보존돼 있지만 욕동(drive)의 압력과 무의식의 요구에 기꺼이 타협하려고 할 경우의 우울증에 한해서 유용하고 치료적이다."라고 말한다.[20] 이것은 프로이트 학파나 신프로이트 학파의 견해에 더 가까워 보인다. 대조적으로 나는 심한 우울증에서 의미 있는 변화와 치료가 일어나기 위해서는 자아가 상징적으로 죽어야만 한다고 주장한다. 스타인버그(Steinberg)의 생각이 나의 관점에 더 가깝다. 그는 구원의 모델을 이용하여 심하게 우울한 사람의 성공적인 분석을 부정적인 부모의 함입물(含入物, introjects: 우울한 사람은 이를 다른 사람에게 투사한다.)의 죽음과 '보다 자기에 가까운 그리고 자기를 반영하는 새로 구성된 자아'의 재탄생을 포함하는 것으로 보았다.[21] 나중에 스타인버그는 우울증에 관한 융의 견해를 죽음-재생의 경험을 통한 거듭나

20) Odajnyk(1983).

21) Steinberg(1984).

기의 가능성을 지닌 것으로 요약하고, 이런 거듭나는 우울증을 목적적이고 창조적이라고 묘사한다.[22] 스타인버그는 정신병적 우울증이 다른 형태의 우울증과 연속선상에 존재한다고 보고, 내가 했던 것처럼 우울증이 심할수록 자기 비난과 억압된 자기로 향한 공격성과 더욱 혼합된다고 주장한다. (그리고 나는 여기에 상징적으로 죽을 필요가 있는 부정적인 자아정체성을 추가하고 싶다.)

행동주의자들의 접근은 그들의 개념적인 기초로 학습이론과 기능적인 분석을 이용한다. 우울증의 행동이론들은 우울증의 증상을 일으키고 유지하는 데 필요한 특수하고 특정한 행동을 가려 낸다.[23] 예를 들어, 행동주의자들은 우울증이 개인의 환경에서 긍정적인 강화가 상실되고 부정적인 강화가 증가하여 생겨난다고 보았다.[24]

이와 반대로 우울증에 대한 인지적인 접근은 아론 벡(Aaron Beck)이 제시한 것처럼 우울증으로 이르게 한 것은 외적인 사건이 아니고 개인의 그 사건에 대한 내적인 표상이라고 주장한다.[25] 본질적으로 벡은 부정적으로 왜곡된 사고 패턴(관념과 이미지)이 우울한 증상의 근본 원인이라고 주장한다. 달리 말해서, 사람들은 상실을 파괴적인 방식으로 평가하는 잘못된 내적 정보처리체계에 의해 우울증에 노출돼 있다는 것이다. 그 결과, 그들이 자신과 세계 그리고 미래를 평가하는 데 해로운 영향을 미치는

22) Steinberg(1989).
23) Jarett & Rush(1985).
24) Ferster(1973).
25) Beck(1972).

부적절하게 부정적인 태도를 만들어 낸다.

비록 행동주의적/인지적 접근이 제한적이긴 하지만 그것은 중요하고 강력하다. 결국에는 어떠한 치료도 인지적이고 행동적인 변화가 없으면 가치가 없는 것이다. 그렇지만 똑같이 중요한 정동적인 요소가 인간관계에서 가장 분명히 나타난다.

우울증에 이르는 인간관계의 측면을 강조하는 이론은 아이나 어른이나 모두 개인의 만족스럽지 못한 인간관계와 사회적 역할의 장애로 인한 기여를 강조한다.[26] 존 보울비(John Bowlby)는 성장한 후에 우울증을 피하기 위해서는 어머니(또는 초기의 부모 대리인)와의 정동적인 결합이라는 특별한 발달과정이 중요하다고 주장했다.[27] 그에 대한 설명은 이런 초기의 친밀감이 잠재적인 기억으로 남아 나중에 그 사람이 우울해지는 데 취약할지도 모를 어떤 무가치감이나 절망감을 상쇄하는 데 기여한다는 것이다. 그런 모성적인 결합이 없으면 성장하면서 사회적인 결합을 약하게 맺기 쉽고, 이런 약한 사회적인 결합은 우울증의 발병률을 높이게 된다.

사회적 요인

몇몇 연구는 과도한 스트레스에 의해 우울증이 생길 수 있다고 보고하였다. 그런 스트레스는 직업 상태, 경제적인 처지, 살아가는 조건 등과 같은 개인의 사회적인 기반을 심하게 변화시

26) Arieti & Bemporad(1978).
27) Bowlby(1969, 1973).

키는 일생의 사건에서 비롯된다. 이런 성질의 사건(사회적인 스트레스원으로 알려진)은 개인의 입장에서 상당한 양의 심리적인 적응을 요구하는데, 그 적응에 실패하면 우울증을 일으킬 수 있다.

우울한 환자들은 우울증이 발병하기 전 6개월 동안 정상 대조군들보다 약 3배 많은 사회적인 스트레스원을 가지고 있다는 것이 여러 연구에서 밝혀져 왔다.[28] 이런 소견은 주요우울증이 여성들과 별거나 이혼한 사람들 그리고 청소년에게 많다는 사실을 설명하는 데 도움이 된다. 왜냐하면 이들 그룹이 다른 그룹보다 높은 수준의 스트레스에 더 취약하기 때문이다.[29]

그러나 사회적인 스트레스원이 우울증에 기여한다는 사실을 부인할 수 없다고 하더라도 이들 스트레스원 자체가 우울증의 필요충분한 원인이라고 주장할 수는 없다. 대신 그것들은 위기를 견디기 위한 개인적인 자원(예: 돈, 긴밀한 가족관계, 신체적 건강)의 결여와 같은 이미 존재해 온 우울증의 소인으로 작용할 수는 있다.

지금까지는 이 분야에서 충분한 연구가 실행되지 못하고 있다. 아마도 그것은 두 가지 이유에서일 것이다. (1) 우울한 사람에게 이미 존재하는 개인적 자원의 결핍이 그들의 우울증의 원인인지 결과인지를 결정하는 객관적인 기준이 없다. (2) 우울한 사람의 개인적인 자원과 그들이 경험한 스트레스가 주는 삶의 사건 사이의 기능적인 차이가 때로 모호하다는 것이다. 비슷한

28) Paykel, Myers, Dienelt et al.(1969).

29) Hirshfeld & Cross(1982).

어려움 때문에 노숙자, 빈곤층, 실업자, 압박받는 소수민족과 같은 사회적으로 취약한 개인이, 그들이 속한 사회가 그들로부터 특별한 역할과 가치 있는 정체성 그리고 그들 자신의 운명에 대한 조절기능을 빼앗아 갔기 때문에 우울증에 걸린다는 연구를 할 수 없다.[30]

실존적/영적 요인

내가 몹시 존경하는 의사이자 이론가인 엥겔(Engel)은 의료직을 기술적이고 질병(disease) 중심적인 모델에서 보다 질환(illness) 지향적이고 환자 중심적인 생물정신사회적 모델로 확장하려고 힘써 왔다.[31] 그러나 내가 볼 때 그는 충분히 발전시키지 못했다. 나는 융과 마찬가지로 이미 논의해 온 생물학적, 심리학적, 사회적 요인에 더하여 환자의 영혼에 관한 이슈를 말해야 한다고 느낀다. 나는 정말로 신체적, 정신적, 사회적 치료과정 등 어느 것에서도 영혼이 중심요소라고 생각한다.

나는 영혼을 다음과 같이 정의한다.

> [영혼은] 존재를 전체로 만들고 사람을 완전히 인간으로 만드는 안정화하고 통합하는 힘을 생기게 하는 빛나는 심혼 또는 생명을 주는 힘이다. 전체가 된 사람들은 인생의 의미와 목적을 알 수 있고, 낙관주의, 감수성, 수용성, 공감 그리고 창조성을 느끼고 경험

30) 이 이론에 대한 논의는 Bart(1974) 참조.
31) Engel(1977).

할 수 있다. 마음과 지성이 사고와 이성(로고스)의 장소인 데 비해, 영혼은 정서적인 도덕적 본성—감정과 사랑(에로스)—의 장소다.[32)]

영혼을 모든 치료적인 노력으로 고려한다고 주장하는 나의 전제는 아마도 19세기의 실존주의자 프리드리히 니체(Friedrich Nietzsche)에 의해 가장 잘 표현되었을 것이다. "왜 사느냐는 의문을 갖는 [사람은] 거의 모든 어떻게를 견딜 수 있다." 이 같은 철학이 빅터 프랭클(Viktor Frankl)의 로고테라피 학파에서 채택된다. 그것은 "인간 존재의 의미뿐 아니라 그 의미를 향한 개인의 추구에도 초점을 맞춘다."[33)] 프랭클은 홀로코스트 동안 그가 아우슈비츠와 다른 나치 수용소에 수용당했을 때 의미의 심리학을 발전시켰다. 그는 의미에의 추구가 인간 존재 행위의 주된 동기이고, 고통을 겪고 있는 사람이 그것에서 의미를 발견할 수 있다면 실제로 어느 정도의 고통이라도 견뎌낼 수 있다는 것을 알았다.

프랭클의 심리학적인 접근에서 보면 우울증은 실존적 좌절에서 온다. 어떤 사람이 인생과 고통에서 의미를 발견하는 데 실패하면 그 사람은 존재론적으로 좌절하게 된다. (프랭클은 이 실패의 결과를 '의미에의 의지'의 상실이라고 기술한다.) 그러므로 프랭클에게 우울증을 만드는 것은 스트레스나 긴장이 아니고 스트레스나 긴장에 대한 의미를 발견할 수 없는 것이다. 그는 정말로 스트레스와 긴장을 우울증과 관련된 주요한 문제라고 보지 않는다.

32) Rosen(1989).
33) 이 부분의 인용은 Frankl(1984)에서 발췌하였다.

> 우리가 실제로 필요로 하는 것은 긴장 없는 상태가 아니라 오히려 가치 있는 목적, 자유로이 선택된 과제를 향한 갈망과 노력이다. 그가 필요한 것은 모든 대가를 치르고서라도 긴장을 완화하는 것이 아니고, 그에 의해 채워지기를 기다리는 잠재적인 의미의 부름이다.

우울한 사람은 완전한 무의미와 내적인 공허감을 경험하는데, 이것이 프랭클이 '실존적 공허(existential vacuum)'라고 부른 상태다.

융의 견해도 비슷하다.[34] 그는 "정신은 그것의 존재 의미를 알 필요가 있다."고 주장한다. 그는 노자를 인용하여 도(간단히 말해서, '생기(life force)')를 '의미' 또는 '목적'이라고 규정하면서 의미에의 추구가 얼마나 중요한가를 보여 준다. 이런 언급에서 보면 도교 철학에서 의미를 발견하거나 영성을 획득하기 위한 전제조건이 내적인 텅빔(emptiness)—손에 넣을 수 있고 잠재적으로 성스러운 공간—이라는 것이 흥미롭다. 그것은 프랭클의 실존적 공허와 많이 비슷해 보인다.

에이브러햄 매슬로(Abraham Maslow)가 절정 경험의 후효과를 '의미충족감'이라고 한 묘사는 우리의 정신건강에 의미가 차지하는 중요성에 관한 프랭클의 이론과 유사점이 있다. 매슬로는 인간은 "그 또는 그녀가 햇빛, 칼슘 또는 사랑이 필요하다는 의미에서 인생의 가치와 철학 그리고 따르고 이해받을 종교 또는 종교의 대리물이 필요하다."고 했다.[35]

34) Jung(1967b), p. 346; Jung(1969), pp. 486-487.

융 심리학은 한 사람의 전체성을 향한 진행(개성화)은 그의 인생에서 의미의 발달과 보다 높은 권능 또는 최상의 존재(자기)와의 만남을 포함한다고 한다. 이 이론은 매슬로가 자기 실현이라고 부른 것과 비교할 만하다. 매슬로는 자기 실현돼야 할 사람들은 의미와 영성에 관계되는 가치를 지녀야만 한다고 주장한다. 만일 그것을 갖지 못한다면 그들은 그가 '가치질환(value-illnesses)' 이라고 명명한 것을 발전시킬 것이다. 그것은 '무가치에서 비롯되고 무감동, 아노미, 부도덕, 절망, 냉소주의 등으로 다양하게 불린다.' 이 목록에 우울증과 타락을 더해도 매슬로에 모순되지 않는다.

나의 우울증을 극복하는 접근도 인생과 고통 속에서 의미를 찾는 것의 중요성에 찬사를 보낸다. 나는 환자들에게 창조적인 표현과 예술적인 작품을 통해 그것을 하도록 도와준다. 이는 고전적인 생각이다. 예를 들어, 플라톤은 음악과 심혼 사이의 강력한 치료적인 연관성을 언급했다. "음악적인 리듬과 화음이 영혼의 내면의 장소로 들어간다." 그러나 그것은 오늘날에도 많은 사람들이 지지하는 생각이다. 최근에 가장 널리 알려진 이 생각의 지지자 중의 한 명은 로버트 풀검(Robert Fulghum)이다.[36] 한번은 그가 일종의 '한겨울의 심혼의 부패' 또는 우울증을 겪어 본 적이 있느냐는 질문을 받았을 때, 그는 "보세요, 나는 바닥에 있어요. 여기서 나가려면 사다리가 필요해요."라고 답했다. 그는

35) Maslow(1968).

36) Fulghum(1988).

우울증의 삽화에서 벗어나기를 원할 때는 언제나 베토벤의 9번 교향곡을 듣는다고 설명했다.

우울증을 이해하는 전체적인 접근

우리가 살펴보았던 모든 요인 그룹이 어떻게 상호 관련되는가를 예시하기 위해 몇 가지 우울증 사례를 구성해 보자. 어떤 남자가 직업을 잃었다고 가정해 보자(사회적 요인). 그가 대부분의 시간과 에너지를 그 직업에 써 왔기 때문에 그는 이제 인생의 방향과 목적을 상실한 것처럼 느낀다(실존적/영적 요인). 그 결과 그는 우울감을 가질 수밖에 없었고(심리학적 요인), 이에 그가 건강을 돌보지 않게 되어 더 이상 예전 만큼 기운이 나지 않는 상태에 이른다(생물학적 요인).

두 번째 시나리오로 한 젊은 여자가 그녀의 부모가 그녀에 관해 무슨 생각을 하느냐에 지나치게 신경을 쓴다고 가정해 보자(심리학적 요인). 그녀는 자신이 결코 그들의 기대를 충족시킬 수 없다고 느끼기 때문에 늘 우울하다. 우울증과 끊임없는 걱정 으로 면역체계가 약해져서, 그녀는 만성적인 감염을 앓게 된다(생물학적 요인). 그녀가 아플 때 인생은 의미 없어 보이고(실존적/영적 요인) 이런 태도 때문에 그녀는 친구와 멀어진다(사회적 요인).

위의 두 시나리오에서 어디서 우울증이 시작되는가를 꼬집어 말하기는 불가능하지는 않지만 어렵다. 아마도 보다 이전의 사건에 그 뿌리가 있을지도 모른다. 그렇지만 분명한 것은 언급한 네 가지 요인 모두가 개인의 우울한 상태의 원인이면서 결과라는 것이다. 그것은 단지 논리적일 뿐이다. 네 요인 그룹은 인간의 삶 전반의 주요하고 나뉠 수 없는 구성요소들이기 때문이다.

반대로 우울증은 오직 네 요인 그룹 모두에서의 긍정적인 발달에 의해서 극복될 수 있다. 예를 들어, 첫 번째 사례에서 그 남자가 육체적인 건강을 더 잘 돌보고(생물학적 요인) 치료받는다면(심리학적 요인) 인생이 보다 살 만한 가치가 있어 보일지도 모른다(실존적/영적 요인). 그러면 그는 또 다른 직업에 정착하는 데 필요한 동기를 부여받을 수도 있다(사회적 요인). 두 번째 사례의 여자는 친구들의 건설적인 조언에 귀 기울이기로 작정할 것이고(사회적 요인), 그 결과로 부모를 기쁘게 하는 데 그렇게 열심히 집중하지 않아도 될 것이다(심리학적 요인). 그러면 그녀는 덜 우울하고 걱정도 덜하고 감염도 덜 일으킬 것이다(생물학적 요인). 그렇게 그녀의 건강이 향상된다면 더 이상 인생이 그렇게 의미 없는 것이 아닐 것이다(실존적/영적 요인). 여기서도 두 시나리오 모두에서 어느 시점에서 우울증이 확실히 사라질 것인가를 말하는 것은 불가능하다. 언급된 모든 요인들이 관여될 것이다.

위의 시나리오에서 나의 우울증의 전체적인 체계모델을 찾아보는 것은 아주 쉽지만, 실제 사례는 거의 그렇게 분명하지 못하고 썩 조화롭지 못하다. 실제 인물의 우울증을 관찰하거나 치료하는 사람으로서 네 요인이 모두 관여된다는 것을 알 수는 있지만, 그들 요인 간의 상호 관계는 불가피하게 훨씬 더 복잡하고 비밀스럽고 어떤 가상적인 시나리오가 보여 줄 수 있는 것보다 변화에 완고하다.

이 점을 보여 주기 위해 내가 병원에서 정신과 자문의로 경험한 실생활의 상황 두 가지를 그려 보겠다.[37] 두 상황 모두에서 나는 짧은 시간에 국한된 분명한 우울증의 사례를 보았다. 그럼에도 불구하고 이들 사례는 체계모델의 맥락 안에서 가장 잘 이해될 수 있었다.

첫 번째는 전직 프로 골프선수 에드의 사례다. 그는 전신에 퍼진 악성 흑색종으로 죽어 가고 있었다. 에드는 치료비를 대느라고 재산을 모두 탕진하여 가족, 친구 또는 구호기관에 의지할 수밖에 없게 되었다. 내가 그를 보았을 때, 그는 생물학적, 심리학적, 사회적 그리고 영적으로 심하게 우울하다고 할 수 있었다. 그러므로 나는 약, 정신치료, 사회적 도움 그리고 영적 지지와 같은 우울증 치료방법을 이용했다. 그 결과, 그의 우울 증상은 많이 호전되었고, 그는 평화롭게 위엄을 갖고 죽을 수 있었다.

두 번째는 40대 중반의 과부인 엘리노어의 사례다. 그녀는 난소암으로 진단받았다. 내가 처음 그녀의 어두운 병실을 방문했을 때, 그녀의 아들과 두 딸이 침상 주변에 모여 있었다. 그래서 나는 그녀가 많은 가족의 지지를 받고 있다고 느꼈다. 내 소개를 하고 그녀의 우울증을 진찰하러 왔다고 설명하자, 그녀는 울기 시작하면서 "당신이 정신과 의사군요. 내가 볼 필요가 없다고 말했는데. 나는 미치지 않았단 말이에요."라고 화를 내며 말했다. 그녀는 눈물을 닦고, "그래요, 나는 우울해요. 그런데 어느 누가 그렇지 않을까요?"라고 말했다. 그러고는 잠시 멈추더니 다시 큰 목소리로, "나는 정신병자가 아니에요! 병원 치료비를 지불하

37) Rosen(1987).

기 위해 집을 옮겼는데 우울해지지 않겠어요?"

이 여성에게 내가 무엇을 할 수 있었을까? 나는 "네, 저라도 우울할 겁니다."라고 그녀의 감정을 인정했다. 나는 사회적인 도움으로 개입하려고 했지만 소용이 없었다. 나는 심리학적이고 영적인 도움도 제공했지만 그녀가 거부했다. 엘리노어는 과학적으로 임상적인 우울증이라고 분류할 수 있는 것을 앓고 있는 것이 아니었다. 그래서 그녀의 요청으로 나는 다시 가지 않았다. 물론 언제든지 도움이 필요하면 연락하라는 말을 남기긴 했다.

솔직히 이 상황은 나에게 절망감을 남겨 주었다. 임상적으로든 아니든 이 여성은 우울했고, 그녀의 우울증에 분명하게 기여한 요인에 대해 미국에서 합리적으로 제공할 수 있는 의료보호체계가 없었다(예를 들어, 캐나다나 영국이었다면 그녀가 같은 문제를 겪지 않았을 것이다.). 그러나 그녀의 우울증에 있는 이런 특별한 사회적인 요인이 독자적으로 작동하는 것은 아니다. 그녀의 면역 반응이 감소하면서 신체적인 질환을 악화시키고 있었다(생물학적 요인). 그녀 건강의 악화는 다시 그녀 가족의 근심을 더하고, 이것이 그녀에게 더 큰 스트레스를 야기하였다(심리학적, 사회적 요인). 그렇게 이 환자는 인생의 의미를 위협하는 무가치한 악몽 속으로 점점 더 깊이 빠져들었다(실존적/영적 요인).

우울증의 의미와 목적

전체적인 체계모델에서는 모든 시점에서 우울증을 개선시키는 개입이 일어날 수 있다. 위의 사례에서 사회적 요인이 변해야 할 하나인 것처럼 보이지만, 그것이 사회활동의 문제이기에 그 해결책은 정치적인 것이다. 그렇지만 일반적으로 나는 가장 강력한 치료적 정서는 제롬 프랭크가 잉태된 믿음(expectant faith)이라고 부른 것임을 믿는다. 그러므로 우울증을 역전시키는 일을 시작하는 데 가장 희망을 주는 것은 실존적/영적 요인 그룹이다. 이 점을 보여 주는 또 다른 임상 사례를 들어 보겠다.[38)]

매리언의 몸은 암으로 황폐화되었다. 암은 그녀의 폐에서 시작해서 척추를 침범하여 다리를 약하게 하였으며 등에 심한 통증을 유발하였다. 병원에 있는 동안 그녀의 사지는 마비되었다. 의사는 여러 검사와 엑스레이를 찍고 나서 회복시킬 어떤 방법도 없다는 결론을 내렸다.

나는 그녀의 의사 중 한 명이 정신과 자문을 요청해서 처음 매리언의 사례를 알았다. 나는 그 의사에게 두 가지 질문을 하였다. "환자의 문제가 무엇인가요?" "어떤 도움을 줄 수 있을까요?"

그 의사는 "그녀는 우울합니다. 그녀는 다시 걸을 수 없다는 사실을 받아들이지 못합니다. 그리고 우리가 그녀에게 아무것도 할 것이 없다는 것을 받아들이지 못합니다. 아무튼 그녀는 누군가와 이야기할 필요가 있습니다."라고 대답했다.

나는 곧 왜 이 의사는 환자와 이야기할 수 없을까 하는 의문이 들었다. 그가 그녀를 인정하고 그녀에게 귀 기울이고 그녀와 치료적인 관계를 형성하는 길에 무엇이 걸림돌일까? 그가 과로했나? 그가 그녀를 신체적으로 치료할 수 없어서 절망했나?

38) Rosen(1989).

내가 매리언을 만났을 때, 그녀의 첫 의문은 "내가 미쳤나요?"였다. 나는 그녀가 미치지 않았다고 안심시키고 나서 그녀가 현재 상태에 적응하는 데 있을 수 있는 모든 문제를 상의하는 나의 역할을 설명했다. 오랜 침묵 뒤에 그녀는 "제가 왜 밤에 울다가 깰까요?"라고 물었다.

나는 그녀가 분명히 울어야 할 일이 많을 것이라고 생각했다. 퍼져 나가는 암, 등의 통증, 다리의 기능상실 등. 그런데 실제로 그녀는 종교적인 믿음 덕분에 이미 성공적으로 이런 문제를 극복하고 있었다. 그녀는 침대 곁에 성경과 다른 영성 관련 책들을 두고 있었고, 하느님이 언젠가 그녀가 다시 걸을 수 있을 거라고 말했다고 나를 확신시켰다. 그녀를 보다 힘들게 만드는 것은 그녀가 가족에게 짐이라는 느낌이었다. 그녀는 늘 가족을 돌보아 왔고, 이제는 그들이 기꺼이 그녀를 충분히 도와주려 한다는 것을 보여 주는데도 그들의 돌봄을 받아들이는 쪽에 서 있는 것을 어려워하고 있다.

나는 그녀가 영적인 믿음에서 얻은 치유력을 인식하고, 가족에 의지하는 것에 대한 걱정에 대해 성경 구절로 대답해 주었다(내가 통상적으로 하는 것은 아니다.). "무엇이든 씨 뿌린 것은 거둘지니라." 매리언은 감동받은 듯한 환한 웃음으로 반응을 보였다. 그래서 나는 그녀가 자신의 문제의 평화로운 해결책을 찾았다는 것을 알았다.

그 후 나는 그녀의 의사를 위해 대화를 재구성했다. 나는 그가 나에게 요청했던 것, 즉 환자를 수용하고 그녀의 말을 듣고 공감하는 것 등을 그가 할 수 있었을 거라고 확실히 깨달았다. 나는 그가 자신의 감정을 다루는 것을 돕기 위해 내 관점에서 병든 사람을 치료할 수 없다는 절망감을 논의했고, 회복되지 못할 사람을 돌보는 것이 얼마나 어려운가를 강조했고, 그가 이 사례에서 나에게 도움을 요청한 것은 적절한 것이었다고 인정했다. 나는 또한 매리언이 퇴원할 때까지 계속 보겠다고 했다. 다음 면담에서 그녀는 종종 죽는 것을 생각하지만 두렵지는 않다고 말했다. 나는 그녀가 다시 걷게 될 것이라는 하느님의 약속에 대한 해석이 그녀가 한 번 하늘에 있었다는 의미였다는 것을 인정하게 되었다.

의사가 정신과 의사에게 그들의 환자와 이야기하고 그들의 이야기를 들어 주기를 요청할 수밖에 없을 때, 현대 의학에 관해 무엇을 말할 수 있을까? 그것은 의사가 질병에 접근하는 데 아주 좁은 생물의학적인 모델에 찬성한다는 것을 암시한다. 이 모델에 따르면, 그들은 환자의 정서에 대해 부정적인 것뿐 아니라 긍정적인 가치도 있다는 것을 무시하고 전형적으로 병리학적인 용어를 사용한다. 예를 들어, 매리언의 의사는 그녀가 다시 걸을 수 있다는 믿음을 '망상적'이고 그녀의 '질병을 부인하는 것'으로 보았다. 그렇지만 실제로 그녀의 확신은 그녀가 노크를 기다리는 풍부한 양의 잉태된 믿음이 있다는 것을 가리켰다.

베레나 카스트(Verena Kast)는 기쁨, 영감 그리고 희망이 우울증의 예에서 치료적 인자라고 주장하면서, 희망은 학습될 수 있다고 보는 독일의 심리학자 블로흐(Bloch)를 인용한다.[39] 카스트에게(그리고 나에게) 블로흐가 정말로 말하고 있는 것은 인간은

39) Kast(1991); Bloch(1959).

어떠한 어두움 속에서도 빛(은유적으로)을 찾으려는 타고난 성질을 가지고 있다는 것이다. 우울한 사람은 종종 정말로 우울증의 어두움이 결코 끝나지 않을 것이라고 느낄지도 모른다. 그러나 그들이 이런 타고난 성질을 계속 계발해 간다면 결국 희망의 빛은 반드시 새로운 의미를 가지고 그들의—생물학적인, 심리학적인, 사회적인, 실존적인/영적인—모든 세계를 비추면서 앞에서 빛날 것이다.

이제 우리는 광활하고 다양한 영역을 가진 우울증의 땅에 들어섰다. 그것은 고통과 절망의 둘레일 뿐 아니라 커다란 가치와 의미를 둘러싼 것임에 틀림없다. 그러나 암덩어리—생명을 위협하는 요소인 자살을 동반하는 잠재적으로 악성인 우울증—를 지닌 지옥의 지하세계가 있다. 다음 장에서 그것의 영역과 위험성 그리고 그것이 어떻게 창조적인 거듭나기의 씨앗을 품고 있는가를 알아볼 것이다.

2

자살과 그것의 창조적인 잠재력 알기

"파괴에의 열정은 창조적인 열정이기도 하다."
- 마이클 바쿠닌

자살은 매우 유별난 행위이고 인간만의 독특한 문제다. 어원적으로 영어 suicide는 라틴어에서 유래된 것으로 자신의 살해를 의미한다. 그렇지만 자기 살해(self-murder)로 번역되는 독일어 Selbst-mord가 더 정확하다. 결국 자살은 불가사의하게 살인자와 희생자가 같은 사람인 미리 계획된 살인이다. 이를 훨씬 더 혐오스럽게 만드는 것은 그것이 가장 기본적인 자연의 법칙인 자기 보존의 법칙을 완전히 거스른다는 것이다. 분명히 오로지 인간만이 그런 행위를 행할 수 있다. 그래서 까뮈(Camus)는 "오로지 하나의 진실로 심각한 철학적 문제가 있는데, 그것이 자살이다."라고 말한다. 그리고 셰익스피어(Shakespeare)는 햄릿을 통해 인간 존재의 중심문제를 "사느냐, 아니면 죽느냐."라고 표현한다.

역사를 통해 보면, 대부분의 사회는 개인의 자살 성향을 금기시하고 낙인을 찍고, 혹은 정당한 자살 상황과 그렇지 못한 것을 엄격히 구별하려고 애써 왔다.[1] 초기의 기록된 몇몇 사회에서 자살은 두 가지 서로 연관된 믿음 때문에 금지된 것으로 묘사되었다. 하나는 자살자는 다음 생에서 비참하게 산다는 것이고, 다른 하나는 자살자의 유령은 그들이 자신을 죽인 것과 같이 다른 사람을 죽여 복수하려 한다는 것이다.[2] 그리스와 같이 보다 발전된 고대 문명에서는 자살에 대한 태도가 좀 더 양가적이 되었다.

오늘날 자살률은 아프리카의 신흥국과 다른 개발도상국보다 서구에서 훨씬 더 높다. 전자의 사회에서 일반적으로 자살을 악으로 보기도 하지만, 대부분의 전문가들은 이들 사회의 낮은 자살률의 진짜 이유를 죄책감, 자책 또는 무가치감에 기초한 내면으로 향해진 공격성이 없는 것으로 본다.[3]

헤브록 엘리스(Havelock Ellis)는 이 문제에 관한 재미있는 관찰을 보고한다.

> 자살의 유병률은…… 의심의 여지없이 문명발달 정도의 척도다. 이는 인구가 신경질적이고 지적인 체계를 긴장의 정점에 이르도록

1) Noyes(1968).
2) Alvarez(1991); Bloch(1959).
3) 아프리카 부족의 자살에 대한 태도와 자살에 관련된 법률적인 문제에 관한 일반적인 역사 정보는 Kiev(1991)와 Stengel(1973)에 제시되어 있다.

흥분시키고, 때로는 그것이 딸깍하고 닫혀 버린다는 것을 의미한다.[4]

똑같은 생각에서 나는 개인의 자살은 그 자신의 정신 속의 갈등과 복잡성뿐 아니라 자신의 경험을 형성하는 사회 안의 갈등과 복잡성에도 그 원인이 있다고 믿는다.

사회학적 요인

자살의 원인에 관한 당대의 생각을 따라가면 모두 1894년에 초간된 고전적인 저작 『자살(*Suicide*)』을 쓴 에밀 뒤르켐(Emile Durkheim)에 이른다.[5]

뒤르켐은 자살을 개인의 도덕적인 문제일 뿐 아니라 집단적인 인간의 복지문제로 여기면서 자살에 대한 책임을 개인에서 사회로 확장시켰다. 그는 자살을 이기적, 이타적 그리고 아노미적 자살의 세 개의 주요 범주로 분류한다.

이기적(egoistic) 자살은 개인이 적절히 사회에 통합되지 못할 때, 즉 그 또는 그녀가 단절되고 외롭고 집단의 일원이 아닐 때 일어난다. 이동이 심한 20세기 미국 사회에서 가족이나 친구 또는 오래 지속되는 이웃이 없이 고립된 이혼자가 그 한 예일 것이다.

이타적(altruistic) 자살은 개인이 집단(사회적, 정치적 또는 종교적)에 너무나 흡수되어 자발적으로 집단의 리더, 그것의 목적 또는

4) Ellis(1923).
5) Durkheim(1951).

가치를 위해서 자신의 생명을 희생할 때 일어난다. 제2차세계대전 때 일본의 가미가제 조종사들이 이에 해당된다.

아노미적(anomic) 자살은 개인이 자신의 사회적인 상황의 갑작스러운 변화에 대응할 수 없어서 생긴다. 1929년 뉴욕 증권시장의 대붕괴에 따른 자살이 이러한 예를 보여 준다.

십대의 자살

오늘날 미국에서 십대들은 가장 자살 위험이 높은 그룹이다. 여기서 자살은 이기적인 것과 아노미적인 것 모두 나타난다. 자살이 전 인구에서 아홉 번째로 높은 사망 원인인 데 비하여, 미국의 십대들에게는 세 번째로 높은 사망 원인이다(15~19세의 연령군에서는 두 번째로 높다.).[6] 해마다 거의 50만 명의 십대가 자살을 시도하고 6,000명 이상이 성공한다. 20년 전에 비해 2.5배 높은 자살률은 30년 전과 비교하면 거의 4배나 높다. 만일 현재의 비율을 1년 동안 일정한 것으로 보고 환산해 보면, 매 1.1초마다 한 명의 십대가 자살을 기도하고 매 80초마다 그들 중 한 명이 실제로 죽는다는 것을 의미한다. 고등학생의 53%로 추정되는 학생들은 자살을 생각해 봤고 13%는 실제로 시도한다. 대학생이 되면 상황은 더 나빠지는데, 65%로 추정되는 학생이 자살을 생각하고 15%가 시도한다.

6) 이 부분의 통계는 Mishara, Baker, & Mishara(1976)와 Peck, Farberow & Litman(1985) 참조.

왜 앞날이 창창한 사람들에게 자살이 그렇게 주요한 문제일까? 이런 비극적인 추세 뒤의 이유를 조사하면 자살에 관해 무엇을 배울 수 있을까?

나는 의존적인 어린이와 독립적인 성인 사이에서 아직 자리 잡지 못한 젊은이가 그 내재적인 사회적 취약성 때문에 자살을 쉽게 생각하고 시도한다고 생각한다. 현재 미국 사회를 특징짓는 불확실성도 이런 취약성을 만들어 내는 분위기를 제공한다. 어느 면에서 모든 자살자는 나이와 상관없이 내가 누구인가, 그리고 내가 이 사회를 어떻게 살아갈까에 관한 비슷한 문제를 겪는다. 그러나 젊은이의 인생에서 이들 문제를 보는 것은 그것을 가장 순수하고 극적이고 가장 현시적인 형태로 보는 것이다.

1988년 10월 2일자 뉴욕타임즈의 표지만큼 청소년 자살의 고통과 비극을 신랄하게 잡은 이미지는 거의 없다. 표지에는 에이프릴 사비노의 얼굴이 실렸는데 그녀는 뉴욕타임즈가 노숙자 청소년에 관한 탁월한 기사를 준비하는 동안에 자살한 십대 소녀였다. 그녀는 15세로, 이혼한 부모로부터 가출하여 4년 동안 중앙역에서 살았다. 그녀는 중요한 인간관계가 깨진 뒤, 근처 교회 계단에서 권총 자살을 했다. 이것은 특별히 십대의 자살뿐 아니라 일반적인 자살 전반의 문제를 섬뜩하게 상징적으로 보여 주는 특이한 개인의 역사다. 가정에서 충분한 돌봄을 받지 못하고 집 밖 어느 장소에서도 의미를 찾지 못해서 잠재적으로 가치 있는 인생이 끝났다. 그런 젊은이가 교회 계단에서 자살을 감행했다는 사실이 특히 우리 사회에 퍼져 있는 고질적인 가치질환의 증상을 섬뜩하게 보여 준다.

이런 가치질환에 기여하는 하나의 중요한 요인은 상존하는 핵무기에 의한 지구 멸망의 위협이다. 어른들은 바쁜 일상에 매몰되면서 그것에 쉽게 무뎌질 수 있지만, 대부분의 청소년들은 그것을 위협으로 느낄 수 있다. 소비에트 연방이 붕괴되기 전 미국과 러시아 연방의 십대에 관한 연구에서 그들의 주된 걱정은 그들의 부모(개인적인 가정 붕괴와 쉽게 연상될 수 있는 부모의 죽음 또는 이혼)와 핵전쟁의 위협(인간 가족 전체의 붕괴)에 집중돼 있다는 것이 밝혀졌다.[7)]

십대들은 제2차세계대전이 끝나고 나서 그들에게 드리워진 핵위협을 그들 나름으로 이해해 왔다. 풋내기 어른으로서 이런 가능성을 처음 접하면, 그것은 분명 어떤 죽고 싶은 자가 잘못된 시간에 잘못된 장소에서 버튼을 눌러 지구를 잿더미로 만들 수 있다는 미래의 가능성과 함께, 프로이트의 사나토스(thanatos) 또는 죽음본능이 문명국가에 만연한 것처럼 생각될 것이다. 자살한 많은 십대들은 실제로 '그런 세상에 왜 살까?' 라는, 이런 상황에 대한 가장 근원적인 진술을 했을지도 모른다.

개인의 어린이(부모와 관련된) 자아가 분리되고 새로 나타나는 청소년(성인과 관련된) 자아는 자기와 강력한 접촉을 할 수 있다. 또한 자아방어를 가진 나이 많은 성인보다 그림자(정신의 어두운 면)를 더 잘 볼 수 있다. 아메리카 원주민은 미래를 통찰할 때 청소년을 찾아가곤 했다. 왜냐하면 그들이 바로 이런 양날의 환상능력을 가지고 있기 때문이다.[8)] 아마도 우리는 자살하는 청소년

7) Chivan, Robinson, Tudge et al.(1988).

들이 말하고 있는 것을 보다 잘 경청해야 할 것이다.

부모의 잠재적인 상실(문자 그대로 또는 실질적인), 핵전쟁의 위협 그리고 생태계의 오염에 더하여, 다른 이슈들도 점점 더 많은 오늘날의 젊은이에게 자살을 생각하고 시도하게 한다. 이들 이슈는 대부분 사회적이거나 개인적인 문제에서 생긴 것이다. 그런 요인들은 다음을 포함한다.

- 친밀한 관계가 깨짐
- 가정불화
- 폭력의 두려움
- 약물 또는 알코올의 문제
- 심각한 신체 혹은 정신건강 문제
- 심혼의 가치 결여
- 인생의 목표 결여
- 학교에서의 실패
- 원치 않은 임신(또는 중절수술에 관한 갈등)
- 대학에 들어가거나 떠나는 스트레스

2세기 이상, 전문가들은 자살의 묘사가 실제적인 것이든 허구든 예민한 사람들에게 해로울 수도 있지 않을까 하는 논쟁을 벌여 왔다. 이 논쟁은 특히 감수성이 예민한 청소년에 적용할 때 더욱 뜨거웠다. 그것은 모두 괴테(Goethe)의 소설 『젊은 베르테

8) 루이즈 마디(Louise Mahdi)는 내가 이것에 주목하게 해 주었다.

르의 슬픔(*The Sufferings of Young Werther*)』이 출간되던 1774년에 시작되었다.[9] 지적이고 예술적인 성향을 지닌 젊은 베르테르는 난폭한 꿈과 과대망상적인 계획, 비현실적인 사랑 그리고 절망적인 열정에 빠지는 경향이 있다. 마침내 그는 지쳐서 공허감만 남게 된다. "나는 몹시 괴로워. 인생의 유일한 기쁨이었던 것을 잃었으니까. 내 주변의 세상을 만들 때 가지고 있던 신성하고 생기를 주는 모든 힘을 잃었어. 모두 사라졌어!" 이 '힘의 상실'의 결과로 그는 머리에 총을 쏴 자살하고, 비현실적인 애인 중의 하나에게 유언장을 남긴다. 젊은 베르테르의 비극적인 운명과 그것이 표현된 낭만적인 방식은 즉시 모방살인의 물결을 부추겼다.

그 사건의 기억이 정신의학에 계속 따라다녀서, 미국의 정신과 의사 필립스(D. P. phillips)는 자살에 관한 암시의 영향을 '베르테르 효과'라고 불렀다.[10] 현재 이러한 결과로 생긴 십대들의 죽음의 유행병은 '모방자살(copycat suicide)'로 알려져 있다. 오늘날에는 텔레비전의 영향이 과거 문서로 된 것의 영향만큼이나 논쟁을 불러일으키고 있다. 필립스와 캐러텐슨(Caratensen)은 1973년과 1979년 사이에 전국적으로 방영된 38개의 자살에 관한 텔레비전 뉴스나 특집방송이 미국 십대의 자살률에 부정적으로 영향을 미쳤다고 보고했다.[11] 이와 관련된 다른 프로젝트에서 굴드(Gould)와 셰퍼(Shaffer)는 4개의 텔레비전 영화에서 자살 줄거리의 영향에 대하여 비슷한 결과를 발견하였다.[12]

9) Goethe(1957).
10) Phillips(1974).
11) Phillips & Caratensen(1986).

심리학적 요인: 비융학파의 관점

프로이트는 인간의 정신에 있는 두 가지 근원적인 욕동을 가정했다. **리비도(libido)**라고 부른 성적인 욕동과 **데스트루도(destrudo)**라고 부른 공격적인 욕동이 그것이다. 자살은 이 공격적인 욕동이 가장 극단적인(또는 살인의) 자기 파괴적 형태로 내면을 향한 것이다.[13] 만일 우울증(자기로 향한 분노)이 죽음본능과 융합한다면 그런 사람은 자살하기 쉽다.

칼 메닝거(Karl Menninger)는 프로이트의 개념을 다듬어 자살 행위가 일어나기 위해 필요한 세 가지 요소를 가정한다.[14] 첫 번째는 **죽이고 싶은 소망**으로, 공격적인 욕동을 나타낸다. 두 번째는 **죽임을 당하려는 소망**으로, 내면을 향한 살인적인 분노와 같은 강한 정동을 반영한다. 세 번째는 **죽고 싶은 소망**으로, 죽음본능을 나타낸다. 메닝거는 실제적인 자살이 일어나기 위해서는 이들 세 요소 모두가 있어야만 한다고 주장했다. 그는 또한 **구조받고 싶은 소망**이 항상 있다고 했는데, 오늘날 이것이 모든 자살 예방과 치료의 토대가 된다.

도널드 위니콧(Donald Winnicott)은 자살이 죽음에 대한 양가감정과 관련이 있다고 믿는다.[15] 이런 양가감정은 어떤 사람들에

12) Gould & Shaffer(1986).
13) Freud(1959).
14) Menninger(1928).
15) Winnocott(1986), pp. 173-182. Winnicott(1958, 1965, 1971)도 참조.

게는 존재의 상태로서 죽음을 향한 이끌림과 거부감이 동시에 나타나는 것으로 표현된다. 또 어떤 사람들에게는 아직 신체적으로 살아 있지만 이미 죽은 것으로 느끼는 형태를 갖는다. 이런 사람들에 대해 그는 "자살, 즉 그의 정신에서는 이미 일어난 죽음으로 육신을 보내어 해결[그들의 '죽음'의 느낌에 대한]을 찾아야 하는 게 아닐까 생각하면서 그들의 인생을 보낸다."고 말한다. 위니콧은 심하게 우울해서 자살을 생각한 사람은 죽음과 오래전에 죽은 것, 즉 진정한 자기를 탐색하는 것에 대해 매우 복잡한 감정을 갖는다고 강조한다.

병리적이지 않은 상황에서 거짓 자기—맥카피(McAfee)가 페르소나 혹은 돌보는 이의 자기(caretaker self)[16]라고 부른 것—는 단순히 공허감, 불확실성 그리고 무의미감으로 경험된다. 병리적인 상황에서 그 사람은 거짓 자기를 진정한 자기로 생각한다. 진정한 자기가 완전히 숨겨져 있기 때문이다. 위니콧은 이 딜레마를 자살과 연결시킨다. 만일 '진정한 자기'가 본래의 특성을 발휘하도록 하는 상황을 찾을 수 없다면 '그것의 임상적인 결과는 자살이다.'

심리학적 요인: 융학파와 후기 융학파의 관점

융은 자살의 주제를 자신의 논문에서 직접 말하지 않았다. 그러나 그의 견해는 서간문에서 드러난다.[17] 그는 자살을 자기에

16) McAfee(1983).

대한 범죄로 보면서 분명하게 반대했다. 1946년의 편지에서 그는 다음과 같이 언급하고 있다.

> 자살의 생각은 그 자체로 이해될 수 있지만, 내게는 좋아 보이지 않습니다. 우리는 가능한 한 최상의 심혼의 발달과 자기 인식을 위해 살아갑니다. 생명이 지속되는 한, 비록 그것이 미미할지라도 당신은 의식의 발달을 위해 생명을 지속시켜야만 합니다. 때가 되기 전에 삶을 중단하는 것은 아직 끝마치지 않은 실험을 중지하는 것입니다. 우리는 우리 자신이 그 중간에 있는 것을 알고 그것을 끝까지 수행해야만 합니다.

그 후 1951년에 융은 심한 우울증을 가진 한 미국 여성에게 자살에 관한 편지를 썼다.

> 인생의 목표는 자기 실현입니다. 자살하면 당신은 살아가면서 그 궁극적인 목표로 인도하는 자기 의지를 없애는 것입니다. ……자살은 살인이라는 것을 알아야 합니다. 자살 뒤에 남는 것은 다른 보통의 살인과 똑같이 주검입니다. 단지 살해당한 사람이 당신 자신일 뿐입니다.

마지막으로 1955년에 그가 영국의 한 병든 늙은 여성에게 쓴 편지에서 다음과 같은 자살에 관한 언급이 나온다.

17) Jung(1973), p. 434; Jung(1975), pp. 25, 278–279.

> 만일 제가 당신의 처지라면, 제게 무엇이 일어날지 알지는 못하겠지만 자살을 미리 계획하지 않을 것이란 점만은 분명합니다. 저는 제 운명을 견딜 수 있는 한…… 인간적으로 가능한 한 오랫동안…… 매달려야 합니다. 그러므로 저는 당신이 소위 말하는 합리적인 고려에서 자살을 하도록 조언할 수 없습니다.

융학파 분석가인 브루노 클로퍼(Bruno Klopfer)는 나의 자아 죽이기 개념과 매우 비슷한 보다 발전된 자살 반대 입장을 취한다.[18] 그는 융의 서간문이 출간되기 전에 융의 논문 「영혼과 죽음(The Soul and Death)」에 근거하여 융이 자살에 반대할 것이라고 추론하였다. 클로퍼는 융학파의 자살에 관한 관점을 요약해서 말한다. "[자살은] 죽음의 또 다른 면을 강조한다. 그것은, 자살 성향이 있는 사람이 거의 인식하지 못하고 있는 것으로, 심혼의 재생을 향한 동경이다. 죽음과 재생의 원리는 삶의 과정이 전개되는 데 필수적인 것이다." 그는 덧붙여 말한다. "이와 관련하여 죽음은 분명히 자기와의 관계상실이며, 그렇기 때문에 인생의 의미와 관계가 단절된 자아의 죽음으로 여겨진다. 자아는 그 관계를 다시 수립하고 새로운 삶의 의미를 가지고 재생되기 위해 [태모]의 자궁으로 들어가야 한다."

자아의 이런 여행을 논의하면서, 클로퍼는 그것이 기적적일 뿐 아니라 얼마나 파괴적일 수 있는지를 조심스럽게 지적한다. "[그것]은 재생이 아닌 파괴로 끝맺을 위험이 항상 있다. ……[그

18) Klopfer(1961).

러나] 환자가 이 위험을 인식하고 그것과 직면하는 데 분석가의 도움을 받는다면 자살의 위기는 근본적인 치유와 생명을 주는 경험으로 변환될 수 있다."

다른 융학파 분석가인 제인 휠라이트(Jane Wheelwright)도 클로퍼와 유사한 관점을 갖고 있다.[19] 그녀는 우울증과 자살 사고의 연결선상에서 다음의 생각을 제시한다.

> 나는 작은 죽음과 같은 우울증의 시기가 어느 면에서 우리의 퇴장(exit)을 위한 연습으로 사용될 수 있다고 생각하기에 이르렀다. ……이 과정이 잘못 해석되어 사람들을 아주 빈번하게 자살에 이르게 한다. 심한 우울증에 동반되는 밑으로 가라앉는 마음과 꼼짝할 수 없는 상태는 당연히 정신적인 재생에 앞서 일어나는 정신적인 죽음이라기보다는 육신의 죽음의 느낌으로 오해된다. 자살하는 사람들은 흔히 우울한 상태를 일으키는 것이 태도의 변화나 자기 인식의 증가를 원하는 자연의 요구라는 것을 인식하지 못한다. 그들은 자신의 삶에 변화를 가져오기 위해서는 절망을 겪고 변화의 빛으로 다시 나가기 위해 마음의 터널 속의 어두운 밤과 마주쳐야만 한다는 것을 깨닫지 못한다. 그렇지만 자연은 어떤 사람들에게 절하고 물러나게 하려는 듯이 보인다. 다른 대안이 없다. 그들은 이해할 수 없는 것을 견디기에는 의지가 너무 약한 것이다. 그들의 자아는 압도당하고 상실된다. 그들은 자신을 구하는 데 무력하다. 그러나 최소한 자살의 감정과 직면하는 노력을 기꺼이 하는 사람들은

19) Wheelwright(1987).

앞으로 빠져나올 좋은 기회를 갖는다.

제임스 힐먼(James Hilman)은 그의 책 『자살과 영혼(*Suicide and the Soul*)』에서 그 자신만의 독특한 접근을 한다.[20] 그는 자살을 이해받고 수용되어야 할 합리적인 행위로 여기고, 분석가는 그 행위에 대해 '냉정하고 과학적인 객관성'을 견지해야 한다고 권했다. 나는 그의 관점에 동의하지 않는다. 그것은 임상치료에서 심각한 문제를 일으킨다. 힐먼이 의사들과 정신과 의사들이 자살의 문제를 냉담한 객관성을 가지고 다룰 수 없다고 비판하는 데 반하여, 나는 그들과 다른 치료자들이 자살을 객관적일 뿐 아니라 주관적으로도 평가할 필요가 있다고 주장한다. 자신과 다른 사람들을 치료하기 위해서는 삶을 중히 여겨야 한다는 것이 나만의 철학이다. 힐먼은 심지어 "생이 있는 곳에 희망이 있다."라는 격언도 문제 삼을 정도다. 그는 이것은 의사를 위한 격언이지 분석가를 위한 것은 아니라고 주장한다. 그러나 내 생각에 이 격언은 모든 치료자에게 해당된다. 그는 또한 "환자가 제시하는 희망은 병리 그 자체의 부분이다."라고 주장한다. 이 진술은 내가 알기로 희망이 치료에 작용하는 핵심 부분이라는 것과 반대되는 것이다.

정신분석적 치료에 관한 세 권의 논문에서 토머스 프렌치(Thomas French)는 희망을 자아의 통합적인 기능을 촉진하는 요소 및 치료과정의 주된 동인으로 심도 있게 다루었다.[21]

20) Hillman(1973).

메닝거는 "인생목표에 도달할 기회를 잃어 희망이 사라질 때, 과거에 다른 목표에 종속됐던 파괴적인 욕동이…… 자기에게 방출되기 시작한다."는 것을 발견한 자살에 관한 한 연구를 인용한다.[22] 이 연구는 아론 벡과 그의 공동 연구자들에 의해 확증되었다. 그들은 절망이 그에 따른 자살행동과 가장 높은 상관관계가 있다는 것을 보여 주었다.[23]

힐먼의 자살자를 '냉정한 과학적인 객관성'을 가지고 보아야 한다는 요청은 자살을 유발할 수 있는 '역전이 혐오'를 일으킬 수 있다.[24] 우울하고 죽고 싶은 환자들은 예민하고 취약해서 냉정한 중립적인 태도를 거절이나 유기로 받아들일 수 있다. 임상적으로 그런 발전은 불길할 것이다. 힐먼은 자살 예방활동과 심각한 자살 위기에 있는 환자 자신의 의사에 반한 입원을 조소하면서 수많은 치료자와 분석가들과 거리를 두었다. 반면 통상적인 임상적, 윤리적, 법적 입장은 분명히 마음이 산란한 사람들은 심각한 자살충동으로부터 보호받아야만 한다는 것이다. 나는 병원이 자아 죽이기와 거듭나기가 일어날 수 있고, 그래서 실제적인 자살을 예방할 수 있는 바로 자궁과 같은 성역일 수 있다는 것을 반복해서 보아 왔다.

베레나 카스트는 그녀의 최근 책 『창조적인 도약(*The Creative Leap*)』에서 자살의 문제를 다룬다.[25] 이것이 융학파 분석가가 문

21) French(1982).

22) Menninger, Mayman, & Pruyser(1963). 인용된 연구는 Dorpat & Ripley(1960)다.

23) Beck & Kovacs(1975); Beck, Brown, Berchick et al.(1990).

24) Maltsberger & Buie(1974).

학에 한 사려 깊고 균형 잡힌 기여다. 주관적인 면에서 그녀는 자살과 죽음 자체에 대한 치료자 태도의 중요성을 강조한다. 카스트는 실제적인 자살의 현실을 보고 자살 환자들을 돌보려는 강한 연민과 그들에 대한 이해가 불어났다. 그녀가 지적하듯이, 그런 비극을 예방하고 없애려는 어떤 노력을 하더라도 그것은 일어난다.

나는 한 가지 점에서만 카스트에게 이의를 제기한다. 그녀는 우리가 자살이 실존적으로 좋은지 나쁜지를 알지 못한다고 주장하고, 자살이 개성화 과정의 적절한 최종 산물일 수도 있을 거라고 하였다. 나는 아주 드문 예를 제외하고 이 관점에 의문을 제기한다. 히틀러가 그러한 한 예다. 그렇지만 나는 이런 종류의 사례를 법칙을 증명하는 예외로 본다. 힌두의 관점에 의하면, 자살은 본질적으로 나쁜 업이고 근본적으로 자연에 어긋나는 것이다.

헴록협회(Hemlock Society, 자살방조를 옹호하는 사람들의 모임-역주)를 창시한 데렉 험프리(Derek Humphry)는 대조적인 견해를 취한다. 그에 따르면, 자살은 특히 불치병을 앓고 있는 사람들에게 좋은 업이다.[26] 험프리는 그의 책 『최종 출구(*Final Exit*)』에서 혼자서 또는 친구, 친척 그리고 의사의 도움을 받아 자살하는 방법을 설명한다. 나는 이해할 수 있는 수동적인 안락사 사례와 같은 예외가 있다는 것을 알지만, 원칙적으로 융이 그의 편지에서 언급한 것과 같이 이런 형의 자아 계획된 자기 살해는 자연의 길

25) Kast(1990).
26) Humphry(1991).

을 역행하는 것이라고 주장한다.

의사의 안락사와 자살 방조, 적극적인 안락사의 사례 등이 특히 문제다. 왜냐하면 그것이 히포크라테스 선서에서 내려오는 '해치지 말라'는 직업적인 가르침에 위배되기 때문이다. 안락사는 새로운 시술이 아니다. 1939년 프로이트는 그의 내과의사 막스 슈어(Max Schur)에게 치사량의 두 배 용량의 모르핀을 자신에게 주사해 달라고 했다.[27] 프로이트가 죽었을 당시에는 자연사였다고 세상에 알려졌다. 그러나 진실은 30년 동안 숨겨져 있었고, 슈어의 사후에야 비로소 드러났다. 정신분석학의 창시자가 상징적이라기보다는 문자 그대로 죽음을 요청했던 것이다.

1990년 여름, 미국의 신문과 잡지는 알츠하이머병으로 진단받은 54세 여성, 자넷 애드킨스가 어떻게 잭 케보키언(Jack Kevorkian) 박사가 제공한 치사량의 염화칼륨을 주는 자살기계를 사용했는가에 대한 기사로 가득 찼다.[28] 이것은 의사를 치료하는 편이 아닌 죽이는 편에 서게 한다. 케보키언 박사가 '저승의사(Dr. Death)'로 불리는 것은 이상하지 않다. 슬프게도 오늘날 이 시술은 보다 일반화되었고, 보다 널리 받아들여지는 것 같다.[29]

27) Schur(1972).
28) Gibbs(1990).
29) Quill(1991).

원형적이고 신화적인 관점

나는 융학파의 학자로서 자살을 훨씬 더 본능적인 시각에서도 고려해 보아야 한다. 자살에 관한 원형이 있을까? 다시 말해, 인간 종 안에 만들어진 자살의 소인, 즉 잠재적이고 무의식적(최소한 대부분의 사람들에게)이지만 우리의 신화와 예술적인 창작에서 발견될 수 있는 고대의 행동양식이나 욕동이 있을까?

인간 정신에서 죽음본능의 존재를 지지하는 증거는 많지만, 자살본능의 존재를 지지하는 증거는 거의 없다. 개인과 집단이 자살을 선택할 수 있다는 것은 알고 있지만, 이는 그 핵심에 죽음원형이 있는 자살 콤플렉스에 근거한 것일 수 있다. 이것은 자살원형과 연관될 수 있는 본래부터 가지고 있는 자기 파괴의 경향과는 매우 다르다. 사실상 역사적인 몇몇 사건을 제외하고 인간 정신에는 근친상간의 금기에 필적하는 자살 금기가 있던 것 같다.[30] 사회를 보존하고 유지하는 것이 꼭 필요하기에, 개인이 공격성을 내면으로 돌려 자기로 향하는 것은 그것을 밖으로 돌려 사회 내의 다른 구성원에게 향하는 것과 마찬가지로 모든 사람의 주된 관심사에 반하는 것이다. 공격적인 에너지는 식량을 위한 사냥, 스포츠 경쟁, 논쟁을 하는 것으로 방출시키거나 창조적인 표현으로 변환되는 것이 훨씬 좋다.

30) 아마도 이들 금기는 변하고 있다. 젊은이의 자살 전염병과 근친상간은 상호관계가 있을까? 이런 고통스럽고 비극적인 곤경에 관한 의식성을 제고하기 위해 보다 과학적인 연구와 노력이 필요한 것 같다.

그렇지만 우리는 자살 원형을 찾는 데 있어 인간의 역사 이외에도 인간의 창조적인 표현을 고찰해야 한다. 이 목적을 검토하는 데 민담만큼 유용한 양식도 없다. 마리-루이제 폰 프란츠(Marie Louise von Franz)는 "민담은 집단적 무의식의 정신과정을 가장 순수하고 단순하게 표현한 것이다."라고 주장한다.[31] 민담은 간결하고 흥미를 돋우는 형식으로 신화와 함께 인간 문화에 담겨 있는 근본적인 원형을 반영하는 능력이 있다.

나는 수년 동안 민담을 읽은 뒤 줄거리에 자살을 섞은 것('Rumpelstilskin'과 같은) 몇 개를 발견했다. 사실 자살에 대한 관심이 없는 것이 인간 종으로서의 우리에게는 고무적이다. 그것은 인간 정신의 원형적인 핵심에 본질적인 자살 성향이 없다는 것을 말해 주기 때문이다. 그런데도 민담에 자살 모티브가 나오는 사실은 자살이 인간 조건의 중요하고 지속적인 딜레마라는 것을 의미한다. 다른 말로 하면, 자살이 인간 정신에 원형적인 이슈는 아닐지는 몰라도 개인이 살아가고 있는 특별한 삶에 대한 그 사람의 반응에 아주 중요한 이슈(자살 콤플렉스로 표현된)일 수 있다.

마리-루이제 폰 프란츠는 많은 민담에 상징적인 죽음의 모티브가 있다고 한다. 그리고 개인적인 교류를 통해서 그녀는 나의 자아 죽이기 개념에 동의하였다. 폰 프란츠에 의하면, 민담의 남녀 주인공은 거의 언제나 거듭나기와 재생으로 이르게 하는 자아희생을 겪는다. 자기와 그림자(부정적이고 파괴적인 힘을 조절하는 긍정적인 힘으로서) 모두가 이러한 자아죽음에 기여한다. 그녀

31) von Franz(1978), p. 1.

는 나의 자아 죽이기라는 용어보다 자아희생(ego-sacrifice)이라는 용어를 더 선호한다. 그녀는 또한 그림자 살해(shadowcide)도 생길 수 있지만, 그 과정이 실제적인 자살을 초래할지도 모르는 위험성이 크다는 것을 느낀다.

신화는 민담보다 훨씬 더 자주 자살을 다룬다. 폰 프란츠는 이런 경향을 신화가 특수한 문화에 더 밀접히 관련돼 있고 특정 문화가 자살을 인정한 분위기를 보다 자주 반영한다는 사실로 설명한다. 예를 들어, 고대 중국과 일본 문화는 상황에 따른 자살을 정당화하는 신화가 풍부하다. 고대 로마와 아일랜드에서도 마찬가지였는데, 이들 문화의 자살과 관련된 신화는 결과적으로 로마 가톨릭 교회에 의해 억압받았다.

그렇지만 그리스 신화는 아마도 가장 풍부하고 비옥한 자살 모티브를 포함한 신화의 원천일 것이다. 고대 그리스에서는 자살에 대한 확실한 사유를 주장할 수 있으면 자살이 허용됐기에 그것이 이해될 수 있다. 자살은 개인이 사회적인 금기를 깼을 때, 절망적인 사랑으로 고통받을 때, 사랑하는 이의 죽음의 고통을 감당할 수 없을 때, 피할 수 없는 명예의 상실에 직면할 때 등의 경우에 적절한 행동으로 아주 흔하게 묘사된다. 예를 들어, 오이디푸스의 어머니 조카스터는 그녀가 모르는 사이에 아들과 결혼하여 그의 아들을 낳았고, 후에 근친상간을 했다는 것을 알았을 때 목매달아 자살한다.

원형적이고 신화적인 시각에서 보면, 자살은 견딜 수 없는 부정적인 상황으로 보이는 것에서 벗어나는 길을 찾을 수 없는 사람을 위한 분명한 가능성이다. 그러나 이것은 자살 콤플렉스에 기초하고 있지, 자살 원형에 근거한 것은 아니다.

창조성과 자살 상태

힌두교의 신격 시바는 난쟁이로 상징되는 자아를 밟고 있는 내내 파괴적인 죽음의 에너지에서 벗어나 창조적인 재생의 춤을 춘다. 유사하게 나는 환자들이 파괴적인 자아 죽이기의 행위 뒤에 창조적인 표현에 관여하는 것이 치료적인 거듭나기의 과정에 유비된다는 것을 발견했다.

「창조적인 자살 위기(Creative Sucidal Crises)」라는 흥미로운 논문에서 노먼 타바크닉(Noman Tabachnick)은 심하게 우울하고 자살 성향이 있는 사람들을 위해 자아 죽이기나 거듭나기와 비슷한 것을 제안한다.[32] 그는 자살과 비슷한 상태는 개인이 파괴적인 존재 상태(흔히 자살 위기 그리고/혹은 지킬 수 없는 생활양식으로 나타난다.)에서 새롭고 보다 가치 있는 존재양식으로 움직이는 잠재적 가능성을 알려 준다고 단정한다. 그는 "자살과 같은 상태에서 예술적인 창조적 노력을 하는 그룹이 있다."고 제안한다. 나는 타바크닉의 자살 같은 상태를 자아 죽이기라고 부른다. 이런 구분이 이해되지 않을 때는 비극이 생긴다. 그러면 그 사람은 혼란스러워지고 실제로 자살을 시도한다.

타바크닉은 다른 사람과 같이 창조적인 예술가의 입장에서 자살충동은 그 중요성에 있어서 특히 복잡하다는 것을 지적한다.

32) Tabachnick(1973).

그에 따르면, 충동은 "자살행위의 전조 이외의 다른 의미를 가지고 있다. 한 가지 의미는 아마도…… '나는 내가 지금 살고 있는 인생에 싫증난다.' 또는 '그것의 어느 부분에 싫증난다.'일 것이다. 즉, '나는 지금 내가 가지고 있는 것 [또는 지금의 나]를 떠나야 한다.' 일 것이다." 그런 상황에서 창조적인 사람이 실제로 필요로 하는 것은 창조적인 재생이 뒤따르는 상징적인 죽음(자기파괴적인 자아정체성의 자아 죽이기)이다. 그와 같은 사람이 이런 상징적인 요청을 문자 그대로 현실과 혼동하여 시인 실비아 플라스(Sylvia Plath)와 앤 섹스톤(Anne Sexton)과 같이 죽음과 도박을 하고 그것에서 지게 된다면 비극이 생긴다.

다른 심한 우울증을 앓고 결국 자살한 것으로 알려진 20세기의 유명한 작가들은 잭 런던(Jack London), 버지니아 울프(Virginia Woolf), 하트 크레인(Hart Crane), 어니스트 헤밍웨이(Ernest Hemingway), 유키오 미시마(Yukio Mishima), 야수나리 카와바타(Yasunari Kawabata), 존 베리먼(John Berryman), 프리모 레비(Primo Levi) 그리고 아주 최근에 저지 코진스키(Jerzy Kozinski) 등이 있다. 자신을 거의 죽일 뻔했던 많은 예술가들은 직간접으로 자아 죽이기와 자살 사이의 구분을 시험한다. 알바레즈(A. Alvarez)는 자살시도가 미수로 끝난 뒤, "인생 자체는 자살에 반대하는 논쟁일 뿐이다. 나는 성장하는 것에 대해 대단한 믿음을 가지고 있다. 그리고 자살시도로 인해 성장했다고 생각한다. 그것은 청소년을 죽여 없앴다."라고 결론내렸다.[33] 알바레즈가 자

33) Stephen(1972).

살시도를 함으로써 성공한 것은 내 관점에서는 자아 죽이기, 즉 미숙하고 자기 파괴적인 자아정체성의 죽이기를 수행한 것이다. 이런 면에서 그의 실패한 자살 경험은 금문교와 샌프란시스코-오클랜드만 다리에서 투신한 후 살아남은 사람들의 실패한 자살 경험과 똑같이 치료적인 효과를 낳았다.

미국의 소설가 윌리엄 스타이런(William Styron)도 알바레즈와 같이 인생의 종말에 가까이 갔다. 그러나 그의 말에 따르면, 그는 '뒤의 어두움을 통해 빛으로 가는' 길을 발견했다.[34] 그는 죽음을 계획하고 있는 정신 속의 살인적이고 악한 그림자 부분에 해당되는 '제2의 자기'에 대해 기술한다. 이 지킬 박사와 하이드의 싸움은 그가 술 마시기를 중단한 후에 의식적으로 위험해졌다. 그의 우울증은 악화되었고, 그는 심한 육체적인 통증, 불면, 절망 그리고 때때로 죽음의 공포를 겪었다. 그는 죽음을 계획하면서 거기서 벗어나려고 했다. 다행히도 그는 음악에 의해 자살에서 구조되었다. 브람스의 〈알토 광시곡〉의 솟구치는 악절이 갑자기 '[그의] 심장을 찔렀다'. 그리고 그는 정신병원에 입원했다. 나중에 그는 이 음절이 그가 13세 때 돌아가신 어머니를 생각나게 했다는 것을 깨달았다.

스타이런이 정신병원에서 회복된 방법이라고 말한 것은 주목할 만하다. "나는 수주 전에 병원에 입원해야만 한다고 확신했다. 사실상 병원이 나의 구원이었기 때문이다." 거기서 그는 예술치료에 참여하였고, 그가 극복하기 시작한 우울증의 복사판처

34) Styron(1990).

럼 보이는, '줄을 쳐 치아를 그린 무서운 작은 녹색의 해골' 로 묘사한 그의 첫 번째 초상을 그리면서 값진 것을 발견했다. 그는 이 기간 동안 그가 '인생의 가치 중 하나를 설득하는 종교적인 헌신' 이라고 부른 것에 의해서도 도움을 받았다. 처음에는 이 헌신이 그의 사랑하는 사람, 주로 아내에게서 표현됐고, 그다음에는 그 자신에 의해 경험됐다.[35]

스타이런은 나중에 '격리와 시간' 이 '실제적인 치료자' 였다고 이해했다. 그는 "우울증은 영혼의 전멸이 아니다."라고 인정하기도 했다. 즉, 우울증은 끝날 수 있고 또 끝나기에 그것 때문에 생을 마감할 필요가 없다. 그렇지만 그는 극심한 우울증의 고통을 받고 있는 동안에는 이를 파악할 수 없었다. 그는 그 기간을 단테(Dante)의 『지옥편(*Inferno*)』의 서두와 관련시킨다.

> 내 인생 여정의 중간에
> 내가 어두운 숲에 있음을 알았네,
> 길을 잃었기 때문에.

이 시구를 논의하면서 스타이런은 말한다.

> 이런 말이 분명히 멜랑콜리아의 피해를 불러내는 데 한 번 이상 사용됐을 것이다. 그러나 그 말의 음울한 예감은 종종 이 시의 가장

35) 종교적인 헌신과 아내의 사랑을 경험한 뒤 스타이런은 그의 아니마가 그를 사랑했고, 그의 진정한 자기(자아-자기 연결에 근거한)가 그녀를 사랑했다는 것을 발견한 것 같다. 그는 그의 영혼을 발견하고 다시 생기를 얻게 되었다.

잘 알려진 부분인 마지막 행에 의해 희망의 환기와 함께 가려졌다. 우울증의 어두운 숲에 거주하고 그것의 설명할 수 없는 고통을 알고 있는 사람들에게 심연으로부터의 귀환은, 지옥의 깊은 어두움에서 벗어나 계속 위로 무거운 발걸음을 옮겨 마침내 그가 '빛나는 세계'로 본 것으로 나타나는 시인의 상승과 다르지 않다. 거기서는 건강을 회복한 누구나가 거의 항상 고요함과 기쁨의 능력을 회복하는데, 이것이 절망을 넘어 절망을 견뎌 내는 데 충분한 보장일 것이다.

이 장을 마치면서 우리는 희망이 자살의 치료적인 선택을 찾는 데 필수적인 것임을 깨닫는다. 다음 장에서는 전체적인 체계 모델 안에서 우울하고 자살 성향이 있는 개인을 인식하고 치료하는 데에 집중할 것이다.

3

우울하고 자살 위험이 있는 사람을 식별하고 치료하기

"치료는 평생의 과정이다."
- 로즈마리 고든

일반적으로 개인의 질환을 성공적으로 치료하는 것은 그 질환이 신체적인 것이든 심리적인 것이든 그 사람을 아픈 상태에서 회복시키는(cure) 것을 의미한다. 나는 이 생각에 의문을 제기한다. 나는 학생들에게 "엉터리 배우들만이 회복된다!"라고 말한다. 내 생각에 개인의 질환을 성공적으로 치료한다는 것은 그 사람 안에서 일어나고 있는 통합과 관련된 치유과정에 영향을 미치는 것을 의미한다.[1] heal과 holy는 둘 다 '전체를 만드는(to make whole)' 이라는 뜻을 가진 영어 고어 haelen에서 왔다.

1) Beebe(1992).

특히 융의 분석심리학은 심리적인 문제를 일으키고 있는 원인이 되는 상태를 치료한다는 약속을 거의 하지 않는다. 대신에 개인의 개성화, 즉 진행하고 있는 전체성을 향한 여행에 목표를 두고 있다. 회복시킨다는 개념이 치료에 대해 환원적이고 좁게 초점이 맞춰진 접근인 데 반하여, 치유과정을 부추긴다는 개념은 치료에 대한 다차원적인 전체적 접근을 내포한다.

아마도 우울하고 자살 성향이 있는 사람들의 치료에 대해 가장 널리 퍼져 있는 오해는 그들 대부분이 약물요법만으로 '회복될' 수 있다고 믿는 것이다. 항우울제가 도움이 된다는 것에는 의문의 여지가 없다. 반복적으로 시행된 과학적 이중맹검시험(double-blind scientific studies, 검사자나 피험자 모두가 누가 약을 먹었고 누가 위약을 먹었는지를 나중까지 알지 못하게 하면서 하는 시험)에서 호전된 심한 우울증 환자의 60~70%가 삼환계 항우울제를 복용한 것으로 나타났다.[2] 그렇지만 이 결과는 이들 환자의 나머지 30~40%는 위약에도 좋은 반응을 보였다는 것을 의미한다. 다시 말해, 그들은 아무런 약물의 도움 없이 호전된 것이다.[3]

만일 왜 그리고 어떻게 그렇게 많은 사람들이 위약에 좋은 반응을 나타냈는가를 알 수만 있다면, 우울하고 자살 성향이 있는 사람의 치료가 훨씬 더 발전될 것이다. 무엇보다도 의사들이 우

2) Morris & Beck(1976).

3) 최근의 위약실험에 관한 요약은 Cousins(1989), pp. 125-153, 231, 328-336을 보라. 커즌스는 "통증 또는 불안이 클수록 위약은 더 효과적이다."라고 말하는 헨리(Henry) 박사를 인용한다. 커즌스 자신은 모든 위약연구를 종합해서 믿음이 생물학에 영향을 미친다는 결론을 내린다. 그는 웃음요법으로 통증을 치료하는 위약과 같은 효과를 주장하기도 하고, 신체는 그 고유한 생화학적인 물질인 엔돌핀을 분비하여 자기 진통과 자기 마취를 강화시킨다고 주장한다.

울하고 자살 성향이 있는 환자들을 안심시키기 위해 지나치게 많은 항우울제 투약에 매달려야 한다는 강박적인 느낌에서 벗어날 수 있을 것이다. 이 위약의 수수께끼가 풀린다면 아마도 모든 약물을 바다에 내다 버리면 더 잘 지낼 것이라고 한 올리버 웬델 홈스(Oliver Wendell Holmes)에 동조하고픈 유혹을 느낄 것이다. 그때서야 모든 것 중에 가장 강력한 약이며 위약효과의 가장 그럴듯한 원천이 제롬 프랭크가 말한 '잉태된 믿음'[4] 그리고 다른 사람들이 희망으로 부르는 것임을 깨닫게 될 것이다.

우울증과 자살 위험을 식별하기

물론 어떤 상태를 치료하는 데 있어 첫 번째 단계는 그것이 존재한다는 것을 인식하는 것이다. 우울증의 연속선 개념에서 가벼운 슬픔을 넘어선 정상적인 우울증의 두 가지 주요한 변형인 합병증 없는 애도와 합병증 없는 사별을 살펴보자.

정상적 우울증 식별하기

합병증 없는 애도는 이별이나 상실로 유발되고 우울한 기분으로 나타난다. 그렇지만 아무리 자연스럽고 정상적이라 하더라도 그것은 어렵고 불쾌하고 고통스러운 정동을 유발한다.[5]

4) Frank(1975).

5) Engel(1961). 엥겔에 의하면, 정상적인 애도 반응은 전형적으로 세 단계를 거친다. (1) 충격과 불신 단계, (2) 상실을 인식하기 시작하고 슬픔, 분노, 죄책감, 우울증, 무력감 그리고 절망감을 경험하기 시작하는 단계, (3) 지속적인 회복의 단계다. 이 과정 동안 마지막의 애도 작업이 이루어지고, 고통스러운 상실이 극복되고, 안녕의 상태가 다시 정립된다.

합병증 없는 사별은 보다 집중되고 강렬한 형태의 합병증 없는 애도로, 사랑하는 이의 죽음에 대한 자연스러운 반응이다. 전형적으로는 6개월을 넘기지 않는 우울한 경험이다. 이것은 상실을 겪은 사람이 그에 대해 슬픔을 느끼는 것을 멈춘다는 의미가 아니고, 오히려 사별이 우세한 기간 동안에 그 사람의 정동적인 삶이 그것의 과정을 간다는 의미다.[6]

비정상적 우울증 식별하기

우울증 연속선상의 비정상적인 부분은 대략 소우울증(minor depression, 신경증적 우울증 또는 기분부전증)과 주요우울증(major depression, 정신병적 우울증 또는 멜랑콜리)의 두 개의 범주로 나눌 수 있다. 두 형태 모두에서 개인은 우울한 증상(우울한 기분, 흥미상실과 삶의 기쁨 결여, 식욕저하와 체중감소, 불면, 피로 또는 기력상실, 무가치감과 죄책감, 사고나 집중의 장애, 죽음과 자살사고 등)을 겪는다. 때로 우울한 사람들은 사회적으로 기능할 수 없거나 생산적인 일을 수행할 수 없다. 주요우울증은 보다 심각하고 극단적으로 여겨진다. 환자는 종종 완전히 정상적인 삶을 살아갈 수 없고 환각이나 망상에 시달릴 수 있다.

모든 다양한 형태의 비정상적인 우울증 사이의 가장 중요한 임상적인 구분은 단극성 기분장애와 양극성 기분장애(조울병으로도 알려진)다. 전자는 순수하게 우울증의 증상(주요우울증 또는 정

6) 이것 또는 다른 우울증의 주요 진단기준을 자세히 보려면 『정신장애 진단 및 통계편람 4판(*DSM-IV*)』(1994)을 참조한다.

신병적 우울증과 같은)이 나타나는 반면, 후자는 지속적으로 조증과 우울증 증상이 번갈아 나타난다.[7] 단극성 우울증이 양극성 우울증보다 대략 10~20배 정도 많다.

히포크라테스의 체액설에 따르면, 멜랑콜리(그리스어로 검은 담즙을 의미하고, 네 가지 체액 중 하나다.)는 어두움이 증가하는 쌀쌀하고 건조한 가을에 해당되는 달과 관계되었다.[8] 히포크라테스의 이론은 천 년 이상 지배해 왔다. 비록 오늘날 그것이 심각한 의학적 교조로 여겨져 부당해 보이지만, 우리는 아직도 우울증에 관해 이야기하고 생각하는 방식에서 그것에 경의를 표한다. 영어와 대부분의 다른 유럽의 언어에서 우울해진다는 것은 쌀쌀해지고 어두워지고 침울해지고 나쁜 체액 상태, 즉 유머감각을 잃어버리는 것을 말한다. 또 다른 우울한 상태인 계절적 정동장애(Seasonal Affective Disorder: SAD)가 주목할 만한데, 이는 가을과 겨울에 특정한 사람들을 침범하는 경향이 있으며 태양빛이 줄어듦으로써 발생한다.[9]

우울증에서 알코올의 역할도 중요한 것이다. 알코올과 우울증 사이의 관계에 대한 닭과 계란의 논쟁은 오래되었다. 아주 많은 우울한 사람들이 심한 음주자이기도 하기 때문이다. 어떤 사람들은 만성적으로 과도하게 알코올을 소비하면 우울증에 이르게 된다고 믿고, 다른 사람들은 우울증이 만성적인 알코올 남용에

7) DSM-IV, pp. 317-366.

8) Jackson(1986).

9) 정신의학은 SAD를 계절적 패턴 표식자 코드를 사용해 분류한다. DSM-IV, pp. 389-390; Wehr & Rosenthal(1989) 참조.

이르게 한다고 믿는다.[10] 나는 둘 다 옳다고 생각한다. 알코올중독은 우울증을 일으킬 수 있고 우울증은 알코올중독을 일으킬 수 있다. 나는 또한 대부분의 우울증 사례에서와 같이 알코올과 관련되는 우울증에서 실존적/영적 요인들이 변화에 가장 큰 잠재적 가능성을 제공한다고 생각한다.

익명의 단주동맹(AA) 창시자 중 한 명인 윌리엄 윌슨(William Wilson)의 편지에 대한 답으로, 융은 그의 내담자 롤런드(Roland H.)에게 그가 "영적 또는 종교적 경험의 주체가 될 수 없다면 그의 상태는 희망이 없다."고 말했다고 적었다. 융의 처방은 그의 내담자가 왜 알코올중독자가 되었는가에 대한 그의 이론과 맞는다. "그의 알코올에 대한 갈망은 전체성, 즉 중세의 언어로 표현하면 하느님과의 합일을 위한 우리 존재의 낮은 수준의 영적인 갈증과 동등했다."[11]

자살 위험성 인식하기

임상적으로 우울한 환자 여섯 명 중 한 명은 결국 자살시도를 하고, 다섯 명 중 세 명은 자살에 관한 생각을 품는다. 이는 자살이 우울증의 사례에서 단지 가능성 이상의 것임을 나타낸다. 그것은 심각한 위험이다. 실패한 자살시도, 자살 행위 또는 어떠한

10) Schuckit & Montiero(1988); Motto(1975); Alcoholics Anonymous(1987). 이것은 모토(Motto)와 같은 관점을 갖는다.

11) Jung(1975), pp. 623–625. 서로 친구인 에비에 의해 윌슨에게 전해진 롤런드의 이야기는 익명의 단주동맹 탄생의 주요한 요인 중의 하나였다.

형태든 자살의 위협은 항상 죽음과의 도박을 포함한 도움을 요청하는 외침이라고 보아야만 한다. 만일 그 사람이 이전에 자살을 시도했거나 생각했던 경력이 있다면 특히 그렇게 다루어야만 한다. 그렇지만 모든 우울한 사람들이 자살 사고를 갖는 것은 아니다. 그리고 자살 사고를 품는 사람들이 모두 심각한 방법으로, 또 실제로 시도하는 것은 아니다. 대부분의 자살시도자가 임상적인 우울증을 앓고 있지만 모두 그런 것은 아니다. 많은 사람들은 다양한 형태의 인격장애, 정신분열병, 불안장애 그리고 기질적인 장애의 진단을 받는다.

미국에서 일반적인 자살 위험은 1/10,000이다. 저위험군은 1/1,000일 것이다. 중등도의 위험군은 1/100일 것이다(예를 들면, 과거에 자살을 시도했던 경력이 있는 사람은 일반 인구에서의 위험성보다 100배 높다.). 고위험군은 1/10일 것이다(예를 들면, 과거에 의학적으로나 정신의학적으로 심각한 자살기도의 경력이 있는 사람).[12)]

벡(Beck)에 의하면, 절망이 자살의 가장 좋은 예측인자이고, 그 다음은 우울증의 존재다.[13)] 그렇다면 절망감을 느끼는 사람이나 절망감을 느끼는 길목에 있는 사람에게 어떻게 희망을 불어넣어 줄 수 있을까? 이 질문에 대한 답이 이 책의 주제인데, 자아 죽이기와 창조적인 거듭나기가 결과적으로 그런 희망을 가져다줄 수 있다는 것이다.

12) 위험군 도식은 로버트 리트먼(Robert Litman)이 만들었다. 그러나 이것은 원래 통상적으로 자살 양상에 사용돼 왔던 확률이다(일반적인 확률은 10/100,000, 저위험군은 100/100,000 등).
13) Beck & Kovacs(1975); Beck, Brown, Berchick et al.(1990).

자살 위험의 자기 평가

도움을 요청해야 하는지 알고 싶은 사람은 자기 평가를 할 수 있다. 다음 네 개의 질문에 긍정적인 답을 한다면 고위험군에 속한다고 할 수 있다.

1. 당신은 전보다 당신의 세계가 좁아지고 있고 보다 고립되고 소외돼 있다고 생각합니까?
2. 당신은 다른 사람에게 화를 표현할 수 없고 모든 잘못된 것에 대해 점점 더 자신을 책망합니까?
3. 당신은 절망감을 느낍니까?
4. 당신은 죽음과 자살할 방법을 생각합니까?

자살 위험성 평가를 친구와 가족으로 확장하기

자신이나 중요한 다른 사람의 위험성 평가를 돕기 위해서는 자살의 근본적인 위험요인이 다음과 같은 것임을 아는 것이 중요하다.

1. 자살 사고
2. 마지막 행동(예: 가치 있는 물건을 남에게 주거나 마치 아주 오래 있을 것 같지 않은 듯한 행동)
3. 치명적인 방법으로 준비된 치밀한 자살 계획
4. 정신병의 존재(특히 자살 사고를 포함하는 망상을 보이는)

5. 급성중독, 판단력을 약화시키고 충동적으로 만들 수 있는 에이즈 등 뇌에 영향을 미치는 만성질환과 같은 기질적인 뇌장애의 존재
6. 심각한 상실이나 상실의 위협(예: 애인의 죽음이나 애인과의 이별, 실직, 심각한 질병에 걸림)
7. 알코올이나 약물 남용의 병력
8. 자살의 가족력

가족이나 친척에게서 자살 의도가 의심되는 사람은 다음 5단계를 따라야 한다.[14)]

1. 마음이 산란한 사람을 이해하는 시간을 갖고 그 사람이 무슨 말을 하는지 들어라.
2. 우울증과 절망에 관련된 예민한 자유해답식 질문을 묻기 시작하라.
3. 만일 우울증과 절망감을 인정한다면 그 사람이 죽거나 자신의 인생을 끝마치려는 생각을 가지고 있는지 물어라.
4. 만일 자살에 관한 생각을 하고 있다면 그 사람이 그런 생각을 실행할 계획이나 수단을 가지고 있는지 물어라.
5. 만일 자살 계획을 가지고 있고 그것을 수행할 수단도 가지고 있다면 '무엇 때문에 망설이는가' 를 물어라.

14) Reiser & Rosen(1985), pp. 91-111.

자살 위험성을 평가하는 것은 외래치료를 할 것인가, 입원치료를 할 것인가를 결정하는 데 영향을 미칠 것이다. 그러면 이 곤란한 문제를 다루어 보자.

당신 또는 당신이 사랑하는 누군가가 입원치료가 필요한가

누군가를 입원시켜야 하느냐 마느냐는 기본적으로 개인의 판단에 의한 결정이고, 우울하고 자살 위험이 있는 사람을 치료하는 데 가장 어려운 결정 중의 하나다. 따르기에 가장 좋은 과정은 의사와 협력적인 관계를 만드는 것이다. 때로는 심하게 우울하거나 자살 위험이 있는 사람들을 그들의 의사에 반해서 입원시킬 수도 있다. 이런 경우는 판단을 더 어렵게 만든다. 일단 무엇이 최선인지 알았다면 흔들리지 말고 일관성 있게 하라.

약간의 지침을 만들기 위해 우리가 약물 과다복용으로 자살기도를 했던 사람에 관해 이야기하고 있다고 가정하자.[15)]

경험상, 나는 그 사람이 정신병적이거나 심하게 우울하지 않고, 심한 불면증을 겪지 않고, 그 시점에서 긴급하게 자살 위험이 있지 않고, 사회적인 지지망이 좋고, 미래에 대해 희망적이고, 자신의 주치의와 안정적인 관계를 유지하고 있다면 외래치료를 제안할 것이다(〈표 3-1〉 참조). 반대로 우울한 사람이 기능할 수 없고, 망상적이거나 환각이 있고, 시급한 자살 위험이 있

15) Stein, Mulley, & Thibault(1984). 〈표 3-1〉은 이 논문에서 가져온 것이다.

〈표 3-1〉 당신 자신과 사랑하는 이의 최상의 치료를 선택하기

입 원	외 래
정신병적(망상적)	비정신병적
심한 우울증	심한 우울증이 없음
심한 불면증	심한 불면증이 없음
자살 위험이 시급함	자살 위험이 시급하지 않음
절망적	희망적
가족이 없거나 지지망이 없음	가족 또는 지지망이 있음
의사와의 안정적인 관계가 없음	의사와의 안정적인 관계

고, 조절되지 않는 불면증이 있는 심한 우울증을 앓고 있고, 사회적인 지지가 적거나 없고, 미래가 절망적이고, 주치의와의 관계가 안정적이지 못하다면 나는 그 환자가 협조하지 않으려 한다고 해도 입원을 주장할 것이다.

불행히도 자살 위험이 있는 환자를 입원시키지 않는 잘못을 범하기는 너무 쉽다. 과다복용으로 자살기도를 했던 사람에 관한 연구에서 91%는 최근에 의사와 만났는데, 그들 거의 모두는 일차의료 담당의사인 가정의와 내과 의사였다.[16] 결과적으로 이들 중 과반수 이상이 치사량의 정온 수면제 또는 삼환계 항우울제를 최근에 처방받아 그것을 과다복용하여 죽었다. 80%는 자살 위협이나 시도의 병력이 있었지만, 그 사례의 40%에서만 의사가 이 병력을 알았다. 전체적으로 73%의 환자에서 실질적인 우울증의 증거가 있었다. 그렇지만 이 진단은 50%에서만 내려

16) Murphy(1975). 완수된 자살연구에서 알코올중독의 유병률(23~29%)도 높고 정동 또는 기분장애의 유병률(58~75%)도 높은 것으로 나타났다. Rosen(1976a); Murphy & Robins(1967) 참조.

졌다. 진단이 내려진 사례 중에서 아주 적은 수만이 실제로 치료를 받았으며, 또 치료를 받았더라도 적절한 치료가 포함되지 않았다.

이를 교정하기 위해 일차의료 담당의사는 슬프고 우울해 보이는 모든 사람을 우울증의 임상적 진단으로 평가해야만 한다. 우울한 환자들에게 자살을 고려하거나 시도해 봤는가를 묻는 것이 표준 임상지침이어야 한다. 특히 그 사람이 알코올중독자 또는 다른 약물의 남용자라면 그것을 물어야만 한다. 지속적인 불면이 임상적 우울증의 심각한 징후로 인식돼야 한다. 의사는 심한 우울증의 경우 치사 가능한 용량의 수면제와 삼환계 항우울제 처방을 정기적으로 해서는 안 된다.

우울증을 다룰 때 가장 좋은 상태는 의사와의 치료적인 관계다. 내가 보기에는 어떤 치료에서도 환자의 요구(표현되거나 경우에 따라 표현되지 않은)가 모든 공식적이고 비공식적인 치료의 측면을 결정해야 하는 것 같다. 예를 들어, 생물학적인 요구에 의하여 임상적으로 우울하고 항우울제로 도움을 받을 것이라는 징후를 보이는 환자는 이 치료를 받아야 한다. 심리적인 요구 측면에서 매우 넓은 범위의 가능한 치료적인 접근이 있는데, 환자와 치료자는 선택적이고 통합적으로 그런 범위의 장점을 얻어야 한다. 사회적이고 실존적인 요구에 관해서도 마찬가지다. 환자와 치료자는 "이 상황에서 최선은 무엇인가?"를 물을 필요가 있다. 예컨대, 그 대답은 생물학적, 심리학적, 사회적, 실존적인 치료, 넷 모두 혹은 각각의 일면들일 것이다.

무엇보다도 우울한 사람은 관심과 인간적인 반응을 필요로 한다. 나의 관점은 강한 의사-환자 관계를 지속시키는 데 초점을 두려고 한다. 나는 개인이 자살을 기도하지 못하도록 모든 필요한 수단이 취해져야만 한다고 주장한다. 그러면서 실질적인 인간관계도 유지해야 한다. 우울하거나 자살충동이 있는 사람은 이런 방식으로 미래를 위한 새로운 선택과 희망을 발전시킬 수 있다. 멘델(Mendel)은 다음과 같이 말한다.

> 인간적인 접촉이 자살 예방의 열쇠다. ……환자와 시간을 보내고, 신뢰감을 보여 주는 관계를 제공하고, (이것 저것을) 강요하지 않는 태도가 자살을 예방할 수 있다.[17]

내 판단에 우울증적인 질환이 갖는 임상적으로 가장 중요한 측면 중의 하나는 우울증이 결코 회복되지 않을 것이라는 믿음이다. 환자와 의사 모두가 터널의 어두움에 집중하지 않고 앞에 있는 빛에 집중하도록 조심하는 것이 중요하다. 그 빛은 희망이고 믿음이고 사랑이다(치료의 세 가지 무형의 것).[18] 민츠(Mintz)는 희망이 '자살 항체'를 제공할 것이라고 주장한다.[19]

다음에서 우리는 여러 가지 치료(생물학적, 심리적, 사회적, 실존적/영적)를 살펴볼 것이다. 그런 다음, 심하게 우울하고 자살충동이 있는 에이즈 환자의 사례로 전체적인 접근을 예시할 것이다.

17) Mendel(1975), p. 148.

18) Menninger, Mayman, & Pruyser(1963).

19) Mintz(1971). 그는 이 창조적인 생각을 보여 주기 위해 굴드(Gould)와 그의 논문 「성인의 삶의 단계(The Phases of Adult Life)」를 인용한다.

생물학적 치료

생물학적인 치료의 영역에는 신체요법, 약물요법, 광요법 그리고 식이요법이 있다.

신체요법

우울하고 자살충동이 있는 상태를 치료하는 데 가장 보편적인 신체적인(육체적인) 접근은 구어체로 말해서 실성한 상태에 있는 환자에게 충격을 주는 것에 근거한다.[20] 그렇지만 많은 사람들에게 전기경련요법(electroconvulsive therapy: ECT)은 논란의 여지가 있는 접근법이다. 왜 그렇게 많은 사람들이 뇌에 충격을 준다는 생각에 반발할까? 치명적일 수 있는 부정맥을 정상 리듬으로 돌려놓기 위해 심장에 전기충격을 주는 것에 대해서는 훨씬 덜 혐오스러워하는 것 같다. 아마도 이것은 우리가 일반적으로 마음(뇌)을 주무르는 것보다 신체(심장)를 간섭하는 데 더 익숙하기

20) 나는 전기경련요법(ECT)에 관한 정보를 Abrahams(1988)에서 얻었다. 가벼운 마취와 근육이완제 그리고 산소요법을 사용하면 전기경련요법을 받는 환자들이 흔히 경험하는 임박한 죽음의 느낌을 경감시킨다. 그리고 환자로 하여금 경련하는 동안 자신이 다치지 않을 것이라는 확신을 준다. 최근에 또 다른 변화는 전기경련요법을 단극으로 투입하는 것이다. 즉, 전류를 뇌의 우세하지 않은 반구에 통하게 하여 경련 후의 혼동과 일시적인 기억력 상실을 최소화한다. 많은 연구가 있지만 전기경련요법이 어떤 기전으로 작용하는가는 아직 완전히 밝혀지지 않았다. 하나의 이론은 전기경련요법이 신경전달물질의 활성도를 증가시킨다는 것이다. 그것은 신경전달물질의 농도를 중심적으로 증가시키는 것(경쟁이론)이 아니고, 신경수용체의 자극 반응성을 높임으로써 이루어진다. Grahame-Smith, Green, & Costain(1978)을 보라. 전기경련요법의 항우울 효과가 어떤 특별한 기전으로 설명되건 주요우울증의 힘든 증세 중 많은 것이 종종 빠르게 극적으로 회복되는 것은 분명하다.

때문일 것이다. 켄 키지(Ken Kesey)의 『뻐꾸기 둥지 위로 날아간 새(*One Flew Over the Cuckoo's Nest*)』와 이 책을 영화화한 유명한 영화의 강한 영향을 보라. 거기서 전기경련요법(전기충격요법으로도 알려진)은 야만적인 형식의 처벌로 제시됐다.

다른 모든 내과적, 외과적, 정신과적 치료가 그러하듯이, 전기경련요법이 과거에는 의사들에 의해 남용돼 왔다는 사실을 부인할 수 없다. 이런 가능성은 늘 존재한다. 일부 전기경련요법의 비판자들은 특별히 그것이 장기 기억상실 혹은 뇌손상을 일으킬 수 있다는 것을 걱정한다. 그렇지만 대부분의 연구에서 그렇지 않다는 것이 밝혀졌다. 이 두려움을 완화시키기 위한 가장 확실한 논의는 아마도 전기경련요법을 받은 환자와 경련성 질환을 앓고 있는 사람과 비교하는 것일 것이다. 후자는 비슷한 대발작을 겪지만, 이런 경련이 장기 기억상실이나 뇌손상을 초래하지 않는다. 전기경련요법은 요즈음 환자가 항우울제 약물에 반응하지 않을 때 주로 사용된다. 명예롭지 못한 명성을 가지고 있지만, 전기경련요법은 정신병적 우울증에 효과적인 치료법이고, 때로는 항우울제 약물보다 더 효과적인 치료법으로 남아 있다.[21]

약물요법

우울증의 약물치료는 주로 단가아민산화제(MAO) 억제제와 삼환계 항우울제 약물로 구성돼 왔다. 이들 치료는 효과적이다. 그

21) 전기경련요법이 항우울제 약물요법보다 효과가 빠르게 나타나기 때문에, 때로 생명을 위협하는 우울증 환자의 시급한 자살 위험에 대한 일차적인 치료로 사용된다.

러나 항우울제는 효과가 느리게 나타나고(2~3주일이 지나야 우울증이 개선되기 시작한다.), 많은 부작용이 있고(구갈, 시야가 흐릿함, 졸음, 부정맥, 현기증, 배뇨장애, 변비, 발기부전, 골치 아픈 신경학적인 장애인 만발성 운동장애), 치사량으로 과다복용할 수 있어 자살충동이 있는 사람에게 특히 위험하다.

단가아민산화제 억제제는 원래 의학과 정신의학계에서 우울증의 만병통치약으로 여겨졌다. 그렇지만 몇몇 위험한 부작용이 있을 수 있다는 것이 밝혀졌다. 그 주된 것이 고혈압발작이다. 단가아민산화제 억제제를 복용하고 있는 환자는 타이라민을 함유한 음식(치즈, 와인, 맥주, 피클 등)을 피해야만 한다. 그렇지 않으면 고혈압발작을 일으킬 위험이 있다. 단가아민산화제 억제제의 또 다른 가능한 부작용은 부정적인 피부 반응, 변비 그리고 발기부전이 있다. 그럼에도 불구하고 이 약물은 조심스럽게 사용될 경우 효과적이고 안전하다.

보다 효과적인 몇몇 항우울제가 최근에 소개되었는데, 이는 보다 안전하고 보다 선택적으로 작용하며 해로운 부작용이 적다. 그것은 이환계, 트리아졸로벤조디아제핀, 트리아졸로피리딘 유도체, 세로토닌 재흡수억제제 그리고 다양한 다른 화합물들이다.[22)]

22) Rush(1990); Feighner(1986); Feighner, Aden, Fabe et al.(1983). 가장 최근의 항우울제 중 하나인 졸로프트(설트랄린)는 프로작(플루옥세틴)과 관계 있는 세로토닌 재흡수억제제인데, 이것은 가벼운 흥분제라서 보통 아침에 한 번만 복용해도 된다. 졸로프트는 프로작과 비슷하지만 그보다 부작용이 적다. 프로작의 반감기가 수주일인 데 반하여 졸로프트의 반감기는 수일로 측정되었다. 그러므로 이것은 프로작과 같이 조직 내에 독성이 있을 수준으로 축적될 수 없다. 마지막으로 프로작을 괴롭히는(프로작이 자살충동을 증가시킨다는-역주)

탄산리튬은 고대 그리스와 로마 시대에 우울증 치료에 처음 사용되었다. 당시에 현재 이 화합물이 다량 함유된 것으로 알려진 광천수에 담그는 것이 시술되었다. 1949년 호주의 정신과 의사 존 케이드(John Cade)가 탄산리튬이 조증을 진정시키는 데 치료적인 효과가 있다는 것을 재발견했다. 그것은 조증 환자가 완전히 건강으로 선회하는 것을 용이하게 할 수 있다. 탄산리튬이 사용되기 전에는 조증 환자의 23%가 급성조증 상태에서 입원한 다음 죽었다. 조증 상태는 일단 리튬의 혈중농도가 치료적인 수준에 이르게 되면 회복된다. 탄산리튬은 또한 조증과 우울증의 삽화 사이의 기간을 늘리고 삽화의 길이와 심한 정도를 줄여 주어, 양극성(조-울) 질환의 사례를 감소시키는 데 매우 유용하다는 것이 밝혀졌다. 이것은 매우 중요하다. 양극성 장애를 앓고 있는 환자의 15~20%가 증세가 완화되지 않고 계속될 경우 자살을 기도했기 때문이다.[23] 그렇지만 탄산리튬은 갑상선과 신장의 문제가 있는 환자들에게 독성 부작용을 일으킬 수 있다. 심장에 문제가 있는 환자에게도 위험하다. 그럼에도 불구하고 주의사항이 잘 지켜지고 환자의 혈중농도를 조심스럽게 측정할 경우 안전한 것으로 알려져 왔다.

자살과 관련된 논란의 여지가 이것에는 없다. 졸로프트가 상대적으로 안전한 항우울제로 나타났다. 다른 말로 이 약물은 (자살 목적의) 과다복용이 어려울 것이다. 그러나 아직은 더 기다려 봐야 할 것이다. 이것은 가장 최근의 세로토닌 재흡수억제제인 팍실(파록세틴)에도 적용된다.

23) 일 년에 네 번 이상의 기분장애 삽화가 있는 양극성 장애 소분류인 빠른 순환형(약 12%)에 테그레톨(카바마제핀)과 같은 항경련제를 병용하면 탄산리튬만으로 치료하는 것보다 효과적이다.

모든 항우울제의 사용에서 가장 중요한 것은 그것이 심리사회적이고 실존적/영적인 접근에 보조제일 뿐임을 인식하는 것이다. 환자와 의사에게 우울증과 자살 성향을 약만으로 치료하는 것은 위험하고 아슬아슬한 길이다. 중독되기 쉬운 사회에서 사람들은 쉽게 그런 약물에 의존하게 되고, 보다 효과적인 치료 선택의 가능성을 지닌 다른 것들을 무시할 수 있다. 프란츠 카프카(Franz Kafka)는 그의 소설 『시골의사(*The Country Doctor*)』에서 이렇게 말한다. "처방전을 쓰는 것은 쉽다. 그러나 사람을 이해하는 것은 어렵다."

광요법

계절성 정동장애(SAD)의 증상은 가을과 겨울 사이에 생긴다. 하루에 몇 시간 동안 전체 스펙트럼의 빛(태양빛과 가장 유사한 빛)을 쏘여 주면 이 증상은 경감된다.[24)]

이제 나는 계절성 정동장애에 관한 내 개인적인 기록을 보여주고 싶다. 나의 우울증 발작은 겨울에 일어나는 경향이 있다. 내가 뉴욕 주 로체스터에 살았을 때 그곳의 겨울은 길고 회색빛에 살을 에는 듯했는데, 나의 겨울철 멜랑콜리의 삽화는 유난히 심했다. 햇빛이 훨씬 더 많고 겨울이 짧은 텍사스에 살고 있는 지금, 나는 훨씬 덜 우울하다.

계절성 정동장애가 보편적인 의학/정신의학 용어가 되기 오래전, 1973년에 나는 '햇빛 나는 스페인으로 여행 가는 우울한 덴마크 사

24) Rosenthal & Blake(1989).

람들' 이라는 제목의 2월 28일자 메디컬 트리뷴지(Medical Tribune) 기사를 오려 놓았다. 얄궂게도 이 보고의 출처는 셰익스피어의 햄릿의 무대인 덴마크 엘시노어였다. 그 기사는 다음과 같다.

> 기후가 정신에 놀라운 일을 한다는 가정으로 신경증과 우울증이 있는 덴마크 사람들 100명이 곧 줄을 이어 많은 양의 스페인의 태양을 받게 될 것이다. 이곳과 힐레뢰드의 주간과 주말 요양센터인 몬테벨로가 지난해 스페인 토레몰리노스 근처의 소도시 베날마데나에 100병상 규모의 병원 건축을 시작했다. 덴마크는 일 년 중 많은 기간 동안 어둡고 축축하다. 그리고 보다 가벼운 정신장애에서 빨리 회복되도록 기후의 변화가 도움이 될 것을 기대한다.

이 기사를 보고 나는 문제의 덴마크 정신과 의사나 관리들 자신이 우울했던 것은 아닌지, 그리고 그들이 스페인에서 휴가를 보내기를 원했던 것은 아닌지 의심했다. 그것은 또한 겨울에 보다 많은 햇빛을 쐬려는 욕망이 텍사스에서 새로운 건강 관련 산업을 성장시킬 수 있지 않을까(아마도 멕시코의 도움을 받아서) 하는 생각을 하게 했다.

보다 심각한 기록에는 계절성 정동장애가 멜랑콜리와 그 밖의 다른 우울 상황과 겹치는 것같이 보인다는 것이 있다. 이 가설을 검증하는 방법 중의 하나는 주립 정신병원에서 우울증 환자들에게 광요법을 시행하는 큰 규모의 치료 프로그램을 수행하는 것이다. 그리고 우울한 덴마크 사람들에게 실제로 일어난 것에 관한 자료를 얻는 것도 흥미로울 것이다.

식이요법

우울증에 대한 또 하나의 비교적 간단한 접근방식으로 식이조절이 있다. 최근의 연구에서 우울증 환자의 식사에서 카페인과 정제된 슈크로스(백설탕)를 제거했더니 우울증 증상이 개선되었는데, 이는 3개월 추적관찰에서도 효과가 있었다. 이중맹검시험에서도 정제된 슈크로스를 식사에 다시 넣었더니 카페인을 다시 넣었을 때보다 우울증이 2.5배 재발되었다는 것이 밝혀졌다.[25)]

심리적 치료

심리적 치료는 행동요법, 인지요법, 인간관계치료, 정신분석치료 등의 정신치료적인 접근을 포함한다. 생물학적인 치료만 받은 우울증 또는 자살충동이 있는 환자는 드물다. 비록 신체적이고 약물학적인 치료가 많은 발전을 해 왔지만, 보통은 어느 형태의 정신치료든 그와 함께 병행하여 이용된다. 사실상 우울증과 자살충동이 강한 환자를 치료하는 데는 정신치료가 가장 중요한 치료양식이다. 그리고 항우울제를 병행하여 사용하는 것과 상관없이 그것은 흔히 효과를 보인다.

"환자가 원하는 것과 치료자가 제공해야 하는 것 사이가 잘 맞으면 성공하기 쉽다."[26)]는 제롬 프랭크의 정신치료에 대한 격언을 명심하는 것이 중요하다. 이런 이유에서 여러 접근에 관한 지

25) Christensen & Burrows(1990); Krietsch, Christensen, & White(1988).
26) Frank(1963).

식과 경험이 도움이 된다.

행동 및 인지적 요법

행동요법은 우울증과 관련 없는 행동을 긍정적으로 강화하고 우울증의 증상을 부정적으로 강화함으로써 우울증에 저항하는 행동을 만든다.[27)]

인지요법은 행동이 개인의 생각에 의해 결정된다는 믿음에서, 환자의 행동이 아닌 생각에 영향을 미쳐 긍정적인 변화를 가져오려고 한다. 인지요법의 목적은 환자로 하여금 잘못된 인지양식과 그에 동반하는 행동을 인식하고 교정하는 쪽으로 방향을 정해 주는 것이다.[28)]

인간관계치료

우울증에 대한 인간관계치료(interpersonal therapy: IPT)의 접근은 환자의 우울증 표현 양상과 가능한 원인이 환자의 일차적인 사회집단에 있다고 생각한다. 그러므로 인간관계치료는 환자의 현재 인간관계 및 환자와 주변 사회환경 간의 관계에 초점을

27) Rehm(1981).

28) 벡(Beck,1976)은 우울증이 왜곡된 부정적 사고의 결과라고 주장했다. 인지치료는 비교적 짧다(대략 12회). 그리고 환자로 하여금 다음의 기전을 통해 변하도록 한다. 자기 감시를 통해 부정적인 사고양식을 인식하기, 자동적인 사고와 묵시적인 가정의 평가와 경험적인 검증을 통해 사고양식을 변화시키기, 그리고 과제와 매일의 연습을 통해 치료에서 배운 기법을 정복하기. 약물은 오로지 최종적인 수단으로만 사용된다. 인지치료만으로 토프라닐(이미프라민)보다 더 우울증을 감소시켰고, 환자의 자아개념을 증진시키는 데 큰 영향을 미쳤고, 절망감의 현저한 감소를 가져왔다는 것 등이 알려졌다. Rush, Beck, Kovacs et al.(1982) 참조.

맞춘다.[29)]

단기 및 장기 정신분석적 치료

단기간 한정된 시간의 정신분석적 치료의 목표는 신뢰감, 친밀감, 대처하기(coping), 애도하기(grieving) 등과 같은 심리학적인 구성을 증진시키면서 환자의 인격에 변화를 가져오는 것이다. 그렇지만 그것이 환자의 방어와 저항에 간접적으로 작용하기 때문에 단기간의 정신분석적 치료는 불안을 유발할 수 있다.[30)]

비록 정통 정신분석적 접근이 단기 정신분석적 정신치료와 이론적으로 같은 것이긴 하지만, 그 차이점은 우선 치료기간에 있다. 정통 정신분석은 시간을 정하지 않고 수년 동안 계속할 수 있다. 또 다른 차이점은 방어와 저항보다는 전이에 강조를 둔다

29) 인간관계치료에서는 우울증을 구성하는 세 개의 과정이 있다. (1) 증상 형성, (2) 사회적인 그리고 대인 간의 관계, (3) 인격이다. 이것은 단기간의 치료(전형적으로 12~16회)이기 때문에 개인의 인격을 변화시키려고 하지 않는다. 대신에 이것의 목표 두 가지는 (1) 우울증의 증상을 없애고 자존감을 높이는 것, (2) 환자로 하여금 사회적인 그리고 대인 간의 문제를 다루는 보다 효과적인 전략을 발전시키도록 돕는 것이다. Arieti & Bemporad(1978); Klerman, Weissman, Rounsaville, & Chevron(1984) 참조.

30) 프로이트(Freud, 1959), 에이브러햄(Abraham, 1927), 코헛(Kohut, 1977) 등의 정신역동 이론에 기초한 분석적인 정신치료는(정통 정신분석가와 같이) 다음의 원리로 작동한다.

1. 우울증은 과거와 현재의 인간관계에서 마주치는 문제를 나타낸다.
2. 초기 어린 시절의 부정적인 경험들, 특히 상실이 그 사람을 우울증에 걸리기 쉽게 한다.
3. 우울증은 상처받은 자존감의 결과이기도 하고 자아, 초자아, 자아이상 사이의 갈등의 결과이기도 하다. 그 안에서 어린 시절의 갈등에서 온 분노가 내면으로 자기를 향한다.

단기 또는 장기 정신분석의 이론은 환자가 외적인 삶에서 사용하는 것과 같은 대처기전을 치료 상황에서도 사용할 것이라는 가정에서 작동한다. 그리고 그런 기전은 중요한 인간관계에서 배워지기 때문에 그들은 인간관계의 맥락 안에서 가장 잘 치료될 수 있다는 가정에서 작동한다. Strupp, Sandell, Waterhouse et al.(1982); Zaiden(1982) 참조.

는 것이다. 마지막으로 정통적인 접근에서 분석가나 치료자는 단기간 치료자가 적극적인 역할을 하고 자유연상 기법을 사용하지 않는 것과는 대조적으로 주로 수동적이고 자유연상을 장려한다.

아들러 학파의 관점은 모든 개인은 안전한 느낌과 환경에 대한 통제가 필요하고, 각 개인은 안전한 느낌과 통제가 무엇이고 그것이 어떻게 얻어지는가에 관해 서로 다른 생각을 가지고 있다고 생각한다. 아들러 학파의 정신분석적 치료는 우선 우울증 또는 자살충동이 있는 환자들이 그들의 받아들이기 어려운 행동을 인식하고 이해하여 그에 책임지도록 도와주는 데에 목표를 둔다. 환자들은 그들의 변화 가능성을 인지하게 되고 건설적인 변화를 안내받고 지지받는다.[31)]

또 하나의 심리적 접근

에드윈 슈나이드만(Edwin Shneidman)은 다음의 측면을 포함하는 자살의 각 사례를 본다. 신경해부학적, 생화학적, 심리학적, 사회적, 영적 그리고 철학적 측면이다.[32)] 나도 역시 체계접근이 자살과 같은 다면적인 수수께끼를 고려하는 데 가장 좋은 방

31) 부적응된 사람들은 자기 자신, 그들의 경험 그리고 인생의 중요한 사실에 관한 잘못된 결론의 결과로 팽창되거나 사회적으로 받아들이기 어려운 통제의 대상이 될지도 모른다. 그들은 심지어 자신과 다른 사람들에게 해가 되는 수단으로 목표를 달성하려고 노력할지도 모른다. 만일 그들이 목표를 달성하는 데 성공한다면 그들은 기껏해야 다가오는 절망감으로부터의 일시적인 경감을 즐길 뿐이다. 이러한 양식의 결과로 그들 자신과 다른 사람 사이에 갈등이 생길 때, 그것은 종종 우울증의 형태로 나타난다. 치료적으로 말하자면, 환자의 행동은 대인 간의 그리고 사회적인 의미를 가지고 있고, 환자의 부적응은 대인 간의 또는 사회적인 경험을 효과적으로 이용할 수 없는 데서 비롯된다는 믿음에 중점을 둔다. Nikelly (1971) 참조.

32) Schneidman(1985).

법이라고 생각한다. 슈나이드만의 의견은 자살을 예방하기 위해 자살충동이 있는 개인에게 무엇인가를 해야 할 필요가 있다는 것이다. 그는 통증 경감하기, 스트레스 줄이기, 아무런 출구가 없다는 느낌 없애기, 다른 선택이 있다는 것을 깨닫도록 도와주기 등을 제안한다. 이런 접근은 절망을 희망으로 변화시키는 것을 용이하게 해 준다. 이것이 대부분의 사람들이 치료에서 원하는 것이다. 다음에 나오는 슈나이드만의 짧은 이야기는 이를 분명히 보여 준다.

> 대학에 다니는 젊은 여성이 자신은 오로지 처녀 아니면 죽음의 양자택일밖에 없다고 믿었다. 불행히도 그녀는 임신했다. 이것이 그녀의 '이것 아니면 저것'이라는 관점에 맞지 않았기에, 그녀가 할 수 있는 유일한 선택은 자살이었다. 그녀는 총을 사기까지 했다.

다행스럽게도 슈나이드만의 치료가 개입하여 그녀가 총을 사용하는 것을 막았다. 그는 그녀와 함께 완전히 새로운 선택 목록을 만들도록 힘썼다. 그것은 유산, 아기를 포기하여 양자로 보내기, 혹은 아기를 키우기였다. 그렇게 그는 그녀가 할 수 있는 다른 선택이 실제로 있다는 것을 보도록 도왔다. 또한 그는 자살이 삶의 가능성이 아니기 때문에 그것을 관대하게 봐줄 수 없다는 자신의 철학적인 입장이 매우 분명했다. 본질에 있어서 그는 환자 내면의 희망의 불꽃을 다시 지피고 있었다.

사회적 치료

사회적인 치료의 두 가지 중요한 형태는 가족치료와 집단치료다. 지금까지는 개인 및 의사와 환자(또는 치료자와 내담자) 사이의 일대일 관계에 중점을 두어 왔다. 개인이 함께 모여서 서로 도와 그들의 문제를 해결하는 집단에서 일어나는 치료 형태의 이용도 증가하고 있다. 이러한 치료는 우울증과 자살충동이 있는 상태뿐 아니라 알코올과 약물 남용과 같은 그와 연관된 많은 문제를 위해서도 필요하다.

가족치료

치료자, 환자 그리고 환자의 가족구성원이 모두 이 치료적 접근에 관여된다. 가족치료는 우울하거나 자살충동이 있는 개인을 치료하는 것을 목표로 하고 심리학과 사회학의 생각을 결합한다. 이런 맥락에서 심리학적인 목표는 환자가 일종의 내면의 평화를 얻는 것이며, 사회학적인 목표는 환자가 자신의 외부환경과 조화를 이루는 것이다.[33]

33) 리치먼(Richman, 1986)은 이 두 가지 목표는 가족의 틀 안에서 가장 잘 성취될 수 있다고 생각한다. "그곳은 심리적인 통합의 장애와 사회적인 참여의 장애가 가장 잘 보충될 수 있는 곳이다." 가족치료는 반드시 확정된 이론이나 기법을 따라야 하는 것은 아니다. 그것이 이용되는 과정은 치료자에 따라 다르고, 매우 다양한 심리학적이고 사회학적인 학파의 생각에서 유래된다. 그들의 공통되는 목표는 인지된 환자가 가족의 맥락 안에서 자신의 우울증과 자살 성향을 해결하도록 도와주는 것이다.

자살시도자들과 함께하는 집단치료

나는 연구계획의 한 부분으로 종합병원, 지역사회 건강센터, 대학병원 등에 있는 서로 다른 세 자살시도자 그룹의 공동지도자였다.[34)]

고위험군과 함께한 이들 치료집단은 자살을 예방하는 데 긍정적인 영향을 미쳤다. 이는 자살충동이 있는 개인을 동질집단으로 하는 집단치료가 효과적일 수 있다는 것을 보여 준다. 시간이 지남에 따라 많은 수의 환자가 보조치료자가 되었는데, 이는 이들 그룹을 익명의 단주동맹(AA) 모델과 비슷하게 해 준다.

익명의 단주동맹(AA)과 단마약동맹(NA)

알코올중독자와 마약중독자들에게 익명의 단주동맹(Alcoholics Anonymous: AA)과 익명의 단마약동맹(Narcotics Anonymous: NA)은 중독 패턴과 우울증 패턴 모두를 깨는 데 헤아릴 수 없는 집단적인 지지를 제공할 수 있다. AA와 NA는 그들이 치료하는 특수한 중독을 제외하고는 거의 모든 방식에서 비슷하다. 각각은 자조 지지집단이 되도록 고안된다. 중독은 질병으로 간주된다. 그래서 구성원들의 문제에서 생물학적인 측면이 강조된다.

34) 이들 외래 중심의 그룹은 어느 하나의 치료적인 접근에 제한을 두지 않았다. 그러므로 그들은 통합적인 체계모델을 이용하였다. 이들 그룹은 지지적이고, 표현적이고, 분석적이고(통찰 지향적), 인지적이고, 인간관계의, 정신교육적인 경향이 있고, 자기통제를 강조했다. 그룹 구성원들은 개인 정신치료를 받아야 했고, 필요하다면 약물도 복용했다. 환자의 1/5은 전기경련요법을 받은 경력이 있었다. 공동치료자를 지도자로 이용한 것이 중요했는데, 이는 그들이 이런 도전적이지만 지루할 수 있는 작업에 상호 지지를 제공해 주었기 때문이었다. Billings et al.(1974) 참조.

그러나 중독의 치료는 단순한 육체적인 것을 넘어서 보다 깊은 변화, 즉 정신사회적이고 영적인 수준에서의 변화가 요구된다. 자아 죽이기와 거듭나기에서와 마찬가지로 심혼의 요소가 AA와 NA의 중심에 있다.[35)]

실존치료

반 두어젠-스미스(Van Deurzen-Smith)에 따르면, 실존치료의 목표는 우울증과 자살충동이 있는 환자가 인생을 관조하고 살아가는 이유를 밝히도록 도와주는 것이다. 이것은 다음의 두 가지 기본적인 가정을 포함한다. (1) 인간 본질은 내재적으로 유연성이 있다. (2) 인생은 뜻이 있고 인생에 대한 태도가 의미를 창조한다.[36)]

실존적 관점에서 인생은 의미에의 추구로 여겨지고, 그렇기에 그 의미에 비추어 문제가 다루어질 수 있다. 빅터 프랭클의 실존주의적 사고에 기초한 로고테라피는 우울증을 '연장된 좌절'의 결과로 생각하거나 '의미에의 의지', 즉 인생의 목표를 찾으려는 노력의 결핍으로 생각한다.[37)]

35) AA와 NA는 각 구성원에게 같은 치료 프로그램을 따르도록 요구한다. 이것이 분명 이 접근의 주된 약점이다. 그룹의 모든 구성원이 근본적으로 같은 문제를 가지고 있다고 가정해서 모든 치료는 즉각적이고 영속하는 금지라는 공통의 목표를 지향한다. 그것은 또한 공통의 계획인 회복의 12단계를 지향하고 있다. Alcoholic Anonymous(1987); Peynot(1985) 참조.

36) 다른 학파의 정신치료와는 다르게 실존치료는 사람을 변화시키려 하지 않고, 그 사람이 변화의 필요가 있다거나 그럴 수 있다고 가정하지도 않는다. 오히려 그 목표는 보다 효과적으로 인생의 어려움을 다루는 방법은 물론, 통찰력과 방향 그리고 인생의 의미를 찾도록 도와주는 것이다. van Deurzen-Smith(1988); Yaloom(1980) 참조.

37) Frankl(1984).

우울증 치료: 적절한 사례

무엇보다도 나는 우울증과 자살충동이 있는 상태에 가능한 모든 치료를 전체적인 방식으로 보는 것이 중요하고, 우울한 또는 자살충동이 있는 사람을 치료하는 데 적절한 다양한 치료양식을 이용하는 것이 중요하다고 생각한다. 달리 말해서, 환자는 특별한 치료적인 접근이 아니라 한 개인으로 치료로 인도돼야 한다.

심하게 우울하고 자살 위험이 있는 사람에게 무의미하다는 생각은 절망으로 이어진다. 그들은 많은 가치와 단절되고 충실한 삶을 사는 데 필요한 열정이나 에너지가 아주 또는 완전히 없다. 이제 다양한 생물학적, 심리학적, 사회적, 실존적 요인이 합쳐져서 아주 풍부한 사람까지도 얼마나 우울하고 타락하게 할 수 있는가를 보여 주는 사례를 제시하겠다. 그리고 그런 우울증과 타락이 어떻게 효과적으로 치료될 수 있는가도 제시한다.[38)]

1982년 1월, 마이클은 어머니의 장례식에 참석하기 위해 샌프란시스코에서 고향인 뉴욕 주 로체스터로 돌아왔다. 어머니는 유방암으로 사망했다. 그는 어머니와 극도로 친밀하게 생활해 왔다. 어머니를 잃는다는 것은 그가 살아온 37년 동안 지속돼 온 변함없는 지지자를 떠나 보내는 것이었다. 마이클은 아버지와는 잘 지내지 못했으나, 장례식 때 그들은 성의를 다했다. 그렇지만 그는 아버지를 다시 보면서 특별히 아픈 기억이 되살아났다. 아버

38) 이 이야기는 내가 1986년 3월 19일 로체스터 의과대학의 21세기를 대비하는 의과대학생 교육행사, 에이즈에서 발표한 '에이즈의 인간적인 면' 이란 글에서 인용한 것이다.

지는 15년 전에 그가 동성애자인 것이 밝혀지자 그를 강제로 내쫓았다.

장례식이 끝난 뒤, 마이클은 샌프란시스코로 돌아와서 기뻤다. 그는 어머니의 죽음이 그의 인생에서 최악의 해를 알리는 전조임을 알지 못했다. 1982년 봄, 그는 직장을 그만두고 자문회사를 설립했는데, 그 출발이 좋았다. 그러나 늦은 여름이 되자, 그는 우울해지고 피로가 증가하고 관절통을 앓게 되었다. 가을에 그는 정착할 희망으로 한 여성과 가정을 꾸렸지만 그들의 관계는 좋지 않았다. 11월 내내 그는 점점 더 깊은 우울증에 빠져들어 갔으며, 열이 나고, 식은땀을 흘리고, 설사도 하였다. 증세는 크리스마스 때까지도 호전되지 않았다. 그때 마이클은 아버지를 방문했는데, 아버지는 그에게 회복을 위해 로체스터로 돌아오라고 제안했다. 마이클은 무척 힘들어 그 제안에 동의했다. 마이클이 유일한 아들이고 지금 어머니가 죽어 아버지가 유일한 직계가족이기에 아버지가 그에게 가까이 가려고 했던 것 같다.

마이클이 샌프란시스코로 돌아와 로체스터로 이사할 준비를 할 때 그의 상태는 급속도로 악화되었다. 설사와 식은땀이 더 악화되었고 기침이 끊이지 않았다. 1983년 3월 말에 그가 로체스터로 돌아갈 때까지 몸무게가 17킬로그램이나 빠졌다. 도착하고 며칠 뒤 너무 아파서 아버지가 그를 스트롱 기념병원의 응급실로 데려갔다. 거기서 그는 호흡기를 달고 중환자실에 입원했는데, 열이 40도나 됐다. 그곳에 있는 동안 마이클은 의사들이 에이즈에 걸렸을지도 모른다고 이야기하는 것을 들었다. 그 당시 대부분의 사람들처럼 그는 에이즈를 죽음과 같은 것으로 보았다.

중환자실에서 그의 상태가 안정된 후, 폐 조직검사에서 에이즈를 가리키는 중요한 징표인 뉴머시스티스카리니 폐렴을 앓고 있다는 것이 드러났다. 이 소식을 듣고 그는 죽은 사람이 되는 것에 관해 이야기하기 시작했다. 그는 무력감과 절망감을 느꼈다. 그리하여 자살을 생각했고, 일반 병실로 옮겨지면 어떻게 목숨을 끊을 것인가를 생각했다. 그에게 배정된 의과대학생은 그의 말을 공감하며 침착하게 잘 들어 주었으며, 그의 자살 사고를 알아내려고 애썼다. 나중에 마이클은 내게 이 학생이 진정으로 그를 걱정하는 것 같았다고 말했다. 이 느낌으로 용기를 얻어 그는 그녀에게 "내가 살 수 있을 거라고 생각하는 것은 미친 짓이 아닌가요? 에이즈에서 살아난다는 생각이?"라고 물었다. 그녀는 그렇지 않다고 지적하고 정신과 상담을 받는 것이 낫겠다고 했다.

이런 연유로 나와 마이클이 처음 만났다. 그의 병실 밖에는 감염성 간염 환자들을 위한 것과 유사한 주의사항이 적힌 표시가 있었다. 나는 가운과 장갑 그리고 마스크를 착용하고 병실에 들어가서 나를 소개하고 그와 악수를 하였다. 나는 곧 이런 인간적인 접촉이 그를 안심시키고 있다는 것을 알 수 있었다. 나는 그에 관해 아는 것이 거의 없고 단지 우울하다는 소리만 들었다고 말했다. 나는 앉아서 그의 이야기를 자세히 들었다. 그는 의과대학생에게 물었던 것처럼 나에게 "이 죽음의 질병에서 살아남을 수 있다고 생각하는 것은 미친 짓이 아닌가요?"라고 물었다. 나는 잠시 생각한 다음, "아닙니다. 미친 짓이 아닙니다."라고 대답했다. 그 순간부터 그는 탈출구로서의 자살에 대한 집착을 포기했다.

무슨 일이 일어났을까? 마이클은 희망을 전해 받은 것이다. 처음에는 의과대학생으로부터, 그리고 그다음은 나한테서. 이 희망은 강력한 치료제였다. 특히 그는 에이즈에서 살아남은 첫 사례 혹은 첫 사례들 중 하나일 수도 있다는 희망을 가지게 되었다. 그는 대부분의 악성종양이 원래 치료될 수 없었지만, 결국에는 많은 경우에서 치료법이 발견되었다는 것을 생각했다. 그는 또한 몇몇 치료가 불가능하다고 생각됐던 암이 설명할 수 없이 저절로 회복된 것에 관한 것을 읽고 희망을 얻기도 했다. 나는 그런 사례가 있다는 것을 인정했지만 그것은 매우 드물다고 주의를 주었다. 나의 목표는 그를 가능성으로 불타오르게 하는 것이 아니고, 의과대학생의 도움으로 붙은 희망의 불꽃이 꺼지지 않게 하는 것에 있었다. 나는 그가 입원해 있는 동안 계속 그를 방문했고, 그 후 외래에서 8개월 동안 1~2주에 한 번씩 그를 보았다.

시간이 지남에 따라 마이클은 여러 에이즈 합병증을 앓았다. 뉴머시스티스 폐렴은 재발했다 나았다를 반복하였다. 그는 전신성 헤르페스와 사이토메갈로바이러스 감염을 보였고, 하지마비와 보행불능을 호소하기 시작하였다. 게다가 그에게서 초기 사망의 위험성이 높은 암인 카포시 육종이 발견되었다. 나는 뉴욕시의 에이즈 상담전화와 전염성 질환센터를 통해 그와 같은 문제를 가지고 있는 환자들은 평균적으로 4~6개월 산다는 것을 알았다. 나는 분명한 이유로 이것을 그에게 말하지 않았다.

마이클의 희망과 살려는 욕망이 신체적인 문제를 일시적으로 극복하는 데 도움을 주었다. 그의 건강은 실제로 호전되기 시작하였다. 그는 아버지와 친구에게 로체스터로 이사할 준비를 하게 했다. 거의 두 달 정도 입원한 다음, 그는 아파트로 이사하였다. 그의 주치의와 내가 얼마동안 기다렸다가 일을 다시 시작하라고 조언했음에도 불구하고, 그는 기적적으로 아파트에서 나가 네 달 동안 자문 업무를 수행했다. 그가 퇴원하기 전에 나는 실제로 그가 다시는 일할 수 있는 육체적, 정신적, 정서적 힘이 없을 것이라고 생각했다. 그렇지만 그를 멈추게 할 수 있는 것은 없었다. 내가 외래에서 그를 보았을 때, 마이클은 살려는 의지와 일에 대한 자긍심을 말했고 '지식이론'에 관한 책을 쓸 욕심을 이야기하였다. 우리는 죽음과 죽기에 관해서도 이야기했지만, 그는 결코 이 문제에 관해 깊게 또는 오랫동안 토의하지 않았다.

마이클이 외래치료를 받기 시작한 지 4개월 반이 될 무렵 중요한 전환점이 있었다. 그가 들어오면서 먼저 악수를 제안한 것이다. 이것은 그가 일상적으로 하지 않았던 것이다. 내가 악수에 대해 묻자, 그는 아버지가 그와 악수하는 것을 거절했을 때 상처받았다고 이야기했다. 그의 아버지는 아들이 에이즈에 걸렸다는 것을 알았을 때 동성애 공포가 다시 수면 위로 떠올라 최고조에 달했다. 자신이 이 병에 걸릴지도 모른다는 두려움 때문에, 그의 아버지는 그렇지 않다는 증거가 충분히 있었음에도 불구하고 마이클의 병문안을 거의 가지 않았고, 마이클이 그의 집에서 나갔을 때 기뻐했다.

지금 마이클은 아버지와 멀어졌고 샌프란시스코에 있는 친구들과도 떨어져 있어 사회적인 지지가 심각하게 결여돼 있었다. 다행히도 우리는 에이즈/로체스터 회사를 통해 다정한 자원봉사자들이 가정방문을 하고 접촉하도록 할 수 있었다. 그도 이런 배려가 도움이 되는 것을 알았다. 그의 곁에서 많은 위로와 일상적인 도움을 주는 헌신적인 친구도 있었다.

그럼에도 불구하고 계속되는 아버지의 거절은 마이클에게 큰 희생을 요구했다. 신체적인 상태가 약해지기 시작했지만 그는 일을 계속했다. 치료를 시작한 지 6개월 반이 지나면서 그는 약속을 어기기 시작했다. 나중에 내가 전화를 하면 그는 잊어먹었다거나 너무 피곤해서 못 왔다고 말했다. 그는 또한 저소득층 의료보호를 받고 있는 사실에 수치감을 느꼈다. 그의 보험이 없어져 이제 보장받지 못하기 때문이다. 사회적인 안전장애 구제도 많이 지연되고 있었다. 마침내 그는 너무 화가 나서 미국 보건성 장관에게 직접 전화하여 불평하였다. 놀랍게도 마이클은 성공했다. 그의 목소리는 많은 사람의 공감을 얻었고, 마침내 연방 정책이 바뀌어 전국의 에이즈 환자를 위한 장애비용 지출이 촉진되었다.

나는 1983년 12월 초에 마이클을 다시 보았다. 그는 수척했고 매우 약했으며 왼쪽 다리를 더 심하게 절었다. 그는 다시 우울해졌고 타락했다. 그러나 항우울제 투약을 거부하였다. 그는 지금까지의 치료과정 내내 이 입장을 고수했다. 마이클의 방식은 그 자신이 하겠다는 것이다. 이는 그가 아직은 절망과 싸우는 내면의 자원을 가지고 있다는 것을 가리킨다.

1984년 1월, 마이클은 외래치료에 오는 것을 중단하였다. 나는 몇 차례 전화로 그와 예약을 잡았지만, 그는 결국 나의 전화나 편지에 회답하지 않았다. 나는 1984년 6월, 그가 입원해 있는 동안에 마지막으로 그를 보았다. 마이클은 나를 보고 좋아했지만, 그는 심하게 아파 보였고 낙담한 듯 보였다. 그의 카포시 병변은 방사선치료로 효과가 없었고, 그는 전보다 더 약해졌다. 그는 의사들이 그를 포기하고 있다고 느꼈고 죽어 가는 것에 대해 이야기했다. 9월에 그는 다시 입원했는데, 입원 첫날밤에 갑자기 죽었다.

나는 황폐화시키는 병을 앓고 있었음에도 살려는 용기와 의지를 가진 마이클을 기리기 위해 그의 이런 이야기를 제시한다. 그는 여러 차례 죽음의 얼굴을 보고도 "아직 아니야!" 하고 말했다. 그가 예상 수명을 1년이나 더 연장하여 살았다는 사실은 에이즈라는 파괴적인 질환을 둘러싼 어둠 속에서 하나의 고무적인 사건이다. 처음에는 모범적인 의과대학생에 의해, 그다음에는 수많은 전문의, 간호사, 사회사업가, 에이즈/로체스터 회사, 자원봉사자, 친구 등에 의해 지지를 받은 그의 살려는 강한 의지가 삶을 연장했고 그것을 더 의미 있게 해 주었다고 생각한다. 마이클의 이야기는 희망의 힘이 모든 사람에게 유용하다는 사실을 뒷받침한다. 그것은 내면의 치료자 원형을 불러일으키는 내면에서 만들어 낸 치료제다.

그리스 신화의 판도라는 희망이 인간 존재의 문제를 다루는 데 가장 좋고 최종적인 수단이라는 사실을 아름답게 상징한다. 판도라가 상자를 열고 소름끼치는 절망의 생물, 파괴의 괴물을 포함한 무시무시한 것들을 밖으로 내보내자, 희망이 새의 모습으로 나왔다. 새는 고대 심혼의 원형적인 상징이다. 희망에 대한 인간 심혼의 가능성이 우울증과 자살충동의 환자들을 치료하는 전체적인 접근에서 가장 필요한 것이다.

"희망은 깃털 있는 존재이고

영혼에 횃대를 치고,

말없이 곡조를 노래하고,

결코 멈추지 않는다."

– 에밀리 디킨슨

희망과 자기애

대부분의 심리학 이론가들은 우리가 생애의 첫 2년 동안 어머니 그리고/혹은 아버지에게 받아들여지거나 부모의 대리인에게 받아들여진다면 우리는 근본적이고 생물학적으로 뿌리를 둔, 나중에도 계속 의지할 수 있는 자기 수용(self-acceptance)을 갖게 된다고 믿는다. 이 자기 수용은 케이 툴러리(Kay Toolery)가 '희망과 자기애의 정동적인 비축'이라고 말한 것과 매우 유사하다. 이것은 생명을 보호하고 치료적으로 강화될 수 있는 것이다. 사람에게는 "접촉할 수 없는 따뜻함과 풍성함의 내면의 저장고, 즉 개인적이고 잃을 수 없고 사용할 수 없는 보물이자 심리적인 냉담이나 충격에 대항하는 정서적인 완충이 있다. 이것이 정동적인 비축이다. 이것은 잘 발달된 자아의 기술이 절망이나 좌절에 대항하여 세운 보다 강하고 냉정하고 합리적인 구조하고는 아무런 관계가 없다."[39]

툴러리는 정동적인 비축 이론을 만들면서, 자살충동이 있는

39) Toolery(1978).

청소년에게 가장 큰 문제는 자기 혐오나 죄책감이 아니라 '하나의 결핍장애, 즉 자신의 삶에 대한 사랑의 결핍과 희망의 결핍'인 것 같다고 하였다. 나는 이것을 청소년뿐 아니라 성인과 노년층까지 연장할 것이다. 점점 증가하는 자동화와 컴퓨터화가 가져다주는 비인격화의 시대에는 인생의 의미를 찾고 희망과 자기애의 자양분을 찾는 것이 점점 더 어렵다.

툴러리는 계속해서 "이것도 역시 지나갈 거야."를 강조하고, '소중히 간직된 자기의 신화'를 열 황금열쇠를 찾으러 가는 모험을 도와줌으로써 이 심하게 우울한 젊은이들(내 식대로 보면, 일반적인 타락한 사람들)에게 영향을 미칠 수 있다고 말한다. 그녀는 개인(특히 젊은이)이 자신을 큰 자기(자아를 넘는)와 연결해 주는 상징적인 부적을 내면화하지 않는다면 자살 위험이 있는 우울증이 되기 쉽다고 강조한다. 이들 상징적 부적으로는 특별한 주화, 돌, 조개껍데기, 이미지 등이 있다. 특히 우울증의 치료라는 면에서 나는 이 전제를 우울증은 개인이 자신의 잃었던 영혼을 찾고 그와 연결하여 희망의 등불이 다시 밝혀질 때까지는 해소될 수 없다는 의미로 해석한다.

울기와 웃기

이제 나는 심한 우울증의 치료에서 눈물과 유머의 가치에 초점을 맞출 것이다. 울기는 우리의 정신에서 애도와 슬픔을 흘러나오게 하는 뿌리 깊은 방식이고, 웃기는 (노먼 커즌스가 재발견한 바에 따르면) 희망과 행복을 들어오게 하는 뿌리 깊은 방식이다.

이 두 과정은 때로 섞인다. 너무 많이 웃게 되면 눈물을 흘리기 시작하고, 너무 심하게 울면 쉽게 웃음으로 끝맺을 수 있다. 치료과정에서 울기와 웃기는 둘 다 긴장을 완화시키고 균형을 회복하는 작용을 한다.

두 과정 중 웃음이 덜 인정받는 경향이 있지만, 때로는 이것이 더 좋을 수 있다. 에이브러햄 링컨이 "내가 웃지 않았더라면 밤낮으로 나에게 드리운 무서운 긴장 때문에 죽었을 것이다."라고 말했을 때, 그는 이것을 알았다.

아서 케스틀러(Arthur Koestler)는 웃음이 "배고픔, 섹스, 화 그리고 불안에 의해 만들어진 것과는 상관없이 스트레스를 즐겁게 해소할 수 있게 한다."고 말했다.[40]

그는 계속해서 이 책의 주제에 관해 아주 중요한 말을 한다. "웃음은 생물학적인 욕동의 충족을 저지한다. 그것은 그 사람이 죽이거나 성교하는 것을 못하게 한다. 그것은 화와 근심 그리고 [자아의] 프라이드를 약화시킨다." 다시 말해, 우리가 웃으면 우리 자신이나 남들에게 해를 끼칠 수 없다는 것이다. 자아가 풀이 죽었을 때, 웃는 동안 자살을 상상하는 것은 특히 힘들다. 이런 상태가 자아 죽이기와 거듭나기에서 일어나는 것과 어느 정도 유사하다.

치료 여정에서 웃고 우는 기회를 만드는 것은 자신과 상황에 대해 경직된 태도를 갖지 못하게 한다. 그것은 일시적으로 방어벽을 깨고, 심지어 우리가 정상적인 방식으로 호흡하고 관찰하

40) Koestler(1987).

고 생각하고 반응하는 것을 저지하여 죽음의 맛을 보게까지 한다. 그래서 그 후에 우리는 자신과 상황을 재창조할 수 있다. 이런 면에서 울기와 웃기는 우울증을 치료하는 데 극적으로 도움을 줄 수 있는 자기 초월적인 행위다. 그것은 케스틀러가 창조적인 재생이라고 부른 모든 성공적인 정신치료적 노력의 목표에 이르게 할 수 있다.

창조성과 치료

내 환자들에게 자살이 아닌 자아 죽이기를 계획하도록 안내하는 동안, 나는 그들을 창조적인 표현과 (적극적 명상에 근거한) 예술치료의 특수한 작업을 하게 하는 것이 엄청나게 도움이 된다는 것을 알았다. 이 외적인 행위는 자아 죽이기의 치료적 결과인 자기와 만나기 위해 아니마(영)와 아니무스(혼)의 안내를 받은 후 자아의 조각난 부분을 내면에서 정신적으로 재통합하는 것과 병행한다. 정말로 적극적 명상의 창조적인 산물은 흔히 그런 재통합이 일어나는 것을 촉진한다. 이 책의 다음 부분인 '혁신적인 치료법' 에서는 바로 이 문제를 다루고 있다.

2부_ 혁신적인 치료법

4

자아 죽이기와 거듭나기: 새로운 치료적 접근

"희생의 행위에서...... 자아는 그 자신에 반해서 결정하고
[그리고] 보다 높은 권위에 굴복한다.
이것이...... 개성화 과정 또는 자기의 원리다."
- 마리-루이제 폰 프란츠

나는 이제 우울한 사람들과 스스로 목숨을 끊으려는 사람들을 치료하는 새로운 접근법을 제시하려고 한다. 그것은 자아 죽이기, 초월 그리고 거듭나기를 포함한다. 우울증과 자살충동이 있는 환자를 치료하는 데 내가 주장하는 방법은 앞 장에서 기술해 온 다른 방법들과는 다르다. 그렇지만 다른 것 또는 그들 중 많은 수와 조화를 이루며 작용하기는 한다. 나는 이 접근을 자아 죽이기와 거듭나기(egocide and transformation)라고 부른다.

문제를 잠시 단순화하고 보다 구어체로 상식적인 모델로 인용해 보겠다(〈표 4-1〉 참조). 나쁜 뉴스는 모든 우울한 사람은 치료자의 도움을 받고 있는 동안에도 슬픔, 절망 그리고 확실히 자살

〈표 4-1〉 자아 죽이기와 거듭나기의 모델

나쁜 뉴스	실패, 추락, 상실의 기간 동안 우울한 환자는 애도와 절망을 경험하여 죽기, 즉 자살시도를 원한다.
좋은 뉴스	우울한 사람은 전체적으로 죽는 것이 아니다. 오직 개인 정신의 일부분만 상징적으로 죽거나 죽임을 당해도 된다.
상징적인 죽음	자아 죽이기를 통해 정신의 파괴적인 부분, 지배적인 자아상이나 부정적인 정체성을 없애거나 죽인다.
새로운 삶	자아 죽이기는 완전한 발전 잠재력과 인정된 개인의 신화를 허용하여, 정신적인 거듭나기를 가능하게 하고 새로운 자아-자기의 축을 발달시킨다.

사고에 이르게 할 실패, 추락, 상실의 기간을 겪을 수밖에 없다는 것이다. 좋은 뉴스는 오직 우울한 사람의 한 부분, 즉 나쁜 뉴스와 관계된 자아의 부분만 상징적으로 죽거나 죽임을 당해도 된다는 것이다. 그러면 그 사람은 새롭게 성공할 기회를 얻을 새로운 자아정체성과 자기 개념을 형성한다. 다른 말로 하면, 그 사람은 내가 자아 죽이기라고 명명한 상징적 죽음을 겪는다. 이 과정은 죽는 것과 같은 느낌이다. 그래서 일종의 애도 반응을 한다. 그렇지만 잃어버린 지배적 자아정체성에 대한 애도 반응이 끝나면 새로운 삶을 경험하게 된다. 그것은 뒤에 남겨 놓은 것보다 더 희망적인 존재다. 나는 이 재생을 거듭나기라고 부른다.

영혼의 어두운 밤을 뚫고 이런 종류의 치료여행을 한 잘 알려진 사람의 예를 살펴보자. 각 사례는 우울증을 초월하고 자신의 인생을 거듭나게 하기 위해서는 먼저 그것을 감당해야만 한다는 것을 보여 준다. 이 치료 후에 그들은 각자 다른 사람들의 삶을 개선시키는 데 중요한 기여를 하였다.

에이브러햄 링컨은 반복적인 심한 우울증을 앓았다. 그것은 의심의 여지없이 어린 시절 어머니의 죽음과 아버지의 손에서 엄하게 자란 것이 원인이었다. 그는 29세 때 사랑하는 약혼녀 앤 러틀리지가 죽은 다음 병적으로 우울해졌다. 그는 실성하고 비탄에 잠겨 일리노이강 둑을 헤맸다. 그의 친구들은 그가 자살할지도 모른다고 생각했다. 그래서 그들은 주변의 칼과 면도날을 없애고 그의 행동을 감시했다. 링컨은 32세 때 법률 파트너인 존 스튜어트에게 보낸 편지에 적은 바와 같이 심한 우울발작을 겪기 시작했다.

> 내가 느낀 것이 모든 인간 가족에게 공평하게 분배되었다면 이 세상에는 단 한 명의 즐거운 사람도 없었을 텐데. 내가 좋아질 것인가를 말할 수 없다. 나는 그렇지 않을 거란 두려운 예감이 든다. 내가 현재의 나로 남는 것은 불가능하다. 나는 죽거나 더 나아져야만 한다.[1)]

칼 메닝거는 그의 책 『중요한 균형(*The Vital Balance*)』에서 링컨의 우울증에 관해 또 다른 이야기를 제시한다.

> 그의 결혼식 날, 모든 준비가 다 되었고 하객들도 모였다. 그러나 링컨은 나타나지 않았다. 그는 방에서 무가치감, 절망감 그리고 죄책감에 사로잡혀 낙담해 있는 상태로 발견되었다. 병이 나기 전에

1) Basler(1953).

링컨은 성공보다는 실패가 더 두드러졌던, 성실하지만 뛰어나지는 못한 변호사였다. 이것이 그가 좋다고 여겨졌던 때, 즉 그의 정신질환이 나타나기 전의 모습이었다. 질환을 앓고 난 다음에 그가 성취한 것은 위대한 우리의 국가적인 유산의 부분이다.[2)]

1821년 당시 불과 20세였던 영국의 철학자 존 스튜어트 밀(John Stuart Mill)은 병적으로 우울해졌다. 그는 분명히 자신이 원하는 모든 것을 가질 수 있다고 하더라도 결코 행복해질 수 없을 것이라는 생각을 했다. 그렇지만 마침내 그는 그 자신에게조차 분명히 드러나지 않은 어떤 방법으로 이 상태를 넘어서게 되었다. 밀은 그의 『자서전(*Autobiography*)』에서 다음과 같이 말한다.

이 시기의 경험은…… 내가 이전까지 따라온 것과는 전혀 다른 인생의 이론을 받아들이게 했다. 그것은 그 당시에는 들어 보지도 못한 칼라일(Carlyle)의 반자기의식(anti-self-consciousness) 이론과 많은 공통점을 가지고 있다. 나는 진정으로 행복은 모든 행위법칙의 기준이고 인생의 목표라는 믿음에 망설임이 없었다. 그러나 지금 이 목표는 오로지 그것을 직접적인 목표로 삼지 않음으로써 얻어질 수 있다고 생각한다. 내 생각에는 자신의 행복 이외의 다른 대상, 즉 다른 이들의 행복과 인류의 향상에 열중하는 사람만이 행복하다. 심지어 어떤 예술이나 추구도 수단으로서가 아니라 그 자체를 이상적인 목표로 따르면 그에 열중하는 것도 행복에 이르게 한다. 그렇게 다

2) Menninger, Mayman, & Pruyser(1963).

른 것에 목표를 두면 그들은 도중에 행복을 찾는다.[3)]

우울증을 극복한 또 다른 사람의 예는 미국의 심리학과 철학의 창시자인 윌리엄 제임스(William James)다. 제임스는 25세 때 심한 우울증과 자살 사고를 일삼는 바람에 의과대학에서 낙제했다. 그의 전기작가 카메론(Cameron)은 다음과 같이 적고 있다.

> 그는 매일 아침 끔찍한 공포로 깨어났다. 수개월 동안 그는 어두움 속에 혼자 가지 못했고, ……다른 사람들이 어떻게 삶의 표층 밑에 있는 불안의 구렁텅이를 깨닫지 못하고 살 수 있을까 의심했다. ……
>
> 세상은 많은 부분을 그런 개인적인 불행에 빚지고 있다. 제임스는 가혹하게 내동댕이쳐졌다. 그 시기에 그의 무능과 좌절은 그가 가장 깊은 철학적이고 종교적인 문제를 강렬하고 친밀감 있게 인식하게 해 주었다. 그의 질병은 분명히 그의 철학적인 인생의 흐름이 흐르는 강바닥을 발전시키고 깊게 했다.[4)]

메닝거는 이 세 사람이 그들의 질병을 초월하여 그가 좋은보다 더 좋은(weller than well)이라고 부르는 것이 되었다고 주장한다. 그들은 어두움 속으로 들어가 자살보다는 자아 죽이기를 수행할 수 있었다. 그 후 그들은 정체성을 변환시킬 수 있었다. 그들 각

3) Mill(1960).
4) Cameron(1942).

자는 살기와 상징적으로 죽기 그리고 다시 살기의 주기와 관련 있는 전체성을 향한 여정에 관여된 것이다. 이것이 통제하려는 궁극적인 자아의 주장, 즉 자살에 대한 반명제다.

무엇이 죽음을 찾도록 재촉하든, 실제로 자신을 죽이는 것보다 더 나은 선택이 늘 있다. 때로는 자살기도의 유혹이 강하면서도 편안할 수도 있다. 예를 들어, 니체는 "자살 생각은 커다란 위로다. 우리는 많은 힘든 밤을 그런 생각을 하면서 성공적으로 지낸다."라고 말했다. 그렇지만 자살 생각은 어떤 조건에서 향유하기에는 위험할 수 있다. 나는 다른 격언을 제안한다. 창조적인 거듭나기의 겸손하지만 치료적인 행위인 자아 죽이기를 숙고하라. 그것을 통해 우리는 상징적인 죽음을 겪고 새로운 인생에 이르게 된다.

자살에서 자아 죽이기로

나의 자아 죽이기와 거듭나기 이론의 발전에 가장 중요한 촉매제는 금문교와 샌프란시스코-오클랜드만 다리에서 투신한 후 살아난 생존자들을 포함한 연구였다. 생존자들에게서 가장 인상적인 것은 이 고위험군에서 단 한 명도 계속 자살을 시도하지 않았다는 것이다. 실제로 각 생존자는 자신의 자살시도 뒤에 초월적인 경험을 겪었다. 나는 그들이 겪었던 스스로 선택한 임상경험을 어떻게 불러야 하는지의 문제로 씨름하였다. 마침내 나는 자아 죽이기라는 용어로 결정했다. 왜냐하면 이 상징적인 죽음-재생의 경험이 그들의 삶을 너무나 많이 변화시켜 그들 자신에 대한 전반적인 견해(그들의 자아정체성)가 극적으로 변했기 때문이다. 이를 시작으로 나는 우울증과 자살충동이 있는 환자의 정신치료에 새로운 융학파 지향적인 분석적 접근을 발전시켰다.

이 연구를 지도했던 에녹 캘러웨이(Enoch Calloway)는 이들 자살 생존자에 관한 나의 생각에 많은 영향을 미쳤다. 나는 한 생존자와 첫 면담을 하고 돌아와서 캘러웨이에게 내 피검자가 종교적인 경험으로 보이는 것을 겪었다는 이야기를 했다. 그가 어떻게든 신과 연결돼 있다고 느끼고 이런 연결이 그가 살아난 이유였기에, 그것은 내게 매우 신비하게 들렸다. 당시 나는 바로 정신과 수련의 과정을 마쳤기 때문에, 그에 대해 종교적인 과대망상을 가진 편집형 정신분열병이라고 쉽게 진단 내릴 수 있었다. 그러나 캘러웨이는 그 생존자가 말하고 있는 것을 버리지 말고 그를 그렇게 그럴싸하게 범주화하지 말라고 했다.

캘러웨이는 나에게 모든 것을 적어 놓고 그 데이터를 체계화한 후 어떤 패턴이 나타나는가를 보라고 제안했다. 그는 또 윌리엄 제임스의 『종교적 경험의 다양성(*The Varieties of Religious Experience*)』을 읽어 보도록 권했다. 제임스는 얻을 수 있는 모든 자료를 기록한 다음, 패턴을 구별하여 종교적 경험을 과학적으로 연구했다.[5] 이 책은 나에게 중요하고 의미 있는 메시지를 전해 주었다. 주관적인 것을 소중히 하라. 그것은 객관적인 것과 마찬가지로 진실하다.

캘러웨이의 격려로 나는 내가 자아 죽이기라고 명명한 것에

5) James(1958).

관해 생각하고 쓰기 시작했다.[6] 자살 생존자들은 정말로 자신들을 전멸시키는 것을 의미했다. 그렇지만 그 대신 그들이 한 것은 그들의 자아를 파괴한(또는 희생한) 것이다. 그들의 의식의 자아 정체성은 죽었다. 즉, 그들은 상징적으로 이전에 가지고 있던 그들 자신과 인생에 대한 관점을 죽였다. 그렇지만 융이 자기(self)라고 부른 것은 파괴되지 않았다.

융학파의 개념 설명

내가 방금 묘사한 경험의 유형은 우울증과 자살충동이 있는 환자와의 치료 작업에 중요한 영향을 끼쳐 왔다. 이 영향을 분명히 하기 위한 첫걸음으로 나는 융 심리학에 관계되는, 그러므로 결국 나의 자아 죽이기와 거듭나기의 이론에 관계되는 몇몇 개념을 검토해 보겠다([그림 4-1] 참조). 융 심리학을 모르는 사람에게 이 부분은 필수적이다. 그리고 아는 사람에게는 유용한 정리가 될 것이다.

자아와 그림자: 의식과 무의식

융이 정의한 자아는 의식 상태에서만 존재하기 때문에 프로이트가 정의한 자아와는 다르다. 프로이트의 모델에서 자아는 의식이기도 하고 무의식이기도 하다. 융 자신에 따르면, 그의 모델에서 자아는 다음과 같다.

6) Rosen(1975, 1976b).

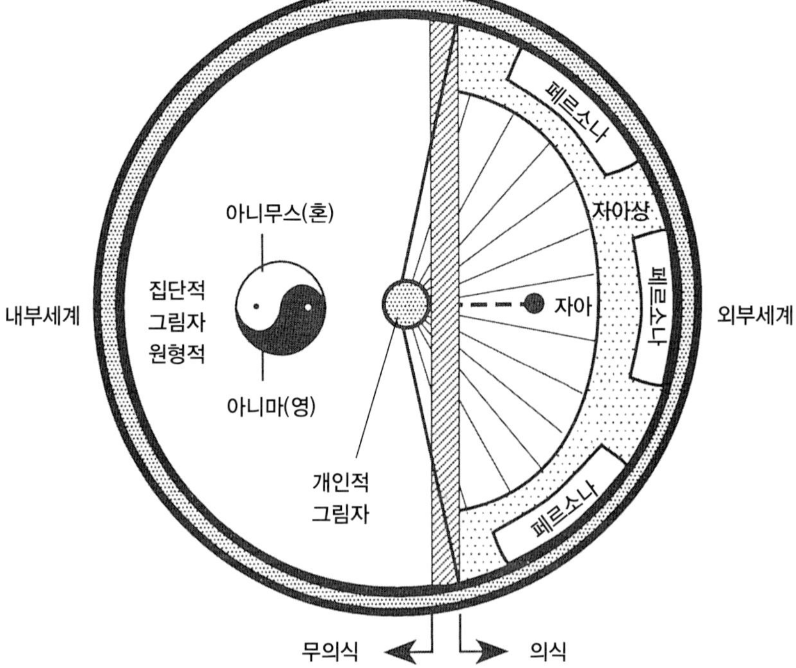

[그림 4-1] 융의 정신의 구조
자아(ego)는 의식의 중심이며, 자기(Self)는 정신의 중심이고 전체성이다.

우리는 자아를 그것에 모든 의식적인 내용물이 관계되는 콤플렉스 요소로 이해한다. 말하자면 그것은 의식의 장의 중심을 형성한다.[7]

융은 자아를 무의식에 기반하고 있고 그림자의 침입에 의해서 뿐 아니라 역치하의 상기할 수 있는 기억들에 의해 영향을 받는 것으로 묘사한다.

7) Jung(1968a), pp. 3-4, 8-10.

개인적인 그림자는 억압되고 모르는 것이며, 때로는 그 사람의 악함이다. 그것은 전형적으로 다른 사람에게 투사되고, 보통 꿈에서는 동성의 상으로 나타난다. 제임스 홀(James Hall)은 그림자를 "'어둠'이 자아를 변화시킨 것"이라고 부른다. 그는 "그림자는 그 사람의 현재의 자아상에 받아들여질 수 없어 보이지만, 그것은 때로 아직은 인식되지 않았어도 좀 더 진행된 개성화 과정에는 긍정적인 성질을 갖는다."라고 덧붙인다.[8]

그림자는 부정적인 극과 긍정적인 극을 가지고 있는 것으로도 묘사되어 왔다.[9] 부정적인 극이 억압돼 왔던 문화적으로 바람직하지 못한 속성들(예: 원시적인, 쾌락적인, 공격적인, 혐오적인, 질투의, 살인의, 반사회적인 성질)을 담고 있는 반면, 긍정적인 극은 역시 억압됐던 이상화된 특성들(예: 영웅적인, 환상적인, 영적인, 고귀한, 정제된 성질)을 담고 있다.

에리히 노이만(Erich Neumann)은 그림자를 다음과 같이 정의한다.

> 미지의 인격의 부분이고, 그것은 정상적으로 밝은 면과 의식의 중심이며 표상인 자아와 어둡고 무시무시한 악마의 상의 형태로 만난다. 그것과의 대면은 늘 개인에게 무서운 경험이다.[10]

8) Hall(1986), pp. 14-15
9) Sandner(1987); Sandner & Beebe(1984).
10) 인용은 각각 Neumann(1969), pp. 137, 138, 143에서 발췌하였다.

계속해서 그는 다음과 같이 언급한다.

> 처음에 그림자 상은 외부적으로 낯선 사람과 적으로 경험된다. 그러나 의식에서 점차 실현되는 과정에서 그것은 내사되고 자신의 인격의 구성요소로 인식된다. 그렇지만 개인적인 그림자가 동화되었을 때에도 원형적인 그림자는 (악마나 적의 형태로) 정신 안에 아직도 강력히 남는다.

자아, 자신 및 자기: 나, 개인적인 존재 및 최상의 존재

자아는 의식의 중심으로서 개인적인 이미지와 정체성, 그러므로 자신(self)과 관계한다. 이는 그것이 일상의 차원에서 삶에 관여된다는 것을 의미한다. 이와 같이 자아와 자신은 자기(Self)에 속한다. 그들은 자기의 한 부분이다.

융은 자기를 의식과 무의식을 포함하는 정신의 중심이고 전체성이라고 보았다. 이에 더해서 그는 자기를 영적으로 보았다. "단일성과 전체성은 객관적인 가치척도의 가장 높은 점에 있다. 그들의 상징은 더 이상 Imago Dei[하느님의 형상]와 구별되지 않기 때문이다."[11] 나아가 자기는 원형적인 창조주의 이미지다. "자아의 자기와의 관계는 움직여지는 것의 움직이는 것과의 관계와 같다."[12]

자아는 인생의 전반기에 우세한 경향이 있고 정체성, 야망 그

11) Jung(1968a), p. 31. Imago Dei의 가부장적인 함축을 피하기 위해, 나는 Supreme Being(최상의 존재)이라는 표현을 더 좋아한다.

12) Jung(1969b), p. 259.

리고 성취와 연결된다. 중년에 종종 위기가 생기는데, 이는 자아 중심적인 삶에서 자아가 자기에 종속되는 새로운 위치에 있는 삶으로의 전환을 가능케 한다.[13] 인생의 후반기는 '자아-자기 축'의 발달로 특징짓는다.[14] 그것을 무엇으로 부르든지 그 변화는 개인적인 수준에서의 패러다임의 변화라고 할 수 있다. 이는 그 중요도에 있어서 1600년경 프톨레마이오스의 천동설이 코페르니쿠스의 지동설로 대치되었을 때 일어났던 사회역사적인 수준에서의 패러다임의 변화에 필적할 수 있다.

프로이트 학파의 심리적인 모델에서 자아는 프톨레마이오스의 지구와 마찬가지로 중심에 확고하게 있다. 근본적인 메시지는 "나, 자아는 여기를 지배한다."이다. 나는 이를 알렉산더 헤이그 장군 증후군이라고 부른다. 로널드 레이건 대통령이 자객으로 추정되는 자의 총에 맞았을 때, 당시의 국무장관이었던 알렉산더 헤이그는 텔레비전에 나와서 "내가 관리하고 있다. 내가 지배하고 있다."고 주장했다. 이 상황의 헤이그와 같이 자아는 스스로 통제되고 있고 지배력을 가지고 있다고 생각할지도 모른다. 그러나 반드시 그런 것만은 아니다. 나는 자아가 코페르니쿠스의 지구처럼 중심에 있지 않고 오히려 자기가 중심에 있다는 융학파의 견해에 동의한다. 이 사실은 인생의 중요한 위기를 겪고 있는 사람들에게 고통스럽게 나타난다. 그것은 심한 우울증을 앓는 사람에게는 분명히 자아를 위협하고, 자아 죽이기를 행

13) Jung(1963), pp. 196-197.
14) Neumann(1959); Edinger(1973).

하는 사람에게는 잠재적으로 거듭나게 한다.

자아와 자아상(자아 이미지): 나와 나의 초상

자아(나)는 원형적인 핵(자기)을 가진 복합체(공유하는 감정적인 색깔에 의해 모여진 서로 관련된 실험적 이미지의 집합)다. 홀(Hall)은 자아정체성의 발달을 논의하면서 자아상이라는 용어를 도입하고 그것을 다음과 같이 규정한다. "인생의 특별한 단계에서 하나의 지배적인 자아상에 건강하다는 것이 다음 단계 인생에 생겨나는 자아상에게는 분명히 건강치 못할 수도 있다."[15] 다른 말로 하면, 자아와 그것의 자기와의 관련성에 근거한 내면의 존재가 본질적으로 변치 않는 반면에 그 사람의 초상(자아상)은 계속 변하고 있다는 것이다. 이것이 "자아상과 그 근본적인 형태에서 자기 원형에 바탕을 둔 주관성의 중심을 구성하는 자아 그 자체 간의 분명한 차이를 낳게 한다."고 홀은 주장한다. 홀의 다음과 같은 언급이 자아 죽이기 개념과 관련하여 중요하다.

> 현재의 지배적인 자아상이 변해 갈 때마다, 그 변화가 올바른 방향으로 가는 것이라 하더라도 자아는 어느 정도 해체의 위기를 느낀다. 변화과정에 있는 자아는 하나의 정체성[지배적인 자아상]에서 또 다른 것, 보통은 보다 포괄적인 것을 향해 움직이는 듯 보인다. 즉, 그 사람은 실제로 개성화되고 있는 것이다.

15) 이 부분의 인용은 Hall(1983), pp. 28, 39와 Hall(1986), p. 39에서 발췌하였다.

페르소나와 그림자: 지킬 박사와 하이드

자아는 외부세계와 관계를 맺고 상호 교류하는 역할을 하기 위해 마스크, 즉 페르소나를 쓴다. 보통 페르소나는 그림자와 대극적이다. 예를 들면, 겉으로는 아주 다정하고 친절하고 지나치게 협조적인 부인이 까다롭고 잔인하고 조작적인 그림자를 갖기 쉽다. 문학에 나타나는 한 예가 로버트 루이스 스티븐슨의 유명한 지킬 박사와 하이드 분신이다. 성자 같은 의사의 페르소나와 악마적인 범죄자의 그림자를 가진 한 인물. 이들 두 예가 시사하는 바와 같이, 페르소나는 흔히 규범, 전통, 이상 그리고 집단이나 문화의 가치에 기초하여 스스로 채택한 역할이다.

개인이 그 또는 그녀의 페르소나와 지나치게 동일시하는 경우, 즉 자아가 페르소나 또는 사회적 역할과 하나가 된 경우 비극적인 문제가 생길 수 있다. 페르소나가 지나치게 발달하여 개인이 경직되거나, 주변세계에 둔감하거나, 혹은 낯이 두꺼워도 문제가 생길 수 있다. 마찬가지로 문제를 일으킬 수 있는 또 다른 극단은 페르소나가 적절히 발달하지 못하는 경우다. 이것은 개인을 외부세계에 과민하게 하거나 성마르게 한다. 건강한 자아는 페르소나와 독립적으로 기능하고, 페르소나의 역할과 동일시하거나 그렇지 않은 선택을 할 수 있다는 것을 안다.

개인이 집단적인 자신과 지나치게 강하게 동일시할 때, 이는 조직의 남자나 여자의 상투적인 모습과 같은 거짓 자기[16]를 만든다. 메디슨가(Madison Avenue, 미국 뉴욕 시 맨해튼 동쪽으로 약 10km

16) Winnicott(1965).

에 걸친 거리로 이곳에 일류 광고회사와 방송국이 많기 때문에 '광고거리' 라고 불린다.-역주)와 매스컴은 특별한 삶의 양식을 바람직한 것으로 부추기고, 어느 것이 정상이고 비정상이라는 것을 지시하고, 동질성(또는 계산되고 양식화된 불일치)의 가치를 직간접으로 설교하면서, 그런 진실되지 못한 자아와 자신의 이미지를 부추긴다.

아니마와 아니무스: 음과 양

자아가 페르소나와 자신을 통해 외부세계와 관계를 맺는 것과 마찬가지로, 그것은 그림자와 이성(異性)의 정신 측면을 통해 내적인 세계와 관계를 맺는다. 남자에게는 여성적인 것(라틴어로 영(soul)을 나타내는 아니마)이고, 여자에게는 남성적인 것(라틴어로 혼(spirit)을 나타내는 아니무스)이다. 이와 관련하여 융은 다음과 같이 언급한다.

> 아니마와 아니무스가 자아에 미치는 효과는…… 대단히 강하고 즉시 자아 인격을 부동의 정의감과 정당성으로 채워 준다. 이 효과의 원인이 투사되어 객체와 객관적인 상황에 있는 것으로 나타난다.[17]

영에·혼을 포함하면서 융은 아니무스와 아니마를 '영혼의 상' 으로 간주한다. 그는 "영혼 복합체가 자아에 속하는 것 같고 그것을 상실하는 것은 '병리적' 으로 나타난다."고 하였다.[18] 영혼

17) Jung(1968a), p. 16.

의 상실과 그에 관련된 사랑, 믿음, 소망의 상실이 종종 심한 우울증과 자살로 이어진다. 자아 죽이기와 거듭나기를 하는 동안 영혼을 되찾는 것은 우울증과 자살에 효과적인 해독제다.

자아 죽이기와 그림자 죽이기: 상징적인 자아와 그림자 죽이기

왜 받아들여지지 않은 함입된 부모의 자아와 부정적인 자아상을 상징적으로 죽여야 할까? 그런 행위의 이유는 꿈과 융학파에서의 적극적 명상(무의식적 갈등의 창조적인 예술적 표현)에서 일반적으로 분명하다. 매리언 우드먼(Marion Woodman)은 타격이 심한 부성 콤플렉스로 시달림을 받고 있는 젊은 여성이 말해 준 꿈에서 그런 합리적인 살해의 예를 보여 준다.[19] 그녀는 꿈을 자세히 이야기하면서, "내 형제와 나는 아버지를 죽였다."고 말했다. "그가 우리를 사로잡고는 위협하고 있었어요. 우리는 샛길에서 그를 돌로 쳤어요. 그리고 그의 시체를 자동차 트렁크에 싣고 가서 들판에 매장했지요." 우드먼은 그녀의 환자의 꿈은 그녀가 성숙한 여인으로 전환하고 있는 것을 보여 준다고 주장하면서, "그녀는 상징적으로 아버지를 죽여야 했다."고 말한다.

융도 환자의 '삼키고 파괴하는 잔인한 어머니…… 무의식의

18) Jung(1969a), p. 309. 인생의 초기에 영혼 복합체는 어린이의 정체성 부분이다(신성한 어린이의 원형에 기초한 순진한 어린이로 표상된다.); 나중에 그 사람은 자신의 영혼과 단절되면서 우울하고 자살충동을 느낄 수 있다.

19) Woodman(1982).

상징적 표상을 죽여야 할' 필요성을 언급한다.[20)]

다리에서 투신한 후 생존한 사람들에게 자아 죽이기는 상징적인 자살의 극단적인 사례를 나타냈다. 우드먼의 환자의 꿈에 나타난 상징적인 아버지 살해와 유사한 정신적인 딜레마가 실생활에서 극적으로 펼쳐진 것이다. 자살시도한 사람들의 각 사례에서 문제덩어리인 자아상과 정체성이 그것들에 해롭게 영향을 미치고 있는 부정적인 극의 그림자와 함께 파괴됐지만 자기는 살아남았다.

내 환자 중 중년의 전문직 종사자 스티븐은 직계가족 남자들이 스스로를 파괴한 뒤에 나를 보러 왔다. 그의 아버지는 알코올중독으로 죽었고 동생은 자살했다. 스티븐도 자기 희생으로 가는 길에 있었지만, 2년여 동안 내 모델을 이용한 분석치료를 받고 나서는 자기 희생 대신에 자아 죽이기를 했다. 그가 꿈속에서 현수교의 여러 탑 중 한 꼭대기의 평편한 곳에 올라갔을 때 효과적인 순간이 왔다. 그때 그는 뛰어내렸다. 도약하면서 그는 이전의 파괴적인 자아상과 악한 그림자 정체성을 뒤에 남겼다. 잠에서 깨어났을 때, 그는 기적적으로 자신이 살아 있고 다치지 않았으며 다시 태어난 것을 알았다. 그리고 그의 새로운 정체성은 더 이상 자아에만 의지하지 않았다. 자아가 굴복되면서 자기를 경험했고, 그의 새로운 자아는 더 높은 권위에 부차적인 것이었다.

분석적인 치료는 거의 언제나 그림자 죽이기를 포함한다. 그림자는 처음에는 투사되고, 그다음에는 부정적인 전이 반응을 포함한 문제 있는 대인관계 속에서 다루어진다. 투사가 거두어지면

20) Jung(1967a), p. 328.

악한 동성의 상이 나오는 꿈이 흔히 나타난다. 예를 들어, 내가 부정적인 그림자를 다루고 있을 때는 꿈에서 사악한 남성상과 마주친다. 한 시점에서 나는 잔인한 남자 마피아의 리더를 죽였는데, 이것이 그림자 죽이기의 예다. 그때 나의 정체성 또는 지배적인 자아상은 자기에 해로운 부성 콤플렉스와 연관되었다. 바로 뒤이어 나는 정신적으로 나의 아버지를 살해했다. 이런 상징적인 부정적 자아, 그림자 그리고 부성 콤플렉스의 살해는 거듭나기의 길을 닦아 놓았다. 몇 년 뒤, 나는 죽은 아버지가 저승에서 돌아와 무덤덤하게 웃으며 내게 다가와 나를 품에 안는 꿈을 꾸었다. 그는 내게 실재했다. 그러나 나는 그가 저편에서 왔다는 것을 알았다. 이것이 정신적인 거듭나기를 바탕으로 개인적인 그림자와 부성 콤플렉스(아버지뿐 아니라)를 받아들이는 상이다.

우리는 개인적인 것을 넘어 보다 넓은 집단적인 차원에서 원형적인 그림자를 다른 사람들에게 투사하는 경향이 있다. 이것을 속죄양 만들기라고 부른다. 한 예가 레이건이 초기에 소련연방을 '사악한 흡혈귀' 라고 규정한 것이다. 그렇지만 개인적으로 고르바초프를 알게 되자, 레이건은 그림자 투사를 거두어들이기 시작했다. 레이건은 퇴임 시 소련연방을 호의적인 곳으로 묘사하고 고르바초프를 친구로 여겼다.

자아 죽이기와 그림자 죽이기를 그린 또 다른 예가 준 싱어(June Singer)의 『영혼의 경계(*Boundaries of the Soul*)』에 나오는 모린이다.[21] 19세 소녀 모린은 손목을 긋고 입원한 뒤 싱어를 보

21) Singer(1973), pp. 333-343.

러 왔다. 그녀의 아버지는 성공한 사업가였지만 냉담하고 가끔 그녀 곁에 없었다. 모린이 세 살 반이었을 때, 어머니가 심한 우울증으로 입원하였다. 모린은 어머니를 차고 감정이 없다고 묘사하고는 그녀를 증오한다고 말했다. 그녀는 어머니가 "난 너를 무책임하게 낳았어."라고 말했다고 보고했다.

싱어가 보기에 모린은 심하게 부정적인 모성 콤플렉스를 가지고 있는 것이 분명했다. 거기다 모린은 '마음속에 갈등하는 두 상'이 있었다. 그것은 골치 아픈 존재이고, 버림받을 때 절규하고, 포기하고, 퇴행하고, 성장을 거부하는 작은 소녀의 상과 어머니 같고, 느낌과 감정이 없고, 차고, 강인한 큰 소녀의 상이다. 싱어가 적절히 규정한 바에 따르면, "여기에 그녀 자신과 '타자'의 전체 이야기가 있다." 타자는 때로 그림자로 묘사되곤 한다.

싱어는 모린에게 예술을 통한 적극적 명상으로 그녀 자신을 표현하라고 격려했다. 모린이 화나 있었던 한 면담시간에 그녀는 손그림으로 다른 인물로부터 도망치는 한 인물을 그렸다. 그녀는 수초 동안 두 인물을 응시하더니 단호하게 "이들 중 하나는 죽임을 당해야만 할 거야."라고 말했다. 이것이 자아 죽이기의 정수다. 모린에게 이 돌파(breakthrough) 경험의 중요성(그리고 연상에 의해서 일반적인 자아 죽이기와 거듭나기의 중요성)은 싱어가 언급한 그녀의 뒤이은 병력에 의해 뒷받침된다.

> 이것이 치료에 있어서 가장 중요한 시기의 시작을 알렸다. 모린은 나를 시험하고 있었고, 심지어 자살기도를 다시 하려는 식으로까지 행동했다. 그녀는 내가 그녀를 입원시키고 어머니가 했던 것

> 처럼 그녀를 버릴 것이라고 생각했다. 나는 그렇게 하지 않았다. 나는 그녀가 자신의 문제를 해결할 수 있도록 위해 계속 애쓰고 포기하지 않는다고 나를 믿을 수 있겠느냐고 물었다. 그녀는 그렇다고 대답했고, 나는 그녀를 믿었다. 점차로 그녀는 나를 다시 믿기 시작했는데, 이 시기에 그녀는 전과 다르게 치료에 임하고 있는 듯 보였다. [예술]은 그녀가 어떤 식으로든 무의식에 이르고 그것을 들여다보는 것을 느끼도록 도움을 주었다. 그녀는 더 이상 그것과 단절되지 않았음에 틀림없다.

모린이 그린 마지막 그림은 앉아 있는 한 인물의 그림이다. 그녀는 마침내 통합되어 더 이상 둘로 분리되지 않았다. 모린은 자아 죽이기와 그림자 죽이기를 했고 죽음-재생의 경험, 거듭나기를 거쳤다. 싱어는 이 극적인 변화를 이렇게 말했다. "분석의 이 지점(마지막 그림 이후)부터 모린은 꿈을 꾸기 시작했고 개성화 과정의 나선형의 길은 또 다른 전환을 하였다."

청소년은 부모의 함입물과 밀접하게 연결돼 있는 그들의 지배적인 자아상과 정체성을 정신적으로 죽이고 놓아주기를 원하고 또 그럴 필요가 있다. 노이만도 역시 상징적인 수준에서 부모상의 살해가 옳을 뿐 아니라 필요하다고 주장하였다.[22] 이 경험이 자아 죽이기일 것이다. 이를 통해 청소년은 이상적으로 부모의 상을 그들 자신의 자아상과 자신만의 정체성으로 거듭나게 할 것이고, 그때 그들 자신의 개인적인 신화가 전개되기 시작할 것이다(개성

22) Neumann(1969), pp. 104-105.

화 과정).

괴테는 청소년기의 경험을 극찬하였고, 인생을 통해 자신을 만들어 내는 청소년식의 위기(죽음-재생의 경험)를 스스로 반복적으로 겪어 왔다고 주장했다. 달리 말해, 그는 주기적인 자아 죽이기와 거듭나기 또는 상징적인 죽음과 새로운 인생의 경험을 권하고 있는 것이다. 죽이는 에너지가 이용되어 변신을 경험하고, 자살 콤플렉스를 거듭날 때 개인은 변화된다. 그러나 실제적이거나 상징적인 죽음의 경험 모두 애도 반응이 필요하다.

비록 자아 죽이기가 자아의 일부분을 죽게 하는 것이긴 하지만, 그것은 전체 자아의 죽음같이 느껴지고 우리는 죽은 것으로 느낀다. 그러므로 그것을 겪는 사람은 잃어버린 자아상과 정체성에 대한 애도 반응을 겪어야 한다. 베레나 카스트와 엘리자베스 하퍼 닐드(Elizabeth Harper Neeld)는 모두 그런 상실에 대한 슬픔을 위해 유용한 틀을 개괄했다.[23) 24)]

나는 자아 죽이기에서 애도 반응의 중요성을 강조하고 싶다. 비록 그것이 본질적으로 상징적이라고 하더라도 죽음의 경험이 일어나기 때문이다. 카스트는 강조한다.

> 처절한 실망은 그렇게 받아들여져야만 하고 인생의 이런 특별한 상황에 적합한 것으로 여겨져야만 한다. 그에 더하여 혼란스러운 정동, 특히 분노를 참아내야만 한다. 이런 정동적인 혼란은 낡은 관계

23) Kast(1988), pp. 53-67.
24) Neeld(1990).

패턴과 습관에서 벗어나는 것을 의미하고, 그렇기에 새로운 가능성을 창조해 내는 것도 의미한다는 것을 이해하면 보다 쉬워진다.

애도 반응을 겪고 시간이 지나면서 살해된 자아의 부분은 받아들인 내면의 상인 친근한 혼령(ghost)이 된다. 그리고 받아들여진 이전의 지배적인 자아정체성의 상징적인 죽음의 에너지는 새로운 삶으로 거듭나게 된다. 보다 깊은 자아-자기의 연결에 근거한 새로운 자아상이 다른 사람과의 관계를 더욱 좋게 해 준다. 자아 죽이기 모델에서 고통스러운 죽음의 경험(상징적인 죽음)은 일종의 파괴(나쁜 뉴스)임에 틀림없다. 그러나 그 뒤에는 창조적인 재건(좋은 뉴스)과 재생(새로운 인생)이 뒤따른다. 베토벤의 말이 이에 적절하겠다. "나는 인내심이 강해. 모든 악이 약간의 선을 동반한다는 것을 기억하기 때문이야."

치료여행 도표 만들기

영토를 지도로 만들 때는 경험 있는 사람한테 배우는 것이 현명하다. 다리에서 투신한 후 생존했던 사람들에게서 배웠던 것처럼, 내 환자와의 분석 작업은 내게 우울증의 황무지에 새로운 길을 내 주었다. 그곳에는 다른 사람들도 있었다. 스타니슬라프 그로프(Stanislav Grof)는 이 어려운 지대를 그의 환자와 함께 통과했고, 그들이 만든 길은 비교할 만한 가치가 있다.[25] 같은 식으로 조셉 헨더슨(Joseph Henderson)과 모드 오크스(Maud Oakes)

25) Grof(1972, 1973).

의 인류학적 연구도 집단적인 성질을 지닌 비슷한 경로를 그렸다.[26)]

그러면 이제 우리에게 방향을 정해 주고 안내해 줄 지도를 제시하겠다(〈표 4-2〉 참조). 이 표에는 세 개의 주요한 단계를 나타내는 가로 선이 있고, 네 개의 세로 칸이 있다. 첫 번째 칸은 사람들이 각 단계의 질환을 앓는 동안 전형적으로 호소하는 증상과 경험을 제시한다. 내 모델의 관점에서는 각 단계의 자아 죽이기와 거듭나기에서 호소하는 증상과 경험이다. 두 번째와 세 번째 칸은 다르지만 비슷한 그로프(죽음-재생의 단계, 두 번째 칸), 헨더슨과 오크스(통과의례, 세 번째 칸) 모델의 단계를 비교하였다. 네 번째 칸은 분석치료 상황에서 각 단계에서 무엇이 일어나고 있는가를 그렸다.

첫 번째 단계에서는 극도로 우울하고 자살충동을 느낀다. 개인적인 삶에서 혼자이든 아니든 고립감과 소외감을 느낀다. 보통 어느 정도의 나쁜 뉴스와 무력감을 야기해 온 상실을 겪는데, 이것이 흔히 절망감으로 진행된다. 내면적으로 희망의 등불은 가물거린다. 실패한 것 같고 부정적인 자아상과 정체성을 상상한다. 그림자가 자아를 대신해서 무가치하다고 느낀다. 페르소나는 훼손당하고 효과적으로 수행할 수 없다. 거짓 자기가 우세하며 인증받지 못하고 공허하고 무의미함을 경험한다. 많은 사람들이 살아 있는 지옥으로 묘사하는 참을 수 없는 고통이 있다. 그리고 와해되고 무능하고 일할 수 없을 심정이다. 자아는 죽어

26) Henderson & Oakes(1971).

〈표 4-2〉 치료과정 도표 만들기

단계	우울증과 자살 성향 증상과 경험	그로프의 죽음-재생 단계	헨더슨과 오크스의 통과의례	개인분석적 정신치료
1	**나쁜 뉴스** 우울한, 자살충동, 외로운, 소외된 상실과 실패감과 관련된 부정적인 자아와 그림자 정체성 무가치, 무력, 절망을 느낌 표현할 수 없는 고통 지옥: 탈출구 없는 상황 해체되고 무능력함 기능할 수 없음 **상징적인 죽음**	어머니와의 대립 (임상적인 출산의 첫 단계) 자아의 죽음 (전체적인 붕괴와 해체의 느낌)	분리의례 이탈 (대문이나 문을 통과하는 것으로 상징됨)	환자에 의한 저항과 부정적인 개인적 전이 수용과 치료자/분석가에 의한 공감 신뢰와 긍정적 전이 형성 긍정적 자아의 도움으로 퇴행 개인적 무의식의 갈등과 콤플렉스 분석을 통한 부정적인 함입물의 죽음 **거짓 자기**의 죽음 자아 죽이기와 그림자 죽이기
2	무감각, 죽음, 불안을 느낌 혼란된, 낙담, 위축 터널의 끝에서 빛을 감지 **좋은 뉴스**	어머니와의 협력 (임상적 출산의 두 번째 단계) 죽음-재생의 투쟁	전이의례 (죽음과 생명의 물속에의 침잠으로 상징됨)	강한 치료동맹이 발달 원형적인 긍정적 · 부정적 전이 **자기**(Self)의 도움으로 퇴행 자아-자기 축 집단적 무의식의 콤플렉스
3	덜 우울하고 위축됨 더 밝고 희망적임 새로운 방향, 관계 그리고 창조적인 행위 인생의 의미 **새로운 인생**	어머니와의 분리 (임상적 출산의 세 번째 단계) 죽음-재생의 경험과 빛 속으로의 재출현	통합의례 (만다라와 다른 통합된 전체성의 창조적인 표현으로 상징됨)	자신(Self)의 도움으로 퇴행 자신과 치료자/분석가를 현실적으로 봄 자신-자기 축 **진정한 자신**의 재탄생 행위와 창조적인 해소 전체성의 느낌과 개인의 신화

가고 있다. 이것이 실제로 경험하는 자아 죽이기 또는 상징적인 죽음이다.

투신 후 생존한 사람들에 관한 나의 첫 논문을 발표했을 때 그로프가 연락해 왔다. 그는 나의 경험적인 연구에 흥미를 가지고 있었다. 그가 자살 환자들을 정신치료하며 LSD를 사용한 연구에서 비슷한 관찰을 해 왔기 때문이다. 그는 어떤 치료적인 중재로도 실패했던 일련의 자살기도 환자들을 대상으로 이 연구를 수행했다. 그로프는 그의 환자 모두 그가 자아죽음 경험(ego death experience)이라고 부르는 것을 겪었고 아무도 자살기도를 하지 않았다는 것을 발견했다.

그로프는 임상적인 출산의 모델을 사용해 세 개의 죽음-재생 단계를 그렸다. 그는 환자 질환의 첫 번째 단계를 완전한 전멸감과 해체감을 동반한 자아의 죽음과 함께 어머니와의 대립(antagonism with mother)으로 묘사한다. 그다음 환자는 질병과 치료의 2단계로 들어가는데, 여기서 환자의 경험은 원형적이고 집단적인 무의식 안에 있다. 그로프가 어머니와의 협력(synergism with mother)이라고 부르는 이 두 번째 단계 동안에 환자는 어머니 원형, 즉 모든 인생을 되돌리는 것과 맞붙어 싸운다. 이렇게 죽음-재생의 갈등은 긍정적이고 양육적이면서 동시에 부정적이고 삼키는 성질을 가지고 있다. 세 번째 단계인 어머니와의 분리(separation from mother)는 죽음-재생의 경험 자체를 포함한다. 그것은 신체적인 탄생의 경험과 유사한 어두움으로부터의 빛의 출현이다.

헨더슨과 오크스의 통과의례도 역시 집단적인 무의식을 포함한다. 그들은 인류 문화의 다양성을 연구하면서 비슷한 상징적인 죽음-재생의 경험이 사회적인 수준에서 의례로 나타난다는 것을 발견했다. 그래서 그들은 이 경험을 심리학적인 수준에서 입문의례 또는 통과의례라고 기술하였다. 이들 통과의례도 역시 세 단계로 진행된다. 이탈(disengagement) 또는 분리의례(rite of separation)가 첫 번째 단계다. 이 의례는 보통 대문이나 방문을 통과하는 것으로 상징되는데, 간단히 말해서 낡은 정체성에서 벗어남을 나타낸다.[27] 두 번째 단계인 전이의례(rite of transition)는 삶과 죽음의 물(물 자체는 무의식과 여성성을 상징한다.)에 담그는 것으로 특징짓는다. 세 번째 단계는 통합의례(rite of incorporation)다. 여기서 창조적인 활동이 통합된 전체성으로 인도한다.

치료여행의 정서적 청사진

우울증의 각 단계에 상응하는 다른 치료적인 분석과정의 단계가 있다(〈표 4-2〉의 네 번째 칸). 첫 번째 단계 동안, 환자는 거의 항상 저항을 나타내고 많은 거부감과 분노를 표시한다. 이런 행위는 치료자가 자신을 진지하게 받아들이고 공감할 수 있을까를 점검하는 것으로 이해할 수 있다. 이 경우 치료자에 의한 부정적인 반응(적대적인 거부)에 주의한다.[28] 환자는 항상 치료자를 떠나 자신을 받아 주고 돌봐 주는 사람을 찾을 수 있다. 치료자와 신

27) 거듭나는 대문 그리고 천국과 땅, 하늘과 물 등의 두 영역을 잇는 다리 모두를 표상할 수 있는 금문교에서 투신한 생존자들은 모두 내면으로, 샌프란시스코만으로 뛰어들었다. 이것은 상징적으로 어머니의 품으로 뛰어드는 것으로 여겨질 수 있다. 한편 '황금' 또는 '황금으로 된'은 밝힘, 조화, 정체성 그리고 불멸성을 상징한다. Cooper(1982), p. 74 참조.

28) Maltberger & Bule(1974).

뢰를 쌓으면 건설적인 '자아의 도움을 통한 퇴행'을 겪을 수 있다.[29] 이 퇴행은 긍정적인 자아의 도움으로 존재한다. 치료자는 환자의 모든 자산, 능력 그리고 재능을 강조하면서 환자가 가진 자아 강도 모두를 지적해 주고 지지해야만 한다. 그렇게 해서 동일시하고 직면하고 이해하고 자아의 결핍과 나약함을 버릴 안전한 장소가 제공된다.

일단 초기의 저항이 극복되면, 개인적인 무의식과 관련된 갈등에 부닥치고 그것이 해결될 수 있다. 첫 번째 단계의 주된 과제는 부모와의 콤플렉스(갈등)를 이해하고 훈습하는 것이다. 이는 다시 환자의 강도와 능력을 인정하고 긍정적인 자아상을 강화하는 시간이다. 그런 다음 분석과정을 통해 부정적인 함입물(부정적인 부성 및 모성 콤플렉스), 즉 자아의 인정받지 못한 부분을 식별하고 죽여 버린다(또는 죽게 내버려 둔다). 다시 말해, 죽을 때까지 이야기되거나 분석된다. 이것이 내가 말하는 자아 죽이기의 정수다. 첫 번째 단계의 마지막 부분 동안에는 실제로 죽는 것같이 느껴진다. 죽어 가는 부정적인 자아상과 거짓 자기는 건강한 자아와 정체성을 무의식의 바다로 끌어들여 상징적인 죽음에 이르게 한다. 이것은 치료과정에서 매우 고통스럽고 힘든 시기다.

질병과 치료의 두 번째 단계 동안, 환자는 일반적으로 죽은 느낌이 들고 완전히 의존적이다. 이전의 자아정체감이 죽었다는 것이 확인된다. 환자는 신경질적이고 혼란스럽고 낙담하고 위축된다. 여기서 어머니의 대리인이 된 치료자가 도와준다. 이는 마치

29) Kris(1952).

자궁으로 돌아가 어머니에게 완전히 기대는 것과 같다. 이 단계에서는 긍정적인 전이와 치료적 동맹의 강도가 절대적이다. 여기에 '자기의 도움으로 하는 퇴행'[30]이 있다. 좋은 뉴스를 경험하고 터널 끝에서 빛을 보기 시작한다. 그림자와 이성의 정신 측면(아니마 또는 아니무스)을 포함하는 재통합되고 재구성되고 보다 강해진 자아가 마음의 중심, 즉 의식과 무의식을 총망라하는 자기와 접촉하는 것을 돕는다. 이 단계 동안 자아-자기 축이 발달한다. 바로 이 시점에서 집단적 무의식의 콤플렉스와 원형과 작업하기 시작한다. 두 번째 단계가 끝날 무렵에는 희망적이고 보다 덜 우울하게 느끼기 시작하면서 다음 단계로 넘어간다.

질병과 치료의 세 번째이자 마지막 단계는 치료자로부터의 분리와 죽음-재생의 경험으로 특징짓는다. 마무리 치료를 하고 면담 횟수도 줄어든다. 환자는 대극[예: 음(여성)과 양(남성), 선과 악]의 합일을 나타내는 통합된 전체성의 표현을 만들어 낸다. 대극을 초월하는 길은 그들을 통합하는 것이다. 대극의 합일인 자기는 종종 과거와 현재의 모든 인류 문화에서 발견되는 만다라와 같은 창조적인 작품으로 드러난다. 재탄생 또는 새로운 삶은 자기 실현을 알려 주는 마지막 단계의 총합이다. 이 마지막 단계에서 **자신-자기 축(self-Self axis)**이 발달하고,[31] 인생이 의미와 목적이 있다고 느낀다. 행위와 해소가 외적인 삶에서 때로 창조적인 작품으로 그리

30) 이 표현을 사용한 다음 나는 Henderson(1984), p. 16에서 그에 대한 참고문헌을 우연히 발견했다.

31) 나는 '자신의 도움하의 퇴행'(개인 존재와 관련된)과 '자신-자기 축'(최상의 존재와 관련된)이라는 두 표현을 샐리 파크스(Sally Parks, 1980)에게 신세졌다.

고 생활 변화의 형태(예: 자발적인 치유의 이미지, 주요한 인간관계와 경력의 변화 등)로 분명해진다.

실제 인생의 위기를 겪으면서 자아 죽이기와 거듭나기 과정을 조절하는 것은 매우 어려울 수 있다. 정신치료가 그 안에서 그런 과정이 보다 효과적으로 다루어질 수 있도록, 그래서 융이 말한 전체성을 향한 치유과정인 **개성화**로 가속 기어를 효과적으로 넣을 수 있도록 용기(container)를 제공해 준다.[32] 칼 로저스(Carl Rogers)는 그가 **자기 실현(self-realization)**이라고 부른 용어로 비슷한 개념과 과정을 가정한다. 그것은 그가 "완전히 기능하는 인격 그리고 진정한 자기가 되는 개개인의 잠재력을 실현하는 평생의 과정"으로 묘사한 것이다.[33] 에이브러햄 매슬로의 비슷한 견해는 궁극적인 가치는 **자기 실현**하려는 인간 심혼의 요구라는 것이다. 다시 말해, 자기 자신의 신성한 본질에 진실해야만 한다는 것이다.[34] 환자와 치료자 간의 정신치료적인 관계는 **테메노스(temenos)**, 즉 신성한 공간을 만든다. 그곳에서 그런 거듭나기가 개인적으로 그리고 상대적으로 안전하게 일어날 수 있다.

〈표 4-2〉에 간결하게 제시된 자아 죽이기와 거듭나기의 패러다임에 비추어 보면 링컨, 밀, 제임스, 스타이런, 알바레즈 그리고 금문교 투신에서 살아난 생존자들은 그들의 우울증과 자살충동의 상태를 초월하여, 자살하기보다는 자아 죽이기와 그림자 죽이기를 할 수 있었고 그들 의식의 정체성을 거듭나게 할 수 있

32) Jung(1971), pp. 448-450.
33) 로저스(Rogers, 1977)도 자기 실현이란 용어를 같은 개념을 표현하기 위해 사용했다.
34) Maslow(1970).

었다. 그들은 내가 6~9장에서 논의할 네 명과 같이, 전도서 '죽일 때와 치료할 때'를 구현하였다. 그들이 상징적으로 죽인 것은 부정적인 자아와 그림자였지, 자신(그들만의 독특한 개인적 존재)이 아니었다. 그들은 결코 돌아올 수 없는 자살을 하지 않았다. 오히려 그들의 치유는 영혼과 다시 연결하고 자기에 바탕을 둔 상징적인 죽음에 근거한 것이었다. 그들은 자연스럽게 삶과 죽음에 관계해 왔고, 또 지금도 관계하고 있는 전체성으로 향하는 여행에 포함되었다. 그 여행은 자살에 대한 반명제다. 자아 죽이기, 거짓 자기의 상징적인 죽음은 새로운 인생과 진정한 자기의 재탄생을 가져다준다.

매리언 우드먼은 내면의 상징적인 폭력성에서 자아 죽이기와 거듭나기와 비슷한 내면의 치유로 단계적으로 진행하는 것을 묘사하였다. 그녀는 『올빼미는 빵 굽는 이의 딸이었다(*The Owl Was a Baker's Daughter*)』라는 책에서 **정신적 자살**(**psychic suicide**)이라는 개념을 도입한다.[35] 실제로 자아 죽이기와 동일한 정신적 자살은 부인하는 부모 콤플렉스와 직면하고 그것을 없애 버리려는 시급한 필요성을 가리킨다. 우드먼은 "신학자가 희생이라고 여기는 것이 이 맥락에서는 정신적 살해가 된다."라고 언급한다.

두 번째 저서 『완벽 중독(*Addiction to Perfection*)』에서 우드먼은 '의식적인 자아 요구의 희생(무의식적인 권력), 자아의 욕망을 없애기, 영적으로 순결해지기'의 필요성을 느끼는 사람들의 임상 사례를 제시한다.[36] 우드먼과 이들 환자에게 "자아의 요구를

35) Woodman(1980).

희생하는 것은 인생에 대해 '예' 라고 말하는 것이다." 우드먼의 사례에서의 주로 신경성 거식증에 있는 여자 환자들은 심한 우울증과 자기 파괴적인 행위를 극복하는 과정에 있으며 부정적인 모성 및 부성 콤플렉스에 사로잡혀 있다. 우드먼이 말한 것처럼, "완벽성에 중독된 상태는 여성성의 여지를 남겨 주지 않는 비현실에 중독된 것이다."

자아 죽이기: 집단치료로 자살충동과 우울한 사람을 돕기

자아 죽이기와 거듭나기의 패러다임은 자살을 예방하는 데 탁월한 역할을 하는 집단치료 상황에 잘 적용될 수 있다.[37] 이런 종류의 그룹은 익명의 자살시도자(Suicide Attempters Anonymous) 그룹으로 규정지을 수 있다. 그러나 단주동맹과는 달리 이것은 두 명의 공동치료자를 공동지도자로 사용한다. 여러 상황에서 이들 그룹 중 셋을 공동 지도해 오면서, 나는 익명의 자살시도자 그룹이 외롭고 소외된 개인을 위한 확장된 가족의 역할을 할 수 있다는 것을 알았다. 또한 자살의 낙인으로 그룹의 다른 구성원을 성가시게 하지도 않는다. 그들은 모두 자살시도라는 같은 티켓으로 승선하였기 때문이다. 심지어 공동지도자들도 개인적인

36) Woodman(1982).

37) 이런 형태의 치료를 46개월 이상 받은 200명의 참가자 중 10명만이 자살을 시도했고 1명이 실제로 자살로 죽었다. 아주 위험성이 높은 이런 이들에게는 인상적인 기록이다. Billings et al.(1974); Rosen et al.(1974).

느낌을 나누고(개인적인 문제가 아닌) 어느 정도 가족구성원과 같다. 그래서 그들은 보다 온정적이다. 이 그룹은 구성원에게 결과적으로 절망을 제압하는 희망감과 소속감을 제공해 준다.

익명의 자살시도자 그룹의 발전과정은 내가 이미 개인치료에서 대략 제시한 세 단계와 유사하다(〈표 4-2〉 참조). 첫 번째 단계는 저항과 신뢰 쌓기로 특징지을 수 있다. 한마디로 서로를 알게 되는 것이다. 두 번째 단계는 과거의 행동을 나누고 반복하는 것으로 특징지을 수 있다. 즉, 카타르시스와 위기다. 마지막으로 세 번째 단계는 행동과 해소로 특징지을 수 있다. 이것은 훈습과 함께 사회화하는 것이다. 각 단계는 대략 4~5개월 지속된다. 이 그룹은 본질상 가입과 탈퇴가 자유롭기에, 오래된 구성원이 나가고 새로운 구성원이 들어오는 일이 흔하다. 이러한 이별은 진행하는 구성원들에게 자아 죽이기와 거듭나기 모델의 많은 부분인 죽음-재생 주제를 실제로 다루는 것을 도와준다. 저녁식사와 파티 같은 그룹의 사회적인 측면은 보통 생일과 휴일에 몰리게 되는데, 그런 날이 이들 개개인에게는 아주 힘든 시간이다.

익명의 자살시도자 그룹은 곤란을 겪고 고립되고 심하게 우울한 개인들을 무조건적으로 받아들인다. 그것은 그 안에서 구성원들이 우울증을 이해하는 데 집중할 수 있고, 사랑의 가치를 느끼는 것을 배울 수 있고, 자존감을 상실하지 않고 분노와 그 밖의 부정적인 감정을 표현할 수 있는 체제다. 이 그룹은 그룹 밖 구성원들의 삶에까지 미치게 하여 치료를 촉진하는 관심과 개인적인 교류를 제공한다. 그리고 대리가족으로 봉사하여 어느 인간도 혼자일 필요는 없다는 사실을 뒷받침한다. 그룹에서 만들어진 희망과 열정은 개개 구성원의 정신 안에 있는 인정받지 못한 측면을 초월하고, 마침내 그들의 우울증을 거듭나게 해 준다.

한 예로서 엘렌의 이야기를 생각해 보자. 그녀는 중년의 보건 전문직 종사자인데, 오랫동안 생활에 지장을 줄 정도로 심한 우울증을 앓았다. 그녀는 어린 시기에 고아가 되어 가족을 대신할 사람이 없었다. 나는 그녀가 세 번째 심각한 자살시도를 한 후에 그녀를 처음 만났다. 그녀는 삼환계와 단가아민산화효소 차단제를 포함한 몇몇 고용량 항우울제 치료에 반응하지 않았고, 두 번에 걸친 전 과정의 전기경련요법 시행에도 반응하지 않았다. 그녀는 내가 공동지도자로 있는 자살시도자 그룹에 가입하기 바로 직전에 개인 정신치료를 받았지만 효과적이지 않았다.

엘렌에게 이 그룹은 그녀 스스로 만들었던 파괴적인 가치체계에 대한 건설적인 도전이자 새로운 세계가 되었다. 그녀는 처음 몇 개월 동안 죽음과 자신의 생을 마감하는 것에 대해 강박적으로 집착하였다. 그녀는 고층 아파트의 23층에 혼자 살았는데, 종종 발코니에서 뛰어내리겠다고 위협하면서 공동지도자인 나와 다른 그룹 구성원에게 전화했다. 그녀의 상태는 악화되었다. 그래서 나는 그녀가 어느 때라도 자살할지 모른다고 걱정하기 시작했다. 공동지도자와 그녀의 개인치료자의 도움으로, 나는 그녀를 대학병원의 정신과 병동에 재입원시키려고 했다. 그러나 그녀는 신경외과적인 입체수술(죽음과 자살에 대한 강박증에 관여된다고 생각되는 뇌의 경로를 변화시키는 것으로, 정신과 수석의가 유일한 실행 가능한 시술이라고 느꼈던 것) 받기를 원치 않았기에 분명한 이유를 가지고 협조를 거부했다.

마침내 그룹의 구성원들은 엘렌의 상태와 태도에 좌절하고 당황하여 공동지도자의 도움 없이 그들만의 조치를 취하였다. 그들은 트럭을 빌려 그녀를 외롭고 위험한 고층 아파트에서 주택단지의 일층 방으로 이사시켰다. 그녀는 그 주택단지에 살고 있는 약간 나이가 많은 남자를 만났다고 그룹에 보고하였다. 이 관계는 친밀한 관계로 발전하였고, 그녀의 만성적인 우울증 증세와 강박적인 자살충동에의 집착은 기쁨에 넘치는 감동과 삶의 묘미에 자리를 내주었다. 얼마나 멋진 뇌수술의 대안인가!

엘렌의 회복은 그녀 자신과 주변 사람들 모두에게 치료적인 과정이었다. 그것은 진정으로 보살펴 주는 비슷한 경험을 한 가족과 같은 그룹 구성원들에 의해 행해진 사랑이 넘치고 창조적이고 삶을 지탱해 주는 행위에 기초한 것이다. 그녀의 치료과정에 개입됐던 것은 희망, 믿음, 열정 그리고 영혼과 관련된 무형의 것들이었다.

이런 종류의 집단치료에서 개인(자아 및 자신)은 그룹(개괄적으로 자기와 같은 보다 높은 힘)에 굴복하고 희망을 배운다. 그러면 그룹은 자기 수용에 근거한 긍정적인 자아 재건을 용이하게 해준다. 그러므로 그룹 자체는 구성원이 그들을 거듭나게 하는 것을 돕는 초월적인 기능을 제공한다.

이런 형태의 그룹의 대표적인 모델은 익명의 단주동맹(AA)이다. 알코올중독은 만성적인 형태의 자살행동이고 AA에 가입하는 것은 자아의 굴복이다. 첫 번째 단계(첫걸음)에서 AA 구성원들은 그들이 알코올에 대해 무력하다는 것을 인정한다. 그리고 그들은 그들 자신보다 큰 힘을 나타내는 그룹에 굴복한다. 잔 바우어(Jan Bauer)가 기술한 바와 같이, 이 굴복은 '자아만으로는 [긍정적인] 변화를 일으킬 수 없다는 인식'이다.[38]

자살시도자 그룹의 경험에 필적하는 AA 프로그램의 또 하나의 양상은 신참 가입자를 돕는 데 고참 구성원을 이용한다는 것이다. 혹독한 경험을 거친 사람들은 같은 경험에 아직도 몰두해 있지만 거기서 벗어날 길을 찾고 있는 다른 사람들을 안내하는 데 특히 효과적이다. 내가 공동으로 지도해 온 익명의 자살시도자 그룹에서는 오래된 구성원들(일부는 3년 이상인)이 보조치료자가 되어 탁월한 성과를 거두었다. 공동치료자와 더불어 이러한 보조치료자는 개인의 자살충동 콤플렉스를 끝까지 분석하여 깨버리도록 도움을 줄 수 있다. 자아 죽이기는 다시 거듭나기에 이르게 한다. 이것이 거짓 자기의 상징적인 죽음과 무조건적으로 받아들여지고 길러지는 진정한 자기의 출현이다.

자아 죽이기의 위험성과 힘

자아 죽이기는 치료나 삶의 한 양식으로 가볍게 채택되어서는 안 된다. 그것은 영혼을 괴롭히는 과정이고, 그에 내포된 위험성에 대해 엄청난 주의를 하면서 수행돼야만 한다. 그 위험성 중 가장 심각한 것은 자살이다. 이것은 늘 상존하는 가능성으로 간주되어야만 한다. 치료의 첫 번째 단계의 고통이 너무 심해, 심하게 우울한 절망의 순간에 영원한 수면으로 도망치고픈 소망을

38) Bauer(1982), p. 72.

실행하고 싶을지도 모른다. 이런 사태가 벌어지는 것을 미리 막기 위해 정신적인 통증의 수준을 가능한 한 주의 깊게 감시할 필요가 있다. 악화되고 있는 멜랑콜리의 고통을 참아낼 수 없다면 병원에 입원하는 것을 고려해야 한다.[39] 스타이런은 몇몇(제임스 힐먼[40]과 토마스 자츠[41])이 우리에게 믿게 하려고 한 것과 같이 병원이 그의 감옥이 아닌 구원이었다고 밝혔다. 자궁 같은 피난처의 보호감금은 내면의 치료자가 지시한 바로 그것일 수 있다!

자아 죽이기의 또 다른 골치 아픈 산물은 정신병이다.[42] 자아 죽이기란 문자 그대로 자아를 죽이는 것을 의미한다. 그러나 실제 임상에서 그것은 지배적인 자아상과 인정받지 않은 정체성의 상징적인 죽음을 가리킨다. 그 대신에 전체 자아가 해체된다면 정신병적(즉, 자아가 없는)일 것이다. 이런 결론은 LSD를 복용한 소수의 사람들에게 일어난 것과 비교될 수 있다. 그들의 자아는 해체되고 그들은 자아가 없는 정신병자가 된다. 자아 죽이기 과정에서 그러한 결과가 나오거나 그럴 가능성이 있으면 항정신병 약물의 사용이 필요할지도 모르고 입원도 필요할 것이다.

자아 죽이기와 관련된 마지막 위험성은 이전 페르소나로의 퇴

39) 6~9장에서 보여 주듯이, 만성적으로 우울하고 자살충동이 있는 사람의 장기간에 걸친 심층 정신치료는 자아의 부정적이고 자기 파괴적인 측면과 그림자를 식별하는 데 주력한다. 이 측면을 끝까지 분석해야지만 그것을 초월하고 거듭날 수 있다. 그렇지만 이 분석과정이 아무리 조심스럽게 행해진다고 해도 위험성이 없을 수는 없다. 개인이 자아 죽이기를 시도할 때 그 사람은 불확실하고 혼돈된 상태에 있고 자살의 위험이 있을 수 있다.

40) Hillman(1973).

41) Szasz(1963, 1970).

42) 정신병 환자는 실제의 자아 죽이기와 거듭나기를 겪을 수 있다. 이 과정의 성공적인 경우가 많다. 많은 예 중에 하나를 보고 싶다면 Perry(1953)를 보라.

행이다.[43] 이런 퇴행은 새로운 인생으로 이르게 하지 않고, 오히려 이전의 존재 상태 또는 과거의 생활에 이르게 한다. 이는 마치 최근에 이혼한 사람이 자신의 부모 집에 돌아가 영원히 그곳에 머무르는 것과 같은 경우다. 이혼한 사람이 배우자 페르소나에서 의존적인 어린이 페르소나로 퇴행하는 것이다. 그런 퇴행은 그 사람이 이전의 부적절하며 피상적인 역할과 정체성, 즉 거짓 자기에 고착되는 부정적인 발달이다.

자아 죽이기의 위험성에 관해 경고하면서, 나는 이 장을 그것의 긍정적인 힘을 칭찬하는 것으로 끝맺으려 한다. 자아 죽이기는 우울증과 자살충동이 있는 개인을 삶에 긍정적인 사람으로 거듭나게 하는 데 필수적인 단계다. 에드워드 휘트먼트(Edward Whitmont)는 그의 책 『상징적인 추구(*The symbolic Quest*)』에서 그런 강력한 거듭나기를 이야기한다.[44]

> 오로지 고통과 절망의 위기의 시간을 겪어야만 거듭나기가 일어난다. 왜냐하면 심한 곤경에 처해 있을 때 개인의 한계를 받아들이고, 자아에게 그것이 중심에 있다는 생각을 포기하게 하고 자기가 출현하도록 허용하기 때문이다. 이제 자기와 자아 사이의 변증법적인 관계가 약속될 수 있고 치료와 전체성이 일어날 것이다.

나는 괴테의 의견에 동의하면서 자아 죽이기는 반복적으로 일

43) 융은 이것을 "페르소나의 퇴행적 회복"이라고 했다. Jung(1966a), pp. 163-168.
44) Whitmont(1969), pp. 306-309.

어나는 과정이라는 것을 강조하고 싶다. 피터 머드(Peter Mudd)는 '개성화의 도움으로 진행하는 일련의 자발적인 심리적 죽음을 반복적으로 되풀이하는 자아의 획득된 능력'에 관해 언급한다.[45] 이 진술은 자아 죽이기가 진행하는 것이고 반복적인 현상이라는 것을 확인해 주는 것 같다.

마지막으로 나는 올리버 웬델 홈스의 표현을 써서 자아 죽이기와 거듭나기의 힘은 인생을 구할 수 있다는 것을 전한다. 이것은 "결코 노래하지 않고 자기 내면에 있는 음악과 함께 죽은 사람들"이 속죄하도록 도와줄지도 모른다.

45) Mudd(1990).

5

치료의 상: 거듭나기의 상징

"그것이 어떤 것이든지 무의식은 상징을 생산하는
자연스러운 현상이다. 그리고 이들 상징은 의미 있는 것으로 밝혀진다.
상징적인 과정은 이미지를 통한 경험이다."
- 칼 융

자아 죽이기와 자살 사이에는 엄청난 차이가 있다. 결국 자살은 자기 자신을 죽이는 것이고, 자아 죽이기는 그렇지 않다. 그럼에도 이 둘은 중요한 방식에서 비슷하다. 즉, 자아 죽이기나 자살 모두 어느 한쪽으로 가는 길에서 똑같은 정도로 심한 괴로움과 고통을 만난다. 자아 죽이기가 상징적인 죽음이라고 말하는 것은 그것이 덜 도전적인 행위이거나 힘이 덜 드는 일이라는 것이 아니다. 이를 이해하는 열쇠는 상징이 인간의 상상 안에서 하는 중요한 역할과 인간의 삶과 인류 문화에 어떻게 영향을 미치는가를 아는 데에 있다.

간단히 말해, 상징은 의미로 주입된 이미지(상)다. 그 의미는 심오하고 다면적이어서 때로는 말로 표현할 수 없다. 예를 들어, 성조기는 구체적인 이미지, 즉 우리가 보고 접촉할 수 있는 것이다. 그러나 그 역시 실제적이고 추상적인 그리고 개인적이고 집단적인 것들의 복합체와 연관된 모든 양식의 감정을 부여받고, 또 그것을 일으키면서 상징적 수준으로 기능한다. 미국 정부, 반미 시위, 올림픽, 자유, 해방, 학창시절의 충성서약, 퍼레이드, 가정, 워싱턴 DC, 애국심, 벳시 로스(Betsy Ross, 1752-1836, 미국의 국기 성조기를 처음으로 만들었다는 재봉사-역주), 달 위의 인간 등등.

상징은 논리를 초월한다. 그것은 이성이 할 수 없는 방식으로 우리를 고취시키고 동기화한다. 대신에 그것은 우리에게 이성이 할 수 없는 것을 파악하고 인식하고 조절할 능력을 준다. 그것은 우리의 경험을 바꾸는 동시에 만들도록 허용한다. 집단적인 수준뿐 아니라 개인적인 수준에서 그런 상징의 힘을 이야기하면서 에리히 노이만은 말한다.

> 심층에 사로 잡혀 있는 [사람]에게서 활짝 피어난 이미지와 언어로 표현된 노래는 거의 모든 인류 문화의 창조적인 원천이고, 인간 영혼 안의 본래 이런 어두운 창조적인 통합의 표상에서 생겨난 모든 종교, 예술 그리고 관습의 필수적인 부분이다. 원시[사람들]은 이런 정신의 창조성을 마술로 여겼는데 이는 확실히 그렇다고 할 수 있다. 그것은 현실을 새롭게 변화시키고 늘 그렇게 할 것이기 때문이다.[1)]

1) Neumann(1971).

융은 우울증을 재생적이고 비옥하게 한다는 면에서 퇴행과 관련된 것으로 묘사했다. 그리고 그는 거의 처방으로서 우울증은 '창조적인 작업에 앞서는 텅 빈 고요'를 나타낸다고 주장한다.[2)]

이렇게 상징적 자살로서의 자아 죽이기는 개인 정신의 핵을 촉진시킬 수 있고 또 그렇게 한다. 긍정적인 거듭나기를 가능케 하는 개인의 자아 죽이기가 만들어지는 치료는 치료적인 상징을 불러일으키는 것에 많이 의존한다.

주요 개념 설명

이 시점에서 자아 죽이기와 거듭나기에 관련된 중요한 개념 세 가지를 명확히 할 필요가 있다.

원형

원형(archetypes)은 인간 정신에 타고난 것이다. 그것은 모든 인류에 공통적인 정동적으로 충전된 고대의 모티브이고, 모든 인류에게 공통적인 관념, 이미지, 행동양식 등에 대한 소인이다. 보다 특수하게 원형은 융이 프로이트 심리학의 개인적 무의식과 확실히 구별하여 엄격하게 가정한 개념으로, 복잡하고 근본적인 집단적 무의식의 부분이다. 융의 정신적 진화이론은 다윈의 물리적 진화론과 비슷하게 전체 역사가 개인의 정신 속에 원형의 형태로 담겨져 있다고 주장한다.

2) Jung(1966b), p. 181.

원형은 여러 면에서 개인의 삶에서 어느 정도 본능이 하는 것과 같이 드러난다. 융은 다음과 같이 언급한다.

> 본능은 본질적으로 집단적이다. 그것은 보편적이고 규칙적으로 일어나는 현상이고, 개성과는 아무런 관계가 없다. 원형은 본능과 이것을 공유하고 있고 똑같이 집단적인 현상이다.[3)]

사실상 본능과 원형은 인간 정신 안에 얽혀 있다. 예를 들어, 신생아는 엄마의 젖을 빠는 본능이 있다. 이 본능은 원형에 기초한 자손이 어머니를 찾으려는 고대의 소인과 연결된다. 우리는 이런 형태의 행위를 동물에 있는 각인으로 인식한다.[4)] 그러나 이 행위가 인간에서는 보다 진화된 형태인 애착행동으로 나타난다.[5)] 원형의 본질적인 부분은 보이지 않는 원자처럼 **선험적으로** 조직된 요소로 이루어진 존재다. 이는 그것 전체로 인간 본질을 구성하는 타고난 기능양식이다.[6)]

융이 **원형**이라는 용어를 사용할 때는 긍정적인 것과 부정적인 가능성 모두를 포함한다. 예를 들어, 모성 원형은 자신의 아이를 젖먹이고 달래 주는 친절하고 양육하는 어머니와, 아이를 배척하고 방치하는 사악하고 무서운 어머니 모두를 포함한다. 어린 아이의 어머니와의 개인적인 경험에 관계없이, 이러한 두 가지

---

3) Jung(1969a), p. 134.

4) 이 분야의 가장 잘 알려진 업적은 콘라트 로렌츠(Konrad Lorenz)가 이룬 것이다. 중요한 시기 동안 거위새끼는 마치 로렌츠가 어미거위인 것처럼 그에게 각인을 했다. Lorenz(1969).

5) Bowlby(1969, 1973).

6) Jung(1967a), p. 328.

연상이 아이에게는 존재한다. 융 심리학의 초석이 되는 이런 대극의 주제는 시간을 초월한 중심과 정신의 전체인 자기에도 적용된다. 이와 같이 자기는 전체성과 영원의 원형이다. 그것은 시작도 없고 끝도 없는 원이나 우로보로스(뱀이 자신의 꼬리를 물고 있는 상, [도판 3] 참조)로 상징된다. 자기는 보다 긍정적이고 높은 힘일 뿐 아니라 어두운 면 또는 그림자로도 구성되어 있다. 자기는 그 안에 이성의 정신 측면(여성적인 것—아니마 또는 영, 남성적인 것—아니무스 또는 혼)을 모두 담고 있는 자웅동체를 표상한다. 도교에 자기와 비슷한 개념이 있다. 그것은 늘 존재하는 음(어두운 것과 여성적인 것)과 양(밝은 것과 남성적인 것)의 원리를 합친다([그림 1-1] 참조).[7)]

융 심리학에서 자기라는 용어는 "전체로서의 인격의 통합을 표현한…… 경험적인 개념이다. 그것은 의식의 중심에 불과한 자아에 비해 상위의 인격이다."[8)] 즉, 자기는 인간 정신의 중심 원형이고, 모든 개인의 내면에 있는 타고난 치유력이고, 자기 실현의 과정인 개성화에 이르는 열쇠다.

자기 원형에 더하여, 역시 개성화 과정에 요소가 되는 수많은 다른 원형이 있다. 융은 다음과 같이 주장한다.

> 원형의 개념은 반복적인 관찰에서 유래된다. 예를 들면, 세계 문학의 신화와 민담은 어디에서나 나타나는 분명한 모티브를 담고 있

7) Lao-tzu(1985), p. 29.
8) Jung(1971), pp. 425, 460.

다. 우리는 같은 모티브를 오늘에 살고 있는 사람들의 환상, 꿈, 정신착란 그리고 망상에서 만난다. 이들의 전형적인 이미지와 연상이 내가 원형적인 관념[그리고 이미지]으로 부르는 것이다. 그들은 보다 선명하면 할수록 보다 더 특별히 강한 감정적 색조를 띠게 될 것이다. ……그들은 우리에게 인상을 주고 영향을 주고 우리를 매료시킨다. 그들은 원형에 그 근원을 갖는다. 원형은 [원자와 같이]…… 표상할 수 없고 무의식적이고 이미 존재하는 형식이다. 그것은 유전된 정신구조의 부분처럼 보이기 때문에 언제, 어디서나 자발적으로 나타날 수 있다. 그 본능적인 성질 때문에 원형은 감정적 색조를 띤 복합체의 기초가 되고 그들의 자율성을 공유한다. [원형은] 종교적인 주장의 정신적인 전제조건이기도 하고, 모든 신의 상(God-images)의 신인동형설의 원인이 된다.[9]

거듭나기

나의 자아 죽이기와 거듭나기(transformation) 패러다임의 맥락 안에서 거듭나기는 우리 인격의 본질을 변화시키는 것을 의미한다. 융은 자아 또는 의식의 정체성은 우리의 개인사에 근거하고 개인적 무의식과 함입된 부모의 특성 그리고 갈등과 관련이 있는 복합체라고 단정한다. 만일 우리가 이것을 인식하지 못하고 그에 대해 아무것도 하지 않는다면 우리는 진정한 자신이 아니고 부모 소망의 표상으로 발전할 수 있다. 거듭나기 과정의 핵심에는 원형적인 죽음-재생의 경험이 있다. 자기는 개성화에 임박한 지배

9) Jung(1970), p. 449.

적인 자아상의 희생(상징적인 죽음)의 배후에 있는 힘이다.[10] 모든 원형의 원형인 자기는 정동이 실린 원형적인 이미지를 의식으로 분출시켜, 우리를 진정한 자기의 표상으로 이르게 할 수 있는 거듭나기의 과정을 용이하게 해 주는 앞으로 노력하는(forward-striving) 기능을 나타낸다. 그러면 우리는 자신만의 개인적 신화를 충족시키는 특별한 목표를 위해 여기에 있다는 것을 받아들일 수 있다.

가장 중요한 거듭나기의 원형은 치료와 중심으로 향하는 자기 원형이다. 그것은 일반적으로 만다라(균형 잡히고 조화로운 동심원의 무리며 때로 사각형과 삼각형이 섞이는 것으로 명상에 이용된다.), 태양의 수레바퀴 또는 신성한 원으로 상징된다. 노이만은 특별히 흥미를 자아내는 자기 원형의 상징을 묘사한다.

> 이 창조적으로 거듭나는 세계 현실의 근본적인 원형 상은 구르고 있는 독립적인 영원성의 수레바퀴다. 그것의 매 지점은 '종종 시작과 동시에 결론짓고 결말과 함께 출발하는' 하나의 '전환점' 이다.[11]

적극적 명상

알버트 아인슈타인은 정보보다는 상상을 더 중요한 것으로 보았다. 조셉 주베르(Joseph Joubert)는 상상을 영혼의 눈으로 간주했다. 준 싱어는 융학파의 적극적 명상의 과정을 '앞으로 꿈을 꾸

10) Hall(1986), p. 39.
11) Neumann(1971).

기' 라고 부른다.[12] 융 심리학에서 적극적 명상(active imagination)은 부분 지향적이고 부분 의식적인 명상과 같은 상태다. 개인은 이를 이용해 무의식으로 깊이 들어가고, 융이 말한 바대로 '의식화되기를 원하는' 꿈이나 환상을 밝힌다.[13] 이들 무의식의 꿈과 환상을 공들여 하는 작업은 직관, 감각, 사고 그리고 감각을 이용하고 그림, 조각, 글, 작곡, 노래, 춤 등의 창조적인 표현행위를 낳는다. 결과적으로 적극적 명상은 무의식의 흐름에 자신을 맡겨 거기서 생긴 통찰을 예술적인 형태나 산물로 표현하는 과정이다.

앤서니 스토어는 치료를 촉진시키는 데 특히 효과적인 적극적 명상의 형식 중 하나로 글쓰기를 권장한다.[14]

> 사물을 언어화하는 것은 체계화되지 않은 정신적인 내용물에 현실성을 부여하는 효과가 있다. ……[그것은] 덧없는 것을 붙잡는다. 그것은 [또한] 우리를 둘러싼 세계와 내면의 정동 및 사고의 세계에서 우리 자신을 분리시키는 수단이다. 우리를 객관화하고 우리 자신의 경험에서 물러나 있게 하여 그것을 성찰할 수 있도록 하는 것은 말이다. 자신에 관한 말은 자신으로부터 물리적인 거리를 두게 할 수 있다. 그리고 거리가 없다면 이해도 통제도 가능하지 않고 의도된 신중한 변화도 불가능하다.

스토어는 또한 그리기와 회화를 포함하는 창조적인 정신치료

12) Singer(1973).
13) Jung(1969c), p. 49.
14) Storr(1980), pp. 24-25, 52.

의 개념도 언급한다.

환자가 그들이 느끼는 것을 단어로 표현하는 것이 어렵다는 것을 알았을 때, 나는 때로 그들에게 경험을 그리거나 색칠해 보라는 제안을 한다. 어떤 이는 그릴 수 없다고 거절할 것이다. 그러나 요구하는 것이 예술 작업이 아니기 때문에 아무런 상관이 없다. 회화는 부분적으로 색의 사용을 통해 종종 환자의 기분을 생생하게 묘사한다. 특히 환자의 말이나 태도에는 드러나지 않을지도 모르는 바닥에 깔려 있는 우울증을 드러낼 때 그러하다. 회화는 현재의 '형세'를 드러내는 데 유용할 뿐 아니라 그 자체로도 치료적인 기능을 가지고 있다. 어떤 환자들은 그들의 정서적인 진행과정을 아주 흥미롭게 기록하는 연속적인 회화를 만든다.

치료하기와 거듭나기의 원형

의사와 치료자가 환자를 완전히 낫게 해 줄 수는 없다고 하더라도, 그들은 항상 치료과정에 함께함으로써 도움이 될 수 있다. 실제로 거듭나는 의사-환자 치료적인 관계에 타고난 원형적인 바탕이 있는 듯하다.[15] 과거와 현재의 토착문화에서 이런 관계는 샤먼과 자신의 영혼을 잃어버린 병든 개인 사이에 있다. 치료자와의 관계 그리고 상징적인 죽음과 재생의 경험을 통해 병든 개인은 자신의 영혼을 되찾고 거듭나게 되어 전체성으로 향하는

15) Rosen(1992).

치료과정에 들어간다.

개인의 거듭나기의 중심요소는 대극의 합일을 포함한다. 이 통합이 일어나기 전, 개인은 급진적인 대극을 경험한다. 융은 이 상태를 기술하기 위해 거스르며 달리기를 뜻하는 에난치오드로미아(enantiodromia)라는 용어를 사용한다.[16] 헤라클리투스의 철학에서 에난치오드로미아는 사건의 과정 중에 있는 대극들의 놀이를 가리킨다. 즉, 존재하는 모든 것은 그것의 대극으로 향한다는 견해다. 예를 들면, 융학파의 관점에서 충실히 살기 위해서는 죽음과 직면해야만 하고, 사랑하기 위해서는 미움을 알아야만 하고, 선을 행하기 위해서는 악, 특히 우리의 그림자를 알아야만 한다는 것이다.

종교적인 개종의 상태도 거듭나기의 원형을 포함한다. 예를 들어, 기독교적인 배경에서 다시 태어난다는 것은 통합하는 교차를 지닌 십자가의 원형적인 상징과 관계된다. 개인은 개종 전의 상태에서 전형적으로 심한 우울증을 겪고 때로 자기 자신에 반하여 분리된다. 그 사람은 절망의 심연에 빠진 느낌이고 죽음 그리고 드물지 않게 자살에 사로잡힌다. 개종이 일어나는 것이 바로 이 지점이다. 그러면 십자가와 같은 통합의 상징과 연결된 새로운 자존감과 함께 빛과 희망이 돌아온다.

적극적 명상은 개인의 병든 영혼과 대면하고 내면의 악한 경향을 수용하게 해 준다.[17] 윌리엄 제임스는 종교적인 경험의 다양

16) Jung(1971), pp. 425-426.
17) James(1958).

성에서 병적인 심리 상태에 있던 톨스토이가 자살에 가까워졌을 때 에난치오드로미아가 일어났다고 한다. 톨스토이는 죽음과 생을 마감하려는 유혹과 직면하면서 낡은 거짓 자기(당시의 그의 부정적인 페르소나와 지배적인 자아상)를 그림자와 한 패거리가 되어 떠나보냈다. 자기 양보의 심리학을 통해 그는 보다 높은 힘(자기)을 만났고, 다시 태어나고 진정한 자기와 하나되는 심혼의 활력을 느꼈다.

힌두신 시바가 파괴와 창조의 춤을 추고 있는 자아(자신)의 굴복의 또 다른 예를 나타낸다. 시바는 보통 원형의 불꽃에 둘러싸인 것으로 묘사되는데, 원은 지속적인 자기 재생의 주기를 상징하고 불꽃은 정화를 상징한다. 시바의 춤은 파괴적인 에너지에서 창조성이 나오고 죽음에서 재생이 나오는 것을 상징한다. 이 춤에서 시바는 인간의 자아를 나타내는 난쟁이를 밟고 서 있다. 이는 자아의 죽음과 자기 굴복이 보다 높은 권능인 자기와 영적인 친교에 이르게 한다는 것을 내포한다.

인간의 정신에서 특정한 원형 또는 상징적 이미지가 거듭나기를 묘사하는 데 반복적으로 나타나는 경향이 있다.[18] 다음에 거듭나기의 원형 중 몇 가지를 개괄해 놓았다.

뱀(Snakes 또는 Serpents), 특히 독이 있는 것은 개인의 죽음에 대한 두려움(또는 상징적인 마음의 죽음인 광증)을 상징하는 경향이

18) 십자가와 뱀 이외에도 원형적 상징목록(Archetypal Symbol Inventory: ASI)에는 문자 그대로 거듭나기를 의미하는 물고기와 마찬가지로 정신적인 거듭나기를 나타낼 수 있는 나비(영혼)도 포함된다. ASI와 그에 관련된 연구에 대해서는 Rosen et al.(1991) 참조.

있다.[19] 뱀과 마주치고 죽음과 위험한 직면을 거치면서, 우리는 재생의 에난치오드로미아의 가능성을 고려하고 있다. 나의 자아 죽이기와 거듭나기의 모델에서 뱀의 허물을 벗는 것은 상징적인 죽음과 새로운 인생에 연결된다.

뱀은 고대의 치유의 상징이기도 하다. 고대 그리스에서 의사 아스클레피오스는 뱀으로 감겨진 지팡이를 들고 다녔다.[20] 오늘날 카두시어스(caduceous, 두 마리의 감긴 뱀) 지팡이는 의사와 일반적인 치료 전문가와 관련이 있다. 융은 분명히 이 해석을 인정한다. "뱀에 의한 거듭나기와 재생의 관념은 잘 입증된 원형이다. 그것은 [하나의] 치료적인 [상징]이다." 계속해서 융은 "인격의 재생에 관한 뱀의 상징의 가장 중요한 발전은 쿤달리니 요가(Kundalini Yoga)에서 발견된다."고 하였다.[21]

그 밖에 뱀은 남근적인 형태 때문에 남성적인 측면에서, 그리고 물과 어머니 대지와 직접 접촉하기 때문에 여성적인 측면에서 성적인 또는 생식력의 상징으로 여겨져 왔다.[22]

십자가는 수직(전통적으로 천국의, 합리적인, 긍정적인, 적극적인,

19) Henderson & Oakes(1971), p. 37.

20) Kerenyi(1959).

21) Jung(1968b), p. 144. 융은 훈련을 통해 개인이 샥티(Shatki, 뱀으로 상징되는 에너지와 힘)를 조절하고 초월하고 변환할 수 있게 되기 때문에 쿤달리니 요가의 발전을 매우 중요하게 보았다. 샥티는 직면하고 흐르지 않으면 악과 파괴적인 행위에 관련된다. 쿤달리니 요가를 통해 개인은 그런 에너지(그리고 힘)가 가장 기초적인 수준(성적인 그리고 공격적인 것을 포함)에서 가장 높고 신성한 수준에 이르는 7단계를 전개해 나갈 수 있게 된다. 개인의 내면과 외부에 있는 최상의 존재의 흰 빛은 이 초개인적인 일곱 번째 단계에서 똑같다.

22) 이 부분과 이 책 전체에 걸쳐 있는 나의 상징의 해석은 Cirlot(1971), Cooper(1982), Matthews(1986)를 보라.

남성적인 것과 관련 있는)과 수평(전통적으로 세속의, 비합리적인, 부정적인, 수동적인, 여성적인 것과 관련 있는)의 교차로 특징지어진다. 그러므로 전체 십자가는 역설적인 대극의 합일과 고대의 자웅양성체의 상징을 나타낸다. 융은 이를 다음과 같이 묘사한다. "무의식의 자율적인 상징에서 사위(guaternity, 四位)로서의 십자가는 자기, [한 사람의] 전체성을 가리킨다. 십자가는 그렇게 하나의 치료적인 효과와…… 전체가 되는 것의 [상징]이다."[23)]

죽음과 재생은 우로보로스 형태의 뱀으로 표상된다. 그렇지만 훨씬 더 널리 퍼지고 영향력 있는 죽음과 재생의 표상은 저승 그리고 과거로의 여행이다. 이런 종류의 죽음과 재생의 원형을 반영하는 오래된 신화 중 하나는 돌아올 수 없는 땅으로 내려가 죽음을 경험하고 난 다음 다시 기적적으로 살아난 수메르의 여신 이난나(나중에 바빌로니아의 이쉬타르로 진화된)에 관한 것이다. 헨더슨과 오크스는 나의 자아 죽이기와 거듭나기의 이론과 관련하여 특별히 관심을 끄는 이 신화의 또 다른 판본 하나를 인용한다.[24)]

> 이난나의 하강에 관한 이본(異本)의 주요한 특성은 지하세계로 파견하는 것의 본질에 있다. 여기서 그 여행은 이난나가 스스로 탐색을 마치고 상징적인 희생과 죽음에서 다시 태어난 자로 나타나는 일종의 신비다.

23) Jung(1976b), p. 282.
24) Henderson & Oakes(1971), p. 37.

남녀 영웅의 여행은 조셉 캠벨(Joseph Campbell)에 의해 가장 잘 묘사된다.[25] 다음에서 나는 여성해방 이후의 세계에서나 타당한 여자 영웅을 포함하는 캠벨의 본래 주제를 확장한다. 남녀 영웅의 여행은 다음의 단계로 나누어진다.

1. 출발(departure): 모험에의 소명과 첫 번째 관문의 통과
2. 입문(initiation, 시험의 길): 남자의 경우 그림자와의 직면, 여신 같은 아니마 상과의 만남, 아버지와의 화해; 여자의 경우 그림자와의 직면, 신 같은 아니무스 상과의 만남, 어머니와의 화해
3. 귀환(return): 처음에는 거부되지만, 그 후 마술적인 비행이나 마지막 관문을 통과하게 해 주는 구원에 의해 완수된다.

남녀 영웅이 이 여행을 다 마친 다음에야 그 또는 그녀는 전체가 될 수 있다. 두 세계의 주인으로서 남녀 주인공은 창조하고 충실히 살 자유를 갖는다.

남녀 영웅의 원형적인 여생은 죽음과 재생의 원형과 밀접하게 관련된다. 캠벨의 경우와 같이, 남녀 영웅의 여행에서 적(그림자 상)은 죽음과 같다. 죽음과의 싸움에 직면하면서 남녀 영웅은 파괴적인 에너지를 창조적인 것으로 변환시킨다. 남녀 영웅은 죽음의 공포를 극복하고 신성한 상(아니마 또는 아니무스)의 안내에 따르고 자기와 접촉하여 결국 다시 태어난다.

25) Campbell(1968).

헨리 밀러의 치료여행에 나타난 거듭나기의 상징

창조적인 적극적 명상과정의 한 예는 헨리 밀러(Henry Miller)가 그 자신의 자아 죽이기와 거듭나기를 그려 놓은 회상록 『마루시의 거상(*The Colossus of Maroussi*)』에서 볼 수 있다.[26)]

> 에피다우루스에서 고요한 가운데 나에게 엄습한 커다란 평화 속에서, 나는 세계가 진동하는 심장박동을 들었다. 나는 치료가 무엇인지 안다. 그것은 포기하고 단념하고 항복하는 것이다. 그래서 우리의 작은 심장이 거대한 세계의 심장과 일치하여 박동할 수 있다. 나는 고대에 세계 구석구석에서 에피다우루스로 긴 여행을 한 엄청난 무리의 사람들은 그곳에 도착하기 전에 이미 치료됐다고 생각한다. 나는 고요한 낯선 원형극장에 앉아 마침내 내가 이 평화의 치유센터에 도달하기까지의 길고 꾸불꾸불한 경로를 생각했다. 아무도 나보다 더 복잡한 항해를 선택할 수 없다. 나는 30년 이상 마치 미로 속을 헤매듯이 돌아다녔다. 나는 기쁨과 절망을 모두 맛보았다. 그러나 나는 평화의 의미를 절대로 알지 못했다. 도중에 나는 나의 적 모두를 하나씩 정복했다. 그러나 내가 깨닫지 못했던 가장 큰 적은 나 자신이었다. 내가 고요한 스타디움 안으로 들어가 이제 대리석 빛을 흠뻑 받았을 때, 나는 죽음의 중심 지점에 도달했다. 그곳은 희미한 속삭임이 아름다운 새처럼 지저귀고, 밝은 낮의 빛이 밤의 검은 융단 앞에서 사라지자 낮은 언덕의 갓길 너머로 사라진다.

26) Miller(1941).

데리언산의 꼭대기에 서 있는 발보아도 이 순간의 나보다 더 위대한 기적을 알지 못한다. 더 이상 정복할 것이 없다. 평화의 바다가 내 앞에 펼쳐져 있다. 그때 내가 나 자신이 돼야 하는 것을 알았을 때, 자유로워지는 것은 모든 정복이, 심지어 자기중심주의의 최후의 행위인 자신을 정복하는 것까지도 헛되다는 것을 깨닫는 것이다. 행복해지는 것은 자아를 마지막 정점으로 가져가 의기양양하게 그것을 해방시키는 것이다. 평화를 아는 것은 전체적이다. 그것은 항복이 완수될 때, 더 이상 굴복의 의식성조차 없을 때, 그다음에 오는 순간이다. 평화는 중심에 있고, 그것이 얻어질 때 찬양과 축복의 목소리가 쏟아진다. 그러면 그 목소리는 우주 밖 경계 끝까지 널리 퍼진다. 그리하여 그것은 빛과 열정의 따스함을 가져와 치료한다.

이 역시 거듭나기 원형의 아름다운 묘사다. 마음속에 있는 치료적인 원형을 활성화하는 재생의 장소. 밀러는 이 산속에 있는 특별한 원형극장에 가는 것을 감동적으로 이야기하면서 적극적 명상을 이용한다. 이 죽음과 재생의 치료적인 장소는 분명히 밀러가 그 자신의 개인적인 신화를 인식했을 때 그만의 영웅여행에서의 특별한 순간을 나타냈다. 그는 자아를 희생했고 완전히 굴복했다. 그런 다음 그는 중심이고 외부와 내부의 전체성인 자기와 만났다. 즉, 그는 자아 죽이기와 거듭나기를 경험했다.

이 거듭나기를 한 다음 밀러의 삶은 다른 특성을 가졌다. 그는 글쓰기를 계속했지만 보다 평화롭고 관조적으로 변하였다. 그의 마지막 책 중 하나인 『그리는 것은 다시 사랑하는 것(*To Paint Is to Love Again*)』은 또 다른 거듭나기 원형의 표현이었다. 그리고

밀러는 새로운 적극적 명상의 단계인 창조적인 시각적 예술의 치료적인 표현에 들어갔다.[27)]

밀러가 80대에 젊은 일본인 여성과 결혼했을 때, 나는 그가 그렇게 재능이 있는데 왜 더 이상 글쓰기와 그리기를 하지 않느냐는 질문을 받은 인터뷰 기사를 읽었다. 밀러는 잠시 멈추고 묵상하고는 "나는 무엇보다도 가장 중요한 예술 형태에 몰두해 있어요."라고 말했다. 당황한 질문자가 "그것이 무엇입니까?"라고 물었더니, 밀러는 조용히 "살아가기의 예술이지요."라고 대답했다.

예술치료: 개요

나는 실제 분석시간에 환자들에게 그들의 감정, 마음 상태, 환영 또는 꿈(백일몽까지도)을 표현하는 그들만의 자발적인 예술작품을 만들라고 요청한다. 원형적인 상은 의식의 마음에 의해 의도적으로 만들어지는 것이 아니라는 것을 믿기 어렵다고 해도, 융통성 있고 명상적인 자아는 이들 상징적인 상들이 이성의 지시나 조절 없이 무의식의 창조성의 원천에서 나타나는 것을 허용한다.[28)] 환자들은 그리고, 색칠하고, 춤추고, 도예를 하고, 조

27) Miller(1960).

28) 나는 그것이 거의 믿을 수 없는 과정임을 안다. 그러나 그것은 사실이다(예를 들어, [도판 1]을 보라.). 나는 독자가 실험을 해 볼 것을 제안한다. 적극적 명상에 들어가 자기 자신을 보라. 우선 자신을 3~5세 된 어린이의 마음의 틀에 있게 한다. 그 다음에는 자신을 백일몽 상태에 있게 한다. 즉, 백일몽 속의 자신의 거주지에 이를 때까지 명상의 숲을 돌아다닌다. 그런 다음 당신의 창조적인 영감이 이 과정을 용이하게 하도록 하고, 문을 열고 어떻게 느끼고 있는가를 그린다.

각하고, 글 쓰고, 노래하고, 사진 찍고, 동영상 촬영하는 것 등을 선택할 것이다. 그들의 선택이 무엇이든, 그들은 어떤 특별한 예술적인 기법을 이용하지 않고 단순히 그들 자신의 적극적 명상에 창조적으로 반응할 뿐이다.

예술치료의 중요한 가치는 환자의 영혼에 고통을 주는 원형적인 갈등을 이미지 형태로 가시화하는 것이다. 그러면 환자는 그에 직면하여 그것이 가리키는 정신의 부분과 무엇을 할 것인가를 결정할 수 있다. 예술치료는 내 환자들이 잠재적으로 파괴적인 에너지를 건설적인 구성으로 통합하고 변환하는 것을 돕는다. 나는 환자가 적극적 명상 작업을 끝마칠 때, 환자에게 그것의 제목을 달게 한다. 그런 다음 그것을 마치 실제의 꿈처럼 접근한다. 나는 그 작업에서 환자의 연상을 물어본다. 그리고 그러한 연상을 환자에게 이해되는 원형적인 참고자료들과 확충(amplification, 분석심리학에서 집단적 무의식의 원형상의 상징적인 의미를 찾으려는 작업으로, 주어진 상과 관련된 이미지를 인류 보편적인 무의식의 산물인 신화, 민담, 원시인의 신성, 종교적 표상 등에서 찾아서 그들의 공통되는 의미를 추출해 내는 작업을 말한다.-역주)을 한다.

내가 분석적인 정신치료의 목적으로 그림과 회화를 분석할 때 종종 유용한 것으로 밝혀진 도식을 설명하겠다(〈표 5-1〉 참조). 나는 이것을 융학파 교육분석가 중 한 명인 매리언 우드먼한테 배웠다. 이것은 그림이나 회화의 서로 다른 구성 공간에 특별한 상징적인 중요성을 부여하는 해석방법이다. 이 도식에 따르면, 사분면에서 좌상은 아버지와 관련돼 있고, 우상은 미래, 좌하는 무의식 그리고 우하는 어머니와 관련돼 있다.[29] 그렇지만 이 도식은 그림이나 회화를 해석하는 하나의 가능한 방식일 뿐이라는 것에 주의하라. 나는 이것에 전적으로 찬성하지는 않는다.

〈표 5-1〉 예술치료 작품 해석의 도식

아버지	미래
무의식	어머니

다음으로 나는 6~9장에서 논의되고 예시되는 예술적인 산물에 관해 중요한 점을 강조하고 싶다. 그것들은 적극적 명상의 자발적인 산물이기에 환자의 무의식의 마음에서 나오고, 그래서 개인적인 상징과 주제뿐 아니라 집단적인(원형적인) 상징과 주제도 담고 있다. 그러므로 그것을 해석하는 데 있어 하나의 목표는 환자들이 그들에게 독특하게 적용되는 상황뿐 아니라 우리 모두가 겪고 나누는 인간 드라마라는 것을 인식하도록 도와주는 것이다.

이 과정이 전개되는 것을 보여 주기 위해 나는 심한 우울증과 자살충동이 있는 젊은 여성 샤론과 그녀의 적극적 명상으로 만

29) 네 개의 사분면 그림 해석법이 취리히의 융연구소에서 가르쳐진다는 사실에도 불구하고, 그 타당성이 최근의 경험적인 연구[D. P. Bergeron, D. H. Rosen, R. C. Arnau, & N. Mascaro (2002). "Picture Interpretation and Jungian Typology," *Journal of Analytical Psychology*]에서 발견되지 않았다. 그러므로 이것은 조심스럽게 그리고 오직 다른 방법과 함께 사용돼야 한다. G. M. Furth(1988). *The Secret World of Drawings* (Boston: Sigo); J. Schavieren (1980). *The Revealing Image* (New York: Routledge) 참조.

들어진 많은 그림 중 두 개에 관심을 집중할 것이다. 치료 초기에 샤론은 첫 번째 그림([도판 2] 참조)을 그렸는데, 이것은 그녀의 진단과 예후를 암시했다(그녀의 사례는 8장에서 상세히 논의된다.). 푸른 비가 그림을 덮고 있다. 비에 대해 샤론은 슬픔과 우울증을 연상했다. 그러나 비는 생명 자체를 상징하기도 한다. 이 적극적 명상의 산물을 해석 도식 〈표 5-1〉에 적용해 보면, 우리는 우상 사분면에 검은 구름이 드러난 것으로 보아 앞으로의 치료가 험난할 것임을 알 수 있다. 샤론에 의하면, 우하 사분면에 노란 꽃가루 같은 씨앗이 나오는 녹색의 여성 생식기가 있다. 그녀가 여성이 되는 것을 편하게 받아들이려면 개인적인 어머니와 원형적인 어머니를 다루어야 할 것이라는 것은 분명하다. 좌하 사분면이지만 중앙에 가까운 곳에는 나무의 근원(샤론에 의하면)이 있다. 그녀는 이 여성적인 것과 남성적인 것 그리고 생명 자체를 나타내는 이 나무와 동일시하였다. 해바라기와 더 닮은 이 나무는 좌하 사분면(무의식)에서 시작하여 좌상 사분면(아버지)으로 뻗어 있다. 환자는 이것을 뿌리 내리지 않고 꼭대기를 무겁게 그렸다. 그럼에도 불구하고 이것은 가능성을 지닌 상이다. 만일 뿌리 내리고 균형이 잡히면 사론이 부성 콤플렉스를 해소하고 아니무스와의 만남을 통해 그녀 자신의 내적인 권위를 발전시키도록 할 수 있다. 흥미롭게도 샤론은 이 그림에 '두 상태 사이에 걸치기' 라고 제목을 붙였다. 한 상태는 '멜랑콜리' 로 불렸고, 다른 한 상태는 '지향적인 에너지'로 불렸다. 환자는 공허감을 느꼈다. 이는 샤론이 그녀 자신의 잃어버린 영혼과 여성 정체성을 찾을 필요가 있다는 것을 가리킨다.

내가 논의하고 싶은 샤론의 두 번째 그림은 우로보로스 그림이다([도판 3] 참조). 이것은 집단적 무의식에서 온 고대의 치료적인 상이 어떻게 개인의 적극적 명상의 창조적인 산물 속에서 나타날 수 있는가를 보여 준다. 그녀는 이 그림에 '나 자신을 낳기' 라고 제목을 붙였다. 샤론의 그림은 빛에 길을 양보하는 어두움을 신비하게 묘사한다. 분홍빛의 중심에는 태아가 있다. 그렇게 우리는 상징적인 죽음에서 새로운 생명이 나타나는 거듭나기의 표상을 본다.

전반적으로 이 상은 에리히 노이만이 근원적인 우로보로스에서 진화하여 태모 원형을 낳은 모성적인 우로보로스라고 부른 것이다.[30] 우로보로스의 원은 여성성, 영혼, 영원성 그리고 자기의 상징이다. 그리고 내가 반복해서 강조한 바대로 영혼은 공포의 시기에 우리의 구원이다. 그것은 (셰익스피어의 용어로) 존재하지 않는 것(not to be)이라기보다는 존재하는 것(to be)이다. 존재하는 것은 양육하고, 살고, 성장하고, 창조하고, 진화하는 것이다. 이것은 모권적인 의미에서 여성적인 측면으로 여겨질 수 있는 것들이다. 존재하지 않는 것은 파괴, 부정, 퇴화 그리고 죽음의 힘이다. 이것들은 부권적인 의미에서 남성적인 측면으로 여겨질 수 있다. 물론 시바의 춤 안에서 그것은 모두 하나다. 해체에서 재통합이 나온다. 우리는 전체적인 것을 조망하며 재창조와 통합의 과정을 갖는다.[31]

30) Neuman(1963), pp. 18-23.
31) Beebe(1992).

거듭나기 원형을 불러일으키고 표현하는 적극적 명상을 사용하는 것은 굉장히 효과적인 치료기법이다. 의사-환자(치료자-내담자)의 상호 신뢰관계는 우울증과 자살충동이 있는 환자의 정신내부에 있는 치료자가 임무를 떠맡고 자가치료 과정을 계속하도록 허용해 주면서 내면 수준에서 이 과정의 발전을 돕는다.

이 내면의 치료과정은 가장 깊은 수준에서의 진정한 남녀 영웅의 여행이다. 페르소나를 제거하고(혹은 마스크를 벗고) 부정적인 지배적 자아상 또는 거짓 자기를 끝까지 분석하면 진정한 자기가 나타날 수 있다. 그래서 개인이 자신만의 완전한 개인적 신화를 살 수 있다. 융학파의 용어로 진정한 자기는 그림자를 직면하고(상징적인 죽음을 당하고) 낡은 자아가 스스로 희생한(굴복한) 다음에 새롭게 재통합된 자아다. 이 새로운 자아는 보다 높은 권능인 자기에 종속적이다. 자기는 이제 정신의 중심에 있고 개성화 과정에서 주된 거듭나기의 원형이다. 그 결과로 개인은 행동이 변화한다. 이는 창조적인 행위와 인간 성숙의 증거로 나타나는 다른 사람들을 돕는 관계 등을 통해 나타난다.

3부_ 거듭나는 여행 넷

6

레베카:
영혼의 어두운 밤을 통과하기

"모든 여성의 여성성은 항상 대기 중이다."
-아이린 클레어몽트 드 카스티예요

분석치료는 환자의 치료과정이 생겨나기 위한 용기 또는 신성한 공간을 제공한다. 나는 중립적이 되려고 하고 가능하면 많은 개입을 피하려고 한다. 나의 치료적 입장은 정해진 순서에 따라 질서가 무질서를 대체한다는 것을 충분히 알고 환자의 고통스러운 혼돈을 담아내고 유지하는 것이다. 나는 꿈과 적극적 명상의 창조적인 산물을 정신 복원력의 표현이라고 보고, 나의 치료적 임무는 완치를 약속하는 의사가 아니라 수용, 공감, 양육, 부드러운 직면, 안내 등을 제공하는 것이라고 본다.

4장에서 간단히 제시한 치료여행의 지도(〈표 4-2〉 참조)는 단순한 한 틀을 나타낸다. 그것은 구체적이고 고정된 도로지도로 사용돼서는 안 되고 융통성 있는 추상적인 안내로 사용돼야 한다. 자아 죽이기와 거듭나기의 모델이 단순하고 직접적인 듯이 보이지만, 그렇지 않다. 자아 죽이기와 거듭나기의 과정도 인생과 마찬가지로 일련의 전진과 후퇴가 있다. 융의 개성화 과정도 '교대로 나타나는 진보와 퇴행, 흐름과 정체'로 구성돼 있다.[1)]

첫 번째 레베카의 사례연구에서 우리는 우울증이 창조적인 표현을 통해 어떻게 거듭나게 되는가를 볼 것이다. 거짓 자기(부정적인 페르소나, 자아, 그림자)가 어떻게 심한 우울증의 블랙홀에 빠져드는가를 알게 될 것이다. 그런 다음 꿈, 적극적 명상 그리고 그것의 창조적인 산물에 의해 촉진된 반복적인 자아 죽이기와 거듭나기를 통해 진정한 자기가 어떻게 출현하는가를 볼 것이다.

레베카의 분석 사례는 탐정소설과 같이 전개된다. 많은 단서가 근친상간의 존재를 가리키고, 그것이 그녀의 우울증을 풀고 해소하는, 즉 거듭나게 하는 열쇠임이 드러난다. 레베카가 내 환자가 되었을 때, 그녀는 42세로, 아이가 셋(20세인 딸과 15세와 10세인 아들 둘)이었고 바로 전에 박사과정을 마쳤다. 그녀는 쾌활한 페르소나를 가지고 있었고 매력적이고 교태가 있었다. 그녀는 박사학위를 받은 것을 12년간 집에만 있다가 이룬 중요한 성취로 본다고 이야기했다. 그녀는 오랫동안 성직자로서의 소명을 느껴 왔고, 최근에 신학교 수련을 시작하기 위해 두 번 응시했지만 두 번 다 입학하는 데 실패했다. 그녀는 이 두 번의 거절로 심하게 상처를 받아 세 번째는 응시할 계획을 하지 않았다. 그리고

1) Jacobi(1967), p. 34.

이제 그녀의 학위와 관련된 의미 있는 일을 찾고 싶었다.

레베카는 결혼생활이 힘들었지만 견딜 만했다고 했다. 4년 전에 그녀와 남편은 이혼을 생각했지만, 부부치료의 도움을 받아 결혼생활을 유지했다. 그녀의 부모가 이혼한 직후에 결혼 위기가 생겼다고 말했다. 그녀의 부모는 '심하게 갈등을 겪었으며 20년 동안 정서적으로 이혼한 상태' 였다고 덧붙였다. 이제 그녀는 그들, 특히 어머니를 돌봐 드리고 있었다. 그녀는 어머니를 '냉담하고, 소원하고, 거절적이고, 비합리적' 이라고 묘사했고, 아버지는 '태만하고, 편집증적이고, 없었다' 고 했다. 레베카는 "나는 남편을 아버지로 삼으려고 결혼했어요. 남편은 나를 낚아채듯이 결혼했고 나를 지배했어요."라고 말했다. 그녀의 열한 살 어린 여동생은 갓 대학을 졸업했는데, 항상 레베카보다 아버지와 더 가까웠다.

어느 심층 정신치료의 경험에서도 첫 번째 꿈은 중요하다.[2] 그것은 분석 정신치료에 대한 환자의 전반적인 태도를 반영하고, 치료자에게 환자의 문제와 그것의 치료적인 전망에 관한 중요한 정보를 제공한다. 그것은 또한 치료자가 긍정적인 치료에 영향을 미치는 데 필요한 환자의 자아 강도를 평가할 수 있게 해 준다.

레베카의 첫 꿈은 특별히 계시적이었다.

> **꿈:** 그녀는 20세 정도의 교생이다. 그녀가 해야 할 일은 학습교재로 사용할 곰 세 마리에 관한 이야기를 쓰는 것이다. 남편이 그녀

2) Maduro(1987).

가 이야기를 고쳐 쓰는 것을 돕는다. 그녀는 학교에 가는 길에 빨간 자동차를 보고 어머니와 어머니의 가장 친한 친구가 그 안에 있다고 생각한다. 학교에 도착하여 주차를 한 후, 그녀는 교생 파트너가 될 남자를 찾는다. 커다란 강당으로 들어가면서, 그녀는 학교에 오느라고 더워져서 스웨터를 벗는데 브래지어만 남게 된다. 그녀는 마치 수업이 끝난 것처럼 학생들 무리와 역행해서 걷는다. 그리고 자기 교실을 발견하고는 앉는다. 나이가 더 많은 그녀의 선생님과 그녀가 찾고 있었던 남학생이 한창 토론 중이다. 잠시 후 선생님이 레베카에게 그녀의 곰 세 마리 이야기는 진부하다고 말하고 대신 동굴에서 나오는 캥거루를 쓸 것을 제안한다. 레베카는 남자 파트너가 발표되지 않은 보다 좋은 생각을 가지고 있다고 생각한다. 그녀는 브래지어만 걸친 것이 불편해서 나가면서 스웨터를 입는다. 꿈의 마지막 부분에서 그녀는 건물을 나가는 길에 무대 위에서 연기하는 세 명의 여자를 본다.

레베카는, 교생은 너무나 오랜 기간 동안 학생으로 있는 것에 대한 좌절과 그런 역할에서 벗어나려는 그녀의 요구(또는 권위적인 상에 대한 의존성을 피하려는 요구)를 나타낸다고 생각했다. 그녀는 곰 세 마리에 관해 '금발과 곰 세 마리 이야기'와 기독교의 삼위일체를 연상했다. 그렇지만 꿈에는 금발이 없다는 것이 주목할 만하다. 이는 아마도 레베카의 잘못된 어린시절과 관련이 있을지도 모른다. 그런 다음 그녀는 이전 치료자인 의사 X에 의해 인도된 샤먼의 북치기에서 있었던 일과 그녀가 능력을 주는 동물로 곰을 발견한 지하세계로의 여행에 관해 이야기했다.

레베카가 곰 세 마리 이야기를 고쳐 쓰는 것을 논의할 때, 그녀는 "나는 혼자 힘으로는 아무것도 할 수 없어요. 남편에게 의존적이지만, 나는 그것을 싫어합니다."라고 말했다. 그녀가 남편과 아버지와 연결됐음을 감안하면, 이 진술은 아버지 또는 부정적인 부성 콤플렉스와의 핵심적인 갈등을 드러낸다. 같은 식으로, 그녀가 빨간 자동차 안에서 어머니를 볼 수 있을 가능성은 붉은 또는 화난 정동에 싸인 어머니와의 문제를 암시한다. 동굴에서 나오는 캥거루에 관해 써 보라는 선생님의 제안에 관해 연상하면서, 레베카는 캥거루를 '원시적이고 재미있고 이상한 피조물'로 그렸고, 동굴을 어머니 '대지(Mother Earth)의 알 수 없는 틈'으로 묘사했다. 나는 그녀가 집단적 무의식의 원형과 어느 정도 연결하고 있다는 것을 알 수 있었다. 캥거루는 고대 남반구의 태초의 동물로, 동굴은 대지의 자궁 이미지로, 그리고 선생님은 여자 노현자(老賢者)로 연결했다. 이 특별한 이미지는 레베카가 하나의 외부 권위인 의사 X에 의해 인도된 곰이라기보다는 오히려 그녀 자신의 동물과 접촉하여 자신을 받아들이는 쪽으로 작업해야 한다는 것을 암시하는 듯하다.

레베카는 남자 교생이 더 좋지만 아직 발표되지 않은 계획을 가지고 있는 것으로 보아, 그를 잠재적인 동반자 및 인도자(아니무스 상)라고 묘사했다. 꿈의 마지막 부분에서 레베카의 형상이 불편함을 느껴 스웨터를 다시 입었다는 사실은 긍정적인 자아 강도를 암시한다. 그녀는 자신이 노출됐다는 것을 깨닫고 보다 존경받을 만한 페르소나를 취했다. 꿈의 마지막에 나타난 세 명의 연기하는 여자는 그녀의 외향적인(그림자) 면을 나타낸다고 레베카는 말했다. 그것은 그녀의 어린 시절을 지배했던 남성의 기독교적 삼위일체에 대항하는 것으로 여성적 삼위일체다.

이 첫 만남 후에 나는 레베카가 똑똑하고 충분한 자아 강도를 가지고 있다고 말할 수 있었다. 그러나 그녀는 젊은 나이(꿈이 가리키는 바에 따르면 20세 전후)에 정서적으로 발달을 멈춘 듯 보였다. 당시 그녀의 남편과의 상황은 의존적인지만 양가감정을 갖는 아버지-딸의 관계를 투영했다. 그러나 그녀의 꿈이 긍정적인 아니무스 상과 관련하여 더 좋지만 아직 발표되지 않은 계획을 가리켰다는 사실은 그녀가 나와의 심층치료에 기꺼이 참여할 것임을 가리키는 것으로 보인다. 나는 그녀를 좋아했다. 그러나 그녀의 쾌활한 외양 뒤에서 예민하고, 자극에 취약하고, 심하게 우울하고, 아마도 보다 불안할 것이라는 느낌을 받았다. 그녀의 미묘한 유혹은 나에 대한 그녀의 감정이 앞으로 성적으로 변할지도 모른다는 것을 암시했다.

강간과 상처받은 본능: 과거와 미래를 연결하기

두 번째 면담에서 레베카는 자신이 불안했고 내가 그녀와 함께 작업하는 것을 원치 않을 것이라는 두려움이 있었다고 말했다. 나는 내가 그녀에게 한 만큼 그녀도 나를 평가하고 있다는 것을 설명했다. 거절에 대한 두려움에 관한 그녀의 관심은 전형적인 1단계 증상인 불신을 가리킨다. 이는 그녀가 보고한 새로운 꿈에서도 드러났다.

꿈: 그녀는 강간위기센터에서 전화 당직 중이다(실제로 그녀가 당시에 했던 자원봉사 활동이다.). 한 여자가 전화해서 재판에 회부된 남자 강간범에게 무슨 일이 일어날 것인가를 묻는다. 레베카는 이 센터는 강간 피해자들을 위한 것이라고 설명하고, 그렇지만 그녀와 이야기해 줄 수 있는 다른 사람을 소개해 줄 수 있다고 한다. 그리고 장면이 바뀐다. 레베카는 개방된 넓은 공간에 있는데, 그녀보다 약간 밑에는 오케스트라가 있다. 아까 전화했던 여자가 강간위기센터에서 한 남자와 이야기하고 있다. (분명히 그녀가 인터뷰당하고 있었다.) 레베카는 집에서 생명의 전화를 받고 있었다고 생각하고 이렇게 전화 연결을 해 주는 기능을 취소하려고 애쓴다. 그때 그녀는 지하로 내려가서 익숙지 않은 전기장치를 다루어야 한다는 것을 깨닫는다. 그녀는 그것이 옳다고 생각하기 때문에 계속한다.

레베카는 전화 건 여자는 그림자 상이라고 했고 강간범은 의사 X와 연결시켰다. 그녀는 그 의사를 정말로 믿지 못했다고 했다. 덧붙여 그녀는 이 꿈은 그녀가 잘못을 저질렀거나 실제로 미쳤을 것이라는 두려움과 그런 사실이 밝혀질 것이라는 두려움을 암시한다고 했다. 나는 과거에 그녀가 어떤 종류의 성적인 범죄를 당했을지도 모른다는 의심을 하기 시작했다. 아마도 의사 X에 의해서 그랬을 것이라는 의심이 들었다.[3)]

레베카는 꿈에서의 개방된 장소로의 전환을 집에서는 쓸모없

3) 의사와 환자 사이의 성적인 접촉의 지극히 비윤리적이고 해로운 본질에 대한 훌륭한 논의는 Rutter(1989)를 참조.

다는 그녀의 느낌과 새 직업을 구하고 그녀의 삶을 재건하고 싶은 것으로 연상했다. 레베카에게 오케스트라는 '특별한 질서에 입각한 아름다운 조화'를 나타냈다. 남자 대담자는 잠재적인 긍정적 아니무스 상으로 보인다. 또한 그녀는 지하를 '밑에 있는 어둡고 알지 못하는' 장소로 파악했는데, 이는 개인적인 무의식의 고전적인 표상이다. 전기장치를 다루어야만 한다고 이야기할 때, 그녀는 슬퍼 보였다. 전기장치는 에너지원이기는 하지만 그녀가 사형집행 전기의자를 무서워했기 때문이었다. 그녀는 궁극적으로 내려가서 무서운 장치를 다루어야 한다는 것을 무의식과 분석과정을 탐험하는 것의 비유로 해석했다.

레베카의 실제 삶에서 부모로부터 버림받은 사건은 그녀가 8개월 되었을 때 일어났다. 그 당시 그녀는 외할머니에게 맡겨졌다. 그녀의 부모는 일하면서 대학에 다니고 있었고 물리적으로 멀리 떨어져 있었기 때문에 자주 방문하는 것이 불가능했다. 이 나이의 아이에게는 분리불안이 가장 심하다. 레베카는 그 후 3년간 부모와 떨어져 살았다. 이 기간은 그녀의 고유한 자신을 이루는 발달상 중요한 시기다. 그녀가 인생에서 그렇게 많은 것을 이루었고 심층치료를 찾았다는 사실이 그와 같이 심한 정서적인 상처에도 불구하고 그녀가 긍정적인 자아 강도를 가지고 있다는 것을 증명한다.

나는 레베카의 처음 두 개의 꿈과 그녀의 개인력을 보고 그녀가 어린 시기에 상처받고 방치되고 버림받았다는 것을 확신했다. 또한 성직자 수련에서 거절당한 것이 내가 그녀를 거부할 것이라는 두려움과 함께 그녀가 수년 동안 겪어 왔던 모든 상실의 전치(displacement)와 응축(condensation)이었다는 것을 확신했다. 그녀는 어린 시기의 상실과 관련된 기분부전장애, 우울신경증을 앓고 있는 듯 보였다.

우리는 여름휴가를 마친 뒤에 분석치료를 재개했다. 그녀는 여름 동안 페미니즘에 관한 책을 읽었는데 남자들, 특히 남편과 의사 X에 대해 화가 났다고 했다. 나는 그녀가 나에게 화를 낼 가능성을 탐색했다. 그러나 그녀는 이를 부인했다. 그녀는 거친 어린 소년들과 그림자적인 남자들의 꿈을 여러 차례 꾸었다. 그녀는 그것이 그녀의 문제 있는 남성적인 측면과 남자들과 관계하는 데 있어서의 어려움을 가리킨다고 느꼈다. 그녀는 다른 사람들, 특히 남자들이 그녀를 조절하도록 하는 것에 화나 있었다. 그녀는 또한 성직자가 되려는 소명에 응답하지 않은 신에게 화나 있었다. 나는 성직자가 되려는 소명은 그녀 자신의 아니무스, 즉 그녀 자신의 여성적인 권위를 의식화하려는 자극이 될 수도 있다는 것을 넌지시 말했다.[4)]

치료를 시작하고 거의 2개월이 지난 다음, 레베카는 3부로 된 중요한 꿈을 이야기했다.

> **꿈**: 첫 번째, 레베카와 남편은 빵을 굽고 있고, 그런 다음 함께 넓은 모래밭으로 간다. 거기서 그들은 누웠고, 그녀가 그의 남근을 쓰다듬는다. 그녀는 검은 머리칼의 여인이 보고 있는 것을 알아차리고는 당황한다. 두 번째, 흑인 여의사(그녀의 일상에서 이전의 고용

4) Young-Eisendrath & Wiedemann(1987).

주)가 레베카 위로 올라간다. 그러나 레베카는 “지금이 아니야.”라고 속삭인다. 그녀의 딸이 옆에 있기 때문이다. 역시 그곳에 있는 의사 X가 그녀에게 키스한다. 세 번째, 레베카는 여러 가족구성원들과 의사 X와 함께 해변의 집에 있다. 그녀는 의사 X와 함께하기를 원한다. 그는 손가락으로 그녀의 입술을 벌리고 혀를 그녀의 입안에 넣는다. 이것이 그녀를 성적으로 흥분시킨다. 그 순간 검은 머리칼의 남자가 다가와 그들을 바라본다.

레베카는 꿈의 첫 부분에서 쿠키를 굽는 것을 외할머니로 연상했다. 이것은 그녀의 어린 시절의 본질적으로 긍정적인 드문 기억 중의 하나였다. 꿈에 나온 남편에 대해 그녀는 그가 지지적이었을 것이고, 그의 남근을 쓰다듬으면서 마치 부분적으로 남편과의 관계를 통해 그녀 자신 속의 긍정적인 남성 에너지와 접촉하고 있는 것처럼 좋게 느꼈다고 말했다. 그녀는 검은 머리칼의 여자를 엄마로 연상했다. 20대 후반의 그 여자가 부모가 그녀를 할머니에게서 데려가기 위해 왔던 때의 엄마 나이와 같았기 때문이었다. 이것은 레베카에게 또 다른 분리와 상실의 경험이었다.

레베카는 흑인 여의사와의 관계가 실제로 아주 혼란스러웠다고 말했다. 그녀는 비록 이 의사한테 관리기술을 어느 정도 인정받았지만, 이 여의사가 엄마같이 그녀의 개인적인 삶을 간섭해서 힘들었다. 한번은 그녀가 레베카를 전기경련요법 모임에 데리고 갔다. 꿈에서 레베카는 그녀에게 강간당할 것을 두려워했는데, 이것은 의사 X에 대한 비슷한 걱정과 연결된다.

레베카 꿈의 세 번째 부분에서 의사 X가 그녀를 성적으로 흥분시킨 사실은 과거의 성적인 전이와 비윤리적인 성적 행위의 가능성을 암시한다. 비록 그녀가 의사 X는 과거의 치료자이고 친구 이외에는 아무것도 아니라고 말했지만, 그녀의 꿈은 그와 어떤 성적인 일이 일어났다는 것을 가리키는 것 같았다. 만일 그와 아무런 성적인 일이 일어나지 않았다면, 아마도 비슷하게 강력한 역할을 하는 그녀의 아버지(다가왔던 검은 머리의 남자로 암시되는데, 그는 아버지를 닮았다.) 같은 또 다른 남자와 그런 일이 생겼을 것이다.

치료 시작 5개월째에 레베카는 그녀가 성직자로 고려되지 않았다는 것을 반복하는 주교로부터 방금 받은 편지에 관해 이야기했다. 그녀는 거절당한 느낌이었지만 해소감도 역시 느꼈다. 다음날 그녀는 같은 종파의 학생종교센터에서 목사 보조로 일하던 것을 그만두었다. 그런 다음 4일간의 피정(避靜)을 떠났다. 레베카의 남편은 그녀의 치료적인 체류를 지지해 주었는데, 이것이 그녀에게는 많은 것을 의미했다. 그녀는 피정 장소에 도착한 날 밤에 중추적인 꿈을 꾸었다.

꿈: 그녀는 종교적인 장소로 여행한다. 그녀는 침실로 가서 어떤 남자가 그녀의 침대 오른쪽에서 직각의 방향으로 그녀를 대면하고 있는 것을 알게 된다. 그녀는 두려워 침대보를 집어 던지고 건물 밖으로 뛰쳐나온다. 뒤돌아보자, 그 남자가 방에서 그녀를 보고 있는 것이 보인다. 그때 신앙심이 깊은 자매 중 몸집이 크고 살찐 나이 든 여자가 그녀를 돕기 위해 뛰어나오고, 레베카는 그녀의 품에 달

려들어 편안해진다.

이 꿈이 레베카를 놀라게 했지만 그녀는 이것이 전환점을 나타낸다고 생각했다. 그녀는 이것이 부정적인 아버지상으로부터 벗어나려는 것이라고 느꼈다. 그녀가 직업을 그만두고 성직자가 되려는 욕망을 버리는 것에 대한 상징적인 반응이다. 그녀를 품어 준 여자 노현자의 상과 자신을 품에 맡긴 레베카의 상은 의미 있는 자기 수용의 은유를 나타낸다.

신성한 어린이, 벼랑 끝에서 그리고 성배

다음에 레베카는 재생과 자기를 모두 상징하는 신성한 어린이가 나오는 중요한 꿈 단편을 이야기했다. 꿈속에서 그녀는 여자 아기를 안고 있고 목사의 도움을 받고 있다. 꿈속의 목사는 그녀의 지지적인 아니무스와의 내적인 접촉을 나타내고 긍정적인 전이와 치료적인 동맹이 자란 것을 가리키는 것 같다.

이어진 상담시간에 레베카는 강간위기센터, 익명의 부모모임 그리고 교회위원회를 사임했다고 선언했다. 그녀는 "남 돕는 것을 그만두고 나 자신을 돕고 싶어요."라고 말했다. 나는 그녀의 결정을 지지해 주었다. 나는 그녀의 사임은 자신의 일부분을 상실한 것이고 그녀가 슬프다는 것을 이해할 수 있다고 했다.

그때 그녀는 조각났지만 전체가 되려고 애쓰는 네 개의 부분존재로 자신을 묘사했다. 비유적으로 말하면, 첫 번째 부분은 의자 뒤에 있고, 두 번째 부분은 화나서 소리치며 돌아다니고 있다. 그리고 세 번째 부분은 치료상담에 참여하고 있는 반면, 네 번째 부분은 완전히 숨어 있다. 그녀는 네 번째 부분이 그녀의 모습 같다고 말했는데, 이것이 미래의 페르소나 또는 그녀 자신에게 더 진실한 자아상 같이 들렸다.

나는 조각난 정신을 통합하려는 노력으로 레베카에게 그녀의 감정과 꿈을 그리거나 색칠하는 식으로 무엇인가를 창조해 보라고 제안했다. 그녀는 어려울 것이라고 대답했다. 그때 세 살 난 아이 같다고 말한 그녀의 화난 부분이 무심결에 내 정강이를 걷어차고 싶다고 말했다. 그녀는 세 살 난 아이처럼 격하게 감정적이었고, 늘 화내고, 발로 차고, 물어뜯고 싶었다고 했다. 나는 그녀가 화가 난 이유가 있다고 대답했다. 왜냐하면 그녀가 세 살이었을 때 부모에게 버림받은 일과 아직 결혼하지 않은 이모의 새 아기와 대체되는 문제를 다루어야만 했기 때문이다.

5주 후 레베카는 자기가 마치 '무언가를 변화시킬 촉매를 기다리는 보류 상태'에 있는 것 같다고 말했다. 그러면서 울기 시작했고, 자신이 허공의 끝자락에 서서 그 속에 빠질 것을 두려워하고 있는 이미지를 보았다고 말했다. 나는 즉시 그 이미지를 그리라고 했다([그림 6-1] 참조). 꼭대기에는 그녀가 일 년 전에 있었던 곳을 가리키기 위해 그녀 자신을 거대한 회전판의 가장자리에 있는 원으로 그렸다. 그 순간의 그녀 자신을 나타내기 위해, 레베카는 원판의 중심에 그녀가 심연이라고 부른 것에 훨씬 더 가까운 곳에 또 다른 원을 그렸다. 원판의 왼쪽에 있는 선들은 밑에 있는 허공을 나타냈다.

나는 레베카가 1단계의 끝자락에 도달했고 자아 죽이기와 무

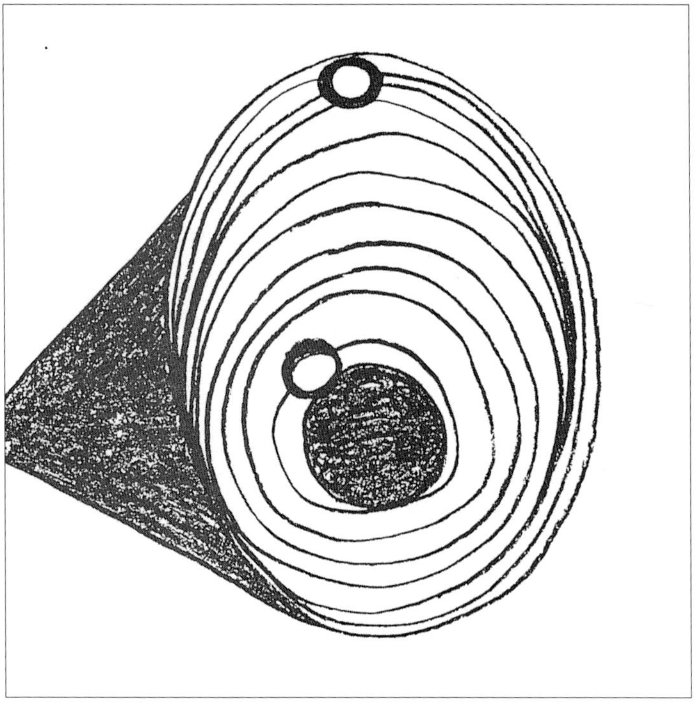

[그림 6-1] 허공의 끝자락에

의식의 허공에 굴복하려는 순간에 있다고 느꼈다. 그녀는 익사하고 질식하고 산채로 잡아먹히거나 영원히 떠다니는 지옥에 추락하는 것에 대한 두려움을 드러내 놓고 말할 정도로 나와 그녀가 받고 있는 치료를 믿었다. 우리는 그녀의 이전의 자아정체성이 분리되고 있어 그녀가 자기와 접촉할 수 있고, 거듭나기의 과정 또는 죽음-재생의 경험을 겪을 수 있고, 그녀의 개성화의 길을 계속할 수 있을 것 등을 인식했다. 그럼에도 불구하고 치료시간이 끝날 무렵에 그녀는 분석치료를 다시 시작하는 것을 약속할 수 없었다. 자아 죽이기를 시도하는 결정은 그것이 상징적이긴 하지만 자살과 마찬가지로 죽음이 관여되기 때문에 양가적인 것이다.

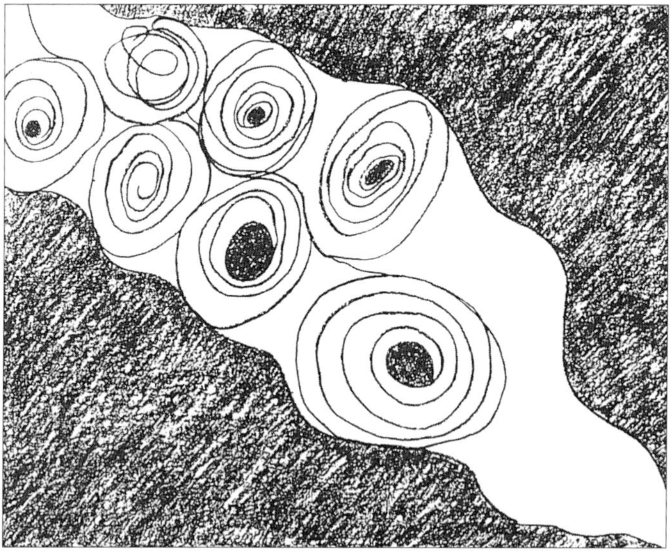

[그림 6-2] 존재의 나선형

레베카는 5일 뒤에 전화를 해서 시간 약속을 하였다. 약속시간에 그녀는 일련의 그림을 가지고 왔다. [그림 6-2]에는 일곱 개의 나선형이 있는데, 이는 개성화 과정을 상징한다. 숫자 7은 전이, 창조, 밝힘 그리고 완성의 숫자다. 그녀는 위쪽에 있는 세 개의 나선형이 진화, 진행, 통합 그리고 건설적인 변화를 상징하는 시계방향이라고 했다. 아래쪽에 있는 네 개의 나선형은 반시계방향이며 이는 퇴화, 퇴행, 해체 그리고 파괴를 상징한다.[5]

5) 시계방향과 반시계방향에 관한 자세한 것은 Cirlot(1971) 참조.

이 구도의 바깥은 어둡고 안은 밝은데, 이는 그녀 정신 내면의 빛을 암시한다. 그렇지만 나선형 중 다섯 개에서 중심이 검은 것은 전반적인 대극의 음양합일을 암시하는 듯 보인다. 레베카는 보다 밝은 중앙의 구도는 내장 같아 보인다고 했고, "이런 종류의 일, 이런 내면의 여행을 하는 데는 많은 용기가 필요해요."라고 언급했다. 그녀는 시계방향의 나선형보다는 반시계방향의 나선형을 더 많이 그렸고 후자, 특히 출구 지점 쪽에 있는 하나와 더 강하게 동일시했다. 이것이 바로 그녀가 다시 치료받으러 온 이유 같아 보였다. 그녀는 자기 파괴보다는 자아 죽이기(상징적인 죽음)에 더 흥미가 있었다.

[그림 6-3]은 레베카가 의사 X에게 한 번 물어보았던 질문인 '이 가라앉는 느낌은 무엇일까?' 라는 제목을 가지고 있다. 이 질문에 그는 대답하지 않았다. 지금 그녀는 그때와 같이 벌거벗은 채 끝에 있다고 느꼈다. 그녀의 표현에 의하면, 그녀는 '머리부터 깊은 곳으로 빨려 내려가는 상태' 에 있다. 그녀는 계속해서 자기는 보다 깊숙이 가려는 내적인 욕망, 달리 말해 두려움에도 불구하고 치료를 계속하려는 욕망이 있다고 설명했다. 그녀는 그림 속의 용기 모양을 자궁과 산도로 연상했다. 이 이야기를 하는 동안 그녀는 토할 것 같은 메스꺼움을 느꼈고, "더 이상 고통을 감당할 수 없어요."라고 말했다. 이 메스꺼움, 고통 그리고 여성의 은밀한 부분의 배열은 다시 한 번 레베카의 과거에 성적인 학대가 있었을 것임을 말해 주는 것처럼 보였다.

치료 8개월째에 레베카는 정신지체아를 일반학급에 편입시켜 공부하게 하는 (그녀의 박사학위와 관련된) 직업을 가졌다. 이것은

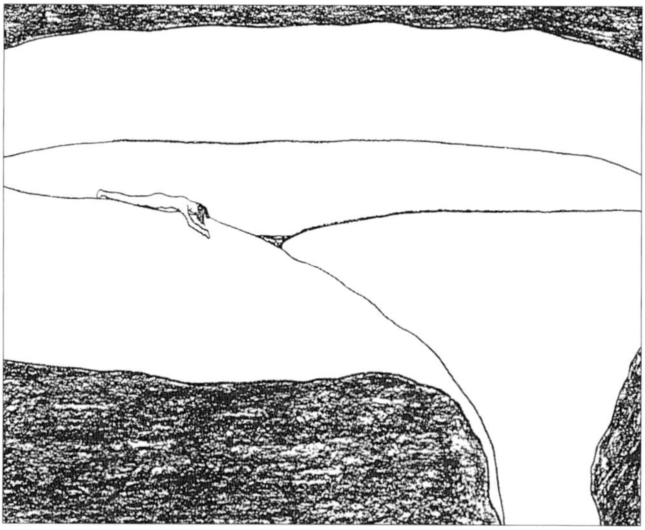

[그림 6-3] '이 가라앉는 느낌은 무엇일까?'

수련과 지지와 많은 인내를 필요로 했다. 그녀는 마치 그녀 내면의 정서적인 지체 상태의 아이를 단련하는 것 같았다고 언급했다. 그녀는 최근에 삼촌의 장례식에 참석하기 위해 어린 시절 대부분을 보냈던 아칸서스로 갔다. (그녀의 엄마는 죽은 이가 자기 동생이었음에도 가는 것을 반대했다.) 레베카는 여행하는 동안에 마치 그녀의 한 부분이 죽어 가고 있는 것처럼 느꼈고, 이제 그녀가 어머니, 과거 그리고 뿌리로부터 좀 더 분리된 것을 느꼈다. 그녀는 돌아와서 두 개의 그림을 그렸다.

레베카는 [그림 6-4] '항아리 뚜껑 속의 벌레'에서 어린 시절의 동시 "벌레가 기어 들어오고, 벌레가 기어 나가고, 벌레가 코 끝에서 피노클 놀이를 하네."를 연상했다. 이는 쾌활한 이미지이지만, 벌레가 시체를 분해하는 데 도움을 주기 때문에 죽음의 이

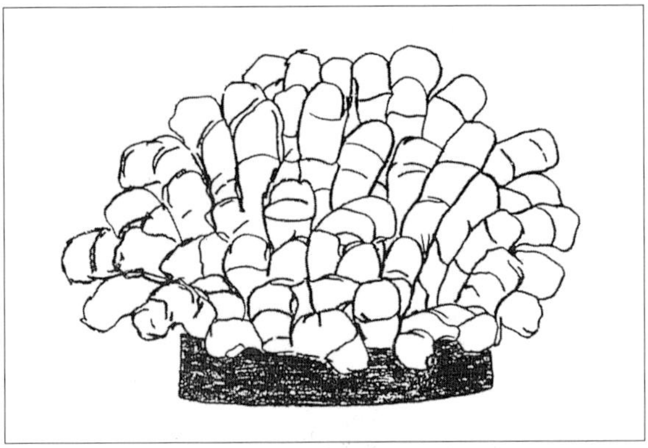

[그림 6-4] 항아리 뚜껑 속의 벌레

미지다. 레베카는 벌레를 남근으로 연상하기도 했다. 그녀가 벌레 또는 남근을 좋아하지 않았다는 사실은 그녀가 자신 속의 좋아하지 않았던 것과 직면하고 있다는 것을 의미했다. 여기서 나는 다시 한 번 어린 시절의 성학대 가능성을 생각했다. 그림에는 뚜껑이 항아리에서 분리돼 있다. 그래서 우리는 갇힌 정동의 상징적인 방출로 본다.

레베카는 또 다른 그림을 '탄생의 성작' ([그림 6-5] 참조)이라고 불렀다. 그녀는 이 그림을 자궁 속에서 태어나고 있는 하나의 떨어지는 남자의 상으로 묘사했다. 이것은 대극, 즉 남성적인 요소와 여성적인 요소의 혼합을 나타낸다. 팔을 벌리고 높이 쳐든 남자(레베카의 새로운 아니무스 또는 내면의 남성적인 정신을 상징)는 출산과정(레베카의 재생을 상징)을 통째로 받아들이고 있다. 레베카에게 이 그림은 통합적으로 느껴졌다. 왜냐하면 떨어지는 남성상이 들려지고 올려지는 것처럼 경험됐기 때문이다. 그녀는 이 구성이 전체적으로 안정적인 바닥선을 가지고 있고 뿌리 내려 정착한 나무와 같다고 지적했다. 하늘(아버지)에 도달하지만 땅(어머니)에 뿌리를 둔 상징이다. 더불어 그녀는 떨어지는 남성적인 이미지를 그녀 자신의 추락하는 가부장적인 정체성으로 볼 수 있었다. 그녀는 그것을 떠나게 하고 있고, 그것은 여성적인 성작 안에 담겨져 있다. 그녀는 성작을 그리스도의 피를 담은, 그래서 새로운 아니무스(혼)를 받아들이는 것에 의한 삶과의 합일을 상징하는 성찬의 컵으로 연상했다. 나는 이 그림이 레베카가 부정적인 부성 콤플렉스와 모성 콤플렉스를 극복하도록 도와주면서 아주 중요한 초월적인 기능을 제공한다고 생각했다.

다음 상담시간 전에 레베카는 그녀에게 지대한 영향을 미친 경험을 했다. 그녀는 거울 앞에 서서 나는 과학자가 아닌 예술가라고 중얼거렸다. 레베카의 자아 죽이기가 일어난 것이다. 그녀는 그 순간에 진실한 그녀 자신을 본 것이다. 레베카는 독립을

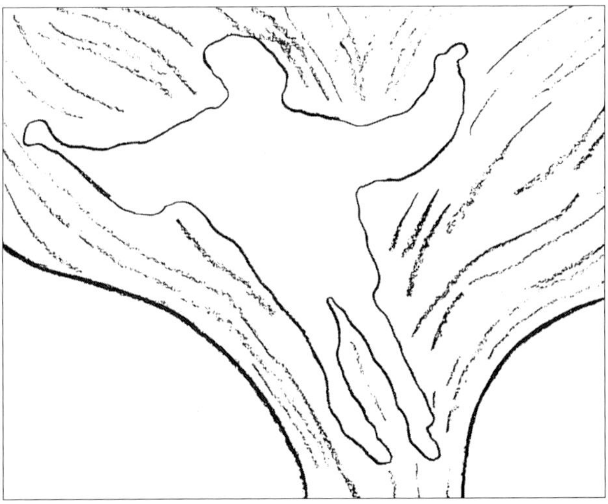

[그림 6-5] '탄생[그리고 재생]의 성작'

느꼈다. (그녀에 대한 부모의 영향력은 더 이상 없다.) 놀랍게도 그녀는 진흙놀이를 통해 그녀의 화, 슬픔, 해체의 느낌을 창조적이고 영혼을 반영하는 것으로 재정립하고 싶다고 말했다.

다음 상담시간에 그녀는 진흙으로 만든 그녀의 그림 속 여러 이미지와 같은 자궁 모양의 성작을 가지고 왔다. 그녀는 조잡하고 추하게 일그러졌다고 말했지만, 그것은 잠재적 가능성을 가지고 있고 그녀의 전체성으로 향하는 움직임에서 전이기(2단계)를 나타냈다. 그녀는 성작이 성찬을 생각나게 했고, 그렇기에 치료를 암시한다고 말했다. 그녀는 또 성작을 성배를 찾기 위한 영원한 여행으로 연상했다. 그녀의 성작의 굽은 부권적인 교회에서 사용하는 막혀 있는 성작의 굽과는 달리 열려 있다.

외적인 행동이 내적인 삶과 평행하다는 공리를 증명하듯, 레베카는 일요일에 교회에 가서 성찬시간에 그녀의 성작을 바쳤다. 그렇지만 그녀는 사제의 성차별주의적인 몇 가지 언급에 몹시 화가 나 그것을 다른 사람에게 주고 영영 교회를 떠났다.

희생: 의사 X와의 작별과 내면의 치료자와의 만남

치료 11개월째에 레베카는 남편, 딸과 함께 장기간 여행을 하여 당분간 쉬기로 하고 마지막 상담을 하였다. 그때 그녀는 어머니의 두 번째 결혼식에 초대받지 못해 화나 있었고 상처받았다. 그렇지만 자랑스럽게도 그녀는 엄마의 속 좁은 놀이에 끼여들며 걱정하지 않기로 했다. 이것은 그녀가 진정한 정체성을 찾는 길에 있다는 좋은 신호였다.

이 여행 중에 레베카의 딸이 교통사고로 심하게 다쳐서 혼수 상태에 빠졌다. 먼 지방의 병원에서 레베카는 그녀가 얼마나 고독하고 절망적인가를 적은 장문의 편지를 내게 보내왔다. "나는 세상을 조종하는 것을 그만둘 거예요. 그리고 지금을 살 거예요. 행하지 않고 존재할 거예요. 나의 내면에서 사제라는 확신이 돌아왔어요." 내 견해로 레베카는 그녀의 성작을 마시고 있었다.

레베카는 돌아와서 3개월 동안 나를 보지 못했다. 집 근처 병원에 입원해 있는 딸을 돌보기 위해서였다. 다시 치료를 시작했을 때, 그녀는 딸을 간호하는 동안 자신을 잊고 있었기에 '산산이 허물어지고' 있었다고 말했다. 그녀는 교회와 그에 연관된 친구들과도 단절돼 외로웠다. 그녀의 딸은 놀랍게도 의식을 회복해 집으로 돌아갔다.

계속된 상담시간에 레베카는 우울하고 낙담하고 남편에게 화나는 감정이 증가하는 것에 대해 이야기했다. 그녀는 십여 년 전에 있었던 약간의 비합리적인 두려움이 다시 떠올랐다고 이야기했다. 그중에는 아이들이 모두 학교에 가고 난 뒤 집에 혼자 있을 때의 두려움과 샤워할 때 습격당하지는 않을까 하는 두려움이 있었다.

그다음 시간에 레베카는 어머니가 두 번째 결혼에 실패하고 그녀의 집 근처로 이사 올 것이라고 불평했다. 레베카는 자기가 어머니에게 '흡수당하거나 삼켜질' 것이라고 매우 걱정했다. 그녀는 수동적이고 투덜대고 유아적으로, 때로는 혼란스럽게 덫에 걸릴 것에 대한 두려움을 이야기했다. 딸을 집에 데리고 있는 것은 레베카가 걱정했던 것만큼은 나쁘지 않았다. 그렇지만 레베카는 우리가 만나기로 하기 전날 밤에 공황 상태와 기억하지 못하는 악몽을 꾸고 깨어났다. 남편은 그 도시를 떠나 있었고, 레베카는 그가 없었기에 당황했다. 그녀는 자신이 성적으로 공격당하거나, 아마도 살해를 목적으로 유괴될지도 모른다고 두려워했다.

다음 시간에 레베카는 그녀가 '곤경에 빠진' 느낌이라고 묘사했던 아주 우울한 상태로 왔다. 그녀는 "마치 고치 속의 벌레 같은 느낌이에요."라고 말했고, 고치를 그녀가 박사학위를 받기 위해, 성직자를 동경하며, 그리고 치료를 받으며 허비한 시간으로 연상했다. 남근과 죽음으로서의 벌레([그림 6-4] 참조)와는 대조적으로, 여기서의 벌레는 레베카의 우울증을 거듭나게 하고 있다. 그녀는 자기가 고치 안에 있으면서 아프며 밖으로 나오려고 도움을 요청하고 있다고 덧붙였다. 내 생각에 고치를 느끼는 것은 그녀가 또 다른 잠복기에 있다는 것을 가리킨다. 기다림이 강요된 느낌은 전형적인 2단계 양식(죽음-재생의 투쟁)과 같다. 마침내 그녀는 나비로 진화될 것이고 그녀의 진정한 자기가 출현할 것이다.

레베카는 의사 X와의 관계가 끝나지 않았다고 말했다. 최근에 꾼 긴 꿈에 대해 엄청나게 불안해하면서, 그녀는 의사 X에 관한 진실을 이야기하려는 생각에 별도의 상담시간을 약속했다.

> 꿈: 첫 번째, 그녀가 나와 함께 침대에 있다. 우리는 결혼했거나 합친 상태다. 그녀는 내가 무엇을 할지 그리고 그녀가 나와 성교를 했는지 궁금하다. 두 번째, 그녀는 융학파의 소책자 또는 파일을 뚫

어지게 보고 있다. 우리 사이에는 여덟 살 난 금발의 소녀가 있는데, 그녀는 그 아이를 내 딸 중의 하나라고 추정한다. 나는 소녀를 침대에서 데리고 나가 그 아이의 방으로 가서 우리 침대에 있으면 안 된다고 말한다. 세 번째, 내가 없는 동안 레베카는 방 건너편에서 잠자고 있는 땅딸막한 여자를 발견한다. 그녀는 자기가 이 여자가 있는 상태에서 나와 성교를 할 수 있을까 궁금해한다. 네 번째, 나는 컴퓨터에 자료를 입력하면서 프로그램을 작동하도록 애쓰고 있다. 그녀는 내가 하고 있는 것을 보고 있고 프로그램이 작동할 것을 깨닫는다. 다섯 번째, 내가 그녀 위로 손을 뻗고 있고(그녀는 내 왼쪽에 있다.) 그녀는 내 가슴에 머리를 묻고 나와 성교할 수 있다는 결정을 한다.

레베카는 이 꿈이 성적인 전이를 반영하는 것이 아니라고 주장했다. 오히려 그것은 그녀가 나로 표현되는 그녀의 부분(내면의 의사/치료자)과 하나가 될 것임을 암시했다. 소책자를 뚫어지게 바라보는 것은 융 심리학에 대한 그녀의 관심을 반영한다. 레베카의 말에 의하면, 내게 속하는 금발의 소녀는 내가 그녀에게 주고 있었던 긍정적인 아버지 역할의 경험을 나타낸다. 그 소녀는 그녀가 8세 무렵에 어떤 성적인 학대가 일어났을 것임을 암시하는 잃어버린 금발(goldilocks)일 수도 있다. 땅딸막한 여자는 불분명한 어머니상이다. 그리고 컴퓨터 장면은 치료 프로그램이 잘 될 것이라는 낙관주의를 가리킨다. 레베카가 내 왼쪽에서 접촉한 것은 그녀가 나와 나의 아니마와 정서적인 결합을 했다는 것으로 해석할 수 있다. 그녀는 자기가 성공적으로 분석 작업을 마칠 수 있을 것이라고 느꼈다. 왜냐하면 그녀가 나와 합일한 것은 그녀 내면의 의사/치료자 또는 긍정적인 아니무스와의 내면의 결혼을 나타내기 때문이었다. 그것은 융 심리학과도 일치한다.

레베카는 이 꿈에서 용기를 얻어 내게 의사 X에 관한 모든 이야기를 들려주고 싶다고 이야기했다. 그녀는 그와 미치도록 사랑에 빠졌다(성적인 전이). 그들은 치료관계를 깨트렸지만 관련된 채로 남았다(의사 X의 입장에서는 분명한 성적인 역전이 문제를 가리킨다.). 그들은 그가 아내와 별거했을 때 그의 집에서 한 번 만났다고 했다. 그녀는 지금의 집으로 이사 오고 나서, 나를 보기 전에 그에게 그가 그녀에게 '심적인 성교를 했다'는 편지를 보냈다. (그는 그녀가 최면 상태에 있는 동안에 그녀를 실제로 성교했을, 즉 강간했을 수도 있다.) 그녀는 이 편지에 대해 아무런 회신도 받지 못했다.

그해에 레베카의 딸이 자살기도를 했는데, 그녀는 딸을 의사 X에게 데리고 갔다(아마도 무의식적으로 일종의 부모 학대를 반복하는, 즉 어머니가 딸을 학대하는 아버지에게 넘기는 것을 상징). 새롭게 만난 레베카와 의사 X는 그들의 관계를 불살랐다. 의사 X로부터 성적인 유혹을 받고, 레베카는 그가 제정신이 아니어서 그를 보호해야만 한다고 결정했다. 나는 이런 학대받은 느낌과 그다음에 학대자를 보호해 주는 패턴이 그녀의 어린 시절의 훨씬 더 심각한 패턴의 반복은 아닌지 궁금했다.

다음 시간에 레베카는 내가 그녀를 더 이상 보고 싶어 하지 않을 것이라는 것과, 내가 그녀와 의사 X가 했던 것을 나와 할지도 모른다는 생각을 할 것이라는 것을 불안해했다는 사실을 인정했다. 나는 그녀가 문제를 모두 인식하게 되고 그녀의 생각과 감정을 토로하면서 그녀 자신과 나 그리고 치료관계를 믿기로 한 것이라고 그녀를 다시 안심시켰다. 그때 그녀는 의사 X에 관한 이야기를 계속하면서 통찰력 있는 언급을 했다. "만일 내가 그와 성교를 했더라면 나는 그를 삼켰을 것이고 심하게 상처입혔을 텐데. 그를 사자처럼 공격했을 것이고 떼어 놓았을 텐데." 그녀는 의사 X를 믿었는데 그가 실패하여 그에게 심하게 화나 있었다고 말했다. 나는 그녀가 아니라 의사 X가 실패한 것이라고 지적하면서 이것을 주된 통찰로 강조했다.

몇 주 후 레베카는 같은 종교적인 명상센터에서 여자친구와 함께 성찬을 봉헌했다고 내게 말했다. 그곳에 있는 동안 그녀는 몇 가지 어려운 개인적인 문제를 해결하기 위해 적극적 명상을 사용하기도 했다. 그녀의 첫 번째 정신적인 이미지는 터널을 통과하고 세 개의 문을 열었지만 네 번째 문 앞에서 두려움에 멈추어 선 것이었다. 그녀가 마침내 그 문을 열었을 때는 자신이 장미꽃 봉오리(태모의 상징)로 비추어지는 것을 보았다. 그 장미꽃 봉오리는 개화하여 중심에 십자가가 있는 여러 색을 가진 장미창문(만다라, 신성한 원, 자기의 상징)이 되었다. 이것이 그녀를 희망차게 만들어 주었다.

바로 직후의 면담에서 그녀는 간단하지만 아주 중요한 두 부분의 꿈을 보고하였다. 첫 번째 부분에서 레베카는 다가오는 4일간의 휴가를 위해 각 날짜에 필요한 빵을 굽는다. 그녀는 나를 위해 그 이미지를 그렸는데, 그것은 하나의 커다란 사각 프라이팬에 동시에 네 개의 빵을 굽고 있는 그림이었다. 그녀 자신을 네 부분으로 묘사한 것을 상기하며, 나는 이 이미지를 그녀의 조각난 정신이 모아지고 있는 것으로 해석했다. 정말로 축하할 일이다. 두 번째 부분에는 레베카가 임신했는데, 이는 그녀가 내면세계와 외부세계 모두에서 스스로 무언가를 낳고 있다는 것을 의미한다. 실제로 그녀는 단속적인 카운슬러가 되겠다는 생각을 영구히 버리는 것에 대해 나와 건설적으로 이야기할 정도로 통합된 느낌을 가졌다.

모든 증거가 레베카가 일 년 반에 걸친 55회의 상담을 하고 나서 이제는 질병과 치료의 2단계 후반부에 있다는 것을 말해 준다. 그녀의 꿈과 자신에 대해 숨김없이 털어놓은 이야기는 지금 그녀 자신과 치료과정에 대한 그녀의 믿음을 드러낸다. 그녀는 과거의 상처를 의식적으로 손질하는 능력이 증가하고 있음을 보여 주었다. 그녀 자신이 이상적인 사람이 되어야만 한다는 비현실적이고 과대망상적인 개념을 버린 덕에, 레베카의 외적인 생활은 직계가족과의 관계가 더 좋아진 것으로 나타났다. 되돌아보면, 그녀가 개성화의 길을 잘 따른 것으로 생각된다. 그리고 어두운 터널의 끝에는 분명히 빛이 있었다.

떠나보내기와 성스러운 캥거루

두 달 뒤, 레베카는 갑자기 카운슬러가 되는 교육 프로그램을 중단했다고 선언했다. 그녀는 두 가지 이유를 들었다. 하나는 그녀가 외적으로 자신이 인정받는 것을 추구하는 것을 그만두고 싶다는 것이었고, 다른 하나는 그녀의 인생을 미루는 것을 그만두고 싶다는 것이었다. 그녀는 어머니와도 '갈라서고 있었다'. 그녀의 어머니는 두 번째 남편과 이혼한 후 잠시 동안 그녀와 함께 살고 있었다. 레베카의 어머니는 그녀를 버렸다. 그리고 이제 형세가 역전되어 레베카가 어머니를 그녀의 인생에서 제외시키고 있다. 그녀는 "난 더 이상 돕지 않을 거예요. 엄마를 돌보는 데 싫증나요."라고 말했다. 학교를 그만두고 엄마가 이혼한 등의 사건 후에 그녀는 훨씬 더 긍정적으로 남편을 대할 수 있게 되었다. 그녀는 집안에 협동, 즐거움, 행복이 더 많아졌다고 언급했다.

새로운 내면의 성스러운 공간(그녀의 재활성화된 정신)과 외부의 성스러운 공간(도예 작업을 하는 스튜디오)의 맥락에서, 레베카는 진흙을 사용하는 적극적 명상 프로그램을 시작하였다. 그녀의 첫 작품은 그녀가 모아 놓았던 보석과 기념물 깨진 조각으로 특징지을 수 있는 다섯 개의 작은 상자였다. 그녀는 이것을 '심혼 상자'라고 부르면서, "상처받고 거절당했던 나의 부분을 소생시키려고 해요. 그리고 지금 바로 그것을 하고 있지요."라고 말했다. 그녀가 쓴 '소생시키다'라는 표현은 그녀가 수행하고 있던 자아 죽이기와 거듭나기 과정에 관련하여 특히 적절한 것이다.

치료 시작 후 1년 10개월이 되었을 때, 레베카는 남편과 즐거운 섹스를 나누는 것이 늘 얼마나 힘들었는가를 이야기한다거나 그와 성적인 문제를 논의할 만큼 충분한 자신감이 생겼다. 그녀는 남편과의 의사소통이 어느 면에서 향상되었고, 그 결과로 그들의 성생활이 약간 좋아졌다고 말했다.

다음 치료시간에 레베카는 강렬한 꿈을 보고하였다.

꿈: 첫 번째, 그녀는 한 아기와 함께 거리를 걸어 내려가고 있다. 거리에는 곰 한 마리와 캥거루 한 마리가 서로 뒤엉켜 있다. 주변에는 많은 사람들이 있다. 그녀와 아기는 안전한 장소로 들어간다. 그러나 그녀는 사람들 모두가 두렵다. 두 번째, 그녀는 소녀에게 말을 걸고 있는 남자를 본다. 그 소녀는 아무런 대답이 없다. 그 소녀는 웬일인지 약과 연결되어 있는 특별히 긴 공갈젖꼭지를 빨고 있다. 그 남자는 공갈젖꼭지를 빼낸다. 그는 그것이 나쁘다는 것을 안다. 소녀의 혀는 감각이 없고 하얀데, 그것은 공갈젖꼭지에 의해 손상돼 비정상적으로 부드럽다. 세 번째, 레베카는 건강식품 가게에 간다. 그녀가 귀중품을 차에 남겨 두고 가게에 들어가려고 할 때 그곳이 패스트푸드점으로 바뀌었다는 것을 발견한다. 건강식품은 뒤에 있다. 그녀는 스펀지를 찾았지만 없었다. 그녀는 밖으로 나왔고, 귀중품을 도난당했다는 것을 발견한다. 그녀는 서둘러 근처에 있는 몇 개의 차 번호를 적는다. 이 번호들 중 하나로 용의자인 남자 운전자를 잡을 수 있을 거란 생각에서였다.

이 꿈을 이야기하면서 레베카는 아기는 한 살 미만으로 영아로 유기됐을 때의 그녀 자신을 나타내는 것 같다고 했다. 그녀가 아기와 같이 어딘가로 가고 있는 것은 그녀의 새로운 자아가 통합됐다는 것을 의미했다(아기는 거듭나기의 신성한 어린이 원형으로 작용한다.). 그녀는 곰에 대해 첫 번째 꿈에 나오는 세 마리의 곰과 남성적인 삼위일체 그리고 의사 X에 의해 입양하게 된 강력한 동물을 연상하였다. 그렇지만 곰은 치유력뿐 아니라 어머니와 자기의 상징을 나타내기도 한다.[6] 캥거루에 대해서 그녀는 첫 번째 꿈에 캥거루 한 마리가 나왔던 것을 기억하고 있었다. 곰과 같이 캥거루는 치료적인 어머니의 상징이다. 캥거루 암컷은 자식을 주머니 안에서 키우고 어디를 가든지 데리고 다니는 것으로 유명하다. 레베카는 곰과 캥거루 사이의 갈등은 그녀 내면의 어머니와 그녀의 모성성 사이의 갈등을 암시한다는 것을 알았다.

꿈속에서 레베카는 이들 동물을 본 후 안전한 장소로 들어가지만 다칠까 봐 두려워한다. 꿈의 두 번째 부분에서 나쁨(약물)과 비정상이 특별히 긴 공갈젖꼭지와 연결된 사실은 한 남자와 레베카 사이에 구강-성기의 성적 학대가 있었을 거라는 가능성을 암시한다. 그녀는 당시에 그에 대해 아무런 말도 할 수 없는 어린 소녀였다. 꿈에 나오는 남자는 공갈젖꼭지(억압의 방어)의 제거를 도와주고 환자를 진찰하고 상해가 있었다고 알려 주는 나, 즉 의사일 수 있다. 물론 그 남자는 레베카의 아니무스/치료자이기도 하다. 그녀가 건강식품점에 들어가는 꿈인 세 번째 부분은 그녀 자신의 신체를 스펀지를 써서 새롭게 하려는 시도를 나타낸다. 스펀지에 대해 그녀는 세척 그리고/또는 산아 제한을 연상했다. 그러나 그녀가 이 스펀지[7]를 사러 들어갈 때, 남자 용의자가 그녀의 귀중품을 훔친다. 나는 이것이 다시 그녀가 어린아이였을 때 괴롭힘을 당했을지도 모른다는 것을 가리킨다고 생각된다.

이 치료시간에 처음으로 그녀가 어렸을 때 어떤 성적인 학대

6) Jung(1967a), p. 316; Jung(1969c), p. 187; Leach(1984), pp. 124-128; Shepard & Sanders(1985), pp. 56-77, 102-105.

7) 조엘 와이즈하우스가 내게 다음의 생각을 제시했다. 레베카가 성직자가 되기를 원했기 때문에 스펀지는 식초가 함유되어 잔인한 장난이었던, 그리스도가 십자가 위에서 받은 것을 나타낼지도 모른다.

(심지어 근친상간까지도)가 있었다가 잊어버렸을지도 모른다는 가능성을 의식적으로 제기했다는 것이 주목할 만하다. 이러한 획기적인 사유가 있은 지 얼마 되지 않아, 레베카는 두 개의 도예 작품을 보여 주려고 가져왔다. 그것들은 회화와 같았지만, 진흙판에 그린 후 그 위에 붙이고 새겨서 얇은 부조로 만든 것이 었다. 첫 번째 작품 '성스러운 캥거루' 는 주머니에 아기를 담고 있는 캥거루 엄마였다. 나는 이것이 그녀가 그녀 자신, 즉 버림받고 무시받고 상처받아 온 그녀 자신의 매장된 어린이를 받아들인다는 의미를 반영한다고 생각했다. 이 어머니/아이 원형은 (앞에 나온 성작과 같이) 그녀로 하여금 자신을 양육하게 하는 초월적인 기능을 한다.

두 번째 작품은 '평화' 로 불렸다. 하늘에는 달이 있고 나무 한 그루가 있으며 그 뒤로 캥거루가 솟아나 있다. 레베카를 나타내는 한 인물이 캥거루, 달, 나무를 보면서 등을 보이고 서 있다. 배경 멀리에는 두 번째 나무도 있고 점차 사라지고 있는 곰도 있다.

이 도예 작품을 내게 보여 주면서 레베카는 "선생님께 이야기하려고 하는 것 때문에 불안해요."라고 말했다. 그것은 지난 시간에 보고했던 어린 소녀가 입에서 무언가를 제거하는 꿈과 관련된다고 말했다. 그녀는 마치 아무런 느낌이나 말할 능력도 없이 강요된 구강성교를 과거의 어느 시기에 겪은 것같이 느꼈다. 그녀는 그녀를 구토나게 했던 것이 남편과의 이런 형태의 성행위였다는 것을 지적했다. 그때 그녀는 지난 주말에 일어난 이상한 사건—오래된 문제의 재발—을 관련시켰다. 그녀는 아침에 완전히 깨어나기 전에 사타구니 위에서 손이 누르는 느낌을 느꼈다. 그리고 그것은 사라졌고 어떤 여자가 자신을 부르는 소리가 들렸다.

레베카는 내게 종종 외부 생식기 부위에 아무런 느낌이 없다고 이야기했다. 그녀가 압박을 느꼈던 그 주말 아침에 그녀는 '나는 성적으로 학대받아 왔어. 그렇지 않다면 내가 왜 자위나 남편과 함께하는 성적인 자극에 아무런 반응이 없을까?' 하고 생각했다. 그때 레베카는 나를 매우 성가시게 했던 것을 폭로했다. 그녀는 그녀가 최면 상태에 있는 동안 의사 X가 여러 차례 그녀의 '성기 부분을 더듬었다'는 것을 말했다. 그렇지만 그녀는 이 행위를 그 주말 아침에 느꼈던 손이 누르는 압박감과 의식적으로 연결시킬 수는 없었다. 대신에 그녀는 그것을 아버지 또는 할아버지와 관련지었다. 그녀는 그녀가 들었던 목소리는 어머니나 외할머니의 것이었다고 생각했다. 또한 스스로 무아경에 빠져들곤 했기 때문에 최면에 잘 걸린다고도 했다. 무아경에 드는 것은 학대받은 어린이와 어릴 때 학대받았던 여자들이 사용하는 일반적인 방어적 해리 반응이다. 레베카는 이 주제에 관해 이야기하면서 상처받았다. 그녀는 내가 그녀가 나쁘다거나 그것을 날조하고 있다고 말할 것을 두려워했다고 인정했다. 나는 그녀에게 아무 말도 하지 않을 것이라고 안심시켜 주었다.

2개월간 쉰 다음, 레베카는 심층 분석작업의 새로운 한 해를 시작하였다. 그녀는 지방의 전문적인 도공을 방문하여 그녀의 도예 작품을 보여 주고 칭찬받았다는 이야기를 하였다. 그녀는 또한 원래 자기는 예술을 전공하려고 했지만 그것을 할 자유와 용기가 없어서 부모님처럼 교육을 전공했다고 털어놓았다. 나중에 그녀는 성직자나 상담과 같은 치료적인 직업을 가질 생각을 했다. 그러나 지금 그녀는 자신의 유일한 동기가 스스로를 도우려는 욕망이었다는 것을 깨달았다. 대조적으로 진흙 작업은 재미있고 자발적이고 창조적이었다. 그녀는 "나는 정말로 상담가나 치료자에 잘 어울리지 않아요. 나는 과거와 현재 모두 너무나 많은 나만의 고통을 가지고 있어요."라고 덧붙였다. 나는 그녀의 이 문제에 대한 통찰력 있는 견해를 지지했다. 그녀는 계속해서 남편이 집에 스튜디오를 만드는 것에 매우 협조적이었다고 말했다. 치료시간이 끝날 무렵, 그녀는 엄마로서 자신을 돌볼 것이라고 다시 한 번 확인했다.

자아 죽이기와 거듭나기: 꿈을 통한 근친상간의 죽음

치료 시작 2년 2개월이 조금 지났을 무렵, 레베카는 세네 살 정도 되는 여자아이를 데리고 차를 몰고 계획적으로 자살하는 한 여자의 꿈을 이야기했다. 그 소녀는 기적적으로 살아난다. 레베카는 그 여자를 어머니와 관련된 자기 파괴적인 부분으로 보았다. 그녀는 자살한다. 그러나 그녀의 새로 태어난 자신인 어린 소녀는 실제로 구조된다. 그러면서 레베카는 그녀가 부정적인 모성 콤플렉스를 죽이는 동안 자신을 어떻게 살렸는가에 대해 길게 이야기했다. 그래서 나는 이 꿈에서의 자살이 상징적인 자살이었기에 자아 죽이기와 동일한 것으로 해석했다. 레베카 사례의 이러한 면은 환자들이 보통 자아 죽이기와 거듭나기를 한 번 이상, 때로는 여러 차례 경험해야 한다는 것을 분명히 예시해 준다.

2주일 후 레베카는 결혼식(항상 중요한 상)에 관한 짧은 꿈을 보고했다. 그 꿈에서 결혼식이 끝난 다음 그녀는 나한테서 축하를 받았다. 그녀는 결혼식을 내면의 결혼과 새로운 시작으로 연상했다. 그녀가 보았던 결혼한 사람들은 그녀의 친구들이었다. 그 여자는 막역한 친구로 긍정적이고 지적이고 확신 있는 사람이었다. 그리고 레베카가 묘사한 예비신랑은 '아직 미완성인 사람', 실패한 것처럼 느끼지만 실제로는 많은 것을 성취한 사람이었다. 그녀는 그를 많은 양육이 필요한 그녀의 부정적인 상처받은 아니무스로 보았다. 그녀는 나의 축하를 그녀 내면의 자기의심적인 남성적 부분과의 합일을 지지하는 것으로 해석했다. 또 다른 연상은 바로 전날 그녀와 남편이 행복하게 그들의 24번째 결혼기념일을 축하했다는 것이다.

2년 6개월째에 레베카의 치료에서 자아 죽이기 이후의 변신에 버금가는 중요한 시기가 있었다. 이 결정적인 시기는 그녀의 스승이었던 전문적인 도예가로 표현되는 긍정적인 그림자 상과의 합일의 꿈에서 시작되었다. 꿈에서 그녀는 이 여자와 친밀하다. 그들은 포옹하고 레베카는 그녀의 머리칼을 쓰다듬는다. 그때 그 도예가가 잠시 동안 떠나야 한다. 레베카는 도예가가 손자국이 묻어나지 않도록 은을 냉동실에 보관하는 것을 기이하게 생각한다. 그리고 그녀는 은 모두를 냉동실로 옮길 생각을 한다. 그러자 장면이 바뀌어 그녀의 스승의 정원이 나온다. 그녀는 그녀의 자기로 된 동물 중 하나인 늑대를 쓰다듬는다. 늑대는 영역을 잘 지키고 모성적이고 우아한 동물이다.

레베카의 꿈에서 전문적인 도예가와의 포옹은 레베카가 새로운 여성적인 정체성을 받아들이는 것과 자신을 창조적인 사람으로 받아들이는 것을 상징한다. 냉동실의 은은 과거에 그녀의 핵심적인 여성성을 얼렸던 것과 관계된다. 은에 어떤 손자국도 원치 않는다는 언급은 그녀가 이따금씩 성기 부분에서 느꼈던 이상한 압박감을 좋아하지 않는다는 것과 연결될 수 있다. 이 꿈은 레베카가 그다음에 보고한 꿈이 드러나는 무대를 만들었다. 거기서 그녀는 아버지한테 성폭행을 당했다.

> **꿈**: 레베카는 현재의 나이로 나온다. 어머니가 나가고 없을 때 그녀의 아버지가 들어온다. 그들 중 한 명이 거실의 창문이 열려 있는 것을 발견한다. 그녀가 그것을 닫으러 가고, 안에는 착색한 유리로 된 덧문처럼 창문이 둘 있는 것을 발견한다. 불룩하고 이상하게 생긴 그녀의 아버지가 그녀에게 다가온다. 그가 그녀를 껴안고는 플러그가 필요하다고 말한다. 그때 그녀는 젖은 옷을 한 아름 들고 있다. 그녀는 욕실에서 그것을 널고 아버지한테 더 이상 그들이 성적인 관계를 맺어서는 안 된다고 생각한다고 말한다. 욕실 옆에는 잡다한 것으로 가득한 방이 있다. 그 방의 한 끝에 침대가 있고 한 여자가 그 침대에서 말한다. 그녀는 그 여자가 어머니가 아닐까 생각한다. 그녀는 욕실에 있던 것을 사과하고 나서는 녹색 수영복을 건다.

이 꿈에 대해 이야기하면서 레베카는 아버지와 성적인 관계를 맺었다는 것을 받아들이기 어려웠다고 고백했다. 그러나 그녀는 그것이 사실이었다고 확신했다. 그녀는 그녀가 최면 상태에 있었기 때문에 확실히 알 길은 없지만 의사 X가 그녀와 실제로 성교를 했다고 생각하지는 않았다. 그러면서 그녀는 울면서 아버지에게 미안함을 느끼고 있고 그가 가엾은 장애자였다고 말하기 시작했다. 그녀는 이 꿈 이야기를 남편에게 말했다고 했다. 그녀의 남편은 "그래 당신 아버지는 능히 그랬을 거야."라고 반응했다고 했다. 그때 그녀는 그 폭행을 막지 못한 어머니에게 분노를 표시했다.

그다음 레베카는 전에는 회상하지 못했던 그와 관련된 기억을 말했다. 그녀의 여동생은 5세경에 먼지에 대한 알레르기가 있었다. 의사는 동생이 알레르기가 없는 방에서 자야 한다고 말했다. 그래서 어머니가 레베카의 방을 깨끗이 치우고 동생과 함께 그 방에서 잤다. 이에 당시에 15세 6개월이었던 레베카는 부모의 침실로 옮겨 아버지와 같은 침대에서 잤다. 이런 배치는 1년 반 동안 지속됐다. 그녀는 분명히 치료의 이 시점 전까지는 이를 완전히 의식적으로 기억하지 못했다. 이제 그녀는 성적으로 폭행당했다는 것을 알게 되었고, 그녀가 그렇게 오랜 시간 동안 품어 왔던 죄책감이 그녀의 것이 아니라 아버지의 문제와 관련된다는 것을 깨달았다. 그녀는 아버지가 여동생까지 성폭행했을까 의심했다. 여동생은 14세 때 성적으로 적극적이었고 고등학교를 졸업하던 해 여름에 임신을 했다.

우리는 이 결정적인 꿈을 재분석하기 위해 또 다른 시간을 가졌다. 그녀는 어릴 적 그녀의 어머니가 없었을 때 아버지가 그녀와 성교했다는 것을 깨달았다. 이제 어머니와의 분리와 부정적인 모성 콤플렉스의 죽음에 뒤이어 그녀의 아버지가 다시 성교를 요구하며 꿈에 나타났다. 그녀가 이해하려고 하는 것에 대한 거부감으로 그녀는 울기 시작했다. 그러나 나는 꿈에서 그녀가 성교는 중단돼야 함을 말했다는 것을 상기시켰다. 그녀는 자신이 아버지를 비난하면, '그에게 너무 심하게 상처를 주어 그가 죽을 거라는, 분노가 그를 바로 죽일 거라는' 느낌이었다고 말했다. 물론 일어날 필요가 있었던 것은 레베카의 부정적인 부성 콤플렉스의 상징적인 죽음이었다. 이것은 아버지에 대한 분노와 화를 의식의 삶으로 끄집어내야만 이루어질 수 있었다. 아버지와 어떤 종류의 성행위를 했는가를 이야기하면서, 레베카는 구강성교에 대한 비합리적인 두려움과 혐오감, 불감증, 성교통, 성과 관련된 악몽 등의 증상을 떠올렸다. 그리고 그들이 구강-성기 성행위와 성교를 했다고 했다. 그녀는 어린 시절 내내 타피오카와 머랭과 같은 크림으로 된 것이 입 속에 있는 것을 참을 수 없었다고 했다. 이 상담시간 동안 그녀는 반복적으로 외쳤다. "믿을 수 없어요. 이런 기억이 지금 떠오르고 있다는 것이 화가 나요."

레베카는 세 번째 시간에 그 꿈 작업을 계속했다. 그녀는 열린 창문에 대한 걱정을 그 꿈이 드러내고 있었던 것에 대해 그녀의 격정적인 감정과 관련지었다. 그녀는 안쪽 창문을 통찰력으로 연상했다. 채색한 유리는 그녀의 깨어진 자기의 깨지기 쉬운 조각들을 한데 모아 통합된 아름다운 양식—그녀의 창조적으로 재건된 진정한 자기—으로 만든 것을 나타내었다. 볼록한 그녀의 아버지는 그가 발기했다는 것을 암시했고, 아버지가 필요로 하는 플러그는 이전 꿈에 나타난, 특별히 긴 공갈젖꼭지와 같이 구강성교를 암시했다. 그녀는 의복을 빠는 것이 자신을 정화하려는, 즉 문제를 제거하려는 노력을 상징한다고 생각했다. 욕실 옆에 있는 방은 그녀가 헝클어진 것으로 생각한 자신의 내면의 방과 연결지었다. 그리고 녹색의 수영복은 성장과 치료와 연결지었다(실제로 그녀는 당시에 수중 에어로빅 교실에서 이 수영복을 입었다.).

레베카의 개성화 과정의 이 시점에서, 그녀는 근친상간적인 과거의 발견을 어떻게 처리할 것인가의 난관에 봉착했다. 그녀는 유아 성희롱 피해자를 위한 모임에 가입했다. 그 모임의 과정에 부모에게 편지 쓰기(반드시 부칠 필요는 없는)가 있었는데, 그녀는 그것이 아주 효과적이었다고 했다. 그녀의 곤경은 나와의 전이관계에서도 실제인 것처럼 표현되었다. 그녀는 나에게 "나는 선생님을 내가 치료를 다할 때까지 내 곁에 있게 하고 싶어요. 선생님이 떠나는 것을 원치 않아요."라고 간곡히 말했다. 그녀는 이런 요청이 신경증적이고 비합리적이란 것을 알고 울었지만, 그렇게 할 필요가 있다고 느꼈다. 내가 보기에 그녀의 감정과 행동은 분명 치료적인 동맹이 강력하게 공생적이고 잠재적으로 긍정적인 자아 죽이기와 거듭나기의 2단계를 보여 주는 것이었다.

치료 시작 2년 7개월째에 레베카는 자신의 감정에 대해 "나는 빗물 진흙탕 속에 앉아 있어요. 큰 태풍이 지나갔어요. 내 인생의 고통과 혼란의 여러 층을 벗겨 냈어요. 그런데 지금 무엇을 해야 하지요?"라고 비유적으로 진술하였다.

레베카는 과거에 여러 차례 그랬던 것처럼 아버지에 대해 느꼈던 분노를 어머니에 대한 것으로 바꾸었다. 그녀는 취약한 십대 시절 그녀를 아버지와 함께 자게 한 어머니에 대해 분노했다. 그 당시에 유일한 구원의 자비였던 것은 레베카가 고학년이었을 때 가족이 새 도시로 이사를 가서 자기만의 침실을 갖게 된 것이었다. 그녀 느낌에 어머니는 그녀에 대한 죄책감과 그녀를 집에 두도록 하기 위해 그녀에게 가장 큰 방(실제로 욕실이 딸린 안방)을 갖게 했다. 레베카가 어머니한테 대학에 가기 위해 집에서 나가기를 원한다고 말했다면, 어머니는 안 된다고 하고는 레베카가 그녀를 죽이고 있다고 말했을 것이다. 레베카는 고등학교를 졸업하고 난 다음 집을 나가 사촌과 함께 살았다. 그녀는 어머니를 덧문 뒤에 숨어 있고 어두움 속에서 사는 마녀 그리고 어린 소녀였을 때 자신을 거의 죽였던 사람으로 묘사했다. 레베카가 어머니한테 아버지의 깊은 외로움을 말하곤 했을 때, 어머니는 그가 편집증적이고 부정하다고 말했다. 이제 레베카는 어머니가 그것을 알고도 그가 편집증적이고 부정적인 성질을 레베카에게 터트리도록 허용하면서 36년이나 같이 살았기에 그녀에게 분노했다. 레베카는 집에서 도망쳐서 자신만의 경계를 만들기 위해 남편과 결혼했다는 것이 생각났다. 그것이 그녀가 지금 아버지에게 그녀와 무엇이든지 하도록 허용해 왔던 것과 관련지어 설명했던 목적이다. 이 시간이 끝날 즈음에 그녀는 아버지에 관한 꿈을 꾸기 전까지는 여러 해 동안 입 주위에 열로 인한 물집이 생긴 적이 없었는데, 그 꿈을 꾼 후로 그러한 물집이 생겼다고 했다. 그녀는 이 열성 물집이 과거의 구강-성기 성폭행의 생생한 정신신체적인 증거라고 생각했다.

편지는 죽인다, 그러나 심혼은 생명을 준다

레베카는 마침내 여동생에게 아버지와의 근친상간적인 관계에 관해 이야기하기로 했다. 그녀는 그 사실을 편지로 동생에게 설명하고 이를 어머니나 아버지에게 언급하지 말라고 부탁했다. 그 편지를 부쳤을 때, 그녀는 마치 비밀을 깬 것같이 느꼈다. 그러자 아버지는 늘 그녀와 여동생에게 비밀을 이야기했다는 것이 생각났다. 그리고 그때 다시 한 번 그녀는 실제로 깬 사람은 그녀가 아닌 아버지였다는 것을 깨달았다. 그녀는 그가 항상 얼마나 부끄러워했고 죄책감을 가졌으며 일에 대해 당황했는지를 기억하고 있다. 그녀는 그녀 자신에 관해서 아버지가 '그녀의 영혼을 죽였지만'[8] '내면의 것은 살았다'[9]고 생각했다. 몇 년이 지나 그녀가 의사 X와 근친상간적인 콤플렉스를 실행했을 때, 그가 그녀에게 그를 믿을 수 있다고 확신시켰다. 그러나 후에 그가 그녀를 버렸고, 그녀는 그에게 배신당한 느낌이었다. 아주 최근까지 그녀는 의사 X를 보호하는 데 몰두해 왔고, 이제는 더 이상 그렇게 하고 싶지 않았다. 그녀는 편지를 보낸 다음에 아버지에 관해 같은 식으로 느꼈다.

오래지 않아 레베카의 여동생이 전화를 해서 레베카가 그런 고통을 겪은 것을 위로했다. 여동생은 그 편지를 보고 누군가에

8) 이 진술을 보고 나는 셴골드(Shengold, 1989)가 '영혼의 살인'이라고 기술한 것을 생각했다.
9) Kane(1989).

게 배를 걷어차인 것 같은 느낌이 들었다고 했다. 그녀는 자신이 희롱당했는지 아닌지를 알지 못했지만 이제는 의심하지 않을 수 없다고 했다. 레베카가 이것을 내게 이야기한 후, 그녀는 의사 X에게 썼지만 부치지 않았던 편지와 그가 그녀에게 썼던 편지를 모두 꺼내서 찢어 버렸다. 그녀는 절규하고 불평했으며 토할 것 같다고 말했다. 그녀는 골반 부위에서 찌르는 듯한 아픔을 호소했고 몸 전체에서 불안감을 호소했다. 이윽고 진정되자, 그녀는 아주 은밀하고 표현하기 힘든 것을 내게 이야기했다. 그녀는 남편과 성행위를 한 뒤에는 마치 그녀가 잘못을 저지른 것처럼 조각나고 텅 빈 느낌을 가지면서 항상 울었다고 했다. 나는 그녀에게 이런 행동양식은 어린 시절에 겪었던 상처가 얼마나 깊고 지속적인가를 보여 주는 것이라고 알려 주었다. 우리는 그녀가 여자로서 새로운 정체성을 갖는 방법에 관해 이야기했다. 그리고 비록 그녀가 성에 관해 이야기하는 것이 어려웠을지라도, 그녀는 정말로 그것을 말하고 있었다. 이것은 그녀가 전에는 할 수 없었던 것이었다.

치료 2년 8개월 째에 진정한 자기에 기초한 창조적인 새로운 행위와 함께 3단계의 특성이 나타난 시점에서, 레베카는 마침내 의사 X에게 그녀에게 해 왔던 모든 것을 직면하게 하고, 그와의 사이에서 일어났던 것이 아버지와의 근친상간과 관련이 있다는 것을 알게 하는 편지를 보냈다. 예상대로 그녀는 그로부터 답장을 받지 못했다. 그 후 그녀는 해당 주 면허국에 정식으로 민원을 제기하였다.

레베카는 성적 학대에서 생존한 사람들의 모임에 참가하면서 동시에 부모에게도 각각 편지를 보냈다. 그녀는 근친상간 관계를 간단히 묘사했고, 그것을 그녀가 어떻게 느꼈고, 그들이 이 비극에 대해 책임을 져야 했고, 스스로 치료적인 도움을 받아야 했다는 것 등을 간단히 서술하였다. 부모는 둘 다 답장을 보내왔지만 아무도 레베카의 편지에서 간단히 언급된 문제를 거론하지 않았다. 이것은 그들 편에서는 뻔뻔스러운 해리이자 부인이었다.

그럼에도 불구하고 레베카는 어머니와 관련된 문제를 해소하고 그녀를 용서하고 받아들일 수 있을 것 같았다. 그러나 그녀는 어머니를 다시 돌보는 것을 거부했다. 그녀는 아버지와의 문제를 해결하는 데에는 절망을 느꼈다. 하지만 그것으로 인해 기분이 나쁘지 않았다. 그녀는 여자로서 그녀 자신의 재통합과 재생(3단계의 핵심인 자신-자기 축) 그리고 계속되는 도예를 통한 창조적인 적극적 명상 작업을 좋게 느꼈다.

다음 치료시간에 레베카는 아주 의미 있는 두 개의 도예 작품을 가지고 왔다. 하나는 배꼽에 녹색 공이 있는 여자였다. 레베카는 이 구를 생명력으로, 배꼽을 그녀 존재의 기반으로 연상하였다. 그러므로 구는 자기와 치유의 상징이었다.

두 번째 작품은 여러 조각으로 돼 있었는데, 그녀는 내 사무실 바닥에서 그것들을 조립하였다. 주요 부분은 그녀를 나타내는 여성상이었다. 껍질을 벗기자, 그녀의 머리 꼭대기를 통해 난 구멍이 보였고, 벌레 한 마리가 그 구멍으로 들어가 위장으로 내려가고 있었다. 그녀의 팔은 들려 있고, 다리는 벌어져 있으며, 배꼽에 작은 구가 있었다. 네 마리의 벌레가 그녀의 왼편으로, 또

세 마리의 벌레가 오른편으로 들어가고 있었다. 암컷과 수컷의 두 뱀이 그녀의 생식기 부분을 삼키고 있었다. 그 상 옆 그녀의 왼쪽 편에는 비어 있지만 심혼을 받을 준비가 돼 있는 용기(고전적인 도교의 이미지)가 하나 있었다.

이 두 번째 여러 면을 가진 창작품은 레베카의 자아 죽이기와 거듭나기와 관련하여 아주 중요했다. 이것을 꿈으로 간주하여, 레베카는 그녀의 머리로 들어가서 위장으로 내려가고 있는 벌레를 아버지의 남근에 의해 폭행당한 존재의 상징으로 연상하였다. 그녀의 왼쪽 혹은 여성적인 면(그녀의 살해된 영혼)으로 들어가는 네 마리의 벌레와 수컷 뱀은 계속되는 근친상간적인 폭행을 나타낸다. 그녀의 오른쪽 혹은 남성적인 면(그녀의 짓밟혀진 심혼)으로 들어가는 세 마리의 벌레와 그녀의 성기 부분을 삼키는 암컷 뱀은 그녀의 어머니의 공모를 가리킨다. 치료적인 성질로 보면, 벌레는 부패하는 물질을 먹고 해체하고 공기를 공급해 주고, 그렇게 해서 그것이 재생되는 것을 돕는다. 이제 남근을 나타내는 벌레와 뱀들이 팔루스(phallus), 즉 성스러운 생식의 원리로 변형되었다.[10] 레베카는 전체 적극적 명상의 산물을 죽은 채로 누워 있는 조각난 그녀 자신으로 해석하였다. 이는 재생으로 향하는 자아 죽이기 이후의 창조적인 합성에 해당된다. 그녀는 이것을 동굴 속 그녀의 존재로 보기도 했다. 동굴은 대지모의 자궁과 같다(동굴에서 밖으로 나오는 캥거루가 등장하는 그녀의 첫 꿈이 생각난다.). 그래서 그녀가 상상한 동굴은 아마도 그녀 자신만의

10) Monick(1987).

개성을 낳을 상징적인 장소였을 것이다.

몇 주가 지난 후, 레베카는 자기로 머리장신구, 목걸이와 귀걸이를 만들었다고 말하면서 매우 흥분해서 치료시간에 왔다. 그녀는 이런 행동이 진정으로 그녀 자신의 여성적인 면으로 들어가는 것이라고 느꼈다. 그녀는 목걸이를 '원시적인 죽음-재생의 조각' 으로 불렀다. 그리고 목이 척추, 식도, 기도, 중요한 혈관을 가지고 있고 머리를 돌릴 수 있도록 지탱해 주며 머리와 몸을 연결해 주기 때문에 결정적인 신체 부위라고 지적했다. 그녀가 이제 남편과 만족스러운 성적인 관계를 맺고 있다고 한 것은 의미가 있다. 그리고 그녀는 남편과의 신체적인 접촉을 실제로 즐긴다고 덧붙였다.

집중적인 도예 작업을 한 이 시기가 지난 직후 그녀는 아름다운 꿈을 꾸었다.

> **꿈**: 한 여자가 물속에서 아기를 낳고 있다. 배우자가 그녀와 함께 있다. 레베카는 수중분만이 아이에게 좋다는 것을 알지만, 이들 부모가 어떻게 숨을 쉬고 있는지 궁금하다. 그녀는 그들 옆에 의사가 있는 것을 본다. 그때 그녀는 그 부부가 표면에서 숨을 쉬고는 돌고래처럼 다시 물속으로 들어가는 것을 지켜본다.

이 꿈의 이미지를 연상하면서, 레베카는 이 부부를 그녀 내면의 남성적인 것과 여성적인 것의 결혼을 나타내는 것으로 여겼고, 분만에 대해서는 그녀가 지금 도예 창작품을 만드는 것뿐 아니라 재생의 과정에 관여하고 있다는 것을 반영하는 것으로 생각했다.

그녀의 진행과정에서 레베카는 아직도 고된 날들이 있다는 것을 인정했다. 그렇지만 그녀는 일하고 창작하는 것을 계속했다. 그녀는 결코 진실을 추구하는 것을 멈추지 않을 것이고 영원히 그녀의 진정한 자기와 접촉할 것임을 다짐했다.

3단계가 끝날 무렵, 그리고 치료를 시작한 지 거의 3년이 지나서, 레베카는 "받아주신 것에 감사드리며"라는 구절이 들어간 편지를 내게 보냈다. 이 말이 그녀의 내면과정의 외적인 표현이라는 것을 드러내려는 듯이, 그녀는 "나는 나의 어머니고, 자신을 낳는 존재이며, 인생을 삶으로 거듭나게 하고 있어요. 아버지[그녀 자신의 내면의 원형적인 아버지]를 안고 있지요. 생식력을 환영하면서. 평화."라고 썼다.

자신에게 평화롭다는 것은 다른 사람과의 화해의 시작을 의미한다. 히브리어로 평화는 샬롬(shalom)인데, 이것은 전쟁이 없음을 의미하는 것이 아니고 오히려 행복 또는 평화를 의미한다. 샬롬은 성스러운 원(자기의 상징)이다.

레베카는 나와의 분석적인 치료 후에 가족과 함께 다른 주로 이사했다. 그녀는 지금 여자 분석가를 만나고 있다. 양성의 분석가를 모두 보는 것은 융학파에서 일반적인 일이다. 레베카의 도예 작업은 계속 그녀에게 중요했고, 이제는 부업으로도 중요하다. 현재 그녀는 박사학위와 관련된 분야에서 일하고 있고 여자 대학에서 어떤 과정을 가르치고 있다.

7
게리: 용의 춤

"춤의 주된 효과는 조용히 앉는 법을 배우는 것이다."
- 사무엘 존슨

급변하는 삶에서 뿌리와의 단절은 일상적인 일이다. 자기 자신을 찾으려면 한 곳에 머무르고 조용해야만 한다. 일단 씨앗이 뿌려졌으면, 그것이 어두운 땅에서 발아되고 성장할 필요가 있다. 창조적인 변화는 서서히 일어나고, 궁극적인 성장과 발달이 일어나기 위해서는 조용한 시간이 필요하다.

게리의 이야기는 땅에 뿌리를 내리고 평화로운 것이 얼마나 중요한가를 보여 준다. 댄서이고 자동차 경주자인 게리에게 쉬운 일은 없다. 게리는 입양됐고, 일단 자신이 정말로 누구인지를 알려고 작정하면서부터는 뿌리를 찾으려는 노력을 게을리 하지 않았다. 이것이 그에게는 자아 죽이기와 거듭나기 그리고 그 자신만의 개인적 신화를 펼치는 것을 근간으로 하는 초월적인 치료과정이었다.

내가 게리를 처음 만났을 때, 그는 34세라는 나이보다 어려 보였다. 결혼한 전문 댄서이고 대학강사인 그는 화려한 티셔츠와 청바지를 입은 대학생 같아 보였다. 그렇지만 이렇게 가볍고 경쾌한 것과는 달리 그는 내면적으로 우울했고 어려움이 있었다. 그는 영혼의 상실을 호소했다. 그는 이것을 창조성과 인생 의미의 결여 탓으로 돌렸다. 게리는 다시 회복되어 자유로운 영혼에 시인이었던 대학 시절과 같이 되고 싶다고 말했다. 그는 위험으로의 끌림에 대해 자랑하였다. 그는 과거에 모터사이클 경주를 하였고, 지금은 자동차 경주를 하면서 수많은 사고를 당했다고 했다. 그는 전형적인 **영원한 소년(puer aeternus)**[1] 처럼 자랑스럽게 "나는 속도와 힘을 사랑합니다."라고 선언했다. 그는 정말로 하기를 원했던 경주에 전념하는 대신에 춤 경력을 계속 쌓아 온 이유에 대해 분명히 알지 못했다.

게리는 자신이 훌륭한 안무가로 발전하고 있다고 믿었지만, 그가 자기 주위에 너무나 많은 쇠창살을 설치해 놓았고 상상하는 데 필요한 시간이 없다는 이유로 어려움을 느꼈다. 그럼에도 불구하고 그는 춤을 그의 인생에 가치 있는 측면이라고 생각했다. 왜냐하면 춤을 통해서 상상, 움직임, 힘 등을 혼합하여 전체로 느낄 수 있기 때문이었다. 그러나 춤은 그에게 어려웠다. 그는 상대적으로 늦은 나이인 25세에 춤을 시작하였다. 그는 그것을 자연

1) von Franz(1981).

스럽게 시작한 것이 아니라서 아주 열심히 해야만 했다.

게리의 미래에 대한 불확실성은 과거에 대한 불확실성을 반영한다. 다른 많은 입양아처럼 그도 친부모를 찾는 데 양가적이었다. 게리는 생후 8주 되었을 때 자식이 많고 가난했던 그의 생모가 군인인 남편(생부)에게 버림받은 뒤 입양을 위해 맡겼다고 알고 있었다. 나중에 그는 양어머니와 이야기를 하다가 그가 생후 8주가 아닌 3일 만에 입양됐다는 것을 알았다. 그녀는 친어머니가 가난했고 다른 자식이 많았다는 언급을 믿지 않았고, 친아버지에 대해 아는 것이 없다고 했다. 게리는 양어머니의 대답에 실망했다. 그러나 나의 도움으로 그는 친부모를 찾기 시작했다. 그는 이 과정에서 몇 가지 계몽적인 꿈에 의해 지지받았다.

게리는 양어머니를 안정적인 분이고 그와 가사일에 헌신적이라고 묘사했다. 그는 그녀가 양육에 필요한 모든 기본적인 자질을 갖추었지만, 그의 교육이나 직업의 발전에 관해서는 잘 이해하지 못했다고 느꼈다. 그것은 그녀가 대학을 다녀 보지 못했기 때문이다. 그의 양아버지는 구두장이였는데, 13년 전에 죽었으며, 친절했지만 잔정이 없었다. 그와 양아버지는 그가 18세가 될 때까지 함께 소형 자동차 경주를 했다. 그러나 게리가 대학에 입학했을 때, 그들의 관계는 게리가 히피같은 생활을 하는 바람에 점점 꼬여 갔다. 양아버지가 죽은 다음에서야 게리는 춤을 추기로 결정했다.

게리는 대학 시절에 만난 무용수와 결혼했다. 그 당시 그들은 둘 다 용돈을 벌기 위해 바에서 춤을 추고 있었다. 그녀도 역시 그가 일했던 연기예술학과에서 가르쳤다. 그들은 모두 춤에 빠져 아이 갖기를 원치 않았기에 게리는 정관수술을 했다. 결혼 초기에 그의 아내가 외도를 했는데, 그때 받은 거절과 버림받았다는 느낌이 아마도 생모에게 버림받은 그의 오래된 상처를 건드렸던 것 같다. 그와 아내는 이런 어려운 상황을 해결하기 위해 서로가 개방적인 결혼관계를 합의했다. 그런데 이것이 그들의 관계를 훨씬 더 긴장되게 만들었다.

게리와 아내는 지적인 유사성에도 불구하고 정서적인 친밀감이 거의 없었다. 그의 아내는 술 마시는 것으로 대처했다. 그녀는 때때로 사람들 앞에서 그를 당황케 하는 등 심한 음주문제를 일으켰다. 그는 과도하게 일하는 것으로 대처했다. 그의 아내는 게리가 자기 좋아서 하는 과도한 일 때문에 그녀를 학대하고 있다고 불평했다. 그 과도한 일이 그를 그녀로부터 멀어지게 하고 그를 보다 감정 없고 낯설게 만든다고 했다. 그러면서 그것이 그를 즐겁고 창조적인 영혼에서 멀어지게 한다고 주장했다.

그림자와 직면하고 아니마와 친해지기

게리는 첫 치료시간 전날 밤에 강력한 꿈을 꾸었다.

꿈: 그는 집에서 동료(실제로는 그의 댄스회사의 한 기술자)와 언쟁을 벌인다. 이 남자는 게리와 씨름을 한다. 그러나 게리가 그를 집 밖으로 내쫓았다. 그때 장면이 바뀌어 게리는 또 다른 남자인 흑인 동료와 마주친다.

내가 보기에 이 꿈은 분명히 그가 그림자 상들과 직면하고 있다는 것을 상징한다. 그는 그 자신의 기술적이고 경쟁적이고 어두운 면과 싸우고 있는 것이다. 이것은 또한 나와의 관계에 나타날 어떤 문제를 가리키기도 한다.

첫 상담시간에 게리는 아내와 지나치게 공생적인 관계에 있고 그가 아내를 학대(그녀가 사용했던 것과 같은 용어)한다고 걱정을 표현했다. 그는 자신이 얼마나 자기 비하를 하고 있었는지와 그가 겪은 많은 오토바이 사고에 관해 말했는데, 나는 이를 그가 아내에게 하고 있는 것에 대한 죄책감을 의미한다는 것으로 해석했다. 그의 발달과정이 멈춰 버리고, 그와 아내는 서로 연관된 상호 학대의 상태에 빠져 버린 듯했다.

뒤따른 상담시간에 게리는 '마음의 행로에서 이탈했음'을 이야기했고, 또 천사가 자신을 지켜보고 있는 듯한 느낌을 가지고 있다는 말도 했다. 그는 예민하고 좌절했다는 점을 호소하고 지나치게 외부세계에 몰두했다고 했다. 반면 그는 시를 쓰고 그림을 그리고 색칠을 하기도 했다. 이 시점에서 나는 그에게 최소한 2주에 한 번씩은 꿈과 환상을 그림으로 표현해서 첫 번째 꿈에서 마주쳤던 두 남자처럼 그 자신을 직면하라고 처방했다(문자 그대로 처방전에 적었다.). 물론 그는 심층치료를 시작하면서 실제로 자신을 직면하고 있었다.

나중에 정관수술(그는 28세 때 정관수술을 받았다.) 이야기를 할 때, 게리는 "나는 내 안의 아기를 죽였어요."라고 말했다. 나는 그 느낌이 마음의 행로에서 벗어난 느낌과 관련이 있는지 물었다. 그는 두 느낌은 모두 13년 전에 있었던 양아버지의 죽음과 관련이 있다고 대답했다. 마치 그가 양부와 생부를 포함하는 잃어버린 아버지들과 동일시하고 있는 것 같았다. 게리는 결코 아버지가 되지 않을 것이다. 그가 아버지의 문제를 해결하지 못한다면 그는 영원한 소년으로 머물 것이다.

이 시기에 게리의 아내가 그들이 합의한 혼외관계 중의 하나를 갖고 있었다. 게리는 관련된 아니마 상의 꿈을 꾸었다. 현실에서 그 상은 그가 함께 작업했고 성적인 매력을 느꼈던 15세의 무용수였다. 실제로 게리는 그녀에게 익명으로 유명한 무용수의 레슨을 받게 하였다. 그것은 게리에게는 상당한 경제적 부담이 되는 것이었다. 꿈에서 그는 이 아니마 상과 성적인 것이 아닌 방식으로 관계하려고 애쓰고 있었다. 게리가 그의 여성적인 면과 가까워지고 있는 것이다.

그 후 게리는 그 자신과 아내에 관한 꿈을 보고하였다.

꿈: 그들은 시골에 있는 그들의 집에 있다. 어떤 임대인이 지금까지 거기에 살았는데 집을 잘 돌봐 오지 못했다. 그와 아내는 모두 화학시간에 시험을 치를 것이다. 그 시험은 하이젠베르크(Heisenberg)의 불확실성 원리[2]와 관계되는 불대가능성 등식(improbability equation)에 관한 것이다. 그들은 그 시험에 대한 준비를 못했지만 타고난 능력에 의지하고 있다. 그때 장면이 바뀌어 게리가 일방통행로를 잘못 들어와 빠르게 운전하고 있다. 그다음에 그와 아내가

2) 내게 하이젠베르크의 불확실성 원리는 어떤 것을 관찰하면서 그것을 변화시킨다는 것을 의미한다. 프레드 앨런 울프(Fred Alan Wolf)는 이것을 '관찰하는 것은 방해하는 것' 으로 해석한다. Wolf(1981), p. 117 참조.

그녀의 부모를 방문하고 있고, 그들이 화학시험을 놓쳤기 때문에 아주 화가 나 있는 것으로 끝난다.

게리는 꿈속에서 그의 아내와의 실제적인 관계로 나타나는 것처럼 그 자신의 정서적인 가옥의 여성적 측면에 무엇인가 잘못됐다고 느꼈다. 시험에 관하여 그는 "나는 무엇이 일어날지 알 수 없어요. 나는 불확실성의 원리를 받아들여야만 해요."라고 말했다. 그리고 속력을 내면서 일방통행로를 잘못 운전하고 있었다는 사실에 관해서는 "나는 방황과 분노를 일으켜 왔어요. 그것과 직면할 필요가 있어요."라고 말했다. 나는 그의 연상과 해석이 매우 통찰력이 있다고 생각했다.

치료 시작 10주가 되었을 때, 게리는 아내와 그녀의 음주에 관해 이야기했고, 그녀는 알코올 소비량을 줄였다. 그들은 더 이상 서로 소통하지 않고 있었다. 그의 아내는 그를 사랑하지만 그가 그녀에게는 낯설게 보인다고 말했다. 이런 상황에서 그는 자문했다. '아내가 누구를 사랑하는 걸까? 나? 나는 누구일까?' 나는 그의 아내가 중심문제, 즉 게리의 정체성의 문제를 아주 잘 인식했다고 생각했다. 그것이 그를 어렵게 하고 있는 것이었다.

그때 게리가 의미 있는 두 개의 꿈을 보고하였다.

꿈 1: 그가 대학을 다녔던 도시의 다락방 위층에 있다. 비밀스러운 집단 회합이 진행되고 있다. 그는 아내가 거기에 있다고 믿고 그녀를 찾으려 한다. 그는 이 집단을 의심하고 조사하기로 한다. 방의 벽은 거칠게 깎은 나무로 된 가상 또는 트랩 문으로 되어 있다. 그는 위험을 감지한다. 그는 위험의 원인을 알아낼 수 없지만 그 성질이 남성적임을 안다. 그가 그 집단과 다르다는 것을 느끼고 그 집단도 그것을 느낀다. 그때 음악이 흘러나오고 사람들이 춤을 춘다. 방은 깨끗해지고 벽이 거의 없다. 그가 현실에서의 애완견인 밤파를 부둥켜안는다. 마침내 게리는 개를 포옹하고 있는 5~7세 된 소녀로 변한다. 그 개가 사라지고 소녀는 웅크리고 있다.

이 꿈의 이미지를 연상하면서 게리는 그가 신비학에 흥미가 있었고 대학 시절에 마녀라고 주장했던 여자와 데이트를 해 보았다고 말했다. 당시에 그는 환각제를 복용했는데, 꿈속에서 사라지는 벽의 이미지를 그것과 연관지었다. 내 생각에 이 벽의 이미지는 내면의 방어가 낮추어지거나 없어지는 것을 가리키는 듯 보였다. 그리고 그가 아내를 찾으려는 노력은 그 자신의 여성적인 측면, 즉 그의 아니마를 찾으려는 시도를 나타낸다고 생각하였다. 그는 이를 그의 생모를 찾으려는 것과도 관련지었다. 꿈에서 느낀 위험에 대해 그는 그가 현실에서 자동차 경주자나 반항적인 시인-무용수였을 때마다 부닥치는 도전과 같다고 생각했다. 게리는 그의 12년생 암캐 밤파가 그에게 무조건적인 사랑을 주었다고 말했다. 나는 밤파가 본능적이고 지속적인 모성적 여성성을 나타낸다고 보았다. 개는 치유의 상징이기도 하다.[3] 그가 소녀로 변한 것은 그가 그 자신의 아니마 또는 영혼과 점차 동일시하고 있다는 것을 의미했다. 그런 다음 꿈은 그 자신의 여성적

3) Woloy(1990).

인 부분을 받아들이고 포옹하고 사랑하는 상으로 끝났다.[4)]

> 꿈 II: 그는 아내와 함께 그가 대학원을 다녔던 주에 살고 있다. 그의 아내가 납치되고, 그는 누가 그랬는지를 의심한다. 그는 그녀를 찾기 위해 경찰서에 간다. 그러나 그들은 많은 도움이 되지 못한다. 그때 길에서 아내가 그에게 다가와서는 자신이 황갈색 밴을 탄 젊은 남자에게 납치당했다고 말한다. 그녀는 그 남자가 스테레오를 크게 틀더니 그녀와 섹스를 하고 싶다고 말했다고 한다. 그리고 그는 코일을 단 남근을 꺼내 그녀를 강간했다. 그의 아내는 이름이 '윌'인 다른 남자가 그녀를 홀렸고 그녀가 아직도 그의 주문에서 깨어나지 못했다고 말한다. 그리고 그녀는 윌에게 돌아간다. 게리는 경찰에게 가지만 그들은 역시 도움이 되지 못한다. 그때 그는 아내의 부모에게 전화를 하고, 그들은 사립탐정을 고용한다.

게리는 윌(Uill)이라는 남자를 병들고 자신과 아내를 당황케 하는 '병든 너(you-ill)'로 연상했다. 이 사악한 그림자 부분이 그의 아니마를 잡고 강간했다고 생각했다. 그런 다음 게리는 그가 과도한 일로 아내를 학대했다는 아내의 말에 어떤 진실이 있을지도 모른다는 의심이 크게 들었다. 그에 더하여 그는 이런 식으로 그 자신을 상처주고 있었다는 가능성도 고려했다. 그는 꿈속

4) 수년 뒤에 게리는 나에게 편지로 자신을 받아들이고 포옹하고 사랑하는 것이 중요한 이슈였다고 전했다. 그는 "치료 전까지 나는 결코 깊은 밑바닥에 '나'였던 핵심이 존재하는 것처럼 느끼지 못했어요. 전에는 분절되고…… 동떨어진 느낌이었어요. 나 자신을 사랑하는 것은 존재하고 사랑의 가치가 있는 나의 핵심을 의미했어요."라고 하였다.

에서의 사립탐정을 분석치료 과정과 자신을 치료하려는 그의 노력과 연관시켰다. 치료과정을 좀 더 반추하면서 그는 "좀 더 좋아지기 위해서는 때로 아플 필요도 있네요."라고 말했다.

나는 용이 춤을 배우다

치료를 3개월 정도 했을 무렵, 게리는 첫 번째 적극적 명상 그림을 가져왔다. 그것은 수채화로 그린 날고 있는 용([도판 4] 참조)이었다. 그는 그것을 양아버지가 죽은 후에 그가 지은 '젊은 용'이라는 제목의 시로 연상했다. 게리는 양아버지로부터 물려받은 돈으로 산 농장 근처에 어린 용나무(그것이 용 모양을 하고 있어 그가 그렇게 이름 붙였다.)가 있다는 것도 언급했다. 그의 시에서 용은 장애를 입지만 나는 법을 배운다. 그 용은 서커스단에 가입하여 그물 없이 곡예용 그네를 탄다. 게리는 그가 그린 용을 아버지의 죽음과 그 시점에서의 자신의 재생으로 연상했다.

게리는 또 근처에 있는 대학에서 여자 무용수가 안무한 용춤을 시연하고 있다고 말했다. 그 용은 눈을 가리고 세 여자와 춤을 춘다. 첫 번째 여자는 따뜻하고, 두 번째 여자(게리의 아내가 추는)는 정신적이며 '가장 냉정한' 사람이고, 세 번째 여자는 육감적이다(게리가 추는). 용은 땅의 피조물로 시작하여 하늘로 나는 것을 배운다.

치료를 시작한 지 4개월이 조금 지났을 때, 게리는 훨씬 좋아진 것을 느꼈기에 치료를 중단할 것을 생각했다. 나는 그의 문제가 아직 해결되지 않은 것 같다고 말했다. 그는 장점과 단점에 관해 어느 정도의 토론을 한 다음 계속하는 데 동의했다. 그 시간이 끝날 즈음, 그는 치료를 그만두려는 그의 성향에 반하는 것으로 보이는 전날 밤에 꾼 재미있는 꿈을 보고하였다. 게리는 이 꿈을 그가 분석치료를 계속해야 하고 그의 여성적이고 감정적인 면이 지적인 면과 연결하려 시도하고 있음을 의미하는 것으로 해석했다.

다음 치료시간에 게리는 다시 한 번 자기는 좋아진 것 같으니 치료를 중단하고 싶다고 했다. 나는 전과 같이 이 요구를 저항으로 해석했다. 그는 사실상 인생의 춤 속으로 착륙할 필요가 있는 날고 있는 용과 같았다. 그는 계속해서 새로 산 스포츠카에 대해 열정적으로 이야기했다. 이것이 그가 그의 문제에서 도망치려고 한다는 것을 또다시 가리키는 것이었다. 다시 한 번 이 문제를 직접 토의한 후에 그는 분석치료를 더 받기로 결정했다.

분석과정이 5개월 경과했을 때, 게리는 꿈을 기억하기가 어렵다고 말했다. 이는 치료에 대한 보다 교묘한 새로운 저항을 나타내는 것 같았다. 그는 그의 학과의 임시학과장으로 연수받고 있는 직무 상황에 대해 장황하게 이야기했다. 그는 학부에서 신임투표를 받아서 자아가 어느 정도 부풀어올랐다. 그는 자신이 이 직업의 길을 좋아하는지를 철저히 시험해 보고 싶었다. 그때 그는 이듬해 봄에 공연계획을 가지고 있는 새로운 춤에 대해 이야기했다. 그것은 심혼의 갈등에 관한 독무(獨舞)였다.

한 달 뒤, 게리는 그가 전쟁포로로 나온 꿈을 보고하였다. 간수들이 그를 죽이려 했지만 아무도 그를 정복할 수 없었다. 그는 감옥을 탈출할 길을 찾아야겠다고 결심했다. 꿈에 관해 이야기하면서, 그는 그 자신이 내면과 외면 모두에서 포로라고 느낀다고 했다. 그는 가학적인 간수와 같은 그림자 그리고 가부장적인 면을 극복하겠다고 맹세했다. 게리는 부정적인 자아의 권력 콤플렉스에서 벗어나고 싶었다. 다른 말로 하면, 그는 자아 죽이기와 그림자 죽이기를 실행하고 싶었다.

치료 시작 7개월째에 게리는 좀 더 좋아졌고, 잘 지내고 춤도 더 나아졌다고 했다. 그러나 작업환경은 힘들다고 했다. 그는 결혼생활에 긴장이 더해졌고 아내와의 친밀감도 줄어들었다고 말했다. 그는 늘 자신은 옳은 일을 할 수 없을 것이라는 느낌을 가지고 있다고 했다. 그는 "나는 6학년 때부터 스스로를 자학하는 것 같았고 내가 나쁜 쪽으로 다르다는 느낌이 들었어요."라고 호소했다.

그때 게리는 전날 완성한 세 장의 수채화 그림을 보여 주었다. 첫 번째 그림([도판 5] 참조)은 소용돌이, 블랙홀 속에 표류하는 잃어버린 어린 소녀를 묘사한다. 그녀는 금발 머리에 붉은 생식기를 가지고 있다. 두 번째 그림([도판 6] 참조)은 페르세포네의 강간을 보여 준다(그녀의 거대한 음부와 질만 보인다.). 게리는 이것을 '푸른 검 또는 남근에 의한 우주적인 강간' 이라고 표현했다. 그는 그림의 왼쪽 윗부분의 물건을 함께 드는 '스카이훅' 을 지적했다. 그러나 그것은 이 환자처럼 아무것에도 연결되지 않았다. 이들 두 개의 적극적 명상 작품은 게리의 아니마와의 주된 고통스러운 문제를 지적한다. 그것은 상실됐고 강간당했다는 것이다.

세 번째 그림([도판 7] 참조)은 아주 중요하고 타고난 정신의 치유력을 확인해 준다. 이 적극적 명상 작업은 자웅동체의 통합, 즉 대극합일의 시도다. 붉은 남근 모양(남성적)이 푸른 오목한 모양(여성적)을 뚫고 그 사이에 있다. 이 그림은 게리가 계속 애쓰고 있는 아버지 영역을 나타내는 왼쪽 위 사분면을 제외하고는 모든 구석이 녹색(성장)으로 거의 균형을 이루고 있다. 이 그림은 중심을 향하고 치료하는 정신을 상징한다. 그것은 앞으로 다가올 것의 사랑스러운 이미지다.

자아 죽이기와 상처받은 치료자 의식으로 거듭나기

그다음 몇 달 동안 게리는 일이나 결혼생활에서 점차 불화를 덜 겪게 되었다. 그는 일과 치료에서 떠나 양어머니의 집에서 보낸 휴가에 대해 말했다. 거기 있는 동안 그는 처음으로 그곳이 그의 집이 아니라는 것을 깨달았다. 그러면서 그는 양아버지에게서 물려받은 땅을 팔았다. 게리는 과거의 이 부분을 잘라내고 있었고 양부모를 손에서 떠나보내고 있었다. 그는 대학에 다녔던 도시에서 옛날 은사를 방문하기도 했다. 그 은사는 신비가였는데, 게리가 그림을 그리고 엮은 시화집을 지도해 주었다. 『만프레드(*Manfred*)』라는 그 책은 태양이 된 소년에 관한 것이다. 게리는 그것이 빛과 낙관주의 그리고 우주적인 기적에 관한 것이라고 이야기했다. 나는 그의 시나리오에서 땅에 뿌리내림, 어두움 그리고 현실이 생략됐다는 사실에 놀랐다. 이것이 영원한 소년 콤플렉스에 고착돼 있는 남자의 전형이다.

치료가 1년이 다 되어 갈 무렵, 게리는 좌절하고 지루하고 공허한 심정으로 왔다. 그는 다시 자동차 경주자가 될 생각을 하였다. 그러면서 전날 밤에 꾼 꿈을 이야기하였다.

꿈: 그는 한국인 난민인 어린 소년과 함께 자신을 관찰하고 있다. 소년은 바닷물이 담긴 커다란 용기에 두께가 1~4인치 되는 바다뱀과 같은 생물을 가지고 있다. 소년은 몸집이 큰 남자 보디가드와 함께 있다. 암살자가 그를 추적하고 있기 때문이다(그가 마지막 난민 중 한 명이기 때문에). 암살자가 나타나고 칼을 휘두른다. 그때 소년은 뱀을 벽에 던지고, 그것은 산산이 부서진다. 그 지점에서 그는 충분한 힘을 얻는다. 보디가드가 그 암살자를 맡아서 칼로 여러 군데를 베어 상처를 내지만 죽이지는 않는다. 그런 다음 이제 강력해진 소년이 그 암살자와 싸우지만 단칼에 찔려 칼이 머리와 팔에 박힌다. 소년은 스스로 그 칼을 제거하고 기적같이 살았을 뿐더러 아무런 상처도 입지 않는다.

이 꿈은 자아 죽이기와 상처받은 치유자의 의식으로 거듭나는 순간을 그렸다. 나는 이 꿈에 뱀이 나오고 그것의 역할 때문에, 이 꿈이 중요하고 치료적이라고 생각했다. 게리는 그 소년을 성장하고 부정적인 그림자와 싸우고 있는, 그러면서 그림자에 의해 상처를 입고도 내면의 힘 때문에 살아남는 그의 부분 인격으로 연상했다. 그 자신 안에 있는 신성한 아이의 원형은 그 소년의 정체성이 가리키듯이 아직은 어느 정도 낯설다.

다음 치료시간에 게리는 학생들을 위해 그가 안무한, 상징적으로 '완전한 죽음'이라고 이름 붙인 새로운 춤 작품을 연습하고 있다고 말했다. 그것은 그리스 신화에서 새로 죽은 사람을 스틱스강을 건너 하데스로 데려다 주는 카론의 조수를 다룬다. 게리는 또한 당분간 학과장 서리로 얼마나 바쁜지와 자신을 관조할 시간이 필요하다는 이야기도 했다. 역설적이게도 그는 친할아버지가 남겨 준 돈으로 주문형 신형 포르쉐를 구입했다. 그는 그것을 사랑했다. 새 차는 빠르고 우아하고 무용수처럼 균형잡혔다. 그의 사고 전력을 보면 게리는 지하세계로 가려는 욕망을 실행할 위험이 있어 보였다. 그는 스스로 안심시키려는 듯 "나는 한 번도 경주용 차를 상처내지 않았어요. 그렇다고 내가 불사신이라고 말하는 것은 아니에요."라고 말했다. 게리는 두 개의 상반되는 방향에서 유혹당하고 있었다. 그것은 춤과 학문적인 경력이라는 한 방향과 직업적인 경주에의 관심이었다. 그는 치료를 회상하면서 "나는 내 그림자를 배우고 떨쳐 버리고 나의 어두운 면을 알기 위해서 여기에 있어요. 나는 나 자신과 내 감정과 접촉할 필요가 있어요."라고 말했다.

이런 통찰력 있는 논평을 한 후, 게리는 우리 둘 모두에게 치료적인 내면의 여행을 도와주기 위한 내향화를 향한 정신의 소망을 가리키는 꿈을 자세히 이야기했다. 그 꿈은 외적으로는 우울증으로 표현되고 있는 자학적인 아니마와 부정적인 모성 콤플렉스에 관한 그의 감정을 드러내기도 했다.

내면의 마녀와 직면하기

그다음 치료시간에 게리의 우울증은 아내의 많은 외도에 대한 분노로 넘쳐흘렀다. 그는 아직도 아내의 첫 외도에 화가 나 있었다. 왜냐하면 그는 아내를 믿었고, 그때 그녀가 그를 배반했기 때문이었다. 게리는 처음으로 이 사실을 알았을 때, 그 상대가 친구였기에 두 배로 화가 났다고 토로하였다. 그녀는 공교롭게도 정신건강 사업가였던 이 남자와 많은 시간을 보내고 싶어 했다. 게리는 그들의 열린 결혼정책을 유지하면서 그들이 서로 학대하는 것을 부추기고 있다고 느꼈다. 그는 아내가 죽음에 대한 두려움이 있었고 그녀의 부모, 특히 어머니와 심한 갈등이 있었는데, 이런 문제 때문에 그녀가 심하게 술을 마셨다는 이야기도 했다. 우리는 그의 아내가 치료받을 가능성에 관해 토의했다. 그러나 그녀는 수면 문제와 알코올 문제가 있긴 하지만 현재의 마음 상태와 상황에 만족한다고 주장하면서 일관되게 치료를 거부했다.

그때 게리가 그 자신의 부정적인 모성 콤플렉스에 관련된 꿈을 자세히 이야기했다.

> 꿈: 실제로 그가 다녔던 대학 근처에 있는 조그만 집단농장 안의 한 시골집에서 벌어진 일이다. 그 공동체에 낯선 젊은 여인이 차에 치었다. 그녀는 풀에 덮인 상태로 무덤에 누워 있다. 풀이 흩어지자, 놀랍게도 그 여인은 죽은 것이 아니다. 그때 그녀가 일어서서 걸어 나간다. 게리와 그의 아내 그리고 다른 사람들이 그 여인과 그녀의 남자 동료를 따라 좁은 통로를 지나 시골집 안으로 쫓아 들어간다. 그 안에서 그들은 마녀를 만난다. 게리와 아내는 죽은 것으로 생각했던 여인의 관에서 발견한 검은 스카프를 들고 있다. 그 검은 스카프가 그들을 보호한다. 그다음 그들은 통로 끝에 있는 납골당으로 간다. 죽었다 살아난 여인과 그녀의 남자 동료가 거기에 있다. 게리의 아내는 이 방으로 들어가길 원하지만 게리는 무서워서 꺼려

> 한다. 그는 이것이 마녀가 그의 영혼을 빼앗기 위해 만든 사악한 음모의 일부라고 의심한다. 그가 아내가 보호받도록 그녀에게 검은 스카프를 주자, 놀랍게도 그의 아내는 홀로 납골당으로 들어간다.

게리는 자신의 여성성의 상(그의 영혼)이 죽었다고 느꼈다. 이 문제는 어느 면에서 그의 아내 및 어머니에 연결되는 마녀와 관련이 있다. 그는 아니마를 아내에게 투사하고 있고, 부정적인 어머니(마녀)와 직면하기 위해 보호해 주는 검은 스카프(상징적인 죽음)를 가지고 납골당으로 들어가고 있는 것은 그의 아니마였다고 생각했다. 아내와 어머니, 아니마 그리고 마녀를 연결하는 이런 전체적인 해석을 확인하려는 듯이, 그는 다음 치료시간 전에 아내가 마녀로 나오는 꿈을 꾸었다. 그가 댄스 스튜디오에서 아내를 "엄마."라고 부르는 말실수까지 하였다. 거기다가 그는 당시에 아내와 사이가 벌어졌고, 공허감과 분노가 많았고, 그녀가 다시 과음을 하는 바람에 힘들었다고 보고하였다.

치료를 시작한 지 1년 반이 되었을 때, 게리는 그가 생각하기에 조절에 관한 그의 문제와 저항을 돌파하여 분석적인 과정으로 가도록 하는 것을 상징하는 꿈을 꾸었다. 그는 저항과 관련하여, "나는 마음이 가는 대로 할 거예요."라고 말했다. 이는 그의 편에서 신뢰감이 자랐다는 것을 말해 준다. 게리는 자신이 '내면의 치료자 또는 권위, 내적인 아버지에 복종했다.' 고 했다. 그는 자동차 경주를 할 때 경험했던 것과 유사한 느낌으로 이를 묘사했다. 즉, 자동차 경주 중에는 코너를 효과적으로 돌고 충돌을 피하기 위해 알맞은 속도에 내맡겨야만 한다고 설명했다.

초월적인 상징을 통한 영혼의 재생

치료가 20개월 지났을 때, 게리는 그의 양어머니와 사랑을 나누는 꿈을 꾸었다고 보고하였다. 성교가 끝나고 그녀가 그를 돌보는데, 처음에 그는 (젖을 빠는) 영아 같았고, 그다음에는 아픈 듯했다고 했다. 이 꿈을 자세히 이야기하면서 게리는 눈에 띄게 격해지면서 울먹였다. 그는 양어머니와의 관계가 무언가 다른 것으로 인도하는 연금술의 주형과 같지 않았나 하는 생각에 크게 놀랐다. 그때 그는 중요한 통찰, 즉 이 꿈이 그의 생모 혹은 그가 말한 '대지모'와 결합하려는 욕망과 관련된다는 느낌을 얻었다. 이제 게리는 확실히 분석치료의 중간 또는 이행 단계인 2단계에 있는 것 같다.

게리는 거의 두 달이 지나 얼굴에 수심이 가득한 채로 왔다. 그는 일과 결혼생활에서 지속되는 문제를 호소하였다. 그는 지진과 그의 아내를 쫓아다니는 고대 파충류 생물을 포함하는 꿈과 연관지었다.

게리는 자신이 더 이상 단순히 그에게 일어나는 것을 관찰만 하지 않고 이제 그 과정에 포함되었다고 말했다. 그 지진은 열려 있는 대지모 같았다. 그는 감동했고 열려 있는 것을 그의 생모와 만나기를 원하는 것과 연결시켰다. 그가 치료를 시작했을 때에는 그러기를 원치 않았다. 그는 파충류를 냉혈에다 보육적이지 않은 것으로 연상했다. 게리는 그 생물이 아내를 따라가는 것을 그녀가 첫 번째 외도를 했을 때 파충류처럼 차가웠다는 것을 드러내는 것으로 보았다. 그 당시 그는 그녀의 행위를 용서해 주었다고 고백했다. (친구의 행위도 아내가 저항할 수 없을 정도로 매력적이었다고 합리화하면서 용서해 주었다.) 그렇지만 그는 속으로 격분하고 낙담했다. 나중에 그가 이 느낌에 대해 아내와 이야기했을 때, 그녀는 당시에 죄책감을 느꼈고 그가 떠나지 않을까 생각했다고 말했다. 게리는 그가 자신의 냉혈 아니마를 아내에게 투사하였고, 아마도 그가 그녀의 첫 번째와 그다음의 외도에 기여했을지도 모른다는 것을 인식하려는 것 같았다.

이 꿈을 꾼 다음에 게리는 생모에 관한 정보를 찾으려는 확고한 결심을 하였다. 마치 그가 그 자신의 따뜻한 피, 모성적인 원천과 만나기를 원하는 것 같았다. 그때 그는 중요한 꿈을 꾸었다. 그것은 매우 누추한 것으로, 교육연구 병원에서 일어난다.

> 꿈: 게리는 시험관 아기와 관계되는 연구 프로젝트에 관여돼 있다. 그는 거기서 학생이다. 왜 그런지는 모른다. 그는 홀을 내려와 설비실 문을 연다. 그곳에서 그는 두 개의 짙은 회색 파이프를 보았는데, 그것이 두 명의 짙은 머리를 한 여자로 변한다. 그들 사이에서 수직의 탑이 생겨나더니 거대한 모성적인 상으로 변한다. 그 세 상들은 여성적인 삼위를 형성한다. 그는 놀라서 그 문을 닫고 실험실로 간다. 선반 위에 있는 플라스틱 인큐베이터 안에는 아기들이 있다. 그때 한 아기가 인큐베이터에서 밖으로 나와 선반에서 내려와 네 살 된 아이로 성장한다. 그 아이는 "저는 당신의 꿈의 세계예요. 당신의 꿈의 삶이에요."라고 말한다. 아이는 빨리 나이를 먹는다. 처음에는 어른이 되고, 곧 죽음이 가까운 노인이 된다.

게리는 이 꿈을 논의하면서 첫 부분은 그가 나를 보러온 메디컬센터, 나와의 만남 그리고 우리의 분석적인 작업과 관계가 있다고 말했다. 그는 그만의 방식으로 양모뿐 아니라 생모와도 타협을 하고 있는 중이다. 그는 오랫동안 생모에 관해 이상적인 상을 가지고 있었다. 그러나 이제 그는 다른 극단에 있는 이미지로 그것을 조율하고 있는 중이다. 그는 "내가 서출이기 때문에 어머니는 창녀와 같았어요."라고 말했다. 그의 생모에 관한 이들 두 가지 가능한 측면이 어둠 속에 있었기에, 그는 꿈에서 설비실 문을 열고 두 명의 짙은 머리를 한 여자들을 본다. 그들에 대해 그는 동정녀 마리아와 막달라 마리아(고전적인 마돈나와 창녀의 원형)를 연상했다.[5] 그는 또한 두 여인이 양모와 생모일 수도 있다고 생각했다. 그리고 그들은 합쳐져서 어렴풋이 나타나는 하나의 태모의 구성물이 되었다. 그는 다시 서출이라는 주제로 돌아갔고, 그가 사생아 같은 불법적인 아이인 것 같다고 말했다. 그는 어렸을 때 양모에게 여자가 결혼하지 않았는데 아이를 가질 수 있느냐고 물었다. 그의 양모는 그럴 수는 있지만 그것이 불법이라고 대답했다. 그래서 그는 그것이 범죄라고 추측했다.

게리에게 실험실로 들어가고 선반 위에서 아기들을 보았던 꿈의 두 번째 부분은 그의 입양실험이 시작되었던 장소, 즉 실험실이기도 했던 보육원을 상징했다. 그는 그 실험이 옳지 않았다고 생각했는데, 이 느낌은 그가 태어나고 보육원에 있었던 때의 기

5) 이 원형과 주제는 두 개의 고적전인 논문에서 논의되었다. Neumann(1963); Welldon (1992) 참조.

억의 흔적과 관계가 있을지도 모른다고 생각했다. 그러면서 그는 선반에서 내려온 아이가 된 아기에 대해 이야기했다. 그는 그 아기를 정신적인 거듭나기를 표시하는 하나의 상징인 자웅양성체로 묘사하였다.[6] 그는 그 아기가 다시 태어나기 위해 빨리 어른이 되고 죽어야만 했다고 생각했다. 이것은 분석과정과 관계있어 보이고, 자아 죽이기와 거듭나기에 포함되는 죽음-재생의 경험과 관계되는 것 같다. 그때 게리는 그가 정관수술을 한 것이 '내면의 아이를 살해한 것' 이라는 두려움을 회상했다. 그렇지만 지금은 그가 자신의 내면의 아버지에 굴복하여 그 아이는 새로 태어났다.

게리는 이 중요한 꿈에서 그가 양부모로부터 분리될 수 있고 적극적으로 생모를 찾는 것이 옳다는 결론을 내렸다. 이런 결론에 도달했다는 것은 그가 분석치료의 중요한 지점에 있다는 것을 가리킨다. 이제 그가 치료를 시작한 지 2년 가까이 되었다. 그의 작업환경은 잠시 동안 안정적이었다. 흥미롭게도 이 무렵 그도 한 여자와 외도를 하였는데, 그녀는 전에 그의 댄스회사에 있었고 매춘행위로 한 번 체포된 적이 있었다(게리의 생모에 대한 최근의 이미지가 창녀로 나타난 것 때문에 주목할 만하다.). 게리의 아내는 이 여자의 남편과 동시에 바람을 피웠다.

6) 알프레드 아들러는 자웅양성체를 정신적인 발달의 변환하는 상징으로 보았다. Hillman(1983), pp. 100-102에서 인용.

원천과의 재결합: 또 다른 상징적 죽음과 새로운 삶의 경험

그다음에 내가 게리를 보았을 때, 그는 양모를 찾아뵙고 그의 입양에 관해 많은 질문을 했다. 놀랍게도 그는 생모가 그가 성장했고 지금도 양모가 살고 있는 바로 그 도시에 살고 있다는 것을 알았다. 생모의 이름은 마리아로, 아직 미혼이었다. 게리의 동정녀 마리아와 막달라 마리아의 꿈과 분명한 동시성 현상의 예다. 그는 고향에서 불과 15마일 떨어진 곳에 살고 있는 생부의 이름도 알아냈다. 그의 양모는 분명치는 않지만 그가 생부모를 방문하는 것이 괜찮을 것이라고 했다.

게리는 생모에게 그녀를 볼 수 있을지 알아보는 편지를 쓰기로 하였다. 그녀가 거절할지도 모른다는 두려움에서였다. 고향을 떠나기 전에 그는 차를 타고 그녀의 집을 지나쳤다. 놀랍게도 그녀는 주변의 저소득층 주택과는 다른 중산층의 주택에 살고 있었다. 그가 창녀에 보다 적당할 것이라고 상상했던 저소득층의 주택이 아니었던 것이다. 집으로 오는 길에 그는 그녀에 대해 또 다른 환상을 해 보았다. 그녀는 따뜻하고 친근한 얼굴을 하고, 금발 머리에 키가 162센티미터쯤 될 거야. 그는 생모와 생부를 방문할 것을 심사숙고하는 동안 자신과 인생 전반에 대해 좋은 느낌을 가졌다고 말했다. 그러면서 그는 "나는 이제 인간적인 가족과 연결될 수 있을 것 같아요."라고 말했다. 여기서 3단계(〈표 4-2〉 참조)로의 움직임이 어렴풋이 감지되었다. 이에 더하여 우리의 관계도 긍정적인 전환이 있어 보였다. 부분적으로는 그의 아내가 그에게 나와의 관계에 질투를 느낀다고 말했을 정도였다. 그가 이제 막 생모와 새로운 관계를 맺으려 하고 있다는 사실도 그의 아내에게는 위협적이었을 수 있다.

게리는 생모로부터 그의 소식을 들어서 너무 좋았다고 전하는 답장을 받았다. 그녀는 매우 종교적인 사람이었고 여러 해 동안 유일한 아들이 그녀를 찾아 돌아오기를 기도해 왔다. 그녀는 그가 방문하도록 초대하는 것으로 편지를 마쳤다. 그리고 그는 그렇게 했다. 그녀를 처음 만났을 때, 그는 마치 그녀를 알고 있었던 듯이 즉각적으로 그녀와 연결되는 것을 느꼈다. 그녀는 그가 상상했던 대로 우호적이고 열정적인 얼굴을 가졌고, 금발에 키가 162센티미터 정도 돼 보였다. 그녀는 게리에게 그녀의 편한 이름 Marm으로 불러 달라고 했다. 내게는 Marm이 Ma, warm, Mary 그리고 Mom의 조합처럼 들렸다.

게리의 생모는 그의 양모와 같이 그의 생부를 찾는 생각에 약간 주저했다. 그녀는 처음에는 생부가 최근에 병원에서 뇌졸중에서 회복되었기 때문에 "그를 방문하면 당황하고 힘들게 할 거야."라고 말하면서 싫은 마음을 숨겼다. 그렇지만 게리는 결국 그를 만났고, 그것은 아주 감동적인 사건이었다. 그의 생부는 믿기 어려울 정도로 잘 대해 주었고, 그 후 게리는 생부를 자주 방문하였다. 전에는 알지 못했던 게리의 이복동생은 그의 방문이 아버지의 병세에도 도움이 되었다고 했다. 게리의 경우와 똑같았다.

내가 게리를 분석치료한 마지막 1년 동안 아내와 그의 관계는 한계에 이를 정도로 갈등이 고조되었다. 그녀의 음주문제는 심해졌고, 게리는 그녀가 도움을 받지 않는다면 별거나 이혼을 하겠다고 위협했다. 결국 그녀는 도움을 받게 되었다. 내가 보기에 이 어려운 시기 동안 게리와 아내 사이를 묶어 준 것은 깊은 사랑이었다. 그의 아내가 도움을 받은 후, 그들은 둘 다 그들 사이의 문제와 스스로에 대해 애쓰는 듯했다. 결과적으로 그들의 결혼은 견고해졌다. 게리는 또한 춤 작업에서 보다 창조적이 되었고, 연기자의 관점과는 반대되는 학문적인 관점에서도 보다 편안해졌다.

내가 게리에게 텍사스로 이사 갈 것이라고 말했을 때, 그는 슬퍼 보였다. 그때 그는 연기자보다는 안무가/선생이 되는 것에 관하여 많은 이야기를 하였다. 우리의 치료가 종결되기 바로 전에 게리는 그의 직업 선택에서 그런 변화를 필요로 하는 부상을 당했다. 그가 작업하다가 이상한 사고를 당해 왼쪽 아킬레스건(여성적인 면)이 거의 절단된 것이다. 그리스 전설에서 아킬레스의 발뒤꿈치만이 그의 신체 부위 중 유일하게 죽을 수밖에 없고 취약한 부분이었다는 것은 흥미롭다. 그것은 아킬레스의 어머니가 그를 스틱스강(죽음의 강) 물 속에 담가 그를 불멸의 몸으로 만드는 동안 그의 발뒤꿈치를 잡고 들고 있었기 때문이다. 게리는 스스로 죽을 수밖에 없음을 증명했다. 그는 상징적 의미로 죽었고, 그 후 다시 재생되었다. 이것이 자아 죽이기와 거듭나기의 또 다른 예다.

게리는 내가 떠나는 것에 대해 화나거나 버림받은 느낌을 부인했다. 그렇지만 그는 "나를 위한 사람은 아무도 없네요."라고 한탄했다. 그는 내가 떠나는 것에 당황했고, 나는 그의 취약성을 알기 때문에 그것이 나쁘다는 것을 알았다. 나는 그에게 내가 그를 좋아했고 그와 같이했던 것들을 그리워할 것이라고 말했다. 그런 맥락에서 나는 그를 다른 융학파의 성향이 있는 치료자에게 의뢰하였다.

그가 다른 치료자(게리는 새로운 치료자를 좋아했다.)를 만나고 나서 가진 마지막 상담시간에 그는 놀라운 꿈을 이야기해 주었다.

> 꿈: 그는 이상하고 원시적인 원숭이가 있고 뱀들이 잠자고 있는 방을 걸어서 통과하는 엄청나게 어렵고 위험한 상황에 놓여 있다. 게리는 떠나려고 하고 있지만 방의 중앙에서 벗어날 수가 없다. 그는 몹시 무서워졌다. 그때 40대 초반의 키가 큰 흑인 여자가 방 한가운데로 뛰어들어 그를 위로한다. 그녀는 웃으면서 그를 안내해 뱀을 헤쳐 나가고 원숭이를 지나 방 밖으로 데려간다. 그제서야 그는 안심을 한다.

융에 따르면, '뱀은 잘 구체화된 (변환과 재생의) 원형' 이고 치료의 상징이다.[7] 게리의 마지막 꿈은 그가 지속적인 치료에서 좋은 결과를 얻을 것임을 예견하는 듯했다. 그는 그의 개성화 과정, 즉 전체성으로 향하는 여행을 계속할 수 있도록 그를 안내해 치료적인 뱀을 통과하고 지혜의 원숭이를 지나게 해 주는 강하고 치료적인 아니마를 부를 수 있게 되었다.[8]

7) Jung(1968b), p. 144.

내가 5년 뒤를 추적해 보았을 때, 게리는 잘 지내고 있었다. 그는 다른 치료자를 2년간 만났고, 그의 아내와는 완전히 별거했다. 게리는 교육자와 안무가로서의 학문적인 작업을 계속하고 더 이상 연기나 기획 일에는 관여하지 않았다. 재미있게도 그의 지도자로서의 역할은 여름 기간 동안 전문적인 경주 교관으로 일하는 것으로까지 확장됐다. 게리는 우울증에서 거듭났고, 그의 영혼을 붙잡았으며, 그 자신이나 남들에게 어원학적인 의미로—그리스어로는 선생님을 의미하는—의사가 되었다. 그는 개성화의 여행을 계속하고 있다. 그것은 그의 뿌리를 찾음으로써 공고해졌고 정신의 치료적인 힘에 의해 앞으로 추진되었다.

8) de Waal(1989).

8

샤론: 마음속 마녀의 죽음과 창조적인 자기의 탄생

"오랫동안 나는 저항해 오다가
마침내 굴복했네.
낡은 자아가 해체되자
새로운 자아가 잠에서 깨어나네."
- 괴테

샤론은 자아의 결손과 더불어 자기 파괴적인 우울증과 경계선적인 상태로 고통받고 있다.[1] 그녀는 갈등하는 감정 사이에서 좌우로 움직이는 톱날과 같이 빠르게 움직인다. 삶과 죽음, 여성과 남성, 독립과 의존, 어머니와 아버지, 불과 물, 희망과 절망, 창

1) 경계선 인격장애의 주된 양상은 초기 성인기에 시작되고, 여러 맥락에서 존재하는 자기상, 인간관계 그리고 기분에 있어서의 전반적인 불안정한 패턴이다. 이 사람들은 종종 부적절하게 강한 분노를 보이거나 그것을 조절하지 못한다. 그리고 그들은 충동적인 경향이 있는데, 특히 자기 손상을 입힐 수 있는 활동에서 그러하다. 반복적인 자살 위협, 제스처 또는 행동과 그 밖의 자해행위가 보다 심한 형태의 질환에서 흔하다. 이 상태의 특징은 또한 심하고 지속적인 정체성의 장애, 만성적인 공허감 그리고 실제적이거나 상상의 버림받음을 피하기 위한 광적인 노력이다. DSM-IV, pp. 650–654 참조.

조와 파괴, 사랑과 미움, 빛과 어둠, 선과 악 그리고 태양과 달과 같은 대조적인.

샤론의 사례는 자아 죽이기와 거듭나기가 어떻게 개성화 과정을 도와주고 심하게 망가진 사람의 치료를 촉진시키는가를 보여준다. 이 길은 거칠고 때로는 사납기도 하다. 그러나 샤론의 고된 여행은 희망과 전체성으로 보상된다.

26세의 대학원 신입생인 샤론은 나한테 오기 전 1년 동안 그녀와 남편이 불규칙하게 방문했던, 멀리 떨어져 있는 도시에 살고 있는 한 치료자에 의해 나에게 의뢰되었다. 그들은 이전의 치료자와 각자의 우울한 상태와 결혼생활의 문제점에 대해 이야기하였다.

샤론은 심하게 우울하였고 거식증과 왜곡된 신체상을 가지고 있었지만 불면증이나 자살 사고는 없었다. 나와 치료한 첫해 동안 그녀는 상위권 학교의 박사과정에 등록하면서 아버지 같은 대학교수 남편과 물리적으로 떨어져 살았다. 이 이주가 그녀의 독립적인 치료여행을 위한 고통스러운 시작을 나타냈다. 우리의 치료가 시작되었을 무렵, 그녀는 가족의 처방에 따라 경영과 관련된 분야를 공부하려는 계획을 가지고 있었다. 그녀가 이것을 하고 싶지 않다는 깨달음이 그녀의 자아 죽이기와 거듭나기에 자극이 되었다.

첫 꿈: 완벽 중독

샤론은 첫 상담시간에 그녀의 가장 심각한 문제 중 하나인 '완벽 중독'[2]을 드러내는 두 부분으로 된 꿈을 가져왔다. 결과적으로 이 중독은 치료여행 도표(〈표 4-2〉 참조)에서 1단계의 주요 증세인 전반적인 무가치감의 산물이었다.

꿈 I: 샤론은 이전 치료자가 소유하고 있는 새 아파트로 이사한다. 그녀가 살던 아파트 역시 이전 치료자의 것인데, 바닥이 빛나고 티 없이 깨끗하고 냉장고 문이 조금 열려 있다. 나중에 그녀가 이전 치료자를 우연히 만났을 때, 그는 그녀에게 살던 아파트를 깨끗이 해야 한다고 말한다. 이 말이 그녀를 죄책감이 들게 만들었다. 그녀의 새 아파트는 책으로 가득했는데, 특히 보급판 소설이 많다. 홀 밑에 사는 어린 소년이 방문하고 있다. 그가 집으로 가야 할 때 읽고 있던 책을 남겨 둔다. 그가 당황해서 돌아와서는 책을 달라고 한다. 그러나 그녀는 그것을 갖지 못하게 하고 문을 막는다. 그러자 소년의 어머니가 와서는 전쟁소설인 그 책을 가져가는데, 그녀는 그 어머니가 슬퍼 보인다고 언급한다.

꿈 II: 샤론은 차를 몰고 시내 중심가의 아이스크림 가게 위에 있는 여행사로 가고 있다. 그녀는 기금을 모으는 일을 돕고 있다. 장면이 바뀌어 육아센터에 관한 라디오 광고가 들린다. 라디오 아나운서가 "당신의 아이를 로키산맥 초콜릿 공장에 내려놓으세요."라고 말한다. 그러면 아이가 풍선과 아이스크림을 가질 수 있고, 영화관에 갈 수 있으며, 게다가 특별요금 50불을 내면 자가용 운전자와

2) Woodman(1982).

간호사 또는 대학교수 중 한 명의 친구도 가질 수 있다고 덧붙인다.

이 꿈을 이야기하면서 샤론은 우선 새 아파트로 이사하는 이미지에 초점을 맞추었다. 그녀는 새 아파트로 이사하는 것이 삶의 변화를 나타내기는 하지만, 그녀의 치료자가 두 아파트를 소유하고 있다는 사실이 아직도 과거에 그녀를 괴롭혀 왔던 심리적인 문제를 다루어야만 한다는 것을 드러낸다고 여겼다. 그렇지만 그녀는 문제의 본질에 이르고 싶어졌고, 심층적인 분석치료를 원하고 그것을 필요로 한다고 말했다.

꿈의 다음 이미지인 보급판 소설을 이야기하면서, 샤론은 아버지와 그녀 모두 보급판 소설을 좋아한다는 점에서 서로 자연스럽게 가깝다고 말했다. 실제로 샤론의 외모는 확실히 소년 같았고, 그녀는 아버지와 강하게 동일시하는 것 같아 보였다. 이는 아마도 그녀의 아버지가 아들을 소망했던 것을 반영하는 것 같다. 나는 꿈의 어린 소년을 슬픈 어머니와 멀어지려는 아니무스상으로 해석했다. 그가 원했던 소설이 전쟁소설이었다는 사실이 분명히 어머니와의 앞날에 있을 전투를 가리켰을 것이다.

샤론은 꿈에 나타난 시내 중심지역과 기금 모으는 일이 갖는 긍정적인 성질은 그녀가 도시에서 사는 것에 대한 긍정적인 느낌과 권력 및 돈에 대한 관심과 관계가 있을 것이라고 생각했다. 그렇지만 그녀는 전반적으로 대학원을 시작하는 스트레스 때문에 매우 예민하고 무너지기 일보직전이라고 느꼈다. 그녀는 꿈에 나오는 육아, 풍선, 아이스크림 그리고 영화를 직접적으로 그녀의 어린 시절과 관련지었다. 그녀는 어린 시절에 많은 것을 받았다. 그러나 그것들은 지속적인 것이 아니었고 냉정하게(공기를 밀봉한 풍선과 찬 아이스크림으로 상징되듯이) 받았다. 그리고 그녀는 때로 다른 사람들을 영화자막 보듯이 볼 정도로 근본적으로 무관심했다. 샤론은 실제로 그녀를 위로해 줄 동료—남편 또는 아마도 간호사 같은 인물—의 필요성을 느꼈다고 말했다. 그녀가 혼자이고 버림받았다고 느꼈기 때문이다(중요한 1단계 느낌). 남편은 그녀에게 아버지 역할뿐 아니라 어머니 역할도 하곤 했다고 그녀가 시인했다. 그는 아침에 그녀를 깨우고, 옷을 골라주고, 옷 입는 것을 도와주고, 먹이고, 점심을 싸 주었을 것이다.

샤론이 8세 때, 부모는 유럽에 가면서 그녀를 혼자 놔두었다. 그 결과 그녀는 아스피린을 다량 복용하고 자살시도를 하였다. 그녀는 이런 사실을 보모에게까지도 말하지 않았다고 하는데, 이를 통해 당시에 그녀가 얼마나 소외감을 느꼈는지를 알 수 있다. 대신 그녀는 토하고 창백해진 것을 가벼운 감기로 설명하였다.

샤론과 첫 면담을 한 다음 그녀에 대한 내 인상은 그녀가 불안정하고 그것을 알고 있다는 것이었다. 그녀는 매우 불안했고 심하게 우울했다. 집중력 감퇴, 소외감, 죄의식, 좋지 않은 자기상, 낙담 등의 증상을 겪고 있었다. 나의 잠정적인 진단은 주요우울증 삽화(급성), 기분부전증(우울신경증, 만성), 식이장애(거식증), 경계선 인격장애의 가능성(나중에 심리검사로 입증됨) 등이었다.

실패와 자살 상태에의 집착

두 번째 방문하는 동안 샤론은 대학원에서 실패하고 낙제할 것이라는 두려움을 늘 가지고 있다고 했다. 그녀는 고등학생이었을 때 아스피린을 다량 복용하고 손목을 긋는 방식으로 두 번 더 자살시도를 했다고 했다. 그녀는 나와 처음 만나기 5년 전, 그녀를 때렸던 첫 남편과 이혼하는 과정 중에 아스피린을 과다복용하여 또 자살시도를 하였다. 이혼하고 1년이 지난 뒤, 그녀는 우울증과 새롭고 힘든 직업을 시작하는 동안 지지를 받기 위해 정신과 의사를 찾았다. 그렇지만 정신과 의사는 그녀에게 그녀가 어머니가 한 것과 같은 식으로 아이들을 망칠 것이니 아이를 가져서는 안 된다고 말해서 방문하는 것을 중단하였다.[3] 바로 그 직후인 우리가 만나기 5년 전에 그녀는 현재의 남편과 결혼하였다.

나와 치료하고 한 달이 지나서 샤론은 최근에 남편과 가족(어머니, 아버지, 입양한 여동생)과 함께한 휴가에 대해 긍정적으로 이야기했다. 그녀는 우리의 첫 면담 일주일 전에 유산을 했다는 사실도 털어놓았다. 나는 그녀가 이런 힘든 정보를 그렇게 오랫동안 숨기고 있었다는 사실에 놀랐다. 샤론이 이제 그것을 말하기로 결정한 것은 우리의 치료적 관계가 좋아져 가고 있다는 것을 말해 준다. 그녀는 남편(최근에 그녀를 방문했던)과 성적인 어려움이 있다는 것을 보고할 정도로 치료에 대한 확신이 커졌다. 그녀가 오르가슴을 느낄 수 있는 유일한 방법은 자위를 통해서였다. 거기다가 샤론은 미지의 정신과 의사를 유혹하려고 애쓰고 함께

3) 이것이 치료자의 문제(역전이)가 어떻게 환자에게 상처를 주고 심할 경우 치료 상황에서 떠나게 할 수 있는 가학적인 지적일 수 있는가를 보여 주는 예다.

침대에 갔지만 성교는 하지 않는 내용의 꿈을 보고하였다. 그녀는 이 꿈에서 깨어나 성교를 하지 않은 것에 대해 실망하였다. 그녀가 나에 대해 성적인 요소의 전이를 암시하는 강한 감정을 느끼기 시작한 것이 분명했다.

학기가 끝났을 때, 그녀는 대학원 수업에서 모두 B학점을 받았음에도(모두 실패할 것이라는 그녀의 두려움과는 전혀 다른) 모두 A학점을 받지 못했다고 자신을 비난했다. 그녀는 왜 분석적인 정신치료를 받아야 하는지, 그리고 그것이 도움이 되고 있는지를 의심했다. 그녀는 개인적인 갈등을 가려내고 나의 도움을 수용하기도 하고 거부하기도 하면서, 그녀의 질환과 치료에 있어 나쁜 뉴스 단계에 있었다.

치료를 시작한 지 3달 반이 지났을 때, 샤론은 그녀와 남편이 오랫동안 살아왔던 모텔을 부수기 위해 핵무기를 사용하고 싶다는 꿈을 길게 설명하였다. 동시에 그들은 꿈에서 폭파 장소에서 벗어날 복잡한 탈출계획을 한다. 그녀는 차로 안전하게 벗어날 수 있을 것 같았다.

이 꿈에 대해 샤론은 "저는 사점(dead center)에서 벗어나려고 무엇을 하려고 합니다."라고 말했다. 나는 이 꿈이 남편과의 관계가 나빠지고 있고, 그것이 극심한 우울증과 자살 상태로 이르게 할 것임을 가리키는 것 같았다. 나는 많은 환자들이 자살 위기를 경험하기 전에 핵폭발의 꿈을 꾼 것을 보아 왔다.

자화상: 사점에서 출현하는 생명의 불꽃

치료 4개월째에 샤론의 성적이 나빠지기 시작했다. 그러나 그녀는 급우에게 도움을 받았다. 이 시기에 그녀는 남편과 아버지가 그녀의 공간에 침입하여 그녀가 공부하는 것을 불가능하게 하는 꿈을 꾸었다. 그녀는 불면증을 동반한 심한 우울증과 더불어 거식증 때문에 살이 빠졌지만 아직도 자신은 과체중이라고 생각했다. 나는 그녀에게 자화상을 그려 보라고 했고, 그녀는 그렇게 하였다([그림 8-1] 참조).

이 자화상에는 얼굴의 모습이나 이차 성징이 없다는 것이 두드러진다. 여자라기보다는 남자 같으며 머리도 매우 작다. 사실상 그녀는 이 그림을 '배(梨) 위의 핀헤드'라고 불렀다. 모습이 없는 얼굴은 정체성의 문제를 암시한다. 샤론은 그녀의 진정한 자기에

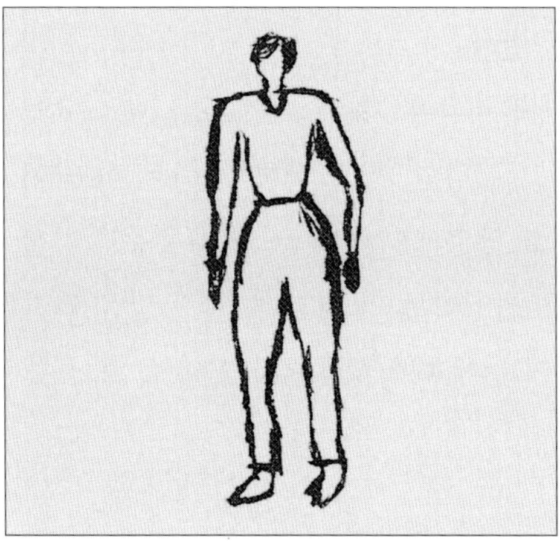

[그림 8-1] (샤론의) 첫 번째 자화상

서 분리되어 있다. 몸의 왼쪽 부분(여성적인 면)은 기형이다. 왼쪽 손과 발이 잘 발달되어 있지 않고 발이 안쪽을 향하고 있다. 대조적으로 몸의 오른쪽 부분(남성적인 면)은 과도하게 발달되어 있고 보다 강하게 그려져 있다. 배 모양의 상이 암시하는 체중문제를 이야기하면서, 그녀는 이 문제가 체중을 낮추는 데 어려움을 겪었던 어머니의 영향에서 벗어나려는 노력과 관련된다고 말했다.

치료 4개월 반이 지났을 때, 샤론은 남편이 무릎 부위에서 다리가 절단되고 머리가 잘려 나가는 극도로 무서운 꿈을 보고하였다. 그녀는 남편에게 전이해 왔던 부정적인 부성 콤플렉스를 제거해야 할 필요가 있었다. 이 꿈을 이야기하면서 그녀는 자신을 무서운 어머니 및 마녀의 주제와 동일시했고, 단두와 하지 절단에 대한 책임을 떠맡았다.[4] 이 꿈이 그녀의 정신 부분을 죽이는 것을 묘사했기에, 그녀는 자아 죽이기를 예시하고 있는 것이다.

이 단두에 관한 꿈을 이야기한 다음날, 그녀는 전화를 걸어 죽기 위해 손목을 긋고 싶은 욕망과 싸우고 있다고 말했다. 나의 대응은 그녀가 정신의 어느 부분이 죽어야만 하는가(다시 말해, 말해지고 철저히 분석되어야 하는가)에 초점을 맞추도록 도와주는 데에 있었다. 나는 부정적인 페르소나와 자아가 그림자와 결탁하여 그녀 자신에게 칼을 댈까를 생각하게 했다고 짐작했다. 자신에게 칼을 대는 것은 상징적으로 월경, 임신, 탄생, 모유 수유(여기서 생명의 피가 우유다) 등과 같은 거듭나는 피의 신비와 관련이 있다.[5]

4) Neumann(1963), pp. 31-32, pp. 147-208.

5) ibid.

치료를 시작한 지 5개월이 지났을 때, 샤론은 아직도 자살 사고는 있지만 특별한 계획은 없었다. 나는 그녀에게 **자아 죽이기**라는 용어를 소개해 주었다. 그녀는 그 개념을 금방 파악했고, 만일 그녀가 고유의 인격이 되려 하고 그녀의 인생과 개성화 과정을 진행시키려면, 어머니 및 아버지와 동일시되었던 부정적인 자아가 상징적으로 죽임을 당해야 한다는 것에 동의하였다. 그때 그녀는 어머니가 전화해서 오랫동안 찾아오지 않을 것이라고 말하는 최근의 꿈을 갑자기 기억해 냈다. 이렇게 의식의 마음에 앞서서 그녀의 정신은 부정적인 모성적 함입물이 죽으려고 한다는 메시지를 보냈다.

치료 7개월에 샤론은 꿈을 기억하는 것이 어려워지기 시작했다. 그래서 나는 그녀를 다시 무의식과 접하게 할 예술치료를 제안했다. 그녀에게 감정을 아무런 의도적인 기교 없이 자발적으로 그려 보라고 했다. 나는 그녀에게 자신을 3~5세 된 아이 마음의 틀에 놓고 적극적인 명상을 검열하지 않고 느끼는 대로 색칠해 볼 필요가 있다고 설명했다.

샤론은 그녀의 첫 번째 그림을 '두 상태 사이에 걸치기'([도판 2] 참조)라고 불렀다. 한 상태는 검은 구름과 푸른 비로 표상되는 멜랑콜리이고, 다른 한 상태는 왼쪽 바닥의 구석에서 자라나지만 우울한 기분에 덮인 남성적인 나무를 보여 주는 지향적인 에너지다. 샤론은 자신을 나무로 묘사했다. 그러나 그것은 실제로 남성성(태양)과 여성성(꽃)의 결합으로 해석될 수 있는 해바라기에 더 가깝다. 하지만 그 나무는 중요하지 않은 줄기 혹은 몸체만 있고 머리가 과도하게 발달돼 있다. 그녀는 바닥 오른쪽 구석에 있는 녹색의 용기를, 거기에서 노란 꽃가루 같은 씨앗이 나오는 나팔관의 끝으로 보았다. 그러므로 여성성의 잠재력이 분명하게 표현되었다.

샤론이 이 그림을 그린 날, 그녀는 마치 '무엇인가가 빠져 있는' 듯하게 '내적으로 공허하고 텅 빈' 느낌이었다. 그녀는 물리적으로나 정신적으로 여성적인 면과 접촉하지 않았다. 그 결과 그녀는 우울했고, 사실상 그녀는 영혼을 잃은 것이다.[6)]

샤론의 '나의 우울증'이란 제목의 두 번째 그림([도판 8] 참조)은 마귀(Djinn, genie의 어원)라는 이름의 남자상을 나타낸다. 얼굴 표정은 흉폭하거나 놀란 표정일 것이다. 그녀의 우울증과 분노 그리고 공포의 밑바닥에는 강력하고 복잡한 감정이 있다. 그녀는 화나 있고 불타오르는 붉은색과 보라색의 악마를 부모, 특히 아버지와 연상시켰다. 나는 무의식의 분노(빨강)와 죄책감(보라)의 결합은 현실에서 그녀가 갖고 있는 아버지와의 애착관계와 관련지어 심각한 심리적 근친상간의 문제를 내포하는 것으로 보았다. 그리고 강한 오른쪽 팔과 주먹은 아버지와의 과도한 동일시를, 그리고 잘못 그려진 왼쪽 손은 어머니와의 약한 동일시를 상징한다고 할 수 있다.

그다음 그림([도판 9] 참조)은 자아 죽이기와 거듭나기의 또 다른 단계를 나타냈다. 샤론은 바다에 잠기는 동안에 자신이 불꽃이 되어 위로 상승하는 환영을 창조해 냈다. 그것은 우주적인 자

6) 융과 정통 융학파 분석가들과는 달리, 나와 다른 후기 융학파 분석가들은 여자가 아니마 또는 영혼을 갖는다고 주장한다. Castillejo(1974), pp. 165-182; Kast(1986), pp. 87-98 참조.

궁(원초적인 물질) 안에서의 거듭나기와 정화의 상이다. 라일락의 아치가 그녀를 보호한다(그녀는 어머니가 라일락을 기른다고 했다.). 마치 그녀의 생명 불꽃이 죽음의 중심에서 출현하는 것 같다. 바다 밑바닥에는 다섯 개의 작고 검은 상들이 오른쪽에서 왼쪽으로, 즉 그림의 어머니의 사분면에서 무의식의 사분면으로 향하는 움직임이 있다. 다섯은 펼친 팔과 다리로 오각형을 만드는 인간의 숫자다. 그것은 또한 신성한 결혼을 나타내는데, 여성성(짝수 2)과 남성성(홀수 3)을 합친 것이기 때문이다. 샤론은 이 치료적인 그림과 함께 대학원의 첫해를 마감했다. 그녀는 남성 지배적인 자아상의 부정적인 측면을 약간 버리고 긍정적인 자아의 도움으로 퇴행했다. 이것이 1단계의 특징이다.

그해 여름 샤론은 로키산맥에 있는 그들의 목장에서 남편과 같이 보냈다. 그곳에서 그녀가 아주 좋아하는 말을 돌봤다. 이런 환경에서 그녀는 긴장을 풀 수 있었다. 그녀가 기말시험을 모두 잘 보았다는 것을 알았을 때, 자기가 실제로 명석하고 유능한 인간이라는 것을 깨달았다. 그녀는 자신을 더 좋아하고 자기가 지적이고 보다 재능이 있다고 느끼면서 다시 치료를 받으러 왔다. 이 경험이 바로 분석치료의 과정에 보다 깊이 들어가기 전에 자아를 강화하고 자신감을 증진시키는 데 필요한 것이었다. 그녀의 남편이 1년간의 안식년을 가질 준비를 하며 그녀와 함께 머물렀는데, 그녀는 더 이상 그에게 의존적이지 않았다. 그녀의 향상된 자율성을 보여 주는(동시에 부끄럽고 의문이 가는 것이기도 하지만) 또 다른 신호는 그녀가 여름 내내 권유받았음에도 꿈을 기록하지 않고 그림 작업을 하지 않았다는 것이다.

샤론은 치료 시작 두 번째 해의 진입을 알리는 두 개의 그림(여기에 싣지 않았음)을 그렸다. 처음 것은 그녀가 다시 우울감을 느끼기 시작했다는 것을 가리켰다. 그것은 지붕 밑에 붉은색 창문이 있는 파란 집을 보여 준다. 소년 같고 청소년의 모습을 한 사람(그녀를 표현)이 1층 창문에서 밖을 내다보고 있다. 노란색 현관문은 닫혀 있다. 샤론은 완고하고 우울한 어머니 구조에 갇혀 있다고 느꼈지만, 아버지(부정적인 아니무스 상)와는 동일시하였다. 지붕 밑 창문의 붉은색은 분노와 격정을 나타냈는데, 그것은 그녀가 머릿속에서 느낄 수 있는 것이고 만성두통의 원인이었다. 노란색 문은 (그림의 노란색의 태양과 같이) 그녀에게는 희망을 상징한다. 그럼에도 불구하고 샤론은 죽고 싶은 심정을 인정하였다. 나는 이러한 감정을 자아를 죽이려는 것으로 재구성하였고, 우리는 그녀의 자아정체성 중 청소년적인 부분이 아직도 죽을 필요가 있는지를 이야기하였다. 그녀의 정신에서 그 부분이 죽는다는 것이 두 번째 그림에 표현되었다. 그것은 그녀가 '핏빛 눈물' 이라고 묘사한 이미지를 담고 있다. 이 이미지는 또 다른 것을 담고 있는데, 그것은 무의식으로 들어가는 것을 가리키는 반시계방향의 나선형이다. 나선형은 우울증을 가리키고, 반시계방향의 나선형은 불행한 일이 가능하다는 것을 암시한다. 핏빛 눈물은 이런 해석을 훨씬 더 불길하게 만들어 줄 뿐이다.

자기의 개편(revisioning): 자아 죽이기와 초월

샤론은 남편, 부모 그리고 여동생과 함께한 긴 휴가를 마치고 다른 모습으로 돌아왔다. 그녀는 보다 부드러워졌고 여성스러워졌다. 그녀는 어머니 및 여동생과의 관계가 개선되었다고 했다. 그녀는 그들과 보다 효과적으로 의사소통할 수 있었고 보다 그들과 가까워진 것 같았다. 이 변화가 그녀의 두 번째 자화상에 반영된다([그림 8-2] 참조, [그림 8-1]과 비교하라.). 이 그림에서 그녀는 분명히 여성적인 얼굴 모습이고 앞가슴을 비롯한 이차 성징을 분간할 수 있다. 그렇지만 그녀의 오른쪽 부분(남성적인)이 아직도 왼쪽 부분(여성적인)보다 약간 더 강해 보인다. 예를 들면, 오른팔이 길고 더 발달되어 있다.

샤론이 이 자화상을 그린 직후, 어머니는 그녀에게 전화하는 것을 중지했다. 그녀가 다음의 꿈을 꾸었다는 것이 이와 관련하여 의미가 있다.

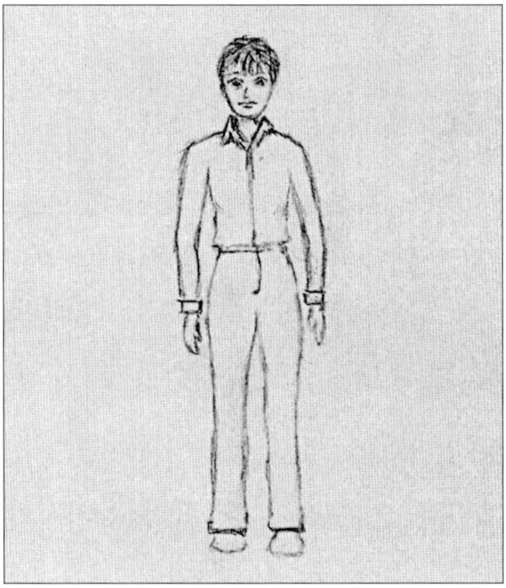

[그림 8-2] (샤론의) 두 번째 자화상

꿈: 그녀의 어머니가 비행기 추락사고로 죽는다. 아버지가 돌아와서 그들의 재산을 분배하고 어머니(샤론의 할머니)의 보석이 박힌 구식 옷 중 하나를 샤론에게 준다. 그리고 아버지는 비행기를 타러 떠난다. 샤론은 그것이 추락될 운명이란 것을 알았고, 아버지도 그것을 알았다. 둘은 모두 그것이 최상이라고 생각한다.

이 꿈은 샤론이 질병과 치료의 1단계가 끝나 가고 있다는 것을 가리킨다. 그것은 그녀의 부정적인 부모상을 죽었거나 죽고 있는 것으로 묘사했고, 그녀가 아버지로부터 그리고 간접적으로 어머니로부터 선물을 받고 있는 이미지를 담고 있었다. 샤론에 대한 아버지의 보살핌은 그녀로 하여금 아버지의 아니마(아버지의 어머니와 관련이 있을)를 통해 어느 정도의 여성적인 정체성을 발달하게 하였다.

샤론은 다시 6층 아파트 창문을 통해 뛰어내려 죽고 싶은 충동을 느꼈다. 우리는 더 자주 만나기 시작했다. 나는 그녀의 꿈을 거론하면서 자아 죽이기에 관해 더 많이 이야기하였다. 예를 들어, 내가 방금 자세히 이야기한 꿈에서는 비행기 추락사고가 발생할 때 부모가 휴가 중이며, 아버지는 마무리를 위해 죽음에 임박해서 돌아온다. 나는 그녀에게 그녀가 8세에 한 첫 자살시도가 부모가 휴가 중이었을 때 일어났다는 점을 상기시켰다. 그렇지만 지금 그녀는 그것을 실제 실행하지 않고 꿈에서 하고 있다. 나는 그녀가 지금 겪고 있는 고통스러운 생각과 감정을 위한 상징적인 논리를 만드는 것을 돕고 있었다. 그러면 그녀는 그것에 상징적으로 반응할 것이다. 다른 말로 하면, 자살 대신에 자아 죽이기를 시도할 것이다.

샤론의 결혼생활은 건강하고 평등주의적인 것과, 상징적으로 근친상간적인 아버지-딸의 콤플렉스를 내포하고 있어서 결국 심한 싸움을 하는 갈등을 지닌 것 사이에서 왔다갔다하는 것 같았다. 샤론이 콤플렉스에 사로잡혔을 때, 그녀는 독립을 위해 집을 떠나는 십대와 같이 반응했다. 이런 맥락에서 샤론은 시험별거에 관해 이야기했다. 그렇지만 친밀감과 치유적인 우호관계가 있는 순간도 있었고, 심지어는 수주 동안 그런 관계가 유지되기도 했다.

죽음-재생: 자기의 도움으로 하는 퇴행

치료를 시작한 지 18개월이 지났을 때, 샤론은 우울증과 나에게로 향한 분노의 시기로 퇴행했다. 그녀는 분석치료에 진전이 없고 희망이 없다고 보았기에 흥분하고 적대적이 되었다. 그녀는 다시 한 번 아파트 창문에서 뛰어내려 자살하려는 은밀한 생각을 가지고 왔다. 나는 전과 같이 그녀의 마음을 돌려 자아 죽이기의 개념을 생각하도록 했고, 우리는 무엇이 죽어야만 하는가에 대해 깊게 이야기하였다. 시간이 지나 그녀는 분석과정을 계속하겠다는 약간의 양가적인 동의를 하였다.

융에 의하면, 그런 가혹한 우울삽화에서 기운을 차리기 위해서 환자는 의식과 무의식 내용물의 합일에서 생겨나는 초월의 환영(vision)이 필요하다.[7)]

7) Jung(1969a), p. 69.

[도판 1] 치료적인 정동의 풍경

[도판 2]
두 상태 사이에 걸치기

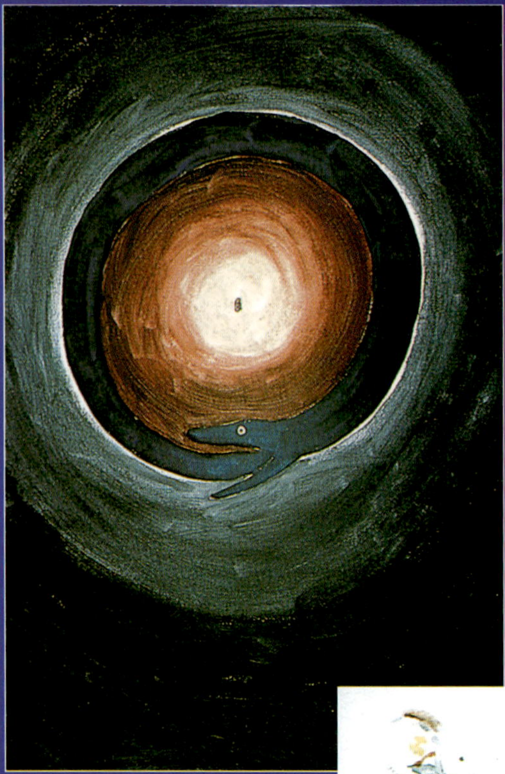

[도판 3]
'나 자신을 낳기'

[도판 4] 용

[도판 5]
잃어버린 아니마

[도판 6] 우주적인 강간

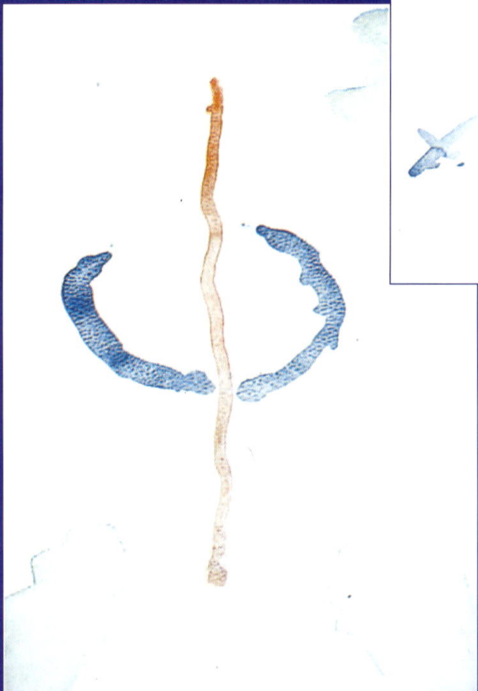

[도판 7] 전체성을 향하여

[도판 8]
'나의 우울증'

[도판 9] 정화

[도판 10]
마돈나와 어린이

[도판 11]
'위대한 늑대'

[도판 12]
'해바라기/밤메꽃'

[도판 13]
전체성의 상

[도판 14]
자기 수용

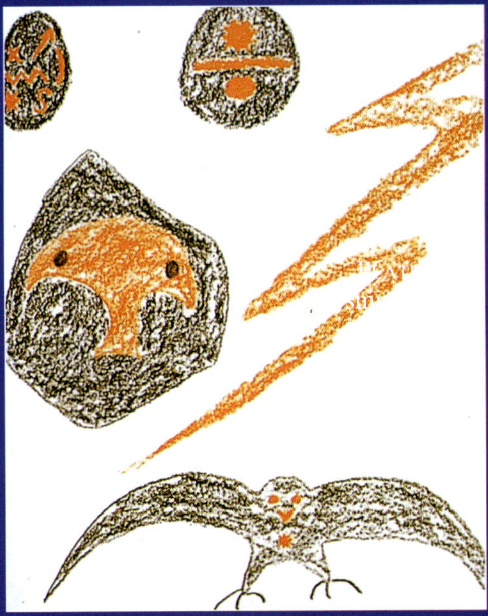

[도판 15]
치유의 상징들

[도판 16]
'죽을 똥'을 싸고 있는

[도판 17]
'아니마'

다음 그림에서 샤론은 모성적인 우로보로스 형태를 띤 상을 만들어 냈다([도판 3] 참조). 노이만은 우로보로스에 대해 다음과 같이 언급한다.

> 우로보로스는 '거대한 원' 이다. 그 안에는 긍정적이고 부정적인, 남성적이고 여성적인, 의식의 요소들 및 의식에 적대적인 요소들 그리고 무의식의 요소들이 뒤섞여 있다. 이런 의미에서 우로보로스는 그 안에 혼돈, 무의식, 정신 전체가 미분화되어 있는 상태의 상징이기도 하다. 그리고 그것은 자아에 의해 경계선적인 상태로 경험된다.[8]

이 그림에 있는 미묘한 빛의 변화는 전체적으로 우로보로스의 무서운 이미지와 함께 발광체의 성질을 띠는 구성을 보여 준다. 우로보로스를 둘러싸고 있는 밝은 후광이 그것이 걸려 있는 어두움을 희미하게 밝혀 준다. 샤론은 이 후광이 심혼을 가리킨다고 했다. 우로보로스 안쪽은 샤론이 자궁이라고 묘사한 것인데, 그 중심에는 그녀를 나타내는 태아가 있다(밝은 곳의 중심에 검은 점으로 희미하게 보이는 것). 그녀는 계속해서 그 태아가 혈액이 풍부한 태반의 색인 피의 분노를 먹고 있다고 했다. 샤론은 이 강력한 그림을 요약하면서, "저는 저 자신을 낳고 있어요."라고 말했다. 그것은 치유적이고 모성적인 기반에서 태어나는 새로운 자아-자기를 상징한다. 나는 우로보로스가 분명히 노이만이 태

8) Neumann(1963), p. 18.

모라고 부른 것이라고 생각했다. 그것은 그녀가 '자기의 도움으로 하는 퇴행'과 동일한 분석과정에 다시 한 번 포함되는, 치료과정에서 겪는 전진을 위한 몇 발짝의 후퇴를 나타낸다.

똑같이 의미 있는 샤론의 다음 그림([그림 8-3] 참조)은 양식화된 유방과 남근을 가진 전통적인 자웅양성체의 상을 묘사한다. 그것은 심리학적인 통합의 주요한 상징이다. 이에 더하여 이 그림의 디자인에 삼원색 모두가 포함된다. 그 형상의 머리는 노란색(샤론이 사랑과 자비로 연상한 색)이고, 외부의 우로보로스와 같

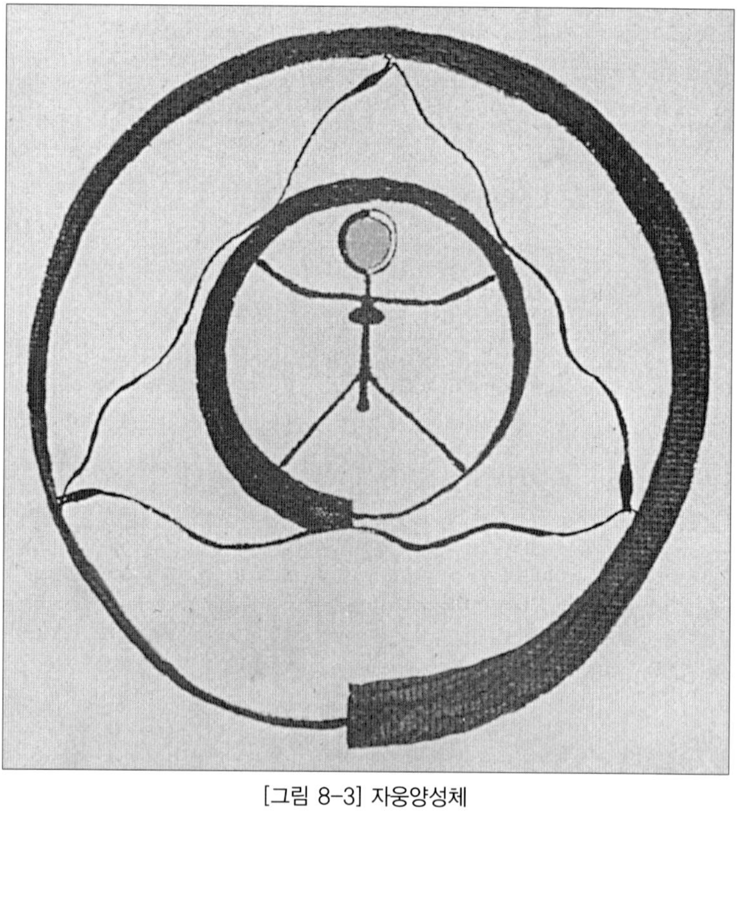

[그림 8-3] 자웅양성체

은 원은 푸른색(여성적)이고, 내부의 우로보로스 같은 원은 붉은 색(남성적)이다. 마지막으로 두 원 사이를 연결하는 삼각형은 합성을 나타낸다. 샤론의 적극적 명상의 이런 예술적인 작품이 갖는 초월적인 기능은 당시 그녀의 밤생활에 현저히 반영되었다. 이 그림을 그리기 전에 샤론은 그리스 신과 같은 남자의 남근을 물어뜯는 꿈을 꾸었다. 그렇지만 꿈이 계속 진행되면서 그녀는 그 남근을 다시 제자리에 꿰맸고 그것은 아물었다. 이는 그녀가 사실상 그 신과의 합일을 원했다는 것을 암시한다. (그리고 나는 이시스가 오시리스의 잃었던 남근을 복원하고 그와 동침을 한 이야기가 생각났다.) 이 그림을 그린 뒤, 그녀는 처음으로 남편과 성적 극치감을 맛보았다.

분석치료 과정은 아직 들쭉날쭉했다. 치료 시작 19개월째에 샤론은 "저는 두 살배기와 같이 텅 빈 것 같아요."라고 말했다. 그리고 어머니가 "네가 말하는 것을 배우기까지는 지옥이었어."라고 말한 것을 기억해 냈다. 덧붙여 샤론은 그녀가 분노로 키워졌고 그녀의 어머니는 냉담하고 말뿐이고 차가웠다고 했다. 그러고 나서 그녀는 그런 냉담한 상에 노출되었을 때에 어떠했을까를 그림으로 그렸다(여기에 싣지 않음).[9]

'태모의 눈'은 반시계방향으로(즉, 그녀의 그림 중 하나에서의 '피눈물'과 같이 무의식으로) 가는 나선형이다.[10]

9) 몇몇 이론가들은 경계선 인격장애가 냉담한 모성적인 거절과 강하게 연관된다고 주장한다. Ludolyn, Westin, Mosle, et al.(1990) 참조.

10) 웨이드슨(Wadeson, 1980)은 환자가 그린 나선형은 자살 상태를 나타낸다고 주장한다. 그렇지만 그녀는 설롯(Cirlot, 1971)이 한 것과 달리 파괴적인(반시계방향) 것과 건설적인(시

그녀는 이 그림의 부정적인 색조에 덧붙여서 강한 걸음마를 걷는 아이가 (라틴어로 부정적인 나 또는 자아의 동의어로 여겨질 수 있는) 어머니의 악마의 눈을 죽이는 과정에 있다고 언급했다. 즉, 이 그림은 그녀가 '메두사' 라고 불렀던 부정적인 모성 콤플렉스를 담았다. 그녀는 "그녀의 머리는 잘려져야만 한다."고 덧붙였다. 그림 속의 두 살 난 아이는 도끼를 휘두르고 그것을 메두사의 머리 위로 들어올리고 있었다. 그리스 전설에 따르면, 메두사의 머리가 잘렸을 때 페가수스(창조의 말)와 크라이살로(황금검의 사나이)가 그녀의 잘린 목에서 생겨났다.

한 달 뒤, 샤론은 결정적으로 더 나빠졌다. 그녀는 평상시보다 술을 더 마시기 시작했고, 우울증은 깊어졌고, 삶이 무의미하다고 생각하기 시작했다. 그녀는 평상시와 다르게 시험에서 실패하였고, 이것이 그녀에게 더 실패감을 맛보게 하였다. 상징적으로 그것은 샤론에게 마치 부정적인 그림자가 의식의 자아정체감을 압도하고 있는 것처럼 느끼게 하였다. 남편의 안식년이 끝나가고 그가 떠날 시기가 닥쳤다는 사실도 그녀를 더 불안하게 만들었다. 내가 보기에 남편의 존재와 지지가(비록 양가적이긴 하였지만) 곧 사라진다는 사실이 그녀의 마음속에서 엄청난 불안을 야기하고 그녀의 우울증에 불을 붙이고 있는 것이 분명했다. 그녀의 반응은 배우자와의 이별과 관련된 슬픔 이상이었다. 그것은 동시에 일어나고 있었던 보다 크고 심각한 상실(부정적인 부성

계방향) 것 사이를 구별하지 않았다. 나는 이 구분이 중요하고 자아 죽이기와 거듭나기의 과정에 합당하다고 생각한다. 웨이드슨의 책에 있는 그림들을 조사해 보면 자살 환자의 나선형들은 실제로 주로 반시계방향이다.

콤플렉스)과 관계되는 것 같았다.

죽음의 마녀가 마돈나와 신성한 아이와 다투다

남편이 떠나고 샤론은 '러시아 인형'(보여 주지 않았음)을 그렸다. 그녀의 친할머니가 오래된 러시아 인형 한 세트를 가지고 있었는데, 그것은 큰 인형 안에 보통 서너 개의 작은 인형이 포개어 들어 있다. 샤론의 어머니도 그와 비슷한 세트를 갖고 싶었지만 얻을 수 없었다. 샤론의 그림에서 바깥 인형은 평온하고 수동적이고 잠자는 성질을 가지고 있다. 그것의 팔은 팔짱을 끼고 있는데, 이는 그것이 닫혀 있고 방어적으로 보이게 하고 이집트의 죽음과 지하세계의 상징을 연상케 한다. 이 인형 안쪽(실제로는 바깥 인형이 이미 열려진 것같이 그림에는 그것의 옆에 있다.)에는 샤론의 부정적인 모성 콤플렉스를 나타내는 것으로 여겨질 수 있는 보다 작은 인형이 들어 있다.

그 작은 인형은 뱀을 죽이는 마녀 같은 형상이다. 샤론이 처음에는 어린아이를 죽이는 마녀를 그렸다고 내게 말했다. 그러면서 그녀는 자신이 겪은 세 번의 인공유산과 세 번의 자연유산에 대해 이야기했다. 그녀는 여섯 명의 희생된 아기를 생각하며 울기 시작했다. 숫자 6에 상응하여 그림에는 육선형(hexagram) 또는 여섯 개의 선으로 된 문자가 있었는데, 이는 그녀가 알지는 못하지만 적응을 의미한다. 그녀는 계속해서 마녀 형상의 첫 번째 개정판이 어린아이를 죽음의 상징인 해골로 변화시켰다고 말하였다. 그녀가 처음에 어린아이(생명의 상징)를 그렸고, 그다음에 해골(죽음의 상징)을, 마지막으로 뱀(치유뿐 아니라 죽음과 재생의 상징)을 그렸다는 것이 매우 의미심장하다. 샤론은 내면의 마녀 또는 부정적인 모성 콤플렉스가 죽어야 한다고 느꼈다. 우리는 자아 죽이기를 다시 논의하였고, 그녀의 자아정체성 중 이러한 측면이 상징적으로 죽임을 당해야 할 필요가 있다는 생각을 이야기하였다.

불행히도 이 시점에서 내 휴가가 예정돼 있었는데, 이 사실은 그녀에게 버림받은 느낌을 더할 뿐이었다. 그렇지만 나는 샤론이 그 당시에 나와 치료과정에 대해 기꺼이 분노를 표현하는 것을 보고 고무되었다. 나는 그녀가 그런 감정을 품고 있을 거라고 의심했는데, 그녀가 그것을 내가 휴가를 떠나기 전에 환기시킨 것을 보고 기뻤다.

내가 다시 돌아왔을 때, 샤론은 내가 없는 동안 버림받은 느낌을 가졌다는 것을 분명히 표시했다. 그녀는 칼로 손목을 긋던가 자동차 충돌로 자살하려 했다고 이야기했다. 그녀가 다시 한 번 1단계 마음 상태로 퇴행했음이 틀림없었다. 그녀는 건강하고 보다 여성적으로 보였으나, 만성적인 두통과 오심을 호소하였다. 그렇지만 역설적이게도 그녀는 치료 이외의 시간에 발레나 에어로빅 강습을 받으면서 아주 잘 보냈다. 이것이 그녀의 파괴적인 에너지를 건설적인 목적으로 향하도록 재정립하는 좋은 수단이었다.

샤론은 곧 두 개의 적극적 명상 그림을 가져왔다. 첫 번째 그림은 거대하고 강력한 검은 말을 타고 있는 작은 형상의 자신을

[그림 8-4] 검은 말 타기

보여 준다([그림 8-4] 참조). 마치 그녀가 강한 본능적인 에너지를 조절하려고 노력하는 것 같다. 검은 말은 종종 상징적으로 죽음과 연관된다. 샤론은 그 말을 암놈으로 묘사했는데, 융은 이를 직관적인 이해로 연상하여 우리 내면에 있는 어머니의 상징이라고 특징지었다.[11)]

같이 가져온 '나의 정원'이란 제목의 그림은 샤론의 말에 의하면, 암컷의 피 백합(female blood lilly)이라는 위협적인 이미지

11) Jung (1967a), p. 207, 251.

[그림 8-5] '나의 정원'

를 나타낸다([그림 8-5] 참조). 백합의 오른쪽 절벽 꼭대기에는 남성과 여성의 결합을 나타내는 황금반지를 낀 두 형상이 있다. 그래서 나는 그녀의 정신 안에 있는 부정적인 여성 정체성과 남성 및 여성의 요소가 보다 균형을 이루고 있는 정체성 사이의 갈등을 분간할 수 있었다.

샤론은 계속해서 학교에서 어려움이 있었고 다른 사람들을 회피하고 술을 더 마시기 시작하였다. 그녀는 자신을 해치는 행동에 빠졌다. 이러한 맥락에서 그녀의 다음 그림인 강간당하는 여인이 나왔다([그림 8-6] 참조). 샤론은 이를 통해 자신에 대한 상징적인 정신적 폭력행위 이미지를 표현하고 있었다. 그것은 약간의 피할 수 없는 거듭나기의 요소도 내포하고 있다.

이 그림에서 샤론이 아메리카 인디언이라고 한 검은 여자 형

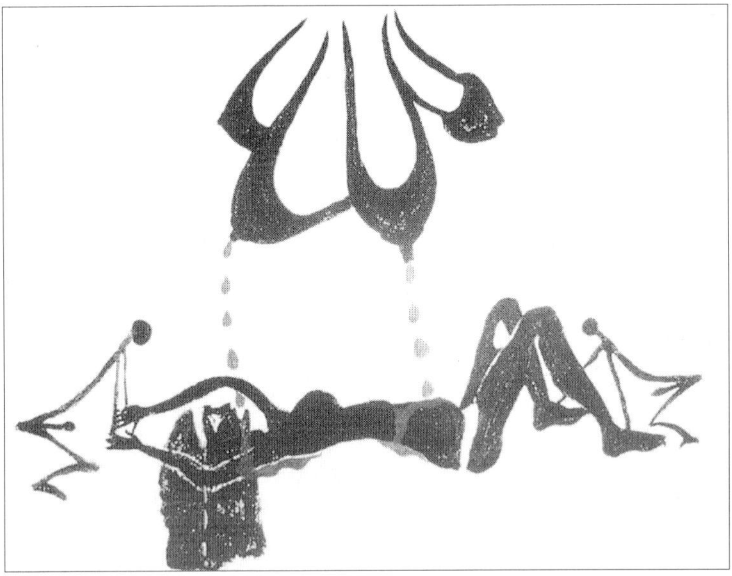

[그림 8-6] '양쪽에서 고정당함'

상은 '양쪽에서 고정당하면서' 똑바로 누워 있다. 이것이 강간의 부정적인 부분, 극도의 무력감, 절망감 그리고 고통을 나타낸다. 그렇지만 그녀 위에는 세 개의 유방과 하나의 남근(일종의 남근적인 유방)이 걸려 있는데, 이는 서로 다른 형태의 구원자를 제공해준다. 첫 번째 유방에서는 젖이 나와 그녀의 이마에 떨어지고 있다. 샤론은 이 사랑의 액체에 의해 양육되고 생명을 얻는 것 같다고 말했다. 그것은 그녀를 자유롭게 하였고, 그녀의 두통을 완화시켜 줄 손길로 느껴졌다. 두 번째 유방에서는 피가 나오고 있고, 그녀는 강간범에게 잡혀 있는 식으로 그것을 강제로 마시고 있다. 피는 일차적인 회춘의 힘을 상징한다. 그러므로 그녀가 피를 마시고 있다는 사실은 치료적인 가치를 지닌다. 세 번째 유방은 그녀의 배 위에 보랏빛 젖을 떨어뜨리는데, 이는 그녀의 출산 기관이 태어나지 않은 여섯 태아의 상실에 대한 건설적인 애도 과정에 있다는 것을 가리킨다. 남근 유방에서는 노란 정액과 같은 액체가 나와서 그녀의 외음부에 떨어진다. 그녀의 긍정적인 아니무스에서 나오는 생명을 촉진시키는 용액이다. 이 상은 상징적인 수준에서 개성화 과정을 촉진시킬 수 있는 강간환상을 배열하기도 한다.[12)]

샤론의 다음 그림([그림 8-7] 참조)은 아버지에게 초점이 맞추어졌다. 이는 샤론이 심리적인 근친상간의 문제를 가졌다는 것을 암시하는 이전의 강간 그림에서 논리적으로 발전한 것이다. 그것은 쭈그려 앉은 형상을 보여 주고 있는데, 그녀는 이 그림을 처음에는 여우로 그리기 시작했다가 나중에 아버지로 바꾸었다고 말했다. 그 형상은 머리가 붉고, 몸은 반은 하얗고 반은 검고, 탯줄이 작은 양수주머니에 연결돼 있다. 작고 빨간 악마들이 양수주머니를 벌리려고 애쓰고 있다. 샤론은 악마들이 성공한다면 그녀가 부서질 것이라고 걱정했다. 그렇게 되면 그녀는 보호막, 남성적인 페르소나 그리고 아버지와의 동일시를 상실할 것이다. 그녀는 아버지에 대해 심하게 화가 나서 울기도 했다. 샤론의 반응에서 나는 그녀가 이 그림에서 그녀의 거짓 자기 혹은 부정적인 자아상 및 페르소나와 직면하고 있다고 결론지었다.

마치 그녀 자신을 여자로서 받아들이는 재탄생으로 향하려는 듯이, 그녀의 뒤이은 그림([도판 10] 참조)은 따뜻하고 지지적인

12) Te Paske(1982), pp. 70-100.

[그림 8-7] 아버지 여우

마돈나와 아이로 구성되었다. 갈색의 신성한 마돈나 상은 성스러운 대지모를 나타내고, 신성한 아이는 거듭나기를 나타낸다. 이 그림에서 밝은 색조와 어두운 색조가 그렇게 빛을 발하는 사실에서도 그러하다[그녀의 모성적인 우로보로스 그림(도판 3) 참조]. 샤론은 분명히 그녀 자신을 새로 태어난 여성, 즉 그녀의 진정한 자기의 어머니로 보기 시작하고 있었다.

'위대한 늑대' 라는 제목의 샤론의 다음 그림([도판 11] 참조)도 똑같이 강한 그림이지만 전혀 반대되는 색조를 띠고 있다. 이는 그녀가 자아 죽이기의 근방에서, 즉 극적인 삶과 죽음의 갈등에서 망설이고 있다는 것을 가리킨다. 그녀는 분명히 사납고 공격적인 늑대의 이미지를 부정적인 아니무스, 부정적인 그림자 그리고 삼키는 어머니 원형의 표상으로 해석했다. 그녀는 이런 거대한 늑대의 에너지를 그녀에게 유리하게 돌려야만 한다는 것을 깨달았다. 늑대가 사랑받기를 원하고 그럴 필요가 있다는 것을 감지했기 때문이었다.

이 작업을 마치고 얼마 되지 않아 샤론은 다시 자살하고 싶은 충동을 이야기했다. 그래서 나는 다시 자살을 자아 죽이기로 고치게 하였다. 나는 그녀의 긍정적인 성질을 강조했다. 그녀는 명석하고 능력 있는 여자였다. 나는 그녀에게 최근에 그린 마돈나와 아이([도판 10] 참조)에 대해 명상해 보라고 제안했다. 상담시간이 끝날 때 나는 그녀를 포옹했다. 포옹은 내가 그런 행위가 도움이 될 것이라고 느끼는 특별한 경우에 한하여 드물게 하는 행동이다. 그것은 상징적으로 그녀가 모성적인 치료의 용기 안에 담겨 있다는 것을 보여 주었다.

샤론의 다음 그림([그림 8-8] 참조)은 그녀의 재생을 향한 움직

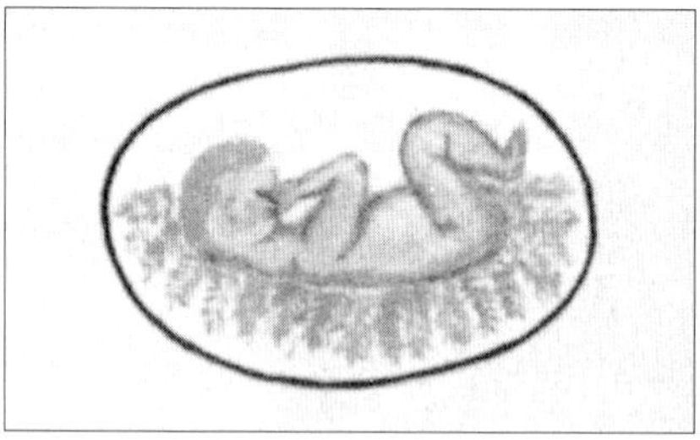

[그림 8-8] 아기소녀

임을 재확인해 주었다. 이 그림은 녹색의 솔가지(생명의 나무와 관련된 의미 있는 상징. 솔가지는 전설적인 영웅 아이네이아스가 지하세계를 통과하여 살아남을 수 있게 해 주었다.)에 누워 잠자고 있는 갓 태어난 여자아이를 보여 준다. 아기와 솔가지를 싸고 있는 것은 알 또는 양수주머니와 같은 푸른색의 구조물이다. 이 따뜻하고 아름다운 이미지와 그녀가 인간의 수태기간에 해당하는 9개월 전에 그린 부드럽고 잘 묘사된 자화상([그림 8-2] 참조) 사이에는 특별한 동시성적 의미의 일치가 있어 보인다.

다음 그림([그림 8-9] 참조)은 색조에 있어서 완전한 역전을 보여 준다. 이 환자의 급작스러운 반전의 경계선적인 전 자아 죽이기 상태가 계속되고 있다. 이 그림은 검은 수의를 걸치고 영구대 옆에 서 있는 사악한 여인을 보여 준다. 샤론에게 이 형상은 내면의 마녀였다. 그녀는 왼손에 있는 단검으로 아기를 죽였고, 오른손에는 세 개의 죽은 소나무 가지를 들고 있다. 우리가 이 그림에 대해 이야기했던 상담시간에 그녀는 매우 슬프고 낙담했다. 어머니한테 받은 그녀 자신의 상처와 관련된 애도 반응에 더하여, 그녀는 여섯 아기의 상실에 대해 비통해하는 것 같았다.

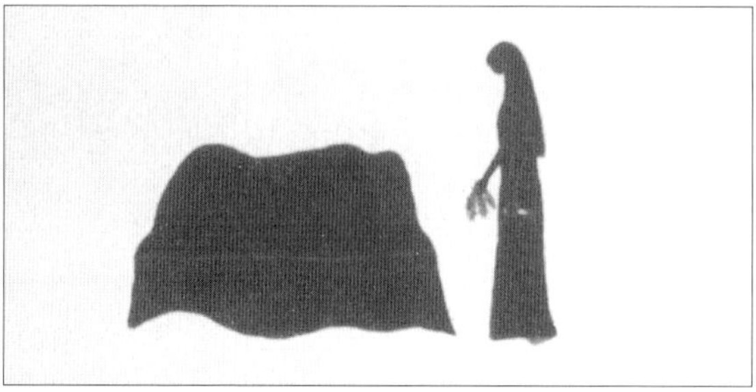

[그림 8-9] '살인자 마녀'

내면의 마녀의 죽음 후, 그녀의 다음 그림([도판 12] 참조)이 암시하듯이 창조적인 자기의 재탄생이 온다. '해바라기/밤메꽃' 은 샤론의 첫 번째 해바라기([도판 2] 참조)와는 큰 대조를 보인다. 이 그림은 대극, 즉 태양(남성적인)과 달(여성적인)의 합일을 보여준다.

샤론은 줄기의 검은 부분에서 계속 이어진 경계의 검은 부분은 죽음, 절망 그리고 슬픔의 어두움으로부터의 성장을 나타낸다고 말했다. 줄기의 보라색 부분은 애도와 권력(특히 왕권)을 상징한다. 꽃 주위에는 두 개의 커다란 동심원이 있다. 샤론은 바깥쪽의 은색의 것은 달과 여성적인 것으로, 그리고 안쪽의 노란 것은 태양과 남성적인 것으로 연상했다. 그러므로 이 그림은 어둠에서의 성장을 넘어서 어둠으로부터 빛의 성장을 그리고 있다. 원과 이 그림의 중심에는 붉은 형태가 있는데, 샤론은 그에 대해 꽃과 연결되는 손 및 심장을 연상했다. 꽃에 대해서는 낙원의 새로 여겼다. 그리고 손은 권력과 힘을 의미하고, 심장은 사랑과 자비를 의미한다. 샤론은 이 그림이 전체적으로 '목적, 기능 및 창조성' 을 상징한다고 느꼈다. 면담이 끝날 때 그녀는 그녀 자신을 사랑한다고 말했다. 아주 감동적인 (격식을 벗어난) 선언이었다.

샤론은 그녀의 생활 여러 부문에서 실제로 잘 지내고 있었다. 그녀는 처음으로 한 여인과 특별히 밀접한 교우관계를 갖는 것을 포함하여 몇 명의 좋은 친구가 생겼다. 그녀는 학교의 두 번째 해를 잘 마무리지었다. 샤론은 논문을 마치고 실제적인 성과물인 석사학위를 받았다. 그녀는 아내로서도 보다 좋은 느낌이었다. 그녀가 의존적인 딸에서 독립적이고 자기주장하는 배우자로 변했음에도 불구하고, 그녀의 남편은 별거하고 싶다는 생각을 이야기하기 시작하였다.

그 무렵 샤론은 비슷한 정서를 담고 있는 꿈을 보고하였다.

> **꿈**: 그녀는 시골 여관에 있고 푸른색의 나비가 녹색으로 변하는 것을 본다. 그때 그녀와 내가 길고 느린 사랑의 행위를 갖는다. 부드러우면서도 열정적이다. 이 장면을 묘사하면서 그녀는 우리가 동등한 상이었고, 그녀가 그녀의 몸을 나쁘게 느끼지 않았다는 것을 특히 강조했다. 꿈에서 그녀는 내가 그녀에게 임신시키기를 원치 않아 오르가슴 전에 중단하기를 원해서 당황했다.

이 꿈의 이미지를 연상하면서 그녀는 그녀가 시골 여관을 좋아하고(심지어 그것을 번데기로 이야기했다!), 푸른 나비는 무의식의 여성적인 것으로, 그리고 녹색나비는 의식의 여성적인 것으로 생각한다고 이야기했다. 나와 사랑을 나누는 부분에 관해서는 나에 대해 좋은 느낌을 가지고 있는 것과 그녀 자신의 긍정적인 아니무스 및 내면의 치료자와 사랑을 나누는 것으로 연상했다. 나는 이 꿈과 나비의 상징으로 고무받았다. 마치 샤론이 이제 자신의 영혼을 보거나 상상할 수 있을 것 같았다. 그리스 어로 Psyche(프시케)는 영혼과 나비 모두를 의미한다. 더구나 나비는 심혼의 거듭나기의 고전적인 상징이다. 샤론이 상담시간을 마치고 막 떠나려고 했을 때, 그녀는 그녀가 어린 소년을 낳는 바로 이어지는 꿈을 기억해 냈다. 새로운 긍정적인 아니무스의

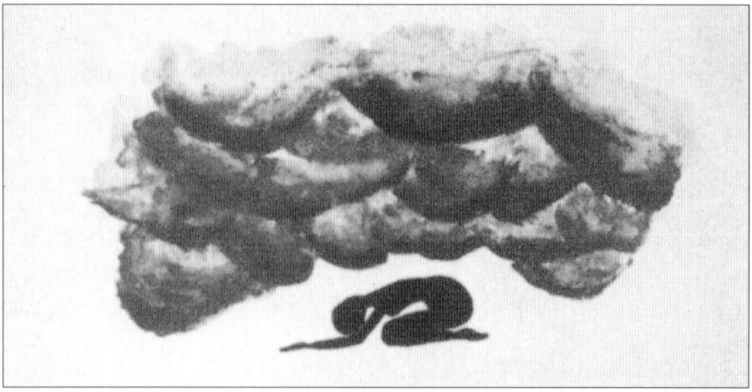

[그림 8-10] '여성으로서의 나'

정신적 재탄생을 상징하는 이미지다. 이 상담시간 후에 그녀는 남편에게 전화하여 자기는 완전한 별거를 원한다고 말했다.

남편에게 전화한 직후 샤론은 '여성으로서의 나'라는 제목의 그림을 그렸다([그림 8-10] 참조). 그것은 검은 구름 밑에서 억압당하고 비통해하고 기도하는 듯한 복종의 상태로 엎드려 있는 여자의 그림이다. 그녀는 그림 속 여자가 여성성의 여신에게 기도 드리고 있는 것이라고 말했다. 이 그림에 대해 이야기하는 동안 그녀는 울었다. 비록 그녀가 이전에 자아 죽이기와 근접한 경험을 하였지만, 지금이 그녀가 실제로 자아 죽이기를 실행하고 상징적인 죽음을 겪을 치료의 중요한 시점이었다. 대학원생, 아버지 상에 대한 아내로서의 존재와 관련된 페르소나 역할, 자아상, 자아정체성 등이 모두 해체되고 있었고, 그녀는 완전히 와해된 혼동 상태에 이르렀다. 샤론은 공식적으로 그녀의 공부에서 떠나야 했다.

자아 죽이기, 정신적 십자가형 및 근접한 자살

이 시점에서 샤론의 자아 죽이기는 질병과 분석치료가 1단계에서 2단계로 완전히 이행한 것을 나타냈다. 이런 전이기 동안 환자는 전형적으로 두려움과 고통 그리고 조절능력의 상실을 느낀다. 이 시기는 심한 우울증과 자살 위험이 있는 환자들에게 매우 중요하고 위험한 기간이다. 그래서 그들은 분석적인 상담시간의 테메노스 안에 담겨지고 보호받아야 한다. 그러면서 그들은 분석가로부터 긍정적인 자아를 빌려오도록 허용되어야 할 필요가 있다. 이 시기가 반드시 가장 어려운 치료기간은 아니지만, 샤론에게는 그러했다.

샤론이 나에게 전화해서 자기는 칼을 들고 욕조 안에 있고(상징적으로 생명과 죽음의 물속에 잠겨 있다.) 왼쪽 팔목과 왼쪽 팔꿈치의 안쪽 부분을 칼로 그었다고 말했던 것은 이런 맥락에서였다. 위급한 자살 위험이 없어진 다음, 나는 그녀에게 그녀의 감정을 그려 보라고 하고 다음날 방문하라고 했다. 그녀는 자신이 붉은색 십자가 위에서 처형당한 무시무시한 그림을 가지고 왔다([그림 8-11] 참조). 그녀는 피를 흘리고 있고 부정적인 부성 콤플렉스와 모성 콤플렉스가 교차하는 지점에서 십자가에 못박혔다. 그녀는 실생활에서 거의 자신을 해치고 있다고 보고하였다. 비록 근방에 아무 가족이 없긴 하지만, 그녀는 이웃과 몇몇 친구들로부터 도움을 받을 수 있었다. 나는 이 어려운 시기에 그녀를 매일 만났다. 나는 그녀에게 절망적으로 느껴지면 밤낮 가리지 말고 전화

[그림 8-11] 십자가형

하라고 했다. 나는 십자가의 희생을 재생을 예고하는 자아 죽음의 고전적인 상으로 생각하여 약간은 희망적이었다.

샤론의 다음 그림은 이틀 뒤에 그려졌는데, '두 여자' 라는 제목을 달았다([그림 8-12] 참조). 왼쪽의 여자는 건강하고 침착하다. 이것은 샤론의 새로운 자아-자기 축을 나타낸다. 그 여자는 야위고 죽어 가는 오른쪽 여자에게 심장을 준다. 심장에 대해 샤론은 사랑과 힘을 연상했다. 샤론은 이 거식증의 불쌍한 자기 파괴적인 상에 대해 사랑받고 인정받기를 원하지만, 그렇게 하기가 끔찍한 자신의 부분으로 연상했다. 마치 샤론이 십자가형을

[그림 8-12] '두 여자'

통해 그녀의 자아를 더 높은 권위인 자기에 굴복시키고 거듭나게 하여 새로운 자신의 이미지를 창조한 것 같아 보였다.

그러나 다음날 밤 샤론은 불길한 꿈을 꾸었다.

> 꿈: 그녀는 20대 초반의 남녀들로 가득한 하숙집에 살고 있다(그녀는 분명히 퇴행했다.). 그녀는 애인이 있는데, 그에게 낭만적으로 아주 집착해 있다. 그들은 건물 1층의 넓은 구덩이 안에 있다. 약간 오래된 널빤지가 노출된 배관 위에 놓여 있다. 그가 널빤지를 잡아당기자, 그녀가 희미하게 보이는 깊이 갈라진 틈 너머에 꼼짝없이 남겨지게 되었다. 그녀의 애인을 포함한 그곳에 있는 모든 사람들이 그녀가 곧 그 속에 빠질 것을 알면서도 벽에 의지하여 기대어 어둡고 위협적인 심연 위에 갇힌 채 서 있는 것을 비웃고 조롱한다. 샤론은 누군가에게 도와달라고 소리치고 애인에게 널빤지를 바꿔달라고 소리치지만 아무 소용이 없다. 애인이 했던 것처럼 배관 위를 걸어서 안전한 곳으로 갈 수 있을 것 같았지만, 그녀는 요즈음 균형감각이 엉망이라는 것을 알고 있다.

샤론은 놀라서 잠에서 깨어났다. 그녀는 곧바로 나의 집으로 전화해서 오른쪽 팔뚝에 옅은 상처를 냈고 자신은 몹시 괴롭고 절망적이라고 말했다. 나는 그녀와 입원하는 것을 의논했다. 그녀는 거절하면서 내가 도움이 될 수 있는 상태에서 회복될 수 있다고 했다. 그렇지 않고 아주 심각한 위기일 경우에는 그녀 스스로 정신과 응급실로 갈 것이라고 했다.

다음 날 그녀를 보았을 때, 그녀는 때로 포기하고 싶은 심정이지만 삶을 지속하기로 했다고 말했다. 나는 항상 그녀의 자살에 대한 언급을 자아 죽이기의 용어로 재구성하고, 실제로 어느 부분이 죽을 필요가 있는가에 대해 이야기했다. 나는 그녀와 다시 정신과 입원을 논의했지만 그녀는 자의로 입원하는 것을 거절했다. 그래서 나는 그녀의 의사에 반하여 단행하는 것을 선택하지 않았다. 나는 그녀에게 어찌할지 모르는 상황이라면 시간에 관계없이 나에게 전화하라고 반복해서 말했다.

다음 날 가져온 샤론의 그림(여기에 싣지 않음)은 분노에 차서 절규하는 여인을 보여 준다. 샤론은 이 그림의 모티브는 그녀가 누군가에게 도와달라고 외치던 지난번 꿈에서 왔다고 했다. 또 그 여자는 자기 자신이었다고 말했다. 나는 그것이 그녀의 거짓 자기였다고 생각하며, 그녀에게 "아니에요. 그 여자는 당신의 한 부분입니다."라고 대답했다. 그때 그녀는 극도로 화가 나서 분석치료를 그만두고 싶다고 내게 이야기했다. (나는 이 역시 삶을 포기하고 싶은 욕망의 전조라고 인정하지 않았다.) 오랜 대화 끝에 그녀는 치료를 계속하기로 하였고, 우리는 이 주제를 다음 날 다시 논의하기로 계획했다.

이제서야 내가 그때 잘못했고 샤론이 나에게 제어해 달라고 절규하였던 것임을 깨닫는다. 돌이켜보면 나는 그녀의 의사와 상관없이 그녀를 입원시켰어야만 했다. 그녀는 집으로 가서 왼쪽 팔의 팔꿈치 안쪽의 볼록한 부분을 칼로 긋고 비명을 질렀다. 이웃이 그 소리를 듣고 뛰어들어와 그녀를 응급실로 데려갔고, 그녀는 여섯 바늘을 꿰맸다. 이른 저녁에 나는 응급실 의사에게서 전화를 받았다. 그다음 그녀는 의지에 반하여 정신과 병동에 입원되었다. 그 당시 그녀는 자아 강도와 사회적인 지지가 충분치 않았고 병원의 감금과 은신처가 필요했다.

병원에 입원하기 전에 미분화된 무의식 상태에 가라앉았던 샤론은 상징적인 죽음을 겪었다. 그녀의 부정적인 자아정체성, 곤궁하고 배고프고 죽음 지향적인 그녀의 부분 인격은 그녀를 자살 지옥의 심연으로 아주 근접하게 유인하는 파괴적인 모성 및 부성 콤플렉스와 그녀의 사악한 그림자의 잔유물과 은밀히 결탁하였다.

샤론은 정신과 병동에서 하루를 보내고 자살 환자들이 불수의적으로 입원한 뒤 종종 그러하듯이 자발적으로 입원에 동의하였다. 안전한 환경에 있다는 것은 실제로 치료에 도움이 된다. 그녀가 병원에 있는 8일 동안 나는 그녀를 매일 보았다. 입원해 있는 중에 그녀는 분석치료를 충분히 받을 뿐 아니라 남편과 어른스럽게 관계하기로 결정했다.

샤론은 추수감사절을 보내러 부모에게 가기 위해 남편과 함께 병원을 떠났다. 그녀는 돌아와서 부모 집에서 보낸 전반적으로 긍정적이지만 퇴행적인 시간을 보고하였다. 그녀는 그들이 지지적이었다고 말했다. 그리고 그녀는 경험 전체를 자궁으로 기어

들어가는 것 같았다고 하였다. 이는 자아 죽이기 후의 회복기간의 연장이다. 그녀는 병원에 있을 때 주요 정온제, 스텔라진(트리플루오페라진)을 복용해 왔고 퇴원 후에도 복용했다. 병원에서 실시된 심리검사에서 그녀는 아주 높은 IQ(우수에서 혜택받은 사이)로 나왔고, 심하게 우울하고 경계선 상태에 있으며, 자살 위험이 높다고 나왔다.

추수감사절이 지난 다음 처음 만나는 시간에 우리의 초점은 사느냐, 아니면 죽느냐였다. 우리는 자아 죽이기의 개념에 대해 이야기했다. 그녀는 보다 긍정적인 면의 재탄생을 유지하기 위해 보다 부정적인 정신의 부분을 끝까지 분석하기로 하였다. 이 시점에서 그녀는 희망을 가지고 또 희망을 위해 살고 있다고 말했다.

'총알을 물어야 한다' 라는 제목의 샤론의 다음 그림([그림 8-13] 참조)은 부분적으로는 이리, 부분적으로는 개 또는 말로 보이는 전이기의 동물 그림이다. 그것은 그녀에게 길들여질 수 있음을 의미했다. 이 동물은 이빨을 제외하고는 전체적으로 사나워 보이지 않

[그림 8-13] '총알을 물어야 한다'

으며, 눈 주변과 머리 꼭대기 부분은 오히려 다루기 쉬워 보인다. 이 그림 자체는 약간 희망적으로 보인다. 나는 치료의 이 시점에서 그녀가 여러 해 동안 해 왔던 말 길들이기를 분석치료와 비교했다는 사실에 놀랐다. 그녀는 둘 다 인내심이 필요하고 두 행위에는 수많은 반복이 있다고 말했다. 샤론은 부정적이고 남성 중심적이고 경쟁적인 박사과정을 그만두기로 결정했다. 그녀는 이 부분의 자아정체감이 죽어야 한다고 느꼈다. 그리고 이 최종적인 행위를 통해 그것이 이루어졌다. 그녀의 이어진 꿈들은 긍정적인 아니무스 상들, 성장하는 정원 그리고 땅에 근거를 두고 새로운 아니무스 상과 사랑에 빠진 여성상들을 포함하였다.

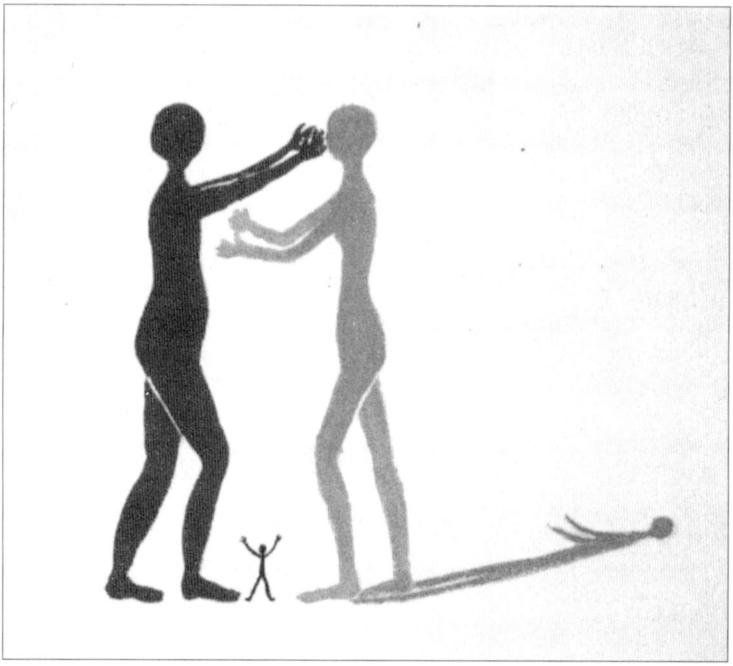

[그림 8-14] 길들이기 과정

얼마되지 않아 완성된 샤론의 그림은 그녀의 정신 안에서 진행되고 있는 길들이는 과정을 나타냈다([그림 8-14] 참조) 오른편에는 내가 샤론의 새로운 땅에 기초한 측면, 즉 자아-자기의 연결을 나타내는 것으로 보았던 노란 황금빛의 벌거벗은 여인이 있다. 이 상은 밝은 회색의 그림자를 가지고 있다(이제 샤론이 그녀의 괴물 같지 않고 합리적인 그림자를 표현하고 받아들이고 있는 것이다.). 그림의 왼편에는 마치 노란 황금빛의 여인을 포옹하려는 것같이 보이는 검은 회색의 벌거벗은 여인이 있다. 샤론은 검은 회색의 여인은 마녀였다고 말했다. 그러나 그 여인은 회색이고 검지 않았기 때문에 '살인자 마녀는 아니라고' 덧붙였다. 샤론에 의하면, 이 검은 회색의 여인은 뚱뚱하고 추했고, 노란 황금빛의 여인의 눈을 지워 없애려는 중이었다. 다른 말로 하면, 이 부정적인 어머니가 그녀의 시력(통찰)을 취하려 하지만 그녀를 눈멀게 하는 데는 성공하지 못하고 있다. 이들 두 여인 사이에 작고 검은 부정적인 자아상이 있다는 것이 가장 흥미롭다. 샤론은 그것이 거의 사라져 버린 그녀의 박사 정체성을 나타낸다고 말했다.

이제 분석치료가 2년 3개월째로 접어들었다. 샤론은 자기 자신이 점점 비탄에 빠지고 우울해져 가는 것을 느꼈다. 나는 그녀가 상당한 양의 과거 자아를 상실했다는 것을 강조할 필요가 있었다. 그리고 그녀가 상실한 것이 부정적인 자아였지만, 그렇다 해도 그것은 애도가 필요한 주요한 상실이었다. 이 시점에서 나는 심리적인 지지, 분석치료 그리고 항우울제인 트라조돈으로 그녀를 치료하기로 했다. 부분적으로는 그녀의 악화되는 우울증

(그녀로 하여금 무력감과 식욕부진 그리고 심한 불면을 일으키는)에 대항하기 위해서였고, 부분적으로는 그녀가 점점 더 술에 의지하는 것을 대체하기 위해서였다.

이 기간 동안 샤론은 나와 성교를 하는 꿈을 꾸었다. 이것은 긍정적인 아니무스 및 치료자 원형과의 영적인 교섭으로 해석될 수 있다. 그녀는 이제 저널리스트나 편집일에서 정신건강 전문직 중 하나에 이르기까지 다양하게 새로운 직종을 고려하고 있었다. 나의 휴가기간이 되었을 때, 나는 그녀에게 내가 있을 곳의 전화번호를 주고 그녀가 낙담하거나 절망적일 경우에 전화하라고 하였다.

내가 떠나 있는 동안 어느 날 밤에 샤론이 술 취한 목소리로 전화하더니 자살시도에 대해 이야기했다. 그녀의 남편이 방금 이혼서류를 보냈다는 것이다. 지금 벌어지고 있는 패턴이 지난번의 자살기도와 유사함을 인식하고 더 이상 그런 일이 벌어지는 것을 원치 않아, 나는 그녀에게 전화기를 바꾸어 곧바로 다시 전화하겠다고 말했다. 그 사이에 나는 해당 지방 파출소에 연락하여 그녀를 데리고 가라고 했고, 병원에 전화하여 그녀가 원치 않더라도 강제 입원시키라고 했다. 그런 다음 그녀에게 다시 전화를 했다. 나중에 밝혀진 바에 따르면, 경찰이 방문을 부수고 들어가 그녀를 병원으로 데려갔고, 그녀는 자신의 의지에 반해서 입원되었다. 이것은 지난번 위기의 반복이었다. 그러나 그녀가 자살을 시도하지 않고 구원의 손길을 뻗쳤기 때문에 지난번만큼 사태가 심하지는 않았다. 나는 동료에게 전화하여 내가 돌아갈 때까지 그녀를 돌봐 달라고 부탁했다. 샤론은 전과 같이 입원한 다음 날 입원서류에 서명하였다. 그녀는 스텔라진과 트라조돈을 복용하면서 일주일간 병원에 입원했고, 퇴원한 후에도 이 약들을 계속 복용했다.

병원에 있는 동안 샤론은 두 개의 그림을 그렸다. 하나는 '감옥에서' 라고 불렀고([그림 8-15] 참조), 다른 하나는 '성난 분노' 라고 불렀다([그림 8-16] 참조). '감옥에서' 는 파란 새장 안에 있는 여자를 보여 준다. 마치 그녀가 쉽게 창살을 구부리고 그 사이로 빠져나올 수 있을 것 같아 보인다. '성난 분노' 에는 한 여인이 시계방향의 나선형으로 된 뱀에 둘러싸여 있다. 샤론은 이 나선형을 치료적인 에너지라고 불렀고 그것이 모든 파괴적인 분노에서 생겨났다고 했다. 그림에 관한 이야기에 덧붙여, 그녀는 심리학자가 되기를 원한다는 이야기와 두 군데에서 임상심리학 박사과정 입학 허가를 받았다는 꿈 이야기를 했다. 그녀의 어머니는 그녀의 최근의 야심에 지지를 보냈지만 그녀의 아버지와 남편은 그렇지 않았다.

[그림 8-15] 감옥에서

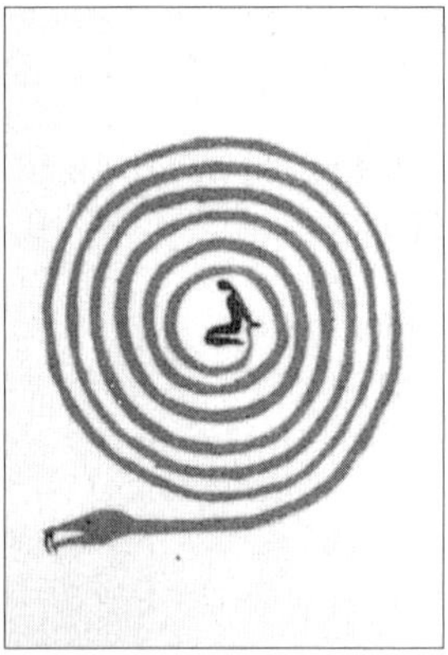
[그림 8-16] 성난 분노

내면의 마녀의 죽음과 창조적인 자기의 탄생

이제 분석치료를 시작한 지 2년 반이 지났다. 샤론은 그녀의 치료와 나와의 관계를 보다 긍정적인 어조로 이야기하기 시작하였다.

이 시점에서 샤론은 노란 황금빛 여인이 검은 여인에게 파란 그릇을 주는 적극적 명상 그림을 창조해 냈다([도판 13] 참조). 두 여인의 위에는 자홍색 후광이 있다. 샤론은 그 그릇이 쓰라림을 담고 있다고 말했다. 검은 여인은 그것을 마셔야 했지만 그러고 싶지 않았다. 샤론은 푸른색을 여성적인 것과 역시 멜랑콜리로 연상하였다. 샤론은 검은 여인을 음양원리의 음의 부분으로 연상하였다. 이 건강한 여성상은 샤론이 그렸던 살인자 마녀상, 강간 당하는 검은 아메리카 인디언 여자, 심장이 필요한 검은 거식증 여인 등을 포함하는 이전의 몇몇 검은 상들에서 진화 발전한 것이다! 샤론은 자홍색의 후광이 성스러움, 왕권, 전체성 그리고 긍정과 부정(선과 악)의 내면의 결혼을 나타낸다고 느꼈다. 내게는 그 후광이 자기와 그것이 갖는 초월기능을 상징하는 것으로 보였다. 이 그림에서는 검은 여성상(거듭난 부정적인 그림자)이 노란 황금빛 여성상(영혼인 여신과 같은 아니마 원형과 연결되는 새로운 자아-자기 정체성)과 결합하는 것이다.

이번 상담을 마치고 나서 샤론이 부모를 방문하였는데, 그들은 그녀가 전보다 더 친숙해 보인다고 말했다. 샤론은 이제 목표와 인간관계와 관련된 새롭고 창조적인 행위에 의해 나타날 분명한 자신-자기 연결을 가진 3단계에 와 있다. 그녀는 이 시기에 부모님 댁에서 이혼을 진행할 변호사를 정했다. 그때 샤론은 남편이 죽는 꿈을 꾸었다. 그녀는 죽은 것은 남편에게 투사해 왔던 부정적인 부성 콤플렉스와 부정적인 아니무스였다는 것을 깨닫기에 이르렀다. 특별히 이 투사가 철저히 분석되었다.

그 후 얼마지 않아 샤론은 남편의 남근에서 악마의 뱀이 나오는 꿈을 꾸었고, 그것을 변형해서 그림을 그리기로 작정했다([그림 8-17] 참조). 여기서 샤론은 (뱀으로 표현된) 치료적 에너지와 춤을 추고 있다.[13] 그녀는 이제 자신만의 남근의 에너지를 가졌고, 더 이상 남편의 것이나 아버지의 것에 의존하지 않는다. 샤론은 정신적인 거듭나기의 춤에 참여되었다.

그런 다음 샤론은 남편과 함께 있는 꿈을 꾸었다. 그러나 그는 실제 남편도 아니고 그녀가 아는 누구도 아니다. 그녀는 임신 9개

[그림 8-17] 치료적인 뱀 춤

13) 뱀은 치료뿐 아니라 변환, 자웅양성체, 창조성, 생식력 그리고 지혜와 관련된다.

월이다. 그녀는 비좁고 어두운 개조한 주차장에 살고 있는데, 그 공간에서 행복하지 않다. 그때 그들은 보다 넓고 밝은 새 아파트로 이사를 간다. 우리는 이 꿈을 그녀가 새로운 긍정적 아니무스를 갖게 되었고, 그녀 자신의 진정한 자기의 재탄생을 겪을 준비가 되었다는 것으로 해석하였다. 나중에 그녀가 또 다른 꿈을 꾸었는데, 거기서 그녀는 20대 중반의 딸과 연락하기를 원하는 40대 후반의 남자와 함께 있다. 이 남자는 딸의 어린 시절에 그녀의 곁에 없었고 정서적으로 매우 멀었다. 그래서 그의 딸은 상처받았다. 이제 남자가 자기가 한 잘못을 깨닫고 진심으로 그 상처를 고치고 싶어 한다. 샤론과 나는 이 꿈을 그녀의 부정적인 부성 콤플렉스와 실제 아버지와의 관계를 해결하는 데 고무적인 발전을 나타내는 것으로 보았다.[14)]

그 후 공교롭게도 샤론은 어머니로부터 아버지가 심한 심장발작을 일으켰다는 전갈을 받았다. 그녀는 갑자기 그의 편이 되었다. 이 시점에서 그녀는 분석치료를 그만두고 부모 곁에 머물 수 있도록 이사 가고 싶어 했다. 우리는 이를 그녀의 주된 관심이 아닌 퇴행으로 이야기했다. 결국 그녀는 부모님의 집에서 몇 주 동안 머물렀고, 아버지가 기적적으로 회복된 다음 다시 그녀의 생활로 돌아왔다. 그녀는 아버지와 함께 있는 동안 그녀가 처음 입원해서 어느 때인가 만들었던 잡지 목록을 그에게 보여 드렸다. 이에 아버지는 그녀에게 "너는 타고난 작가야."라고 말했다.

14) 물론 이것은 전이를 함축하는 것이기도 하다. 샤론은 나에게 투사된 과거의 갈등을 훈습할 기회를 가지고 있다. 예를 들어, 샤론은 그녀의 아버지-딸 콤플렉스를 치료 상황에서 나에 대한 아버지 투사를 점차 거두어들이고 평등한 관계를 증진시키면서 해소할 수 있다.

우리가 치료를 다시 시작하자, 샤론은 "저는 선생님을 좋아하지만 선생님은 생명선이기 때문에 원망스러워요."라고 말했다.[15] 이 상담시간에 그녀는 아버지께 읽어 드렸던 잡지 목록 중의 하나를 나에게 보여 주었다.

> 나는 내 인생의 대양을 의식한다. 나의 눈물, 슬픔, 외로움. 나는 썰물과 밀물을 느끼며 조류에 귀 기울인다. 물, 여성은 무한히 수용적이다. 그것은 내가 다가오기를 기다리고, 내가 너무 멀리 떨어져 있으면 파도가 되어 나에게 달려온다. 다시 밀려가면, 글쓰기를 기다리는 광활한 깨끗한 모래사장에 지금 나를 둘러싸고 있는 희미한 정적이 있다. 나는 모래 위에 내 인생을 쓰는 것을 배우고 있다. 그것은 곧 다시 씻길 것이고 또 새롭게 쓰일 것임을 받아들이도록 배우는 것이다. 나의 남성적인 면은 격분한다. 그는 내가 대양에 대해 방어벽을 세우기를 원한다. 스냅사진과 같은 기억들은 충분치 않다. 그는 과거에 사라진 깨지기 쉬운 영원성 속에 얼린 기념비를 원한다. 그러나 그런 방식은 진정으로 미친 것이고 죽음이다. 나는 그의 목소리에 귀를 막아야 되고, 대신 존재에 속하는 타고난 앎에 귀 기울여야 한다. 대양과 같이, 내가 찾는 나는 나의 심층에서 안정적이고 삶의 흐름에 저항하지 않는다. 나는 도(道)와 함께하는 것을 배워야 한다. 눈 속에서 크로커스를 기대하는 것은 믿음일 뿐이다. 그리

15) 나는 이 말이 그녀가 나에게 의지하는 것을 싫어하고 청소년처럼 생명선을 끊고 가라앉거나 혼자서 헤엄치고 싶다는 것을 의미한다고 해석했다. 이 언급은 또한 나와의 종결을 예고하고 여성 치료자(건강한 내면의 여자, 그녀의 진정한 자기를 외부에서 투사적으로 동일시한 대상)와 만나기를 원하는 그녀의 소망을 예견한다.

고 특별히 지금과 같이 희망이 없을 때 나를 결합해야 하는 것은 믿음이다. 그것은 내 시간을 견디어 내고 새 계절을 기다리라고 말하면서 내 안에 조용히 있다. 나는 고치 속으로 들어가는 것처럼 나 자신 속으로 쪼그라든다. 그리고 나에게 밀려올 공허를 받아들인다.

분석치료가 2년 8개월로 접어들 무렵, 샤론은 키 크고 점잖은 남자와 함께 흑인 종족과 친선관계를 만들어 나가는 과정에 있는 꿈을 꾸었다. 나중에 그녀는 사람으로 변신한 독일산 세퍼트와 성교하는 꿈을 꾸었다. 전체적으로 나는 이 꿈이 그녀가 기본적인 본능과 교접하고 있다는 것을 암시한다고 느꼈다. 개는 치료와 충성을 상징한다.[16)]

그녀의 꿈에서 사람으로 변신한 개는 충성스러운 아니무스의 긍정적인 변환을 나타냈다. 그때 샤론은 아버지가 건강을 회복하고 있는 동안 한 달간 치료를 쉬고 그와 함께 있기로 작정했다. 그녀는 아버지와의 관계의 변화를 강조했다. 그는 더 이상 신의 형상이 아니었다. 그녀의 어머니는 당시에 샤론이 전과 같이 깨지기 쉽고 부정적이거나 화내지 않는다고 보았다.

샤론은 집으로 돌아와서 나와의 분석치료를 중단하고 싶다는 이야기를 다시 하였고, 대신 여자 치료자를 만나고 싶다는 소망을 표현했다. 나는 이 발전을 지지해 주었다. 그때 그녀는 어머니로부터 아버지가 다시 병원에 입원하여 5일간 머물렀다는 전화를 받았다. 어머니는 그녀를 좀 더 일찍 방해하고 싶지 않았던

16) Woloy(1990).

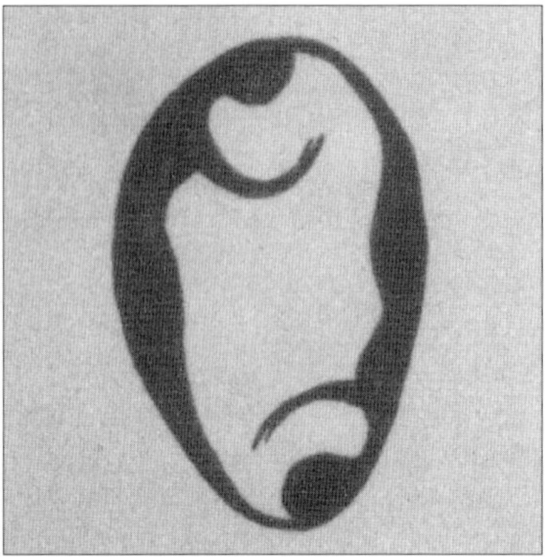

[그림 8-18] 해마와 알 속에 여성을 품기

것이다. 그러나 샤론은 감정은 빼트린 채 “저는 그녀를 죽일 수 있어요.”라고 내게 말했다. 이런 상황 중에 그녀는 다음 그림을 완성하였다([그림 8-18] 참조).

그림은 속에 두 명의 여자가 있는 알을 보여 준다. 두 여자는 각각 손을 뻗치고 있다. 마치 두 여자가 서로를 기다리고 있는 것 같다. 구조상 알은 우로보로스를 닮았다. 샤론에게 그것은 부화와 새로운 인생을 나타내는 것 같았고, 희망의 느낌을 주었다. 타원형 안의 바닥은 해마의 윤곽을 나타낸다. 그것은 그 안에 알이 들어 있는 모성낭을 가진 수컷이다. 그리고 나중에 어린 해마가 알에서 부화된다! 이는 물론 샤론의 아버지에 의한 양육 및 보살핌과 유사하다. 이것은 동시성 현상의 예와 같아 보인다. 동시성은 의미 있는 일치다.[17] 전과 같이 그녀의 아버지는 회복됐

17) 동시성은 의미 있는 일치다. Jung(1969a), pp. 417-519 참조.

고, 그의 상태가 치명적이지 않아서 샤론이 집으로 돌아가지 않았다는 것이 밝혀졌다.

나와 치료하는 동안에 샤론이 그린 마지막 적극적 명상 그림은 6주 후에 완성되었다([도판 14] 참조). 그것은 푸른색 태모가 보호해 주고 있고 사자 위에 서 있는 방사하는 노란색 어린이를 보여 준다.[18] 신성한 아이 원형과 그것이 지닌 변환적인 성질이 분명하다. 사자는 힘과 용기를 상징하고 선과 악, 남성과 여성, 태양과 달을 결합하는 상징이기도 하다.

샤론은 결국 내가 소개해 준 여자 분석가와 만나 약속을 정했다. 동시에 그녀는 아버지가 어렸을 때 책을 읽어 주셨고 함께 이야기를 나누었고 무엇인가를 하셨던 것을 기억해 냈다. 그녀가 아팠을 때 아버지는 그녀의 손을 잡고 곁에 앉아 있던 유일한 분이셨다. 그래서 그는 본질적으로 커다란 모성적 안락감과 양육의 원천이었다. 정신적으로 이야기해서, 그녀는 이제 이렇게 훨씬 더 건강하게 아버지를 바라보게 되었다. 3주 후 그녀는 서점에 수습 지배인으로 취직했다. 그녀는 한 남자와 새로운 긍정적인 관계도 시작하였다.

우리의 작업이 끝나갈 무렵, 샤론의 어머니가 전화해서 아버지가 다시 입원했고 신부전으로 죽어 가고 있다고 알려 주었다. 그녀는 바로 집으로 갔는데, 그곳에 있는 동안 아주 중요한 꿈을

18) 나중에 나는 우연히 사자의 등에 서 있는 이쉬타르 여신(BC 2000년경 메소포타미아의 풍요와 사랑의 여신이면서 전사의 여신)의 그림을 보게 되었다. 마치 돌아올 수 없는 땅으로 하강했다가 다시 귀환한 것을 축하하는 것 같은 그림이었다. Cavendish(1984), p. 84 참조.

꾸었다.

> 꿈: 그녀의 아버지는 죽어 가고 있지만, 그녀는 오히려 활발하고 건강해 보인다. 그리고 모든 것이 다 잘되고 있다. 그들은 수중익선에 승선한다. 그들이 일단 칵테일 라운지에 앉자, 아버지는 꼭대기에 은으로 된 표장을 단 아주 얇은 석고로 된 물체를 만들기 시작한다. 그녀는 그것이 무엇인지를 알지 못했고, 아버지가 항상 그녀 자신과 다른 가족들과 얼마나 달랐는지를 생각한다. 그녀는 그에게 그 물건이 아주 아름답다고 말한다. 그는 그녀에게 그것이 결정화된 물과 같이 강할 거라고 이야기하고, 그녀는 그것을 경건하게 다룬다. 그때 그녀는 그것을 위한 상자를 구해야겠다고 말하고는 종업원을 만나 마침내 상자 하나를 들고 온다.

이 꿈은 샤론의 부정적인 부성 콤플렉스가 죽었고, 그녀가 내면의 아버지 이미지와 긍정적인 해결을 하고 있다는 것을 가리킨다. 꿈속에서 아버지는 그녀를 위해 값진 것(여성성을 나타내는 눈물방울 모양의 은세공품)을 만들고 있다. 그리고 그녀는 그 선물을 받아들이고 그것을 때로 질을 상징하는 상자에 담고 있다. 이렇게 우리는 그녀가 아버지와 긍정적인 심리학적 결합을 하고 있는 것을 볼 수 있다. 그 결합은 그녀가 가졌던 부정적인 심리적 근친상간의 문제에 건강한 대체물로 작용할 것이다. 그녀는 꿈속의 삶에서 부성 콤플렉스를 해결하고 있는 동안, 실생활에서는 아버지가 심하게 아픈 동안에 그를 도와주면서 부성 콤플렉스를 해결하고 있었다.

새로운 시작: 결코 끝나지 않는 치료여행

샤론의 아버지는 다시 회복되었고, 서서히 그렇지만 확실히 또 다른 놀라운 회복력을 보였다. 이런 발전을 한 후에 나는 그녀에게 텍사스의 A & M 대학에 새로운 일자리가 생겨 떠날 것이라고 말했다. 그렇지만 우리는 그에 대해 이야기할 시간이 몇 달이나 있다고 했다. 나의 선언에 대한 그녀의 첫 반응은 충격과 슬픔이었다. 그녀는 마치 부모가 죽을 수 있다는 사실을 안 것과 같다고 말했다.

그 후 그녀는 그녀의 과거에 주로 거절당하고 버림받는 느낌과 관련된 분노와 화 같은 부정적인 정동을 경험하기 시작했다. 그녀는 자신에 대한 분노와 화를 드러내기 시작했다. 나는 그녀가 화와 분노를 현실적으로 다루는 것을 배울 수 있도록 그것을 나에게 집중시키게끔 도와주었다. 다가오는 나와의 이별이라는 종기를 창으로 찌른 다음에 치료가 계속되었다.

치료 3년이 될 무렵, 샤론은 새 직업에 더 잘 적응했고 더 이상 포기하거나 죽고 싶다는 생각을 하지 않았다. 그녀는 보다 공격적이었고, 여동생과 만족스러운 관계를 맺고 있었다. 남자들과도 새로운 관계를 만들어 가고 있었는데, 그중 한 명과는 아주 친했다. 이런 변화에 대해 그녀는 "저는 남자들과의 관계에서 다 드러내고 있어요. 더 이상 선생님이나 다른 남자들에게 일 또는 감정을 숨기지 않아요."

바로 그 직후 샤론은 주저하면서 나에게 "인간 대 인간으로 저는 선생님을 그리워할 거예요."라고 말했다. 나는 비슷한 감정을 그녀와 나누었다. 나는 우리가 서로 교신을 하고, 그녀는 여자 분석가와 분석과정을 계속하자고 제안했다. 우리의 마지막 면담은 첫 면담 이후 3년 1개월 뒤에 있었다. 그것은 건강한 이별이었고, 나는 그녀와 함께 진정한 치료여행을 하고 있었다는 느낌을 받았다. 그녀는 물(무의식)을 건너고 그녀 자신의 아니무스뿐 아니라 부정적인 내사와 그림자 측면을 성공적으로 거듭나게 하였다. 그녀는 또한 긍정적인 아니무스와의 결합을 기초로 부모, 여동생 그리고 가장 중요하게는 그녀 자신과 새롭고 보상적인 관계를 발견하게 되었다. 그녀는 내면의 결혼 다음에 외부의 남편과 이혼하였다. 그렇게 하여 그녀는 부정적인 콤플렉스에 의해 만들어져 왔던 의존성에서 벗어났다. 결과적으로 그녀는 더 좋아졌다. 샤론은 잃었던 영혼(아니마)을 찾고 자기와 접촉하여 그녀의 거짓 자기를 진정한 자기로 거듭나게 하였다. 그녀의 새롭고 긍정적인 여자로서의 정체성은 새로운 자아-자기 축(2단계) 뿐 아니라 자신-자기 축(3단계)에 근거하고 있다.

나는 샤론이 여자 분석가를 만나기 시작한 이래로 그녀로부터 몇 차례 소식을 들었다. 이 분석가와 분석치료를 한 첫 1년 동안, 샤론은 그녀가 원형적인 무서운 어머니와 관계된다고 생각했던 자신의 삼키는 측면인 내면의 이리([도판 11] 참조)와 타협하는 데 성공하였다. 그녀는 또한 영적인 스승을 발견하였다. 그 사람은 아메리카 원주민 여자였는데, 샤론의 강간하는 아메리카 인디언 여자의 그림([그림 8-6] 참조)을 생각하면 의미가 있다고 하겠다. 이 스승과 함께 그녀는 그녀 자신의 주의(呪醫: 무당 등과 같이 주술을 가지고 치료함-역주)의 정체성을 발전시키기 시작했는데, 이는 그녀 자신이 치료자가 되려는 데 새로운 흥미를 갖게 되었다는 것과 일치하였다.

이듬해 여름, 샤론은 혼자서 로키산맥으로 심혼의 탐색을 떠났다.[19] 이것이 환자가 그녀의 버림받음의 주제를 극복했다는 중요한 변화를 보여 준다. 그래서 그녀는 치료자의 생명선을 따르지 않고 혼자서 갈 수 있었다. 이런 사실은 그녀가 내면의 지지적인 상과 치료자를 발견해서 더 이상 버림받을 위험을 느끼지 않는다는 것을 시사한다. 샤론은 또한 더 이상 스스로를 버리고(자살) 싶지 않다. (로키산맥의 초콜릿 공장 어린이보호센터에서 떨어져 있는 그녀의 첫 꿈과 얼마나 대조적인가!) 이런 체류가 있기 바로 전, 그녀는 아메리카 인디언 스승의 도움으로 무아경에 들어 이리가 되었다. 나중에 그녀는 내게 "이리는 저의 토템이고 멘터고 안내자입니다."라는 편지를 썼다. 그녀는 더 이상 원형적인 무서운 어머니에게 삼켜질 위험이 없다. 혼자서 하는 하이킹과 야영은 그녀에게 중요한 시험이었다. 그녀는 그런 시험이라는 맥락 안에서 환영에 근거하여 분석치료를 계속하고 정신건강 분야에서 치료자가 되려는 정식 수련을 받기로 결정하였다. 심혼의 재생 느낌에 관련해서는 그녀 자신의 말이 가장 설득력이 있다.

대지모 여신의 환영과 그에 관련된 꿈은 우리 서로 간의 그리고

19) 이것이 늑대와 함께할 샤론의 치료적인 운명이었다. 그것이 확실히 클라리사 에스테(Clarissa Estés)의 책이 비슷한 느낌으로 많은 사람들, 특히 여자들에게 영향을 끼친 이유다. Estés (1992) 참조.

모든 피조물과 대지와의 해결할 수 없고 설명할 수 없고 피할 수 없는 연결과 관련이 있다. 그리고 내가 우리를 현재의 자살 성향이 있는 세상의 상태로 이르게 하는 균열을 치료하는 부분이 되는 것과도 관련이 있다. 나는 이 새로운 시대에 우리가 절벽 끝에서 돌아갈 길을 발견할 것이라고 기도한다. 나는 상처를 치료하는 것을 도울 것이고 이 땅과 그 사람들을 존속시키는 데 도구가 될 것임을 맹세한다.

샤론은 동시에 치료자가 되는 수련을 받고 있다. 그녀는 상처받은 치유자의 원형을 체험한 유능한 치료자가 될 잠재력을 가지고 있다.

9

폴: 자아 죽이기와 부처

> "자살은 늘 심리적인 살인이고, 원망스러운 부모, 내재화된 박해자를 죽이는 것일 것이다. 자살과정은 거의 항상 자아의 합성적인 노력, 진실로 사랑 그리고 살려는 소망과 사랑받으려는 소망의 요소와 섞여 있다."
>
> - 칼 메닝거

폴의 사례에서 우리는 자아 죽이기가 그를 병적인 우울증과 자살 계획에서 거짓 자기의 상징적인 죽이기와 진정한 자기의 탄생으로 얼마나 효과적으로 거듭나게 하는가를 볼 수 있다. 이 험난한 여행은 영혼 만들기뿐 아니라 폴의 꿈, 치료적인 이미지 그리고 적극적 명상의 창조적인 산물에 의해서 촉진된다. 폴의 이야기는 인내와 사랑을 통한 치료가 가장 좋은 약 중의 하나라는 것을 보여 준다.

내가 폴을 처음 만났을 때, 그는 심하게 우울했다. 그의 안전을 걱정했던 내과 의사가 그를 내게 의뢰하였다. 30대 후반의 정신건강 전문가였던 폴은 자살 위험이 높았다. 그는 13년 전에 차

사고로 거의 죽을 뻔했다. 그는 회복했고 다음 해에 결혼했다. 그렇지만 결혼하고 1년 뒤부터 정신과적인 치료를 계속 받아 왔다. 폴은 2년간 보아 온 정신과 의사가 마음에 들지 않았다. 그는 처방받은 많은 양의 삼환계 항우울제로 도움을 받지 못했다.

폴은 절망과 무가치감을 느꼈다. 그는 인생에 아무런 의미가 없었다. 그는 무력감, 불면 그리고 대장경련을 겪었다. 또한 곧 죽을 것 같은 두려움이 있는 공황발작의 증상도 있었다. 예를 들어, 그가 쇼핑을 갔다면 의식을 잃고 죽지는 않을까, 천장이 무너지지는 않을까 하는 두려움에 식료품점에서 뛰쳐나갔을 것이다. 그는 여러 공포증도 있었다. 그래서 특정한 음식을 먹지 않거나, 레스토랑에서 먹지 않거나, 혹은 중독될 것이 두려워 염소 소독한 수영장에서 수영을 하지 못했다.

폴의 아내도 우울증과 자살충동으로 치료를 받았다. 그녀는 2년 전에 유방암으로 양쪽 유방 절제술을 받았다(건강한 유방도 예방 목적으로 수술받음). 그녀의 아버지는 4년 전에 자살했다. 그녀와 폴은 부부상담도 받고 있었다.

폴은 자신의 우울증과 자살 성향에서 처절하게 벗어나고 싶어 했다. 그는 그 원인을 생물학적인 것으로 주장하였다. 긍정적인 면에서 그는 논리정연하고 명석하고 높은 성취를 한 사람이었다. 그는 취미로 컴퓨터를 즐겼는데, 여러 시간 컴퓨터게임을 하고 만족하며 끝냈다. 부정적인 면에서 그는 부모에 대해 많은 분노를 품고 있었다. 그는 아버지에 대해 '게슈타포 같은, 권위주의자, 가학적인' 과 같은 표현을 써서 완고하게 종교적이고 감정이 없는 시민의 공복으로 묘사했다. 그가 어렸을 때, 아버지는 그를 지하실이나 다락방에 가두거나 찬물로 끼얹는 등 벌을 주었다. 폴은 어머니를 '충동적이고 질식시키고 자기도취적인 독재자'로 특징지었다. 그녀는 오래된 정신과적인 문제와 자살시도의 병력이 있는 건강요원이었다.

첫 번째 꿈: 치료 1단계에 들어가기

꿈: 폴이 한 그룹의 남자와 여자를 이끌고 경사면을 내려가 물로 향하고 있는데, 여자가 먼저 간다. 남자가 둘이며 그중 하나가 수영해 본 적이 없어 무서워한다. 그럼에도 모두가 수영을 하여 잔잔한 물을 건넌 다음 강의 수로로 들어간다. 그것은 양쪽이 콘크리트나 돌로 된 수로 같았다. 처음에 무서워했던 남자가 편안하게 수영하게 되고, 처음에 편안했던 다른 사람이 두려워한다. 폴이 그들을 이끈다. 그들이 물에서 나와 바위 끝에서 바위 끝으로 건너뛰어야 하는 순간이 온다. 마침내 그들은 안전하게 목적지에 도착한다. 두 남자는 지쳤지만 폴은 아니다. 그가 "생각보다 내 컨디션은 좋네."라고 중얼거린다. 그는 '여자들이 남자들보다 힘이 셈음'을 강조하기도 한다.

꿈에서 폴이 그룹을 이끌고 마지막에 지치지 않았다는 것은 그가 분석과정을 견디어 내고 마칠 수 있는 충분한 자아의 힘을 가지고 있다는 것을 가리킨다. 그렇지만 교대로 편안해하고 무서워하는 남자들은 폴의 정신에서 아버지 및 남성적인 정체성과 문제를 가리키는 그림자 측면을 나타낸다. 여자들이 남자들보다 힘이 세다는 것은 부정적인 모성 콤플렉스를 시사한다. 그러나 강한 아니마도 암시하는 것이어서 다시 한 번 잠재적으로 긍정적인 치료 결과를 함축하는 것으로 보인다.

나는 폴의 항우울제 이미프라민을 끊었다. 그러나 심한 우울증, 공황발작 그리고 공포증 때문에 알프라졸람을 처방했다.[1] 그는 약간의 도움, 특히 공황발작에 도움을 받았지만 여전히 심하게 우울하고 화나 있었다. 그는 자신이 죽어 가는 꿈을 꾸었다. 폴은 감옥에 있는 것 같은 느낌이었다. 그는 또한 그가 40대 후반에 두 번째 그리스도의 강림을 목격할 운명이라는 특별한 환상 또는 망상을 가지고 있었다. 이는 자아 팽창과 아마도 메시아 콤플렉스를 암시하는 것이었다.

처음 몇 달간 폴의 꿈은 그의 문제의 근원을 드러내는 것 같은 몹시 건강치 못한 것과 그것을 해결하는 방향을 가리키는 것 같은 건강한 긍정 사이를 왔다갔다하였다. 이들 꿈은 모두 남자와 여자에 관한 것들로 그의 아버지와 어머니 둘 다에 연결된 내면의 문제를 가리켰다. 그는 어머니와의 문제를 아내에게 투사하는 경향이 있었다. 그 시기에 그는 아내에게 침해당했다고 느꼈고, 그들의 관계는 그에게 고통이었다. 한동안 그의 아내는 지쳐서 더 이상 지지적일 수 없었다. 때로 그는 아내와 어머니를 중독되고 침범당하고 상처받은 존재로 연상했다.

그는 어머니가 자신이 보는 앞에서 아버지로 하여금 그를 항

1) 요즈음이라면 새로운 세로토닌 재흡수억제제인 졸로프트나 팍실과 같은 항우울제 중의 하나를 주었을 것이다.

문성교할 준비를 시키는 꿈을 꾸었다. 이 이미지는 개인적 무의식의 수준에서 강한 갈등을 가리키면서도 원형적인 중요성도 가지고 있다. 어떤 원시사회에서는 항문성교가 어린 소년이 남자가 되는 성인식이다.[2)]

이 시기의 다른 꿈도 성에 관한 언급을 했다. 그는 벌거벗은 한 쌍이 성적으로 결합한 채 다이빙대에서 뛰어내려 물로 떨어지는 꿈을 꾸었다. 이는 폴이 그의 아니마와 결합한 것의 상징이다. 또 다른 꿈에서 그는 아내와 함께 작은 보트 안에서 길을 잃고 닥칠 일에 대해 두려워하고 있다. 마치 그가 잘못된 부정적 모성 함입물에 제한되어 있으면서 무의식 속에 더 깊숙이 들어가는 것에 대한 위험을 감지한 것 같았다.

분석치료가 2개월 지난 뒤, 폴은 특별히 의미 있는 꿈을 꾸었다.

> **꿈**: 그는 쌍둥이 누이동생[그의 아니마를 암시하는]과 있다. 그들은 아버지를 살해할 음모를 꾸미고 있고, 결국 그것을 실행한다. 다음은 그의 어머니가 죽는다. 그런 다음 그는 아내와 함께 병원에 있다. 둘은 질병에 노출돼 있다. 그는 죽기를 원하는 유서를 쓴다. 그러나 그는 산다.

이 꿈은 폴이 부정적으로 내재화된 부모의 이미지가 철저하게 분석되는 1단계의 중간에 이르렀다는 것을 보여 주는 것 같다. 이 단계는 자아 죽이기와 거듭나기를 위해 마련돼 있다.

2) Te Paske(1982), pp. 111-115.

자아 죽이기, 부처 및 게슈타포를 초월하기

분석치료 3개월 째에 폴의 아내가 그가 자살 계획을 가지고 있어 매우 심란하다는 전화를 했다. 나는 폴과 연락하여 바로 만났는데, 그것이 사실이었다. 그는 조용한 장소로 차를 몰고 가서 배기가스를 호스로 연결해 차 안으로 들어오게 하여 자살할 계획을 하고 있었다. 그는 입원을 거절하였다. 그때 나는 그에게 자아의 부정적인 부분이 그림자와 공모하여 그의 전 존재를 압도하려 하고 있고, 그의 전 존재가 아닌 이 병적인 부분이 죽어야만 한다고 설명하면서 자아 죽이기란 용어를 소개하였다. 나는 그가 생존하기 위해서는 건강한 자아가 나와 힘을 합쳐야 할 필요가 있다는 것을 강조하였다.[3] 그는 쉽게 자아 죽이기 개념을 파악했다. 이는 그의 낙담을 줄이는 데 도움이 되었다. 그는 위기 상황이 되면 어느 때라도 내게 전화하겠다고 약속했다.

나는 일주일간 폴을 매일 보았다. 우리는 심연 위의 높은 곳에 있는 좁은 통로의 가장자리를 따라 함께 걸었다. 이것이 자살 위험이 높은 환자를 외래에서 볼 때 생기는 특징적인 현상이다. 그를 입원시키지 않으면서 나는 그가 자살기도를 하기 전에 나에게 전화할 것이라고 가정하고 운명에 맡겼다. 나는 내가 실수를 범하고 있는 것은 아닌가 하는 의구심과 걱정을 다루기 위해 전문적인 자문을 구했다. 그리고 폴의 아내에게 상황이 나빠지면

3) 〈표 4-2〉에서 '긍정적인 자아의 도움으로 하는 퇴행'이라고 예시한 이것은 실제로 '자아의 도움으로 한 퇴행'이다.

바로 연락해 달라고 부탁했다.

우리 모두는 이 위기를 잘 넘겼다. 그러나 그 후 폴은 고민에 빠지고 완전히 망가졌다. 그는 일을 할 수 없었다. 그래서 나는 그의 고용주에게 그가 아프고 최소한 3개월간 일할 수 없을 것이라는 소견을 보냈다. 그가 기능할 수 없다는 나의 선언이 그의 자아의 죽음을 최종적으로 승인하였다. 그는 정말로 자살 대신에 자아 죽이기를 하였던 것이다. 나는 지금 그가 죽음의 에너지를 창조적인 산물로 전환하는 것이 중요하다고 강조하고, 최소

[그림 9-1] '핏자국'

한 일주일에 한 번씩 환영, 꿈 그리고 느낌을 그림으로 그리라는 처방을 했다. 처음에 그는 그릴 수 없다고 하며 저항했지만, 그 후 그렇게 하기로 하였다.

폴의 첫 번째 적극적 명상 그림([그림 9-1] 참조)은 붉은 기류를 위아래로 타는 검은 새의 그림이다. 그는 이 새(영혼과 연결된 오래된 심혼의 초월 상징)가 생명력이라고 말했다. 나선형은 우울증과 자살 환자들의 그림에 흔히 나타난다.[4] 그리고 그는 이 붉은 나선형을 '핏자국—분노와 상처 난 부분'이라고 묘사했다. 나는 이전의 꿈에 입각한 지금까지의 그의 발전과 피를 내는 이 그림에서 그가 실제로 상징적인 죽음의 경험을 정화하고 있다는

[그림 9-2] '게슈타포'

4) Wadeson(1980), pp. 49-50, 98-101.

생각에 고무되었다.

폴의 두 번째 그림([그림 9-2] 참조)은 보랏빛 부츠에 짓밟힌 똑같은 새를 그렸다. 보랏빛은 사순절(고통과 슬픔의 아픔) 및 왕권과 관련이 있다. 그것은 신성한 것과 연결된다. 폴은 부츠를 악한 힘, 게슈타포로 설명했다. 그리고 그것을 아버지와 연결시켰다. 그러나 그것은 또한 부정적인 원형적 아버지를 나타내기도 한다. 폴은 이 그림으로 얼마나 강한지를 알지 못하는 내면의 분노에 이르는 수문을 열었다. 나는 우리가 이제 그의 질병과 치료의 2단계의 시작에 있다는 것을 알 수 있었다.

폴의 세 번째 그림([그림 9-3] 참조)에서 그 부츠는 웃고 얼굴을 찌푸리고 있다. 그의 정신에서 일어나고 있는 대극 합일의 초기 징조다. 그는 부츠를 '내 피와 활력을 빨아먹는 흡혈귀' 라고 묘사했다. 이는 그가 집단적 무의식에 가라앉았다는 것을 가리킨다.

그의 네 번째 그림([그림 9-4] 참조)은 심혼의(보라) 에너지로 충전된 나선형을 보여 준다. 새는 남자로 재구성되었고, 부츠의 끝

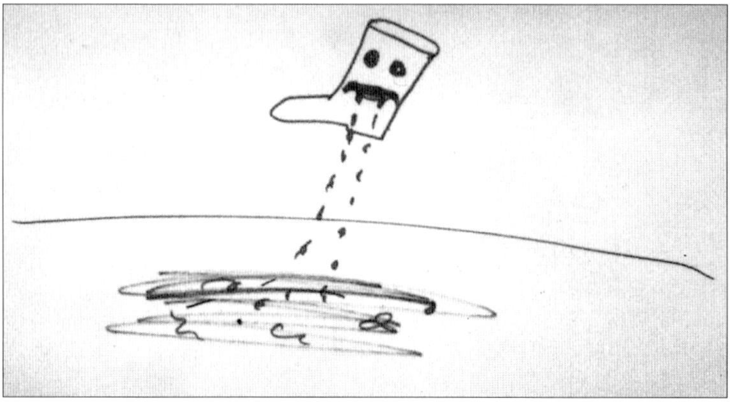

[그림 9-3] '흡혈귀'

[그림 9-4] 부처

이 그의 머리장식으로 변신하였다. 폴은 이 그림을 부처[Boot-ah]로 보았다. 파괴적인 그림자 게슈타포의 에너지에서 이 영혼으로서의 부처 같은 자기 상징이 출현했는데, 이는 폴과 그의 분석치료에 희망적인 이미지였다.

폴의 다음 그림(보여 주지 않음)에서는 새 한 마리가 짓이겨지고 피투성이인 인간 위를 날고 있다. 그는 그 사람을 아내 또는 어머니일 것이라고 생각했다. 아내는 그의 극심한 우울증을 감당할 수 없어서 떠나기로 결정했다. 이것은 그의 정신 내부의 부

[그림 9-5] 자기의 출현

정적인 어머니를 죽여 없애는 것과 관련됐다. 당시에 그는 구토를 하면 죽을 것이라고 두려워했다. 나는 그가 상징적으로 부정적인 모성 콤플렉스를 토해 내어 그것이 죽을 수 있게 할 필요가 있을 것이라고 제안했다.

네 개의 산봉우리와 네 마리의 새가 있는 폴의 다음 그림([그림 9-5] 참조)은 자기로 특징지어지는 대극의 합일을 보여 준다. 새 한 마리가 폴을 나타내는 원의 바닥에 있는 검은 형상 바로 위 보라색 원의 꼭대기 중심에 있다. 그 상과 원은 녹색 풀밭에 놓여 있다(그의 그림에서 성장을 나타내는 녹색이 처음 나타난다.). 원 자체는 성스러운 원과 전체성 또는 자기의 상징인 만다라를 암시한다. 새와 그 형상의 수직선은 폴의 새로운 자아-자기 축으로 여길 수 있고, 그 안에서 몸이 심혼과 합쳐진다. 이것은 중요한 치료적인 이미지다.

죽음-재생의 투쟁: 집단적 무의식 속으로

폴은 아내가 이사 갔을 때에 여자 동료 한 명이 목매어 죽었기 때문에 매우 동요되었다. 중요한 것은 폴이 우울했음에도 죽고 싶지는 않았다는 점이다.

폴은 그다음 그림(이것과 이어지는 세 그림은 보여 주지 않았음)을 거의 음란영화 수준에 맞는 얼굴로 그렸다. 그에 의하면, 그림 속의 눈은 유방이고, 턱은 엉덩이로 만들어졌고, 입은 이빨이 모두 난 여성 생식기다. 그는 한번은 아내의 질에 이빨이 있다고 농담한 적이 있었고, 어머니가 그에게 성병과 여자의 위험성에 대해 경고했던 적이 있다고 기억했다. 그래서 나는 이 그림이 그의 정신 안에 있는 무섭고 강렬한 어머니를 나타낸다고 결론지었다. 다음 그림은 핏방울이 떨어지는 총알 구멍이 나 있는 녹색의 심장을 나타내는데, 이는 녹색으로 상징되는 정동적인 성장이 아주 고통스럽다는 것을 암시한다.

폴은 계속해서 그린 바다뱀의 그림이 '많은 에너지와 추진력'을 가지고 있다고 말했다. 이 그림은 그가 계속해서 자살을 거부하고 있고, 그래서 개인으로서 보다 강하게 느끼고 있다는 것을 가리키는 것 같았다. 그의 힘을 나타내는 뱀은 모양이 약간 남근과 같지만 거처는 바다(여성적, 무의식)에 있었다. 뱀이 내부가 보라색이라는 것은 애도 반응이 일어나고 있다는 것을 말해 준다. 그것은 다윗의 붉은 별을 향하여 움직이고 있는데, 그 별은 외부의 안내자(즉, 긍정적인 전이. 나의 성이 데이비드다.)이기도 하면서 내면의 안내자(자기와의 접촉)로도 해석될 수 있다. 이 바다뱀은 그가 파괴적인 에너지와 고통을 우리의 치료적인 관계 속에서 나타나는 창조적인 심혼으로 배열하도록 도와준다.

그다음 그림은 폴이 일곱 개의 공을 교묘히 다루는 것으로 나타난다. 7은 창세기에서 세상을 창조하는 데 필요한 날의 수를 나타낸다. 그래서 7은 일반적으로 창조성과 계몽을 상징한다. 폴은 그것이 그가 너무 많은 일들을 한 번에 교묘히 다루고 있다는 것을 의미한다고 느꼈다. 그는 아내를 그리워하였고 대장경련이 악화되었으며 더욱 우울했다. 그렇지만 그는 이제 집단적 무의식으로 더 진행하기에 충분한 새로운 자아의 힘을 갖게 되었다.

치료 5개월 뒤, 폴은 일주일에 2~3번 방문하게 되었다. 그의

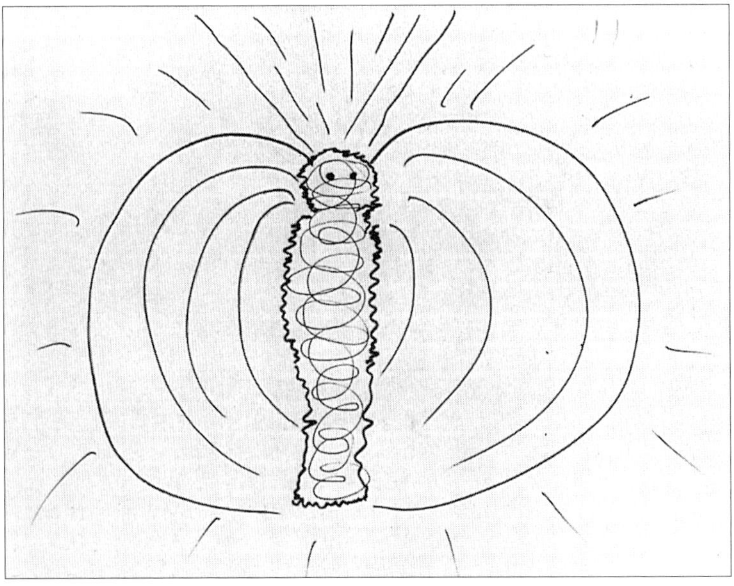

[그림 9-6] 빛을 내는 부화

계속되는 그림([그림 9-6] 참조)은 정신치료에 중요한 잠복기를 나타낸다.[5] 그는 미이라 인간(또는 원형적인 어머니)이 고치에 갇혔다고 이야기했다. 이는 그가 이제 치료의 2단계에 이르렀고 융의 인간 발달의 중간단계에 이르렀음을 암시했다.[6] 그는 아직도 집단적인 수준에서 어머니를 다루어야 했지만, 이 그림에 밖으로 발산되는 에너지가 있는 것으로 보아 희망적인 징조가 보인다.

다음에 이어지는 기간 동안 폴이 다시 자살을 생각하기 시작했다. 그러나 그와 나 모두 자살 사고는 실제로 그의 죽음보다 부정적인 자아의 부분과 그림자가 죽어야 한다는 것을 의미함을 알고 있었다. 그가 자살을 이야기할 때마다 나는 자아 죽이기와

[그림 9-7] 해체

5) Meier(1989).

6) Jung(1961), p. 117.

[그림 9-8] 삼키는 생물

그림자 죽이기를 이야기했다. 뒤이은 폴의 그림([그림 9-7] 참조)은 이런 투쟁뿐 아니라 대장경련과 관련될 수 있다. 풍자적으로 '승리자' 라고 불리는 이 그림은 문자 그대로 해체를 묘사했다. 남성상(폴 자신)이 심장, 장, 성기를 끄집어내고 그 주위에는 똥이 있다. 폴은 이를 "여기에 승리감에 취한 부츠[이전 그림의 게슈타포]가 있다."고 요약했다. 이어진 그림([그림 9-8] 참조)은 그의 그림자 주제를 원형적으로 보여 준다. 악마 같은 생물이 승리의 웃음을 짓고 있고, 부츠로 주문을 외우고 있고, 폴한테 남은 것을 삼키고 있다. 다음 그림([그림 9-9] 참조)에서 그는 악한 힘에 굴복당하고, "부츠!!!"라고 적어 놓았다. 그림에 써 놓은 "Fuck me til I'm dead"에 관해, 폴은 아버지가 항문성교를 했던 꿈을 생각해 냈다. 다음 그림([그림 9-10] 참조)은 이 정신적인 미니 드

[그림 9-9] 악마에의 굴복

라마를 완결짓는다. 폴에 의하면, 이 그림은 '검은 죽음의 힘'이 그를 짓이기는 것을 보여 준다. 나에게 네 개의 그림 모두는 그가 그의 인격의 죽은 부분을 애도하면서 고통스러운 전환기에 있다는 것을 드러내는 것으로 보였다. 그러나 이들 그림을 그리는 동안 그는 더 이상 자살을 생각할 정도로 우울하지 않았다.

폴의 적극적 명상 그림은 그때 약간 새로운 전환을 하게 되었다. 그의 뒤이은 그림(보여 주지 않음)은 그의 머릿속을 감옥으로 표현한다. 그는 죄책감에 시달려 왔고 강박적으로 감옥에 갇히는 생각을 해 왔다고 했다. 그는 문자 그대로 어머니와 아버지를 살해할 수도 있다고 느꼈다. 나는 그가 실제로 살인자가 아니고 진짜 감옥에 가지 않아도 된다고 안심시켜 주었다. 나는 부정적

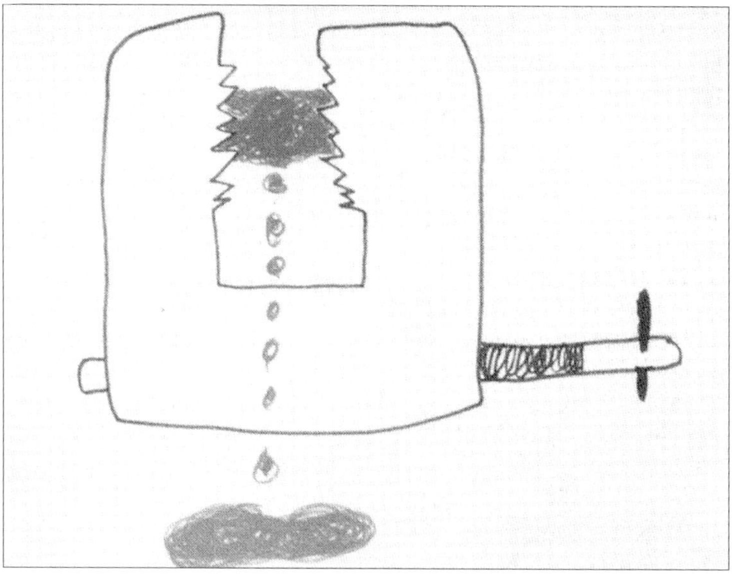

[그림 9-10] 검은 죽음의 힘

인 부모 콤플렉스를 철저히 분석하는 동안에 그가 정신적인 살인을 한 것이라고 설명했다. 힘과 용기를 나타내는 그의 진정한 자기인 감옥에 있는 부분이 부정적인 자아와 그림자의 죽음으로 인해 자유로워져야만 했다.

폴의 다음 그림(역시 제시하지 않음)은 양끝이 타고 있는 초를 보여 준다. 역설적이지만 희망적인 상이다. 빛이 있는 곳에 희망이 있다. 비록 양끝이 타고 있는 초가 잠재적으로 자기 파괴적이지만, 폴은 이런 파괴는 좋은 결과를 위한 방편이라는 것을 인정할 수 있었다. 그는 이 그림을 사랑에 관한 책에서 복사한 페이지의 뒷면에 그렸다. 그 페이지는 자신을 사랑하기에 관한 것이었다. 이것이 단순한 우연이었을까, 아니면 의미 있는 동시성적인 사건이었을까? 폴과 나는 후자로 생각했다.

폴은 그의 개인적인 신경증적 부모 콤플렉스를 철저히 분석할 필요가 있지만, 지속적인 결과를 얻으려면 비슷한 이슈를 집단적인 수준에서도 해결하려고 고심해야 한다. 갈등이 집단적인 수준에서 해결되지 않으면, 그것은 결국 개인적인 수준에서 다시 나타나 갈등을 야기한다. 이것이 분석과정에서 2단계와 3단계가 치유에 필수적인 이유다. 환자는 정신의 보다 깊은 수준으로 들어가야만 한다.

삼키는 게 숙녀의 거듭나기

치료의 이 시점에서 폴은 아직도 중독될 것에 대한 두려움과 토하면 죽을 것이라는 두려움이 있었다. 사실상 부차적인 그의 정신의 부정적인 부분을 제거하는 일은 계속적인 상징적 죽음의 경험을 하는 것을 의미하는 것이다. 자아 죽이기의 결과에 대해 어느 정도 지적인 인식을 했음에도 불구하고, 그는 아직도 집단적 무의식에 깊숙이 들어가는 것에 대해 심한 두려움이 있었다.

폴의 다음 그림([그림 9-11] 참조)은 그가 자신의 '살인자 짐승' 측면이라고 부르는 것을 그린 것이다. 그에 의하면, 이 상은 스스로를 죽이고 있다. 처음에는 머리를, 다음에는 심장, 위장, 유방, 고환 그리고 남근을 죽이고 있다. 폴은 그것에 대응하여 와해되고 해체되고 죽고 또 죽어 가는 느낌이었다. 우리가 그의 구토에 대해 다시 이야기했을 때, 그는 처음으로 한번은 어머니가 중독될 것이 두려워서 자살시도를 했다는 기억을 생각해 냈다.

[그림 9-11] '살인자 짐승'

중요한 기억이다.

아직 2단계에 있으면서 폴은 거의 두 달 동안 인생의 의미를 찾아 씨름했다. 그는 부분적으로 죽고 부분적으로 살아 있다는 느낌이었다. 그는 이제 두 남동생들과 이야기할 수 있었고, 더 이상 공황발작은 없었고, 약도 하루에 알프라졸람 1밀리그램으로 줄였다. 폴은 또한 새 여자와 건강한 성적인 관계를 갖는 꿈을 꾸기 시작했고, 그가 흥미 있어 하는 컴퓨터와 관련된 아주 근사한 자문 업무를 보는 직업도 얻었다. 재미있게도 이 기간 동안에 그때까지 20번 이상 수술을 받았던(그중 반은 선택적인 수술) 그의 어머니가 성형수술을 받으러 갔는데, 그가 화를 냈다. 갑자기 [그림 9-7]과 [그림 9-11]에 나오는 폴과 짐승이 여러 장기를 끄집어내는 일이 새로운 국면을 맞이했다. 그는 이제 어머니의 문제는 그의 것이 아니고 그녀의 것이라는 것을 알기 시작했다.

이 진전에 고무되어 폴은 치료를 중단하고 싶어 했다. 그러나 나는 지금이 적절한 시기가 아니라고 생각했다. 그때 그는 그의 표현대로 '여자의 독아(毒牙)와 발톱 그리고 남자의 붉은 눈을 가진 거미-게 생물'의 그림(보여 주지 않음)을 그리도록 한 꿈을 꾸

[그림 9-12] 독살당하고 비역당하고 사로잡힘

었다. 내가 보기에 그것은 화난 아니무스의 눈을 가진 집단적인 부정적 어머니의 상이었다. 희생물을 잡기 위한 불길한 거미줄로 해석될 수 있는 그림 속에는 소용돌이가 있다.

폴에 의하면, 그다음의 그림은 폴의 항문에 악한 것을 주사하고 있는 남성적인 양서류/파충류 괴물의 그림이다([그림 9-12] 참조). 동시에 개구리 같은 게가 그의 입에 무언가 나쁜 것을 쑤셔넣고 있다. 이 폭행은 그가 '그것' — 전능하고 만연하는 악의 에너지 — 에 먹히는 동안 벌어졌다. 폴은 움직일 수 없다. "나는 게를 밀치려고 하지만 그럴 수 없다. 나는 마비되었다. 나는 고통당하고 있다. 나는 병들고, 불행하고, 무력하고, 절망적이다." 그는 자신을 어머니와 아버지에게 독살당한 순진한 청소년으로 보았다. 그래서 그림은 모성 콤플렉스와 부성 콤플렉스를 개인

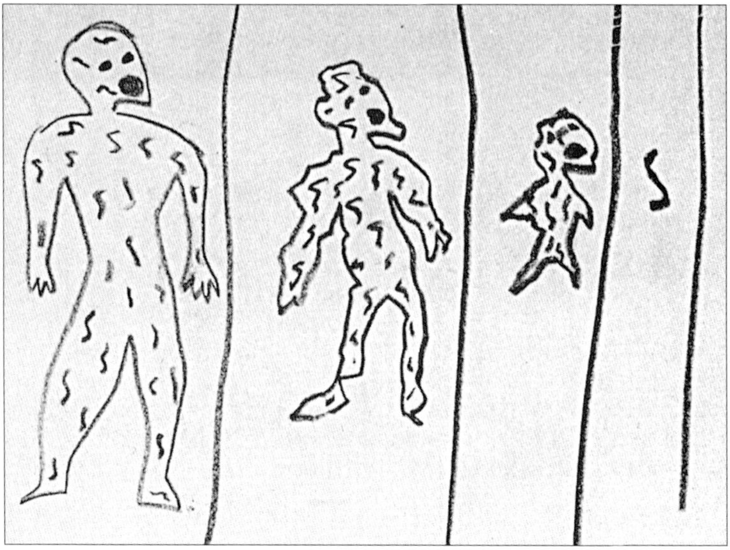

[그림 9-13] 죽음과 재생

적인 차원에서 묘사하기 위해 집단적인 무의식에서 이미지를 가져왔다.

폴의 다음 그림([그림 9-13] 참조)은 그의 내부에서 먹어치우는 벌레들을 보여 주면서 죽음과 재생의 주제를 시사한다. 그럼에도 불구하고 그것은 긍정적인 면을 가지고 있다. "그들은 죽을 것이다."라고 폴이 말했다. 사실 그림에서 벌레들은 사라지고 마지막에는 음악 기호로 표현되는 희망이 있다. 이 기간에 그는 고등학교 이래로 하지 않았고 전에 한 번도 언급하지 않았던 기타 연주를 하기 시작했다. 음악은 고대의 치료방법이다. 키론은 아스클레피오스에게 의학과 음악을 가르쳤다.

2주 후 폴은 악몽을 꾸었고, 그 때문에 하느님께 도와달라고 소리쳤다. 폴은 종교적인 사람이 아니었다. 그래서 그는 그에게 무엇이 일어났는지 이해하지 못했다. 그러나 그것이 의미 있다는 것은 알았다. 나는 마침내 그가 진정한 자기의 심혼의 탄생을 경험하기 시작했다고 느꼈다. 치료 9개월 만에 이 재생의 경험이 일어난 것은 주목할 만하다.

행동과 해소

폴이 질병과 치료의 3단계에 들어가면서 그의 삶에 여러 긍정적인 변화가 일어났다. 그는 일로 복귀했고, 새 집으로 이사했고, 이혼수속을 진행시켰다. 더불어 그는 도에 관심을 갖기 시작했고, 심혼의 여행을 떠나기도 했다. 이는 그가 자기와 접촉했다는 것을 암시한다. 그는 10년 만에 처음으로 어머니를 파트너로

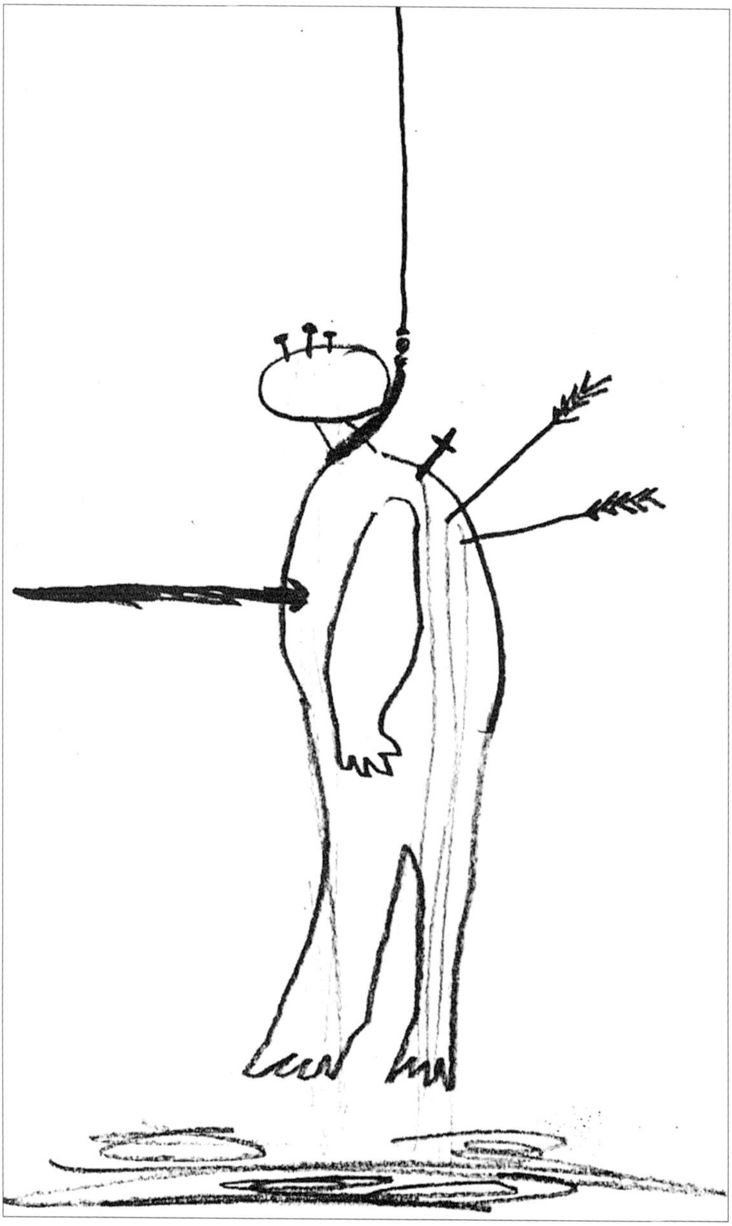

[그림 9-14] '가장의 죽음'

하여 브리지(상징적으로 흥미 있는 단어다.) 게임을 하고, 규칙적으로 이겼다. 그는 더 이상 대장경련이 없었다. 그는 젊은 여자와 새로운 관계를 맺었는데, 이것이 그를 즐겁게 해 주고 자신 있게 해 주었다. 이 관계는 4개월간 지속되었고, 다음에 그는 전문직을 가진 여성과 보다 만족스러운 관계를 갖기 시작했다. 폴은 그녀가 요리한 음식을 모두 먹었고 중독될 것에 대한 두려움도 없었다. 그는 그녀와 성적으로 관계하기 시작했다.

치료가 1년 5개월 경과됐을 때, 폴은 약 9개월만에 '가장의 죽음'이라고 제목 붙인 그림을 가져왔다([그림 9-14] 참조). 이 그림은 억압되고 부정적인 개인적이고 집단적인 아버지를 적극적으로 상징적 살해를 하는 슬픈 그림이다. 아버지의 머리에는 세 개의 못이 있고, 등에는 십자가와 두 개의 화살이 있으며, 가슴에는 창이 있다. 그는 또한 올가미에 목이 매달려 있다. 이 시점에서 폴이 시를 쓰기 시작했는데, 이것은 그가 대학 시절 이후로는 하지 않았던 일이다. 이 역시 새로운 삶의 희망적인 징조다.

폴의 다음 그림은 치료 1년 9개월이 지난 뒤 완성된 것으로 매우 흥미롭다([도판 15] 참조). 이 그림은 융이 모든 미국인에게는 아메리칸 인디언이 있다고 말한 것을 생각나게 한다. 그림에는 큰 새가 한 마리 있는데, 그것은 이제 검지 않고 (그의 지금까지의 그림에 있는 새 모두가 그렇듯이) 오히려 흙 같은 갈색이다. 비슷한 색깔로 세 개의 돌이 그려졌고, 그 안에는 오렌지색 표식이 있다. 오렌지는 분노를 나타내는 거친 빨강과 같지 않은 따뜻한 색깔이다. 그림에 있는 오렌지색의 번개는 새 에너지를 나타낸다.

특히 그림의 돌들은 폴이 새로 발견한 전체성의 느낌을 가리킨다. 그것은 땅의 것이고 고형이다. 이는 그가 대지모와 결합하여 보다 단단하게 느끼고 있다는 것을 암시한다. 가장 큰 돌에는 머리가 둘인 새가 있는데, 그것은 많은 고대 모권사회에서 일반적인 성장을 상징하는 도끼 같은 무기를 닮았다. 두 번째 큰 돌에 있는 상징은 대극의 합일을 나타낸다. 태양(남성)과 달(여성)이 중앙에 구분선과 함께 그려져 있다. 세 번째의 타원형 돌은 그의 아니마를 나타낸다. 이 돌은 여러 가지 중요한 상징을 담고 있다. 즉, 십자가, 태양, 뱀, 화살, 초승달로 각각 희생, 생활력, 치료, 남성성, 여성성을 나타낸다.

분석치료가 2년이 지나서, 폴은 세 번째 여자와 사귀기 시작했다(두 번째 여자와의 관계는 1년 지속됐다.). 그녀는 직물공이었는데, 수용적이고 특별히 사랑스럽고 창조적인 여자였다. 그는 이 관계가 지금까지 여자와 맺어 왔던 관계 중 성적으로나 그 밖의 다른 면에서도 가장 좋았다고 말했다. 심지어 그가 결혼하여 가정을 이루고 싶다고 할 정도였다.

폴은 기억을 되살리며 아마도 이상적인 이성관계를 알게 된 것 같다고 생각했다고 했다. 내가 보기에 이것은 그가 내면에서 아니마와 의미 있는 관계를 맺었다는 것을 드러낸다. 왜냐하면 이런 종류의 성공적인 **내면의 결혼**은 종종 폴 같은 환자들에게 성공적인 **외적인 결혼**을 계획할 수 있게 하기 때문이다. 그때 폴이 고통스러운 기억을 들추어 냈다. 그가 15세였을 때, 어머니가 그가 음모가 났는지 확인하기 위해 동생들 앞에서 그를 발가벗겼던 것이다. 그가 부정적인 모성 콤플렉스에서 아니마를 분화시켰기에 이제 그 기억을 다룰 수 있게 되었다. 그는 이제 그것을 그의 것이 아닌 어머니의 병리의 한 사례로 볼 수 있게 되었다.

이 기간 동안 폴은 전반적으로 잘 지내고 있었다. 그는 운동을 하고 야구를 하고(여러 해 동안 하지 않았던) 춤을 추었다. 그는 어느 상담시간 전에 사랑을 나누고 와서는 내게 그에 대해 열심히 이야기했다.

퇴행, 영혼의 탐 및 두려움의 극복

폴의 마지막 적극적 명상 그림 중 하나(제시되지 않음)는 치료 2년 3개월 뒤에 완성되었다. 그것은 분명 그리스도와 같은 상의 자화상이었는데, 애인과 수영장에서 수영을 하고 나서 그렸다. 수영은 그가 염소에 중독될 것이 두려워 20년 동안 하지 않았던 것이다. 이 그림을 생각하면서 폴은 "내 일생 모두 고통받았고 남을 위해 희생했어요. 그것을 더 이상 하고 싶지 않아요."라고 말했다. 그는 그림 가운데 아주 평화로운 구성 부분인 눈 속에 있는 우주적인 보랏빛이라고 명명한 것 속에서 심혼의 자기를 보았던 것이다. 그의 눈 속에는 미이라(고치) 상도 있다. 이는 아마도 그가 부정적인 개인적이고 집단적 모성적 이슈를 잠잠하게 하고 있다는 것을 가리킨다. 그가 어머니로부터의 분리를 보고 있고 경험하고 있었기에 그의 눈은 피눈물(아래쪽 안검이 붉었다.)을 흘리고 있다고 주장한다(그러므로 부정적인 모성 콤플렉스의 죽음은 매우 고통스럽고 힘들다는 것을 시사한다.). 그의 입은 화난 표정으로 붉었다. 이에 대해 그는 애인에게 더러운 언급을 했고 그것이 그를 당황케 했다는 식으로 이야기했다. 자신을 그리스도와 같이 그린 것에 대해서는 그가 30세 때부터 그리스도와 동일시하였고, 자신이 그리스도의 재림을 증명할 것이라고 믿어 왔다고 했다. 내가 이 입장은 자아 팽창이라고 하자, 그는 내게 매우 화를 냈다. 그러다 다음 만남에서 폴은 이 그림이 중요하고 초월적이기까지 한 상징적인 죽음-재생의 경험을 나타낸다는 것에 침착하게 동의했다.

폴의 그리스도 같은 자화상 그림은 크리스마스 직전에 완성되었다. 그는 크리스마스가 되면 늘 정서적으로 견디기 힘들어했다. 그렇지만 올해는 그가 크리스마스를 기쁨으로 보낼 수 있었다. 그는 애인에게 100달러 상당의 크리스마스 트리를 사주었다. 내 생각에 이것은 지속적인 아니마 방향으로의 성장을 상징하는 것이었다. 그 결과는 한 여자와의 의미 있는 외적인 결합을 더욱 공고하게 한 것이다.

그 후 폴은 또 하나의 그림([도판 16] 참조)을 그렸다. 그것은 개구리 같은 짐승이 '죽을 똥'을 싸고 있는 그림이다. 똥은 노랗고 갈색이고 붉다(고름, 똥 그리고 피). 그는 이 짐승의 검은색 부분은 그의 남성적인 본질이고, 녹색 부분은 여성적인 본질이라고 설명했다. 폴은 그가 싫어하는 것에서 무엇인가를 뽑아 내고 있다고 했다. 그는 그것을 '생각이 없고 고통을 주고 죽은 쓰레기 조각'이라고 불렀다.

집단적인 수준에서 폴은 [그림 9-12]에 나오는 두 개의 파괴적이고 남용하는 정신의 부분(남성적인 파충류 괴물과 여성적인 개구리 같은 생물)을 합하여 원시적이지만 양성적인 전체를 만들었다. 그것은 죽을 필요가 있는 혐오스러운 것을 낳았다. 이 무서운 그림은 실제로 죽음-재생 경험의 치료적인 이미지다.

그 당시 폴은 전처와 결혼하고 죽어 가고 있는 꿈을 꾸었다. 그는 자살을 하거나 누군가에 의해 살해당한다. 그러나 그의 반만 실제로 죽는다. 그가 모두 죽지 않았다는 사실이 그를 화나게 한다. 꿈은 계속되어 그가 살해당하고 반복해서 다시 살아난다. 우리가 이 꿈을 이야기할 때, 그는 그것은 전처와 어머니에 관련된 자아의 부정적인 부분을 막 포기하려고 한다는 것을 상징한다고 느꼈다.

치료가 2년 5개월 경과되었을 때, 폴은 그의 부모가 더 이상 원치도 않고 버리려고 한 어린 시절의 가족영화를 얻었다! 이 영화를 살펴보는 일이 그의 치료에 있어 아주 강렬하고 고통스럽게 중요한 부분으로 드러났다. 이 영화를 통해 그가 초기 어린 시절에 아주 혜택받지 못하고 힘들었다는 것이 분명해졌다. 그는 모유 수유를 받지 않았다. 대신 젖병으로 수유받았고, 인간적인 접촉이 거의 없었다. 그는 영아기에 슬퍼 보였고, 어린 나이에 부모를 위해 연기를 해야 했다. 슬픈 잠복기 동안에 그는 어린 시절이 끝났다고 느꼈다. 십대 시절에 그는 계속 우울해 보였다.

그의 치료여행이 2년 6개월 경과됐을 때, 폴은 심한 우울증에서 벗어난 느낌이었고 치료 종결에 관해 이야기했다. 그는 가족영화를 보고 그것을 이야기한 것이 엄청난 도움이 되었다고 느꼈다. 그는 이제 그 자신을 받아들였다. 그의 강점뿐 아니라 상처와 한계도 받아들였다. 그는 그 자신이 생존자이고 창조적인 사람이고, 두려움에도 불구하고 미지의 것에 도전하고 있다고 선언하였다. 그는 흰 배경의 중심에 있는 검은 점의 정신적인 이미지를 고수하였다. 이는 그가 과녁 또는 전환점에 있다는 것을 상징한다. 그는 일주일에 두세 번씩 신체 마사지를 받기 시작하였다. 그리고 그가 암컷 새끼고양이로 변신한 길들여진 숫사자라는 꿈을 꾸었다.

치료 2년 9개월째에 폴은 휴식을 갖고 싶다고 했다. 나도 동의해서 우리는 3개월간 만나지 않았다. 이 기간 동안 그는 스스로 옷을 벗는 한 여자가 등장하는 컴퓨터 비디오게임을 만들었다. 폴은 남성적인 페르소나와 자아/자신 정체성의 스트리퍼로 그의 부정적인 어머니에서 벗어나고 있다. 그 자신의 창조적인 아니마가 스스로 벗을 수 있었다(물론 폴의 새로운 자아의 도움으로). 이 비디오게임을 만든 다음 폴은 남자로서 보다 안정적으로 느꼈다.

분석치료가 3년이 지난 후부터 나는 폴을 2~4주에 한 번씩만 보고 있다. 그는 나비(영혼)가 출현할 수 있게 고치를 양육할 필요가 있다는 이야기를 했다. 그의 여자 동료와의 관계는 매우 우호적이었다. 그는 기념비적인 40회 생일을 그녀, 그가 좋아하는 동생 내외와 함께 보낼 수 있었다. 그의 애인이 결혼하기를 원했고, 그에 대해 그녀와 이야기를 나누었다. 그러나 폴은 아직 그런 약속을 할 준비가 되지 않았다.

'영혼 만들기' 아니마와의 재결합과 자기의 수용

2개월 후 폴은 그가 '영혼 만들기'[7] 라고 부른 것과 관련된 노

7) 폴이 우연히 이 용어를 만난 것이 흥미롭다. 이것은 제임스 힐먼이 비슷한 종류의 활동에 사

래를 여러 곡 쓰기 시작했다. 그는 아직도 남아 있는 부정적인 자아상을 최종적으로 파괴하고 싶고 어린 시절의 정체성 및 영혼(그의 느낌에 십대 시절에 죽은 진정한 자기)과 새롭게 만나고 싶었다. 폴이 쓴 일련의 영혼 만들기 노래에는 과거의 충격적인 차 사고와 첫 아내와의 힘들었던 생활이 반영되었다. 그것들은 그가 내면의 자기와 단절되고 영혼을 잃은 것에 관한 노래였다. 그는 영혼을 찾으려는 수단으로 영혼 만들기란 생각에 호기심을 느꼈다. 그리고 어머니로부터 분리되는 작업을 하기 위해 더 치료받기를 원했다. 이것이 3단계의 중요한 과제다.

실생활에서는 치료에서와 같이 좋았다 나빴다 했고, 예상했던 대로 폴의 우울증은 재발했다. 그는 불면증이 있었지만 더 이상 죽고 싶지는 않았다. 그는 다시 그의 우울증에 생물학적인 원인이 있다는 데 집중했다. 그래서 나는 그를 다른 정신과 의사(이 동료는 매우 세심한 정동장애 전문가였다.)에게 의뢰하여 도움이 될 항우울제가 있는지 알아보았다. 소량의 아목사핀과 알프라졸람이 실제로 그의 우울 증상의 일부를 경감시켰다. 이 기간 동안에 그는 비공식적으로 우울증과 자살 위험이 있는 여자친구를 상담하고 있었는데, 나는 이를 그 자신이 회복하고 있다는 강한 표시라고 해석했다.

치료 시작 3년 5개월째에, 폴은 정서적으로 궁지에 빠진 느낌이었고, 과거에 아버지가 그를 지하실에 가두었던 일을 기억했다. '아니마' 라고 제목 붙인 그의 마지막 적극적 명상 그림([도판

용했던 용어다. Hillman(1983), p. 49 참조.

17] 참조)이 이 시기에 완성되었다. 그에 대해 설명하면서 그는 "이것은 생물학과 생화학적 우울증의 검은 구정물에 의해 막대기에 매여 있는 여자입니다. 그녀는 도망치려고 애써 왔고 이제 막 벗어나려는 참이지요."라고 말했다. 그는 그녀의 푸른색 몸은 그의 여성성과 무의식적인 면을 나타내며, 그의 심혼과 영혼이 출현하고 있고(소라류 조개인 콘치에서), 그녀가 자유롭게 되면 그 여인과 합칠 것이라고 생각했다.

치료 3년 6개월이 지났을 때, 폴은 아목사핀의 용량을 1/3로 줄였고 훨씬 덜 우울했고 한층 자신 있게 되었다. 그는 단편소설을 쓰기 시작하였고, 규칙적으로 운동하고 있었으며, 가을에 직업적인 계획을 수립하기 위해 열심히 일하고 있었다. 한동안 여자친구와의 관계가 발전적으로 지속되고 있었다. 이 기간 동안 그는 그가 여자이고 모든 면에서 최고라는 꿈을 꾸었다. 꿈에서 그는 여자로 수영장에 서 있으며, 한 남자와 결혼하기로 돼 있었다. 폴은 이 꿈을 꾸고 아주 기분이 좋았고, 그것을 그의 여성적인 본성과 남성적인 본성이 결합한 것을 나타내는 것으로 해석했다.

두 달 뒤에 폴은 그가 쓴 소설을 가지고 왔다. 그것은 강간을 포함한 동성애적 행위를 하려고 하는 나쁜 권위적인 상에 의해 납치된 한 남자(그 자신)에 관한 것이다.[8] 그 남자는 탈출하고 나서 자신을 받아들이고 사랑한다. 폴은 이 소설을 쓰는 과정에서 창조적인 방법으로 부정적인 부성 콤플렉스의 죽음을 경험하면

8) 동성애적인 행위의 주제, 특히 항문성교(또는 여기서의 강간)가 반복되는 것으로 보아, 나는 폴이 소년 시절에 성적으로 학대를 받았는지 궁금하였다. 물리적인 근친상간이 아니라면 분명히 심리적인 것이 있었을 것 같았다.

서 다시 태어난 것 같은 느낌이었다.

4주 후 폴은 더 이상 우울하지 않았고, 결혼하고 새 집을 사는 것에 대해 이야기했다. 그렇지만 그다음 2개월간 그는 점점 더 우울해졌고, 불면과 죽음의 생각을 겪었으며, 입원시켜 달라고 요청했다. 나와 치료한 초기 몇 달 동안의 태도에서 180도 달라진 것이다. 앞의 생물학적으로 정향된 정신과 의사가 폴을 입원시켰고, 새로운 약물이 그에게 도움이 될 수 있을까 보기 위해 다양한 검사를 시행했다. 합성 갑상선 호르몬제가 아목사핀과 알프라졸람에 추가되었다. 이 조합으로 조금 나아지는 것 같아 보였다. 폴은 또한 나를 보는 것을 중단하고, 대신에 이 새로운 정신과 의사에게 치료받기로 결정하였다. 나는 나와 분리하려는 그의 결정을 이해하고 받아들였다. 그것은 그가 어머니와 부모 콤플렉스에서 분리되려는 소망의 연장이었고, 그를 치유과정 자체에서 분리하도록 느끼게 해 줄 것이기 때문이었다.

첫 상담이 시작한 지 거의 4년이 지나 내가 마련한 우리의 비공식적인 면대면 만남에서 폴에게 내가 텍사스로 이사 갈 것이라는 이야기를 전했다. 그는 내게 아직은 주기적으로 우울하지만 전보다는 심리적으로 강해졌고 절대 자살 생각이 없다고 했다. 그는 교과서를 공동 집필하는 것을 막 마쳤고, 그의 일을 사랑했다. 직물공 여인과의 관계도 전보다 더 가까워졌다. 그는 다른 정신과 의사를 2주에 한 번씩 만나는 것을 계속했고, 다음 해에는 횟수를 1~2달에 한 번으로 줄였다. 우리는 계속 연락하기로 했다.

나는 폴과 마지막으로 편지로 접촉하였는데, 그것은 우리가 처음 만나고 9년이 지나서 한 일이었다. 그는 그의 일을 아주 잘 하고 있었고, 최근 그 여자와 결혼했으며 아이를 가질 생각이라고 전해 주었다. 그의 우울증 삽화는 아주 드물게 있었다. 그는 지난 4년간 정신과 치료를 받지 않았으며, 2년 전에 내과 의사에게 합성 갑상선 호르몬제를 처방받은 후로는 더 이상 약물복용을 하지 않았다. 폴의 우울증은 창조적인 일과 삶 그리고 사랑으로 완전히 거듭났다. 시간이 지나면서 그의 자아 죽이기 이후의 보다 건강하고 행복한 사람으로의 변신은 지속적이었다.

폴의 자아 죽이기와 거듭나기의 경험은 마침내 그가 자신의 정체성을 정신과 환자에서 자유로운 사람으로 변화시킬 수 있게 했다. 그는 계속해서 자기 치료에 참여하고, 그에 따라 자신을 부모와 분명히 구별한다. 폴에게 일에서의 지속적인 성공과 결혼 그리고 그에 따른 가정생활을 보답받는 길은 열려 있고 거칠 것이 없다.

폴의 이야기에서 우리는 자아 죽이기와 거듭나기의 모델을 개인 분석치료에 심층적으로 적용시키는 것을 살펴보았다. 다음 장에서 우리는 중요한 위기 시점을 탐색하고 그에 따른 불안발작을 거듭나게 하는 것에 대해 논의할 것이다.

4부_ 변화의 나선형: 상징적 죽음과 새로운 인생

10

위기 시점: 자아 죽이기가 어떻게 도울 수 있는가

"나는 이 세상에서 가장 위대한 것은
우리가 어디에 위치해 있느냐가 아니라 우리가
어느 방향으로 움직이고 있느냐라는 것을 알았다."
-올리버 웬델 홀름스

나선형은 자아 죽이기와 거듭나기 과정의 전체적인 특성을 나타내는 표식처럼 보인다. 반시계방향과 하강은 퇴화, 해체, 퇴행 그리고 집단화를 나타낸다. 반면 시계방향과 상승은 진화, 성숙, 진행 그리고 개성화를 암시한다. 이것이 우리가 레베카, 게리, 샤론 그리고 폴의 거듭나는 여행에서 보고 읽어 왔던 나선형 이미지에 대한 나의 해석이다.[1] 이제 개인의 일상적인 삶의 경로에

1) 전에 지적했듯이, 나선형에 대한 나의 해석은 그것을 자살로 연상한 해리엇 웨더슨(Harriet Waderson)과 다르다. 나의 해석은 나선형을 정신의 본래 활동이라고 연상한 융의 것과 유사하다. 앤드류 사무엘스(Andrew Samuels)는 나의 것과 대비될 수 있는 개념으로 나선형을 심리적인 발달의 살아 있는 상징으로 시각화한다. "나선형 속에는 같은 요소들이 서로 상

서 이 나선형이 어떻게 어긋나고 전환할 것인가를 조사해 보자.

우리의 일생은 정체된 장소, 조용히 흐르는 구간, 빠른 시기, 위험한 소용돌이 등으로 이루어진 강물과 같다. 그것들은 자연스럽게 일어나는 위기의 기간이나 시기다. 비록 이들 위기 시점이 때로 스트레스가 많고 절망적이긴 하지만, 그것들은 변화와 성장에 필요한 것이기도 하다. 우리는 자아 죽이기가 어떻게 우울증에서 거듭나게 하고, 그 초월적인 경험이 어떻게 희망을 주는지를 보아 왔다. 이와 유사하게 우리의 삶을 높은 길과 낮은 길을 가는, 보다 규모가 큰 인간 행로의 부분으로 본다면 또 다른 유용한 관점을 가질 수 있다. 그런 관점은 인간 삶의 발달주기를 포함한다. 그 주된 관점 중의 하나가 에릭 에릭슨(Erik Erikson)이다.[2] 우리가 우울하고 절망적이고 죽고 싶을 때 에릭슨의 인간 발달단계가 얼마나 유용한가? 희망을 제시하여, 에릭슨은 그것을 유아기에는 믿음과 신뢰로 연결시키고, 노년기에는 지혜와 통합으로 연결시킨다. 발달상의 견해는 초개인적인 것과 함께 위기를 초월하고 거듭나는 기회로 여기기도 하면서 인생을 살아가게 한다.

인간의 인생주기는 인생에서 최소한 세 번은 상징적인 죽음과 새로운 삶을 경험할 기회를 위기 시점들을 통해 제공해 준다. 이 규칙적으로 일어나는 세 번의 시기는 (1) 초년의 위기, (2) 중년의

호작용하지만 서로 다른 장소에서 상승[또는 하강]을 반복하면서…… 나선형은 정신의 구성 부분이 환경의 요구에 의해 작동되는 방식을 예시하기도 한다." Samuels(1985), p. 115; Waderson(1980), pp. 49-50, 98-101; Jung(1968b), pp. 28, 179-180, 217 참조.

2) Erickson(1982).

위기, (3) 말년의 위기다. 이 발달상의 시점마다 우리는 자아 죽이기를 시도하고, 우리의 능력을 더 깊이 느끼게 하고, 자신만의 본질에 더 가깝게 해 줄 거듭나기를 겪을 기회를 갖는다.

발달상의 위기 시점

융의 견해로 아기는 자기로 불리는 전체성의 질료에서 나온 분명한 개인이다. 태아가 무의식 상태에 있기 때문에, 잠재적인 실재로서 자아는 탄생하면서 만들어지기 시작한다. 갓 태어난 아기는 의식의 영역에 있으면서 그 자신의 정서적이고 물리적인 양육을 확보할 필요성을 가지고 환경과 직면한다.

탄생의 순간부터 자아는 자신을 운전한다. 그러나 자아와 자신은 모두 정신의 중심과 전체성을 나타내는 자기 원형에 기초한다. 자아가 부모를 동일시하여 그것을 함입하면서 자기로부터의 분열이 생긴다. 지지적이고 양육적인 부모는 어린이의 확실한 자아와 자신 — 진정한 자기 — 의 발달을 촉진한다. 그렇지만 부모의 과잉보호나 무관심으로 적절한 양육과 지지가 없다면, 아이는 부정적인 어머니 및 아버지와의 동일시를 형성하고 거짓 자기를 발전시킬 씨앗이 뿌려진다.[3]

마가렛 말러와 그녀의 동료들은 자신을 분리된 개체로 인식하는 것으로 경험하는 심리학적인 자신의 탄생은 2세 전후에 일어난다고 주장한다.[4] 진정한 자기와 거짓 자기뿐 아니라 긍정적인

3) Winnicott(1965).

(건강한) 자아와 부정적인(건강치 못한) 자아의 측면은 2세에서 청소년기까지 성숙하면서 발달을 지속한다. 에릭슨의 발달청사진[5]의 첫 단계는 믿음 대 불신(탄생~2세)이고, 그다음은 자율성 대 수치감과 의심(2~3세), 주도권 대 죄의식(3~5세) 그리고 근면 대 열등감(6~12세)으로 이어진다.

처음 네 단계의 인생주기는 청소년기(13~19세)에 정체성을 확립하거나 정체성의 확산을 겪는 심리적으로 중요한 문제와 함께 그 정점에 이르게 된다. 이것이 초년기 인생의 위기이고 상징적인 죽음과 새로운 삶을 경험할 수 있는 첫 번째 기회다. 만일 젊은 개인이 청소년기에 부모 그리고 내사된 자아(거짓 자기)에 반항하여 그것으로부터 분리되지 않는다면, 그 또는 그녀는 정서적인 장애와 분열된 자신을 발전시킬 후보자가 되기 쉽다. 그때 진정한 자기의 씨앗은 분명 은밀한 분노와 죄의식의 정신적인 토양 속에 묻히게 되고, 거짓 자기를 통하여 인격장애뿐 아니라 우울증과 자살 성향으로 표현된다. 이런 비극적인 시나리오가 레베카, 게리, 샤론 그리고 폴의 사례에서 분명하다. 융은 주로 오늘날 만연하고 있는 중년의 위기를 다루었다. 이제 '미래의 충격'[6]과 너무 빨리 성장하는 아이의 도래와 함께, 우리는 증가하고 있는 초년의 위기도 마찬가지로 다루어야만 한다.

4) Mahler, Pine, & Bergman(1975).
5) Erikson(1959, 1982).
6) Toffler(1971).

초년의 위기

부모, 선생님 그리고 카운슬러들은 청소년기가 정상적인 심리 발달상 처음으로 찾아오는 중요한 위기 시점이라고 알고 있다. 주로 부모 및 외부 사회의 집단적 규범과 동일시하여 형성되어 온 자아가 완전히 독립하기 위해 처음으로 도전을 받는다. 2세 때 나타난 최초의 개성 표상이 아버지와 어머니로부터 부분적인 정체성의 분리를 가져다주었지만, 청소년기는 혼란된 생물학적, 심리학적, 사회적, 실존적/영적 변화를 하면서 완전히 분리된 정체성이 출현하는 시기다.

안나 프로이트는 청소년기를 유일한 정상적인 정신병으로 규정하면서, 사춘기를 자아의 죽음이 일어나는 것을 기대할 수 있는 기간이라고 말하고 있다.[7] 그렇지만 청소년의 성난 저항적 특질을 감안하면 자아 죽이기, 즉 자아의 살해가 보다 정확한 묘사일 것이다. 특히 십대는 기존의 집단에서 만들어진 페르소나와 자아상뿐 아니라 지배적인 함입된 부모의 자아를 상징적으로 죽여야 한다. 노이만은 이것을 다음과 같이 규정한다.

> 개인의 정상적인 삶에서 부모 또는 그에 상응하는 것의 상징적인 살해는 정당하고 빠트릴 수 없는 발달의 한 단계다. 우리는 종종 많은 수의 [저해된] 발달 사례에서 [상징적인] 부모 '살해'를 피하는 '선한 어린이'가 되는 것의 이점이 그 후의 인생에서 개인의 독립에 위

7) 정신병에 걸리면 그 사람의 자아는 기능하지 않는다. 그러므로 그 또는 그녀는 현실과 접촉할 수 없다. 청소년기가 정상적인 정신병이란 생각을 견지하면서 안나 프로이트는 이 기간 동안의 자아의 죽음은 발달상으로 정상이라는 것을 암시하고 있다.

험한 대가나 희생을 치르는 것을 보아 왔다.[8)]

자아가 진화(보다 정확히 말해 개혁)하는 과정에서 이런 위기를 겪는 동안 청소년의 정신은 너무 깨지기 쉬워 어떤 강한 정동적인 경험의 결과라도 비극적일 수 있다. 예를 들어, 어떤 청소년이 사랑에 빠진다면 그 또는 그녀의 새로운 자아상은 그 관계 속에 빠져 버릴 수 있어, 그 사랑에 실패한다면 스스로 완전히 무가치하게 느낀다. 이런 로미오와 줄리엣 콤플렉스가 십대 자살의 흔한 요인이다. 인생의 목표 선택에서 저항에 부딪힌 청소년도 (8장의 샤론의 사례에서 보여 주었듯이) 심한 우울증 혹은 죽고 싶은 절망감에 빠질 수 있다. 극명한 하나의 예를 영화 〈죽은 시인의 사회〉에서 볼 수 있다. 청소년 주인공이 배우(진정한 자기)가 되기를 원한다. 그러나 부모는 그가 의사(거짓 자기)가 되기를 원한다. 그는 이 진퇴양난에 고통을 당하다 자살한다. 이때 사실상 죽임을 당할 필요가 있는 것은 진정하지 않은(그래서 부정적인) 지배적인 부모의 자아다. 그는 자살이 아닌 자아 죽이기를 할 필요가 있었다.

선생님, 카운슬러 그리고 부모들은 젊은 사람들에게 청소년기의 충격과 좌절을 보다 성공적으로 헤쳐 나가도록 도와주는 자아 죽이기와 거듭나기의 모델을 적용시킬 수 있다. 예를 들어, 젊은 사람들은 그들이 인간관계나 학업과 같은 것에서 어떤 실패를 했다면, 그들의 전체 자아가 아니고 오직 한 부분만이 상처

8) Neumann(1969), pp. 104-105.

를 입은 것임을 인정하도록 배울 수 있다. 그러한 시기에 자아 죽이기를 하고 그들의 심혼의 중심 또는 자기와 접촉함으로써 청소년들은 자기 파괴를 향한 항구적인 우회로를 택하기보다는 자기실현의 길을 계속할 수 있다.

만일 이를 읽은 부모가 젊은 사람들이 그들만의 자신감을 발달시키기 위해 부모의 자아 동일시에서 벗어나는 것이 필수적이라는 점을 염두에 둔다면, 두 집단 모두 갈등을 보다 효과적으로 다룰 것이다. 그에 따라 십대의 자살률은 희망적으로 낮아질 것이다. 그리고 청소년과 부모에 대한 교육적인 노력으로 젊은이의 자아 죽이기와 거듭나기가 증가할 것으로 기대할 수 있다. 이런 기대는 우울증은 창조적인 선물을 낳을 수 있고 실제적인 죽음이 아닌 상징적인 죽음과 새로운 인생을 의미해야만 한다는 사실에 근거하고 있다.

초기 성인기 동안에 자아 동일성과 자신 동일성의 느낌은 개인이 새로운 역할을 받으면서 구체화된다. 예를 들어, 경력을 쌓고 배우자가 되고 부모가 되면서 그것이 구체화되는 것이다. 에릭슨의 체계에서 초기 성인기 동안에는 자신과 다른 사람과의 친밀감 대 고립감 사이에서 갈등한다. 그런 다음 성인기에는 전형적으로 일과 가정을 포함하는 생산성 대 자기 도취와 정체의 시기가 있다. 개인은 자아 발달의 나선형에서 산꼭대기 정상에 도달할 때 커다란 성취감을 느낀다(그리고 종종 자아 팽창도 있다.). 그렇지만 이 느낌에도 불구하고 보통 무엇인가 아직 부족하다는 느낌이 있다. 더 이상 높이 갈 수 없는 그 지점이 중년의 위기라고 불린다. 자아가 정지할 수 없기 때문에 이 위기가 생긴다. 이제 자아는 오로지 밑으로 향한 나선형으로 퇴행할 수밖에 없다는 것을 인식한다. 이것이 단테가 그의 『지옥편』을 시작하는 지점이다. 인생의 중반에 방향을 상실하고 어두운 숲을 헤매고 심리적이고 실존적인 지옥으로 하강하는 곳이다.

중년의 위기

전성기는 두 번째 주요한 발달상의 위기를 나타낸다. 청소년기에 자신의 진정한 자기 대 거짓 자기의 과제를 해결하지 못한 사람은 중년의 위기가 훨씬 더 심하다. 이것은 앞의 거듭나는 여행 넷(6~9장)에서 모두 분명히 드러났다. 다른 말로 하면, 진정한 자기에 근거한 내면의 개인적 신화의 느낌으로 살아온 개인은 덜 심한 중년의 위기를 겪을 것이다. 중년의 위기의 궁극적인 위험은 그 사람이 산꼭대기에서 떨어지거나 뛰어내려서 자기 파괴적인 과정을 겪을 것이라는 것이다. 그에 대한 대안은 개인이 점진적으로 그리고 건설적으로 그 또는 그녀의 부정적인 페르소나와 자아상(거짓 자기)을 버리거나 상징적으로 죽이는 자아 죽이기를 하고 거듭나기를 겪는 것이다.

그렇지만 중년의 위기에 있는 사람이 긍정적인(자아-자기) 정체성의 변화에 저항한다면, 그림자가 때로는 해결되지 않은 부모 콤플렉스를 통해 자살 성향의 자신으로 나타나는 자살 콤플렉스를 만들 수 있다. 그 결과는 엘비스 프레슬리의 사례와 같이 자살일 것이다. 대조적으로 긍정적인 정체성의 변화를 한 사람은 베티 포드와 같이 절망보다는 통합을 할 것이고(에릭슨의 마지막 발달단계), 개인의 사회적이고 자연스러운 환경 안에서 전체성을 향해 나갈 것이다.

발달상의 전망이 인내를 통한 희망을 발전시키도록 권하고 있다. 에릭슨의 발달상의 견해는 자율성, 주도권, 근면, 정체성, 친밀감, 생산성 그리고 통합을 향해 움직이는 신뢰의 기반에 세워진 진화과정(상승과 하강의 나선형)이다. 그렇지만 에릭슨의 심리학에는 융의 것에서와 같이 모든 대극이 직면되고 받아들여지고 또 초월돼야만 하는데, 이것이 이중나선의 심리학적인 모델에 이르게 한다. 이것은 불신 위에 세워지며 수치와 의심, 죄의식, 열등감, 정체성의 확산, 고립, 자기 도취 그리고 정체, 혐오와 절망, 개성화에 대한 황량한 대안 등으로 이르게 하는 하강하는 나선형과 뚜렷한 대조를 보인다. 개성화 과정에 참여한 사람은 다음의 필수적인 힘(관련된 근본적인 덕목과 함께)을 발전시키고 나타낸다. 그것은 인생의 8단계와 직접적으로 관련이 있는데, 욕동(희망), 자기 통제(의지), 방향(목적), 방법(능력), 헌신(충실), 동맹(사랑), 생산(돌봄) 그리고 단념(지혜)이다. 에릭슨의 마지막 필수적인 힘이 단념인 것은 우연이 아니다. 내 느낌에는 그가 자아와 물질적인 세계를 포기하는 것을 의미한 것 같다. 그리고 그가 쓴 지혜는 영혼, 심혼 그리고 자기의 지혜를 나타내는 것 같다.

말년의 위기

수명이 연장됨에 따라 우리나라와 세계에서 노령화를 경험하고 있다. 우리 중 점점 더 많은 사람들이 노년과 말년의 위기 그리고 제3의 기대할 수 있는 발달상의 전환점을 경험할 것이다. 자아 죽이기와 거듭나기가 다시 한 번 인생의 황혼기에 겪는 많은 상실에 대처하고 인생의 새로운 의미를 찾는 데 유용한 모델이다. 말년의 위기는 우리가 그토록 얻기 위해, 그리고 잘하기 위해 애써 왔던 바로 그 가족과 직업의 페르소나(역할)와 자아상(정체성)을 단념해야만 할 때 생긴다. 아이들은 성장해서 떠나고, 일자리는 실패, 무능 또는 은퇴로 잃어버리고, 배우자는 죽고, 여러 질병에 시달리고, 마침내 우리는 죽음과 직면한다. 이러한 이별, 상실 그리고 종말에 직면하면서 우리는 통합(심혼의 전체성의 느낌)과 지혜로 나타나는 자비의 느낌을 발전시킬 수 있다. 왜냐하면 그럴 때 우리가 마지막으로 자아를 포기할 수 있고 자연스럽게 자기와 다시 합치기 시작할 수 있기 때문이다. 그렇지 않으면 우리는 냉소주의, 혐오 및 절망을 발전시킬 수 있다.

자아 죽이기와 거듭나기의 개념은 특별히 노년층에 해당된다. 많은 수의 노인들은 인간관계와 사회적인 지지와 단절돼 있어 소외감과 무력감을 잘 느낄 수 있다. 그렇기 때문에 우울증에 걸리기 쉽다. 통계적으로 보면 자살률은 노인들, 특히 백인 남자들에게서 급격히 상승한다. 이런 상황을 감안한다면, 은퇴하기 직전의 사람들에게 교육적인 홍보를 통해 그들의 낡은 페르소나와 지배적인 자아상이 자연스러운 다음 단계의 삶으로 건강하게 거듭날 수 있도록 상징적으로 죽어야만 한다는 것을 알리는 협동적인 노력이 있어야 한다.

아직 늙지 않은 성인으로, 우리는 사랑하는 노인들을 가정에서(그래서 보다 자신 있고 만족스럽게) 보다 잘 돌보는 일을 배울 수 있다. 그들을 양로원에 보내면, 우리는 우리의 과거 및 미래와 자기 자신을 차단하고 있는 것이다. 우리들 모두는 언젠가는 늙을 것이다. 우리가 늙은 자아의 과제를 미리 좀 더 알지 못한다면, 우리가 늙게 되었을 때 심리적인 수준에서 노년을 어떻게 다루는가를 알 수 없을 것이다.

인생의 시작과 종말은 일출과 일몰에 비유되는데, 둘 다 아름답고 장엄하다. 이 비유를 초월적인 상징으로 마음속에 간직할 수 있다면, 우리의 가장 어린 가족과 늙은 가족들을 보다 자비롭게 돌봐 주는 데 도움이 될 것이다. 탄생과 죽음 그리고 그에 따른 영원한 재생의 주기를 존중하자.

이혼과 죽음: 재생의 기회

우울증은 중요하나 예상되는 인생의 발달단계에서 오기도 하지만, 이혼이나 죽음을 통해서 예상치 못하게 사랑하는 사람을 잃었을 때 가장 잘 온다. 이 둘은 사실상 남아 있는 사람들에게 미치는 영향이 유사하다. 둘은 모두 붕괴감, 공허감 그리고 돌이킬 수 없는 느낌을 동반한 고통스러운 분리를 나타낸다. 그런 감정적인 절정에서 자아는 쉽게 심한 우울증과 자살로 나선형으로 하강할 수 있다. 자아 죽이기와 거듭나기는 이들 두 가지 상실을 건강하고 생산적인 방식으로 맞이할 수 있도록 도와줄 수 있다. 우선 이혼으로 인한 상실을 생각해 보고 그다음에 사랑하는 이의 죽음과 관련된 상실을 생각해 보자.

이혼: 길을 떠나기

이혼은 본질적으로 작은 죽음이다. 배우자로서의 역할과 정체성과 밀접하게 관련되었던 페르소나와 자아상이 갑작스럽게 생존을 그만둔다. 우리는 이렇게 잃은 사람을 애도할 뿐 아니라 잃은 사람과의 관계 속에서 규정되었던 자신의 부분도 애도한다. 이런 외롭고 극도로 힘든 자아 죽이기의 시기에 슬픔에서 거듭나게 하기 위해서는 우리 정신의 중심 혹은 자기와 다시 연결할 필요가 있다.

외롭고 우울하고 죽은 듯한 느낌을 가지고 있는 이혼남에게 초월적인 기능으로 작용하는 것은 그의 아니마다. 즉, 그녀가 자아 죽이기와 거듭나기의 초점이고 촉진제가 되어야 한다.[9] 결국 아니마는 그의 여성적인 본질의 원형이다. 그것은 특히 실패한 결혼 뒤에 문제가 되는 정체성의 한 측면이다. 사실상 그를 곤란하게 하고 마지막으로 이혼의 메스를 가한 것은 흔히 투사된 아니마다. 그의 인생에서 아니마는 흔히 외도했던 여자, 아내를 떠나서 찾은 여자, 그다음에 결혼한 여자 등으로 나타난다. 아니마의 문제는 그것이 내면에서 직면될 때까지 남아 있을 것이다. 남자의 꿈에서 아니마는 익숙하지만, 실생활에서는 아직 알지 못하는 여신 같은 여인으로 나타난다. 때로 아니마는 고대의 치료적인 상징인 뱀을 동반한다. 이혼남이 그런 아니마 상과 결합하는 꿈을 꿀 때, 그는 상징적으로 자신의 여성적인 면과 사랑을 나누고 있는 것이다. 즉, 내면의 결혼이 일어나고 있다. 이것이 자아의 죽음 뒤에 오는 재생과 치료의 경험이다. 다른 말로 하면, 이러한 남자는 시대에 뒤떨어진 부정적이고 상처받은 배우

9) Jung(1967a), p. 266, 437.

자 자아를 상징적으로 죽이고 보다 통합된 자기 지향적인 개성으로 거듭난 것이다. 그의 내면의 결혼은 미래에 있을 실제 결혼의 성공의 기반이 된다.

이혼녀의 경우 초월적인 기능은 **아니무스** 또는 남성적 정신의 원형일 것이다. 꿈에서 이 상은 이방인, 그렇지만 친근한 신과 같은 상의 형태를 가질 것이고, 혹은 뱀이나 바람으로, 혹은 그들과 함께 나타날 수 있다.[10] 이혼 뒤에 생기는 자아의 용해와 분절 다음에 아니무스와 접촉하고 통합하면 자기와의 새로운 축에 이르게 되고, 그렇게 하여 그녀는 새롭고 건설적인 사랑의 관계의 가능성을 열어 놓은 독립적인 인생을 살 준비가 된 여자로서 새로운 자아정체감을 만들게 된다.

이혼이 상호 간에 이루어진 결정이 아니라고 가정하면, 이혼을 주도한 배우자는 자기 자신이 쫓아낸 사람의 역할을 하게 된 것이다. 그러므로 그 사람은 우울증에 이르게 할 수 있는 죄책감을 가질 수 있다. 반대로 쫓겨난 사람은 거절받은 느낌과 무가치감을 갖게 될 것이고, 이 역시 우울증에 걸리게 할 수 있다. 아무튼 양편 모두 일정 기간의 동면기 또는 잠복기가 필요하다. 이런 맥락에서 우울증은 성장의 촉진제일 수 있다. 융의 연금술 연구에 의하면, 고립과 고독은 우울한 개인으로 하여금 자기 자신의 어두움 혹은 **니그레도(nigredo)** 안에서의 잉태의 시간을 갖게 해준다.[11] 이 어두움으로의 침잠 속에서 길을 안내하는 영혼의 빛

10) 융은 바람으로 또는 바람과 함께 나타나는 아니무스의 예를 많이 제시한다. 그것은 풍요롭게 하고 생산하는 요인이다. Jung(1967a), p. 225 참조.

이 나오고, 남자 안에 있는 영감을 주는 여성적인 힘 또는 여자 안에 있는 재활성화시키는 남성적인 정신이 나온다. 네 사례의 치료적인 여행(6~9장)에서 보았듯이, 이런 내면의 거듭나기는 자기 실현 또는 개성화의 가장 중요한 단계다.

죽음: 최종적인 상실

죽음으로 사랑하는 이를 잃는 경험이 특히 고통스러운 것은 그것이 최종적이라는 점이다. 각자가 자신의 삶을 계속하고 다시 만날 수 있는 살아 있는 두 사람의 이혼과는 달리, 죽음은 취소할 수 없는 존재의 상실이다. 죽음은 생존자들에게 특히 버림받음 그리고 이 세상에 절대적으로 혼자라는 느낌과 기억을 갖기 쉽게 한다.

살아남은 사람들은 죽음 이후의 오랜 기간 동안(3~18개월) 위축과 슬픔을 겪는다. 그리고 그들은 흔히 상징적인 만남을 유지하기 위해 죽은 사랑하는 이와 자신을 동일시하는 경향이 있다. 때로 이것은 상실한 사랑하는 이를 함입할 수 있고, 죽은 자와 부분적으로(때로는 거의 전체적으로) 연결되는 자아정체감에 이를 수 있다. 만일 누군가가 어린 시절에 이런 함입을 겪는다면, 그 사람은 좀처럼 없어지지 않고 성인기에 우울증으로 이르게 하는 거짓 자기를 만들지도 모른다. 그런 사람은 사랑하는 이를 잃을 때 흔히 거짓 정체감을 놓아주기 위해 자아 죽이기를 겪어야 한다. 그렇지 않으면 그 사람은 죽은 이와 만나기 위해 실제로 자

11) Jung(1967b), p. 331.

살할 수도 있다. 시인 실비아 플라스(Sylvia Plath)의 슬픈 이야기가 자살을 통한 신비적 재결합의 욕망을 보여 준다. 그녀는 여러 차례 시도한 뒤에 마침내 자살에 성공하였다. 그녀의 첫 번째 자살 시도는 자신을 지하실의 쓰레기에 묻는 것이었다. 이것은 상징적인 대지모로의 회귀다. 그렇게 함으로써 그녀의 영혼이 그녀가 사춘기 이전의 소녀였을 때 죽은 아버지와 함께할 수 있었다.[12)]

죽음으로 사랑하는 이를 잃을 경우, 어느 시점에서 그 사람으로부터 우리를 분리해야 한다. 그렇지 않으면 죽은 이와 심하게 동일시하여 우리 자신의 발달을 방해받게 된다. 자아 죽이기와 거듭나기가 특별히 도움이 될 수 있는 것이 이 미묘한 이탈의 과정에서다. 죽은 사랑하는 이의 내면의 존재를 상징적으로 죽이고 떠나 보내면, 우리는 그런 깊은 상실을 초월하고 우리 자신만의 신화를 계속 살아갈 수 있게 된다.

융은 그런 중요한 상실 다음에는 상처와 위축의 상태로 가라앉는다고 말한다. 그는 이런 어두운 내향화의 바다가 '절멸과 새로운 인생' 사이에 있다고 강조한다.[13)] 그 사람의 자아는 죽은 사랑하는 이와 동일시하면서 공생적이고 상징적인 죽음의 경험을 한다. 자아와 자기와의 새로운 관계를 수립하는 데 기본이 되는 재생에 필수적인 무의식 바다(원물질 또는 집단적, 원형적 어머니의 자궁) 속으로의 퇴행이 있다. 이것은 자아가 자기에 종속하는 변형에 이르게 하는데, 이에 개성화 과정은 진전될 것이다.

12) Alvarez(1972), pp. 3-41.
13) Jung(1967a), p. 293.

전 세계적인 죽음의 문제 해결하기

개인의 자살문제는 집단적 또는 전 세계적인 죽음과 복잡하게 연결돼 있다. 제2차세계대전이 끝날 무렵 원자폭탄이 터진 이래로, 내가 집단살해라고 부른 집단 또는 세계 자살은 실제로 어느 순간에도 가능해졌다(〈표 10-1〉 참조). 융이 60년 전에 예언적으로 진술한 것은 다음과 같다.[14]

> [사람들-국가들]에게 충분한 파괴 엔진과 악을 쌓아 놓게 하면, 곧 그들은 그것을 운명적으로 사용하는 데 저항할 수 없게 될 것이다. 화기가 충분한 양이 모여질 때 저절로 발사되는 것은 잘 알려져 있다.

비록 핵무장 해제에 성공한다고 하더라도 대량 살상무기를 만드는 방법에 관한 지식은 결코 사라지지 않을 것이다. 그리고 테러리스트들이 과학기술을 더 많이 이용할 것이다. 융은 개인적인 혹은 세계적인 규모에서 자기 파괴의 문제는 개인에서 시작하고 끝난다고 강조하였다. 왜냐하면 '우리는 우리 자신과 전쟁하기' 때문이다. 미국의 대통령, 중국의 지도자, 이라크의 통치자 그리고 테러리스트는 약간의 왜곡된 자살 계획으로 지구를 파괴하고, 동시에 다른 모든 사람들을 죽일 수 있는 외로운 개인

14) Jung(1970), p. 82.

〈표 10-1〉 집단살해 예방하기

단계	문화적 및 인간 가족치료
I	국가와 부정적인 투사(악한 제국)에 의한 저항 지옥의 묵시록 상실, 실패감 그리고 고통(베트남과 아프가니스탄에서의 패배) 핵붕괴의 위협(집단적인 자살 또는 집단살해) 신뢰와 긍정적인 국제관계의 형성 부정적인 투사를 거두어들임 문화의 도움으로 하는 퇴행(옳은 국가) 악한 제국(거짓 국가)의 죽음 국가살해
II	강한 상호 의존적인 동맹 원형적인 긍정적 투사와 부정적 투사(죽음-재생의 투쟁) 전체 인간가족의 도움으로 하는 퇴행 문화(국가)-전체 인간가족의 축(국가연합)
III	지구(세계)의 도움으로 하는 퇴행 지구를 우주에서 보는 것과 같이 현실적으로 봄(죽음-재생의 경험) 모든 문화를 가치 있고 상호 의존적인 것으로 봄 지구(세계)-전체 인간가족 축 세계 집단/어머니 지구의 재생 전체성, 보편적인 목표 그리고 의미의 느낌 집단살해 예방하기

들이다. 나치 독일이 보여 주었듯이, 국가는 미친 지도자를 따르고 종의 존속을 위협할 수 있는 자살의 과정을 택할 수 있다. 그러므로 사느냐, 아니면 죽느냐는 개인적이면서 동시에 집단적인 문제다. 페르소나와 자아상과의 갈등은 개개의 시민뿐 아니라 국가(즉, 세계 속에서의 국가의 역할과 그것의 국가상 이미지)와 세계의 골칫거리다.

지구상의 전체 인간가족(동물, 식물, 바다 그리고 광물과 함께)은 우리의 중심 및 전체성인 자기의 집단적인 등가물이다. 개인뿐 아니라 국가도 인류가 창조적인 잠재력을 충족하려면 동등한 자아 죽이기(국가 죽이기)와 거듭나기를 겪어야만 한다. 그런 높은 원리를 적용하는 것은, 가령 우리가 이기심을 넘어서 지구의 생태계를 독성 연기, 화학물질, 음식물 쓰레기, 살상무기 등으로 오염시키는 것을 중단할 필요가 있다는 것을 의미한다. 우리 자신과 지구를 말 그대로 죽이는 대신에 우리는 상징적 죽음-재생의 경험을 겪을 필요가 있다.[15)]

벤자민 울먼(Benjamin Wolman)은 인류 전체가 고통받는 이기적인 문제들을 해석한다. 그는 그에 대해 기술의 성장, 물질 소유에 속한 중요성의 증가, 사람들 간의 폭력과 가정파괴 발생 빈도의 증가 등으로 그 원인을 돌린다. 그는 '자살의 반문화'를 기술하면서 알코올과 약물 남용과 같은 내적인 중독뿐 아니라 산업공해 물질과 핵무기 같은 외적인 중독도 언급한다.[16)] 그는 다음과 같이 언급한다.

> 인류학자 레비스트로스에게 당시의 인류를 어떻게 생각하느냐는 질문을 하였더니, 그는 [현대] 인간을 밀가루 포대 속의 구더기로 비유하였다. 구더기의 개체 수가 증가하면 그들은 서로 신체적인 접촉을 하기 전이라도 어떤 식으로든 서로를 의식하게 된다. 그리고 그들은 멀리서 죽이는 물질을 분비한다. 그들이 거주하는 밀가루를

15) 이런 이유로 1992년 리우데자네이루에서 열린 지구정상회의는 우리가 그것을 하나의 다문화 집단치료와 전 인간가족 치료로 본다면 중요한 사건이다. 세계의 모든 나라들이 우리들 자신과 어머니 지구를 구하는 높은 목표에 굴복하는 데는 많은 시간이 걸릴 것이다. 그럼에도 이 책이 쓰이고 있는 중에도 그 과정이 진행 중이라는 것은 희망적이다.

16) Wolman(1976), pp. 77-94.

중독시키고, 결국 그들 모두는 죽는다. 비슷한 일이 우리 시대에 일어나고 있다고 레비스트로스 박사는 말했다.

다른 사람들은 뒤르켐이 미리 경고한 바와 같이[17] 오늘날의 급격한 사회적, 기술적 변화에 의해 개인 간에 소외가 증가하는 것을 더 걱정한다. 자신의 방식을 견고하게 고수하는 경향이 있는 노인과 방금 자신의 방식을 만들기 시작한 청소년들이 이런 종류의 소외에 가장 취약하다. 그러나 사회의 모든 구석이 영향을 받는다. 울먼은 다음과 같이 주장한다.

> 타고난 우리 삶의 방식에서 벗어나는 것, 가족 간의 결속력의 저하, 인간관계의 비인격화, 집단사회에서 개성의 상실 등이 아마도 많은 사람들이 서로 상처를 주고 스스로 상처입는 경향이 있는 주된, 아니 최소한 중요한 이유일 것이다.[18]

우리가 개인적으로 이런 종류의 압도적인 인간사회의 문제를 해결하기 위해 무엇을 할 수 있을까? 먼저 우리 자신에게 무엇이 일어나고 있는가를 좀 더 인식해야만 한다. 만일 우리가 자아 죽이기를 하고 마음속에 있는 자기 파괴적인 콤플렉스를 초월할 수 있다면, 우리는 집단적인 수준에서 긍정적인 차이를 만드는 데 도움을 주기 시작할 수 있다. 그리고 충분한 사람들(그리고 국

17) Durkheim(1951); Meštrović(1992).
18) Wolman, loc. cit.

가들)이 자아 죽이기(그리고 국가 죽이기)의 상징적인 죽음-재생의 경험과 거듭나기를 겪는다면 인류 전체에 희망이 있다.

개인과 세계를 위해: 희망을 제공하는 패러다임의 변화

개인이 자기 파괴를 초월하는 데 필요한 패러다임의 변화는 자아가 보다 높은 원리에 따라 스스로를 희생하는 것이다. 이런 종류의 패러다임의 변화는 행동심리학자와 자아심리학자, 생물의학적으로 경도된 정신과 의사 그리고 첫 번째 것을 찾는 것을 이상적이라고 생각하는 개인주의자들에게는 직접적인 도전이다. 옹호하고 있는 과정은 이런 사람들에게는 저항할 수밖에 없는 정말로 혁명적인 변화다. 그럼에도 불구하고 이것은 전체 인류가 영향받을 때까지 점점 더 많은 사람들에 의해 만들어져야만 하는 변화다. 그리고 나는 그렇게 되리라 믿는다.

새로운 패러다임이 지속되려면 그것을 만들 당시에 그것이 과학적으로 연구되고 확증될 시간이 되기도 전에 폐기되지 않을 것이라고 확신하는 지지자가 충분해야 한다. 그 후 그 이론은 과거의 확고한 이론을 대체할 수 있는 지점까지 진화할 시간이 더 필요하다. 융에 의해 만들어지고 로저스, 매슬로 및 코헛에 의해 성장된 현대이론인 자기심리학은 아직도 프로이트와 후기 프로이트학파의 자아심리학과 같은 다른 심리학에 대한 우월성을 얻는 과정에 있다. 그렇지만 심리학의 패러다임 변화는 일어나게 되어 있다. 그에 의해 보다 높고 보다 심혼적인 원리, 즉 자아가 아닌 자기가 정신의 적절한 중심으로 여겨질 것이다.

자아 죽이기와 거듭나기의 패러다임과 1,200년 된 중국의 책, 『태을금화종지(*The Secret of the Golden Flower*)』[19]에 묘사된 정신의 전체성을 발달시키는 과정 사이에는 놀라운 유사성이 있다. 이 놀라운 책의 존재는 인간 내면의 공간을 변환시키기 위한 탐색이 오랜 역사를 가지고 있다는 것을 생각하게 한다. 이 책에 따르면, 황금꽃 또는 금강체의 발달은 도의 길과 대극의 통합(음과 양, 어두운 여성적인 영과 밝은 남성적인 혼)을 붙잡는 데 달렸다. 이것은 자아를 서로 대립되는 갈등으로 분리시키고, 그것이 다시 분리되지 않은 위대한 하나인 도가 될 수 있도록 하는 훈련이다. 자아가 도의 부분이라는 언급은 융의 자기의 부분이고 자기에 이차적인 것으로서의 자아의 개념과 거의 동일하다. 황금꽃의 발달은 실제로 인간의 인생주기와 통합 및 지혜의 획득을 반영한다. 자아는 대극들의 통합체, 즉 자기(밝고 어두움, 남성적이고 여성적인)에서 생겨난다. 그런 다음 자아의 상징적인 죽음(자아 죽이기)이 있고, 마지막으로 통합체, 즉 자기로의 귀환이 있다.

고대의 철학을 보건, 현대의 분석심리학을 보건 우리는 자아 죽이기와 거듭나기의 패러다임이 통하는 같은 메시지를 본다. 부정적인 상태의 마음은 동시에 생을 마감하는 스스로 자초한 죽음에 이르게 하지 않는다. 오히려 그것은 새로운 삶을 위한 길을 닦아 주는 상징적 죽음으로 이르게 할 수 있다. 이런 우월한 입장에서 우울증은 희망, 성장 그리고 변신의 기회이고 자살은

19) Wilhelm(1962).

비극적인 실수다.

우울증과 고통에서 거듭나고 개인적인 삶과 하나의 인간가족 구성원으로서의 삶의 의미를 찾는 데 대한 답은 간단하기도 하고 어렵기도 하지만 우리의 이해 범위 안에 있다. 그것은 곧 자아 죽이기와 거듭나기다.

에필로그

"고통은 어떤 식으로든 그 의미를 아는 순간
고통이기를 그만둔다."
- 빅터 프랭클

자아 죽이기와 거듭나기의 패러다임은 우선 여러분의 개인적인 철학적 관심을 받을 만하다. 비록 심하게 우울하고 자살하고 싶다고 할지라도, 여러분은 자신의 삶과 다른 인류의 삶을 어떻게 평가하는가를 알기 위해 자신의 내면을 깊이 들여다보아야만 한다.

무엇보다도 자아 죽이기와 거듭나기는 각각의 모든 인생은 의미를 가지고 있다는 믿음에 근거한다. 이 믿음은 빅터 프랭클에 의해 아름답게 표현되었다. 그는 나치의 죽음의 수용소에서 '인생을 의미 있고 목적을 갖게 해 주는 (빼앗길 수 없는) 심혼의 자유'의 느낌을 유지함으로써 엄청난 고통을 초월했다.[1] 프랭클의 수용소 피수감자 경험에서 가장 놀라운 부분 중의 하나는 자살을 예방하는 데 있었다. 프랭클은 니체의 금언 "살아갈 이유를 아는 사람은 어떻게 사는 것도 거의 견뎌낼 수 있다."를 이용해, 고통받는 사람들이 살아가는 특별한 이유에 주의를 집중시켰을 것이다. 예를 들면, 사랑하는 이를 보기 위해서, 책을 쓰기 위해서 등이 있을 수 있다. 그는 다음과 같이 언급한다.

> 개인을 구별하고 그 존재 의미를 주는 이런 독창성과 유일성은 그것이 인간의 사랑에 하는 것만큼 창조적인 작업과 관계가 있다. 한 사람을 대치할 수 없다는 것을 깨닫는다면, 그 자신의 존재와 그것을 지속시키기 위해 갖는 책임감을 통째로 나타나게 한다. 그를 다정하게 기다리는 인간에 대해 갖는 책임감 또는 아직 마치지 않은 일에 대한 책임감을 의식하게 된 사람은 결코 자신의 인생을 포기하지 않을 것이다. 그는 그의 존재의 '왜'를 안다. 그리고 어느 '어떻게'라도 거의 견딜 수 있을 것이다.

때로 각각의 인생에 '왜'가 있다는 사실은 의미가 우주에 널리 퍼져 있다는 계시에 의해 확인된다. 최근의 내 임상 경험 중 하나가 그런 계시를 보여 준다. 젊은 여자 대학생인 베스는 정신병원에서 퇴원한 후 나를 찾아왔다. 그녀는 심한 우울증과 자살 사고로 병원에 입원했었다. 그녀의 우울증은 혹독했고 끝나지 않을 것 같았다. 그녀의 자아정체성의 부정적인 측면은 부정적인

1) Frankl(1984), pp. 84, 87-88, 90-91.

부성 콤플렉스(그리고 잔인한 아니무스), 다양한 인정하고 싶지 않는 그림자 상, 부정적인 모성 콤플렉스 등을 포함하였다.

분석치료를 시작한 지 약 9개월이 지났을 때, 베스는 자신이 죽은 것 같은 느낌과 일할 수 없는 상태에 관련된 정신적인 블랙홀에 빠져들었다. 어느 날 그녀가 상담받기 위해 내 사무실에 와서 방금 창문 밖에서 노랑나비를 보았다고 말하였던 것이 이런 맥락에서였다. 그때가 겨울이었기 때문에 나는 그녀의 발견에 깜짝 놀랐다. 우리 둘을 훨씬 더 놀라게 한 것은 그다음에 일어났다. 그녀가 나비(그녀는 희망적인 신호로 해석했다.)에 관해 이야기하고 있던 바로 그 순간에 내 사무실 창 밖에 노랑나비 한 마리가 나타났고, 또 다른 한 마리가 나타나 처음 것과 합류한 다음 함께 춤을 추었다. 마치 교미 제의를 하는 듯했다. 두 나비를 두려움으로 응시하며 오랜 침묵의 시간을 보낸 뒤, 베스는 "어떻게 이 우울증의 우물에서 제 자신을 꺼낼 수 있나요?"라고 물었다. 그녀의 질문에 대한 답으로 나는 "나비는 어떻게 고치에서 나올까요?"라고 물었다.

이 사건과 질문의 교환이 베스에게 거듭나는 효과가 있었다는 것이 밝혀졌다. 이 치료시간 이후 그녀는 더 이상 우울증으로 인해 심리적으로 마비되지 않았다. 그녀의 꿈에서 긍정적인 아니무스의 상이 처음으로 나타났고, 그녀는 남자들과의 관계를 받아들이기 시작했다. 그녀는 어떤 식으로든 잃었던 영혼을 찾았다. 고대 여신의 거듭나기와 재생의 상징인 나비가 그것의 외적인 표상이었다.

내가 보기에 나비의 출현은 의미가 존재 전체에 두루 퍼져 있다는 것을 드러내는 동시성 현상의 한 예였다. 한번은 마르틴 부버(Martin Buber)가 "오랫동안 의미 없었던 것에 의미가 있다. 모든 것은 내면의 변화에 따른다. 내면의 변화가 있은 다음에야 세상이 변한다."[2]라는 말을 했다.

이제 프랭클로 돌아가 보자. 그는 아우슈비츠에서 힘들어하는 동료들에게 "인간의 삶은 어떤 상황에서도 의미를 잃지 않는다."라고 말하면서, 그들에게 희망을 잃지 말아야 하고 그들의 투쟁과 희생의 절망감이 그것의 위엄과 의미를 앗아가지 못한다는 확신을 가지고 용기를 잃지 말아야 한다고 말했다. 프랭클은 우리 모두에게 폴 틸리히(Paul Tilich)가 말한 '존재함의 용기(courage to be)'의 모델이 된다. 그것은 비존재(nonbeing)임에도 불구하고 '심혼의 자기 확인'을 필요로 한다.[3] 자아 죽이기와 거듭나기의 과정은 우울증과 자살 위험이 있는 사람들에게 용기, 확인뿐 아니라 그들이 그렇게 절실히 필요로 하는 삶에 대한 창조적이고 치료적인 반응까지도 제공하는 수단이다.

마지막으로 나의 우울증은 새로운 인생으로 인도하는 출입문이었다. 자아 죽이기는 거듭나기로 인도하는 희생[나의 파괴적인 부분의 상징적인 죽음이자 창조적인 과정(이 책의 글쓰기와 같이)]을 포함해 왔다. 이제 나의 인생은 목표와 의미가 있다. 나는 나의 신성한 지반을 찾았다. 그리고 여러분도 역시 여러분의 것을 발견할 수 있다.

2) Buber(1953), p. 5.
3) Tillich(1952), p. 46.

"암흑 속의 암흑. 모든 이해에 이르는 관문"

– 노자

"어두움은 빛을 낳는다."

– C. G. 융

"그리고 우리는 촛불을 꺼야 하고,

불을 끄고 그것을 다시 밝혀야 한다;

영원히 소멸돼야 하고, 영원히 불꽃을 다시 밝혀야 한다."

– T. S. 엘리엇

[감사의 말]

나는 진심으로 다음 분들께 감사드린다. 나의 부모님 바바라 로젠과 맥스 로젠, 이들은 나에게 관념을 중시하는 법을 가르쳐 주셨고, 창조적인 과정을 실제로 드러내 주셨고, 새로운 믿음 및 개념과 소통하는 용기를 보여 주셨다. 그들은 어려운 시기를 견뎌 내는 법을 몸소 보여 주셨다. 나의 치료자이고 스승이셨던 프로이트 학파와 융학파의 분석가 모두를 포함하는 나의 분석가들, 프레드 앨스턴, 존 페리, 케이 브래드웨이, 폴 쿠글러 그리고 제임스 에일워드에게 감사드린다. 또한 나의 스승이면서 치료자셨던 융학파의 교육분석가들, 도널드 샌드너, 다릴 샤프, 매리언 우드먼, 해리 윌머, 조셉 웨이크필드, 줄리아 모건 그리고 메리 아일린 돕슨에게 감사드린다. 더불어 내게 교육(경험을 통한 지식)과 개성화(전체성을 향한 치료과정)에 관해 상상 이상으로 가르침을 준 나의 환자와 학생들에게도 감사드린다. 솔직하고 도움이 되는 피드백을 준 나의 융학파 동료들(특히 제임스 홀, 잔 바우어, 줄리아 맥카피 그리고 제인 휠라이트를 언급하고 싶다.)에게도 감사드린다. 그리고 내 원고를 제레미 P. 타처에게 보여 주자는 제안을 처음으로 한 나의 친구 피터 러터에게도 고마움을 전한다.

나는 전에 나의 학생이었던 제이 랭그리치의 업적에 감사하고 싶다. 이 책에 포함시켜야 할 그림에 대한 가치 있는 조언을 해 준 미술가이고 디자이너이며 심리학자이자 친구인 하들리 스미스에게 깊은 감사를 전한다. 하들리의 도움은 내가 처음에 원했던 것 이상이었다. 그녀는 텍스트를 검토하고 중요한 지적과 제안을 해 주었다. 아놀드 베드리츠, 루이스 사이푸엔티스, 마리아-크리스티나 가르시아, 앤 가드너, 로라 토벳 그리고 조엘 와이즈하우스는 특별한 언급을 받을 만하다. 이들은 친절한 독자이자 비평가였다. 메리 렌 딕슨과 페이스 쇼트 역시 독자이며 편집 자문을 했다. 내 동생 낸시 로젠도 책의 특정 부분에 관해 피드백을 제공해 준 편집자다. 나는 책을 세심하게 읽어 주고 나에게 인디애나의 역사적인 뉴하모니에서 글을 쓰도록 시간과 장소를 제공해 준 제인 블래퍼 오웬을 잊지 않고 있다. 사례들에 대해 처음에 도움을 준 비키 뉴먼과 편집 작업에 도움을 준 크리시 바토클레티, 루이스 러코, 조 린 로스, 에이미 허니컷 그리고 조디 트랭크만에게 감사하고 싶다. 그들은 때로는 내가 요구하는 것 이상을 해 주었다. 마지막에 언급한 조디가 실제로 가장 많은 일을 했다.

나는 무한한 도움을 준 잭 맥과이어를 꼽고 싶다. 꿈 분야에 관한 그의 전문가적인 조언과 편집과 글쓰기 기술은 이 책을 훨씬 더 이해하기 쉽게 만드는 데 도움이 되었다.

나는 첫 번째 보급판을 낳게 한 산파역인 펭귄사의 편집자 데

이비드 스탠퍼드와 나의 대리인 네드 리빗에게 감사드리고 싶다. 나아가 이번 니콜라스-헤이스의 보급판이 새로 탄생하게 된 것에 대해 베티 룬드스테드에게 진심으로 감사를 표한다.

6~9장에 나오는 사례의 그림들은 각 환자의 무의식에서 자발적으로 나온 것들이다. 그것들은 내가 6장에서 설명한 적극적 명상이라는 치료적 기법의 표현들이다. 나는 그들이 자신의 치료적인 이미지와 임상 기록을 독자들과 나누는 데 동의해 준 것에 대해 진심에서 감사를 표하고 싶다. 그들의 익명성을 보장하기 위해 그들을 식별할 수 있는 내용이나 병록은 바꾸었다.

마지막으로 내가 분석심리학에 창조적으로 전념할 수 있도록 도와준 프랭크 N. 맥밀런과 그의 가족(마블, 프랭크 3세, 몰리 그리고 앤드류)에게 많은 감사를 드린다.

[참고문헌]

Abraham, K. (1927). Notes on the Psycho-Analytic Investigation and Treatment of Manic-Depressive Insanity and Allied Conditions. *Selected Papers on Psycho-Analysis*. London: Hogarth Press.

Abrams, R. (1988). *Electroconvulsive Therapy*. Oxford: Oxford University Press.

Ader, R. (Ed.) (1981). *Psychoneuroimmunology*. New York: Academic Press.

Alcoholics Anonymous. (1987). *The Twelve Steps of Alcoholics Anonymous*. New York: Harper/Hazelden.

Alvarez, A. (1972). *The Savage God: A Study of Suicide*. New York: Random House.

Arieti, S., & Bemporad, J. (1978). *Severe and Mild Depression*. New York: Basic Books.

Bart, P. (1974). *Depression: A Sociological Theory*. In Roman and Trice (1974).

Basler, R. P. (Ed.) (1953). *The Collected Works of Abraham Lincoln, Vol. 1*. New Brunswick, NJ: Rutgers University Press.

Bauer, J. (1982). *Alcoholism and Women: The Background and the Psychology*. Toronto: Inner City Books.

Beck, A. T. (1972). *Depression: Causes and Treatment*. Philadelphia: University of Pennsylvania Press.

Beck, A. T. (1976). *Cognitive Therapy and Emotional Disorders*. New York: International Universities Press.

Beck, A. T., & Kovacs, M. (1975). Hopelessness and Suicidal Behavior: An Overview. *Journal of the American Medical Association* 234: 1146-1150.

Beck, A. T., Brown, G., Berchick, R. J. et al. (1990). Relationship Between Hopelessness and Ultimate Suicide: A Replication with Psychiatric Outpatients. *American Journal of Psychiatry* 147: 190-195.

Beebe, J. (1992). *Integrity in Depth*. College Station, TX: Texas A & M University Press.

Billings, J. H., Rosen, D. H., Asimos, C., & Motto, J. (1974). Observations on Long-term Group Therapy with Suicidal and Depressed Persons. *Life-Threatening Behavior* 4: 160-170.

Bloch, E. (1959). *Das Prinzip Hoffnung*. Frankfurt: Suhrkamp.

Bonjean, C. M., & Foss, D. J. (Eds.) (1990). *Mental Health Research in Texas; Retrospect and Prospect*. Austin, TX: Hogg Foundation.

Bowlby, J. (1969). *Attachment and Loss: Attachment, Vol. 1*. New York: Basic Books.

Bowlby, J. (1973). *Attachment and Loss: Separation, Vol. 2*. New York: Basic Books.

Buber, M. (1953). *Good and Evil*. New York: Charles Scribner's Sons.

Cameron, N. (1942). *William James*. Madison: University of Wisconsin Press.

Cavendish, R. (1984). *An Illustrated Encyclopedia of Mythology*. New York: Crescent Books.

Cavener, J. O. (Ed.) (1985). *Psychiatry, Vol. 1*. Philadelphia: J. B. Lippincott.

Chivian, M. O., Robinson, J. P., Tudge, J. R. H. et al. (1988). American and Soviet Teenagers Concerns About Nuclear War and the Future. New England *Journal of Medicine* 319: 407-413.

Christensen, L., & Burrows, R. (1990). Dietary Treatment of Depression. *Behavior Therapy* 21: 183-189.

Cirlot, J. E. (1971). *A Dictionary of Symbols*. New York: Philosophical Library.

Cooper, J. C. (1982). *An Illustrated Encyclopedia of Traditional Symbols*. London: Thames and Hudson.

Cousins, N. (1975). *Anatomy of an Illness*. New York: W. W. Norton.

Cousins, N. (1989). *Head Frist: The Biology of Hope*. New York: E. P. Dutton.

de Castillejo, I. C. (1974). *Knowing Woman: A Feminine Psychology*. New York: Harper Colophon Books.

de Waal, F. (1989). *Peacemaking Among Primates*. Cambridge, MA: Harvard University Press.

Diagnostic and Statistical Manual of Mental Disorders (1994), 4th edition (*DSM-IV*). Washington, D.C.: American Psychiatric Association.

Dorpat, T. L., & Ripley., H. S. (1960). A Study of Suicide in the Seattle Area. *Comprehensive Psychiatry* 1: 349-359.

Durkheim, E. (1951) (2nd edition, 1930). J. A. Spaulding & G. Simpson (trans.). *Suicide*. Glencoe, IL: Free Press.

Edinger, E. F. (1973). *Ego and Archetype: Individuation and the Religious Function of the Psyche*. Baltimore: Penguin Books.

Ellis, H. (1923). *The Dance of Life*. Boston: Houghton Mifflin.

Engel, G. L. (1961). Is Grief a Disease?: Challenge for Medical Research. *Psychosomatic Medicine* 23: 18-22.

Engel, G. L. (1962). Anxiety and Depression*f*¡Withdrawal: The Primary Affects of Unpleasure. *International Journal of Psycho-Analysis* 43: 89-97.

Engel, G. L. (1977). The Need for a New Medical Model: A Challenge for Biomedicine. *Science* 196: 129-136.

Erikson, E. (1959). *Identity and the Life Cycle*. Psychological Issues Monograph, Vol. 1. New York: International Universities Press.

Erikson, E. (1982). *The Life Cycle Completed: A Review*. New York: W. W. Norton.

Estés, C. P. (1992). *Women Who Run With the Wolves*. New York: Ballantine Books.

Farberow, N. L., & Shneidman, E. S. (Eds.) (1961). *The Cry for Help*. New York: McGraw-Hill.

Feighner, J. P. (1986). The New Generation of Antidepressants. In Rush and Altshuler (1986), 205-225.

Feighner, J. P., Aden, C. G., Fabe, L. F. et al. (1983). Comparison of Alprazolam, Imipramine and Placebo in the Treatment of Depression. *Journal of the American Medical Association* 249: 3057-3064.

Ferster, C. B. (1973). A Functional Analysis of Depression. *American Psychologist* 16: 857-870.

Flach, F. F., & Drghi, S. C. (Eds.) (1975). *The Nature and Treatment of Depression*. New York: John Wiley & Sons.

Ford, B., & Chase. C. (1988). *Betty: A Glad Awakening*. New York: Jove Books.

Frank, J. D. (1963). *Persuasion and Healing: A Comparative Study of Psychotherapy*. New York: Schocken Books.

Frank, J. D. (1974). The Restoration of Morale. *American Journal of Psychiatry* 131: 271-274.

Frank, J. D. (1975). The Faith That Heals. *Johns Hopkins Medical Journal* 137: 127-131.

Frankl, V. E. (1984, 3rd edition). *Man's Search for Meaning*. New York: Simon & Schuster.

French, T. M. (1952). *The Integration of Behavior*. Chicago: University of Chicago Press.

Freud, S. (1959). Mourning and Melancholia. *Collected Papers, Vol. 4*. New York: Basic Book.

Fulgham, R. (1988). *All I Really Need to Know I Learned in Kindergarten*. New York: Ballantine Books.

Gershon, E. S., Berrettini, W. H., & Goldin. L. R. (1989). Mood Disorders: Genetic Aspects. In Kaplan and Sadock (1989), 879-887.

Gershon, E. S., Hamovit, J., Guroff, J. J. et al. (1982). A Family Study of Schizoaffective, Bipolar Ⅰ, Bipolar Ⅱ, Unipolar, and Normal Control Probands. *Archives of General Psychiatry* 39: 1157-1167.

Gibbs, N. (1990). Dr. Death's Suicide Machine. Time, June 18, 69-70.

Gillbert, P. (1984). *Depression: From Psychology to Brain State*. London: Lawrence Erlbaum.

Goethe, J. W. B. Q. Morgan. (trans.) (1957). *The Sufferings of Young Werther*.

New York: Frederick Ungar.

Goldman, A. (1990). Thirteen Years After the Death of Elvis Presley New Evidence Points to an Inescapable Conclusion: Suicide. *Life* (cover story), June, 95-104.

Gould, M. S., & Shaffer, D. (1986). The Impact of Suicide in Television Movies: Evidence of Imitation. *New England Journal of Medicine* 315: 690-694.

Grahame-Smith, D. G., Green, A. R., & Costain, D. W. (1978). Mechanism of the Antidepressant Effect of Electroconvulsive Therapy. *Lancet* 1: 254-256.

Grof, S. (1972). Varieties of Transpersonal Experiences: Observations from LSD Psychotherapy. *Journal of Transpersonal Psychology* 4: 45-80.

Grof, S. (1973). Theoretical and Empirical Basis of Transpersonal Psychology and Psychotherapy: Observations from LSD Research. *Journal of Transpersonal Psychology* 1: 15-53.

Gut, E. (1989). *Productive and Unproductive Depression: Success of Failure of a Vital Process*. New York: Basic Books.

Hall, J. A. (1983). *Jungian Dream Interpretation: A Handbook of Theory and Practice*. Toronto: Inner City Books.

Hall, J. A. (1986). *The Jungian Experience: Analysis and Individuation*. Toronto: Inner City Books.

Henderson, J. L. (1984). Reflections on the History and Practice of Jungian Analysis. In Stein (1984).

Henderson, J. L., & Oakes. M. (1971). *The Wisdom of the Serpent: Myths of Death, Rebirth and Resurrection*. New York: Collier Books.

Hillman, J. (1973). *Suicide and the Soul. New York*: Harper Colophon Books.

Hillman, J. (1983). *Healing Fiction. Barrytown*, NY: Station Hill Press.

Hirschfeld, R. M. A., & Cross. C. K. (1982). Epidemiology of Affective Disorders: Psychosocial Risk Factors. *Archives of General Psychiatry* 39: 35-46.

Humphry, D. (1991). *Final Exit: The Practicalities of Self-Deliverance and Assisted Suicide for the Dying*. New York: Carol/Hemlock Society.

Jackson, S. W. (1986). *Melancholia and Depression: From Hippocratic Times to Modern Times*. New Haven: Yale University Press.

Jacobi, J. (1967). *The Way to Individuation*. New York: Harcourt, Brace & World.

Jaffe, A. (1978). *Apparitions: An Archetypal Approach to Death, Dreams, and Ghosts*. Irving, TX: Spring Publications.

James, W. (1958). *The Varieties of Religious Experience*. New York: New American Library (A Mentor Book).

Jarrett, R. B., & Rush, A. J. (1985). Psychotherapeutic Approaches for

Depression. In Cavener (1985), 1-35.

Jung, C. G. (1961). *Freud and Psychoanalysis. Collected Works [CW], Vol. 4.* H. Read, M. Fordham, G. Adler, & W. McGuire (Eds). R. F. C. Hull (trans.). Princeton, NJ: Princeton University Press (Jung's publisher unless otherwise stated).

Jung, C. G. (1963). A. Jaffe (Ed.). *Memories, Dreams, Reflections.* New York: Pantheon.

Jung, C. G. (1966a). *Two Essays on Analytical Psychology. CW, Vol. 7.*

Jung, C. G. (1966b). *The Practice of Psychotherapy. CW, Vol. 16.*

Jung, C. G. (1967a). *Symbols of Transformation. CW, Vol. 5.*

Jung, C. G. (1967b). *Alchemical Studies. CW, Vol. 13.*

Jung, C. G. (1968a). *Aion: Researches into the Phenomenology of the Self. CW, Vol. 9, Ⅱ.*

Jung, C. G. (1968b). *Psychology and Alchemy. CW, Vol. 12.*

Jung, C. G. (1969a). *The Structure and Dynamics of the Psyche. CW, Vol. 8.*

Jung, C. G. (1969b). *Psychology and Religion: East and West. CW, Vol. 11.*

Jung, C. G. (1969c). *The Archetypes and the Collective Unconscious. CW, Vol. I.*

Jung, C. G. (1970). *Civilization in Transition. CW, Vol. 10.*

Jung, C. G. (1971). *Psychological Types. CW, Vol. 6.*

Jung, C. G. (1973). R. F. C. Hull, H. G. Adler, & A. Jaffe. (Eds.). *C. G. Jung Letters, Vol. 1.*

Jung, C. G. (1975). R. F. C. Hull, H. G. Adler, & A. Jaffe. (Eds.). *C. G. Jung Letters, Vol. 2.*

Kane, E. (1989). *Recovering from Incest: Imagination and the Healing Process.* Boston: Sigo Press.

Kaplan, H. I., & Sadock, B. J. (Eds.) (1989). *Comprehensive Textbook of Psychiatry.* Baltimore: Williams & Wilkins.

Kast, V. (1986). B. Matthews. (trans.). *The Nature of Loving: Patterns of Human Relationship.* Wilmette, IL: Chiron Publications.

Kast, V. (1988). D. Dachler & F. Cairns. (trans.). *A Time to Mourn: Growing Through the Grief Process.* Einsiedeln, Swittzerland: Daimon Verlag.

Kast, V. (1990). D. Whitcher. (trans.). The Threat of Suicide. *The Creative Leap.* Wilmette, IL: Chiron Publications, 31-49.

Kast, V. (1991). D. Whitcher. (trans.). *Joy, Inspiration and Hope.* College Station, TX: Texas A & M University Press.

Kerenyi, C. (1959). *Asklepios: Archetypal Image of the Physician's Existence.* New York: Pantheon.

Kiev, A. (1972). *Transcultural Psychiatry.* Harmondsworth, England: Penguin Books.

Klein, D. F., & Gittelman-Klein, R. G. (Eds.) (1976). *Progress in Psychiatric Drug Treatment, Vol. 2.* New York: Brunner/Mazel.

Klerman, G. L., Weissman, M. M., Rounsaville, B. J., & Chevron, R. S. (Eds.) (1984). *Interpersonal Psychotherapy of Depression.* New York: Basic Books.

Klopfer, B. (1961). Suicide: The Jungian Point of View. In Farberow and Shneidman (1961), 193-210.

Koestler, A. (1987). *The Act of Creation: A Study of the Conscious and Unconscious in Science and Art.* New York: Dell.

Kohon, G. (Ed.) (1986). *The British School of Psychoanalysis: The Independent Tradition.* New Haven: Yale University Press.

Kohut, H. (1977). *The Restoration of the Self.* New York: International Universities Press.

Kovacs, M., & Beck, A. T. (1978). Maladaptive Cognitive Structures in Depression. *American Journal of Psychiatry* 135: 525-533.

Krietsch, K., Christensen, L., & White. B. (1988). Prevalence, Presenting Symptoms, and Psychological Characteristics of Individuals Experiencing Diet-Related Mood Disturbance. *Behavior Therapy* 19: 593-604.

Kris, E. (1952). *Psychoanalytic Explorations in Art.* New York: International Universities Press.

Lao-tzu. (1985). *Tao Te Ching: The Book of Meaning and Life.* London: Arkana.

Leach, M. (Ed.) (1984). *Funk and Wagnall's Standard Dictionary of Folklore, Mythology, Legend.* San Francisco: Harper & Row.

Lommel, A. (1967). *Shamanism: The Beginnings of Art.* New York: McGraw-Hill.

Lorenz, K. Z. (1969). Innate Basis of Learning. In Pribram (1969), 12-93.

Ludolyn, P. S., Westin, D., Mosle, B. et al. (1990). The Borderline Diagnosis in Adolescents; Symptoms and Developmental History. *American Journal of Psychiatry* 147: 470-475.

Maduro, R. J. (1987). The Initial Dream and Analyzability in Beginning Analysis. *Journal of Analytical Psychology* 32: 199-226.

Mahdi, L., Foster, S., & Little, M. L. (Eds.) (1987). *Betwixt and Between: Patterns of Masculine and Feminine Initiation.* La Salle, IL: Open Court.

Mahler, M., Pine, F., & Bergman. A. (1975). *The Psychological Birth of the Human Infant: Symbiosis and Individuation.* New York: Basic Books.

Maltsberger, M. T., & Buie, D. H. (1974). Countertransference Hate in the Treatment of Suicidal Patients. *Archives of General Psychiatry* 30: 625-633.

Maslow, A. (1968, 2nd edition). *Toward a Psychology of Being.* New York: Van Nostrand Reinhold.

Maslow, A. (1970). *Motivation and Personality.* New York: Harper & Row.

Maslow, A. (1980). A Theory of Metamotivation: The Biological Rooting of the Value-Life. In Walsh and Vaughan (1980), 121-131.

Matthews, B. (trans.) (1986). *The Herder Symbol Dictionary: Symbols from Art, Archaeology, Mythology, Literature and Religion*. Wilmette, IL: Chiron Publications.

McAfee, J. (1983). Suicide and the False Self. In *Cave of the Mirror*. Unpublished thesis. C. G. Jung Institute (Zurich).

Meier, C. A. (1989). *Ancient Incubation and Modern Psychotherapy*. Einsiedeln, Switzerland: Daimon Verlag.

Mendel, W. M. (1975). *Supportive Care: Theory and Technique*. Los Angeles: Mara Books.

Menninger, K. (1938). *Man Against Himself*. New York: Harcourt, Brace, & World.

Menninger, K., Mayman, M., & Pruyser. P. (1967). *The Vital Balance: The Life Process in Mental Health and Illness*. New York: The Viking Press.

Meštrović, S. G. (1992). *Durkheim and Postmodern Culture*. Hawthorne, NY: Aldine de Gruyter.

Mill, J. S. (1960). *Autobiography*. New York: Columbia University Press.

Miller, H. (1941). *The Colossus of Maroussi*. New York: New Directions.

Miller, H. (1960). *To Paint Is to Love Again*. Alhambra, CA: Cambria Books.

Mintz, R. S. (1971). Basic Considerations in the Psychotherapy of the Depressed Suicidal Patient. *American Journal of Psychotherapy* 25: 56-73.

Mishara, B. L., Baker, D. H., & Mishara, T. T. (1976). The Frequency of Suicide Attempts: A Retrospective Approach Applied to College Students. *American Journal of Psychiatry* 133: 841-844.

Monick, E. (1987). *Phallos: Sacred Image of the Masculine*. Toronto: Inner City Books.

Morris, J. B., & Beck, A. T. (1976). The Efficacy of Antidepressant Drugs. In Klein and Gittelman-Klein (1976).

Motto, J. (1975). The Recognition and Management of the Suicidal Patient. In Flach and Drghi (Eds.) (1975), 229-255.

Mudd, P. (1990). The Dark Self: Death as a Transferential Factor. *Journal of Analytical Psychology* 35: 125-141.

Murphy, G. E. (1975). The Physician's Responsibility for Suicide. Parts Ⅰ and Ⅱ. Annals of Internal Medicine 82: 301-309.

Murphy, G. E., & Robins, E. (1967). Social Factors in Suicide. *Journal of the American Medical Association* 199: 303-308.

Neeld, E. H. (1990). *Seven Choices: Taking the Steps to New Life After Losing Someone You Love*. New York: Clarkson N. Potter.

Newmann, E. (1959). The Significance of the Genetic Aspect for Analytical

Psychology. *Journal of Analytical Psychology* 4: 125-138.

Newmann, E. (1963). *The Great Mother: An Analysis of the Archetype*. Princeton, NJ: Princeton University Press.

Newmann, E. (1969). E. Rolfe. (trans.). *Depth Psychology and a New Ethic*. New York: G. P. Putnam's Sons.

Newmann, E. (1971). *Art and the Creative Unconscious*. Princeton, NJ: Princeton University Press.

Nikelly, A. G. (1971). *Techniques in Behavioral Change: Application of Adlerian Theory*. Springfield, IL: Charles C. Thomas, 21-32.

Noyes, R. (1968). The Taboo of Suicide. *Psychiatry* 31: 173-183.

Odajnyk, V. W. (1983). Jung's Contribution to the Understanding of the Meaning of Depression. *Quadrant* 16: 45-61.

Parks, S. (1980). *The Puer Aeternus and the Narcissistic Personality—Kindred Spirits*. Unpublished thesis. The Inter-Regional Society of Jungian Analysts.

Paykel, E. S., Myers, J. K., Dienelt, M. M. et al. (1969). Life Events and Depression: A Controlled Study. *Archives of General Psychiatry* 21: 753-760.

Peck, M. L., Farberow, N. L., & Litman, R. E. (1985). *Youth Suicide*. New York: Springer.

Peynot, M. (1985). Narcotics Anonymous: Its History, Structure and Approach. *International Journal of Addiction* 26: 1509-1523.

Perry, J. W. (1953). *The Self in the Psychotic Process*. Berkeley: University of California Press.

Phillips, D. P. (1974). The Influence of Suggestion on Suicide: Substantive and Theoretical Applications of the Werther Effect. *American Sociological Review* 39: 340-354.

Phillips, D. P., & Caratensen, L. L. (1986). Clustering of Teenage Suicides After Television News Stories About Suicide. *New England Journal of Medicine* 315: 685-689.

Pribram, K. H. (Ed.) (1969). *On the Biology of Learning*. New York: Harcourt, Brace & World.

Quill, T. E. (1991). Death and Dignity: A Case of Individualized Decision Making. *New England Journal of Medicine* 324: 691-694.

Regier, D. A., Hirschfeld, R. M. A., Goodwin, F. K. et al. (1988). The NIMH Depression Awareness, Recognition, and Treatment Program: Structure, Aims, and Scientific Basis. *American Journal of Psychiatry* 145: 1351-1359.

Rehm, L. P. (1981). *Behavior Therapy for Depression*. New York: Academic Press.

Reiser, D. E., & Rosen, D. H. (1985). *Medicine as a Human* Experience. Rockville, MD: Aspen Publishers.

Richman, J. (1986). *Family Therapy for Suicidal People*. New York: Springer.

Roman, P., & Trice, H. (Eds.) (1974). *Explorations in Psychiatric Sociology*. Philadelphia: F. A. Davis.

Rogers, C. R. (1961). *On Becoming a Person*. Boston: Houghton Mifflin.

Rogers, C. R. (1977). *Carl Rogers on Personal Power*. New York: Delacorte.

Rosen, D. H. (1970). The Serious Suicide Attempt: Epidemiological and Follow-up Study of 886 Patients. *American Journal of Psychiatry* 127: 764-770.

Rosen, D. H. (1973). Physician, Heal Thyself. *Clinical Medicine* 80: 25-27.

Rosen, D. H. (1975). Suicide Survivors: A Follow-up Study of Persons Who Survived Jumping from the Golden Gate and San Francisco-Oakland Bay Bridges. *Western Journal of Medicine* 122: 289-294.

Rosen, D. H. (1976a). The Serious Suicide Attempt: Five Year Follow-up Study of 886 Patients. *Journal of the American Medical Association* 235: 2105-2109.

Rosen, D. H. (1976b). Suicide Survivors: Psychotherapeutic Implications of Egocide. *Suicide and Life-Threatening Behavior* 6: 209-215.

Rosen, D. H. (1977). The Pursuit of One's Own Healing. *American Journal of Psychoanalysis* 37: 37-41.

Rosen, D. H. (1987). Casualties of the Health Care System: Patients Depressed by Medicine's "Moral Dilemmas." *Pharos* 50: 19-20.

Rosen, D. H. (1989). Modern Medicine and the Nature of the Healing Process. *Humane Medicine: A Journal of the Art and Science of Medicine* 5: 18-23.

Rosen, D. H. (1992). Inborn Basis for the Healing Doctor-Patient Relationship. *Pharos* 55: 17-21.

Rosen, D. H., Asimos, C., Motto, J. A., & Billings, J. H. (1974). Group Psychotherapy with a Homogenous Group of Suicidal Persons. In Uchtenhagen, Battegay, and Friedman (1974), 201-212.

Rosen, D. H., Smith, S. M., Huston, H. L., & Gonzalez, G. (1991). Empirical Study of Associations Between Symbols and Their Meanings: Evidence of Collective Unconscious (Archetypal) Memory. *Journal of Analytical psychology* 36: 211-228.

Rosenthal, E. and M. C. Blake, eds. 1989. *Seasonal Affective Disorders and Phototherapy*. New York: Guilford Press.

Rush, A. J. (Ed.) (1982). *Short-term Psychotherapies for Depression*. New York: Guilford Press.

Rush, A. J. (Ed.) (1990). Recent Advances in Mood Disorders Research. In Bonjean and Foss (1990), 61-79.

Rush, A. J., & Altshuler, K. (Eds.) (1986). *Depression: Basic Mechanism, Diagnosis and Treatment. New York: Guilford Press.*

Rush, A. J., Beck, A. T., Kovacs, M. et al. (1982). Comparison of the Effects of Cognitive Therapy and Pharmacotherapy on Hopelessness and Self-concept. *American Journal of Psychiatry* 139: 862-866.

Rutter, P. (1989). *Sex in the Forbidden Zone*. Los Angeles: J. P. Tarcher. (Revised edition in paperback, 1991, New York: Fawcett).

Samuels, A. (1985). *Jung and the Post-Jungians*. London: Routledge.

Sandner, D. F. (1987). The Split Shadow and the Father-Son Relationship. In Mahdi, Foster, and Little (1987), 175-188.

Sandner. D. F., & Beebe, J. A. (1984). Psychopathology and Analysis. In Stein (1984), 294-334. .

Schildkraut, J. J., Green, A. I., & Mooney, J. J. (1989). Mood Disorders: Biochemical Aspects. In Kaplan and Sadock (1989), 868-879.

Schmale, A. H. (1973). Adaptive Role of Depression in Health and Disease. In Scott and Senay (1973), 187-214.

Schuckit, M. A., & Montiero, M. G. (1988). Alcoholism, Anxiety and Depression. *British Journal of Addiction* 83: 1373-1380.

Schur, M. (1972). *Freud: Living and Dying*. New York: International Universities Press, 528-529.

Scott, J. P., & Senay, E. C. (Eds.) (1973). *Separation and Depression: Clinical and Research Aspects. Washington,* D.C.: American Association for the Advancement of Science.

Shengold, L. (1989). *Soul Murder: The Effects of Childhood Abuse and Deprivation*. New Haven: Yale University Press.

Shepard, P., & Sanders, B. (1985). *The Sacred Paw: The Bear in Nature, Myth, and Literature*. New York: Viking.

Shneidman, E. S. (1985). *Definition of Suicide*. New York: John Wiley & Sons.

Singer, J. (1973). *Boundaries of the Soul: The Practice of Jung's Psychology*. New York: Doubleday.

Stein, M. (Ed.) (1984). *Jungian Analysis*. Boston: Shambhala.

Steinberg, W. (1984). Depression: Some Clinical and Theoretical Observations. *Quadrant* 17: 7-22.

Steinberg, W. (1989). Depression: A Discussion of Jung's Ideas. *Journal of Analytical Psychology* 34: 339-352.

Stengel, E. (1973). *Suicide and Attempted Suicide*. Harmondsworth, England.

Stephen, B. (1972). Alvarez: Life Is the Only Argument Against Suicide. *San Francisco Chronicle,* May 22, p. 18.

Stern, T., Mulley, A. G., & Thibault, G. E. (1984). Life-threatening Drug Overdose: Precipitants and Prognosis. *Journal of the American Medical Association* 251: 1983-1988.

Stevens. A. (1983). *Archetypes: A Natural History of the Self*. New York: Quill.

Stevens. A. (1993). *The Two Million-Year-Old Self.* College Station, TX: Texas A&M University Press.

Storr, A. (1980). *The Art of Psychotherapy*. New York: Methuen.

Storr, A. (1989). *Solitude: A Return to Self.* New York: Ballantine Books.

Strupp, H. H., Sandell, J. A., Waterhouse, G. J. et al. (1982). Psychodynamic Therapy: Theory and Research. In Rush (1982), 215-250.

Styron, W. (1990). *Darkness Visible*. New York: Random House.

Szasz, T. S. (1963). *Law, Liberty, and Psychiatry: An Inquiry into the Social Uses of Mental Health Practices*. New York: MacMillan.

Szasz, T. S. (1970). *The Manufacture of Madness: A Comparative Study of the Inquisition and the Mental Health Movement*. New York: Dell.

Tabachnick, N. (1973). Creative Suicidal Crises. *Archives of General Psychiatry* 29: 258-263.

Te Paske, B. A. (1982). *Rape and Ritual: A Psychological Study*. Toronto: Inner City Books.

Tillich, P. (1952). *The Courage To Be*. New Haven: Yale University Press.

Toffler, A. (1971). *Future Shock*. New York: Bantam Books.

Toolery, K. M. (1978). The Remembrance of Things Past: On the Collection and Recollection of Ingredients Useful in the Treatment of Disorders Resulting from Unhappiness, Rootlessness, and the Fears of Things to Come. *American Journal of Orthopsychiatry* 48: 174-182.

Uchtenhagen, A., Battegay, R., & Friedman, A. (Eds.) (1974). *Group Therapy and Social Environment*. Bern: Verlag Hans Huber.

van Deurzen-Smith, E. (1988). *Existential Counseling in Practice*. London: Sage Publications.

von Bertalanffy, L. (1968). *General Systems Theory*. New York: George Braziller.

von Franz, M. L. (1978). *Interpretation of Fairy Tales: An Introduction to the Psychology of Fairy Tales*. Irving, TX: Spring Publications.

von Franz, M. L. (1981). *Puer Aeternus: A Psychological Study of the Adult Struggle with the Paradise of Childhood*. Santa Monica (now Boston): Sigo Press.

Wadeson, H. (1980). *Art Psychotherapy*. New York: John Wiley & Sons.

Walsh, R. N., & Vaughan, F. (Eds.) (1980). Beyond Ego: *Transpersonal Dimensions in Psychology*. Los Angeles: J. P. Tarcher.

Wehr, T. A., & Rosenthal, N. E. (1989). Seasonality and Affective Illness. *American Journal of Psychiatry* 146: 829-839.

Weishaus, J. (Ed.) (1974). Bits & Snatches: *The Selected Work of Sam Thomas*. Brooklyn: White Rose Press.

Weissman, M. M., Kidd, K. K., & Prusoff, B. A. (1982). Variability in Rates of

Affective Disorders in Relatives of Depressed and Normal Probands. *Archives of General Psychiatry* 39: 1397-1403.

Welldon, E. V. (1992). *Mother, Madonna, Whore: Idealization and Denigration of Motherhood.* New York: Guilford Press.

Wheelwright, J. H. (1987). Old Age and Death. In Mahdi, Foster, and Little (1987). 389-411.

Whitmont, E. (1969). *The Symbolic Quest.* New York: G. P. Putnam's Sons.

Wilber, K. (1980). A Developmental Model of Consciousness. In Walsh and Vaughan (1980), 99-114.

Wilhelm, R. (trans. and Ed.) (1962). *The Secret of the Golden Flower: A Chinese Book of Life* (with commentary by C. G. Jung). San Diego: Harcourt, Brace, Jovanovich.

Winnicott, D. W. (1958). *Collected Papers: Through Pediatrics to Psychoanalysis.* New York: Basic Books.

Winnicott, D. W. (1965). *The Maturational Process and the Facilitating Environment.* New York: International Universities Press.

Winnicott, D. W. (1971). *Playing and Reality.* London: Tavistock.

Winnicott, D. W. (1986). Fear of Breakdown. In Kohon (1986), 173-182.

Wolman, B. B. (1976). The Anticulture of Suicide. In Wolman (1976), 77-94.

Wolman, B. B. (Ed.) (1976). *Between Survival and Suicide.* New York: Gardner Press.

Woodman, M. (1980). *The Owl Was a Baker's Daughter: Obesity, Anorexia Nervosa and the Depressed Feminine.* Toronto: Inner City Books.

Woodman, M. (1982). *Addiction to Perfection: The Still Unravished Bride.* Toronto: Inner City Books.

Woodman, M. (1985). *The Pregnant Virgin: A Process of Psychological Transformation.* Toronto: Inner City Books.

Wolf, F. A. (1981). *Taking the Quantum Leap.* San Francisco: Harper & Row.

Woloy, E. M. (1990). *The Symbol of the Dog in the Human Psyche.* Wilmette, IL: Chiron Publications.

Yalom, I. D. (1980). *Existential Psychotherapy.* New York: Basic Books.

Young-Eisendrath, P., & Wiedemann, F. (1987). *Female Authority: Empowering Women Through Psychotherapy.* New York: Guilford Press.

Zaiden, J. (1982). Psychodynamic Therapy: Clinical Application. In Rush (1982), 251-310.

저자 소개

David Rosen은 미국의 정신과 의사이며 융학파 분석가다. 현재 그는 텍사스의 A & M 대학에서 정신의학과 행동과학 그리고 의학인문학 교수로 있으면서 분석심리학도 가르치고 있다. 또한 텍사스의 대학 센터에 살면서 그곳에서 강의와 워크숍을 하고 있다. 저서로는 *The Tao of Fung: The Way of Integrity*, *Medicine as a Human Experience* (David Reiser 공저), *Evolution of Psyche* (Michael Luebbert 공저), *The Tao of Elvis* 등이 있다.
e-mail: dhr@psych.tamu.edu

역자 소개

이도희는 서울대학교 의과대학과 동 대학교 대학원을 졸업하고 서울대학교 병원에서 수련한 **정신과 전문의**이며, 한국융연구원을 수료하고 국제분석심리학회 Individual Membership 수련과정을 이수한 국제공인 **융학파 분석가**다. 현재 서울의 개인클리닉에서 분석치료와 정신과 임상진료를 하고 있고, 한국융연구원 상임교수와 서울대학교 의과대학과 신경정신과 외래교수로 분석심리학과 정신치료에 관한 강의와 세미나 지도를 하고 있으며 그 밖의 여러 수련병원에서 정신과 전공의의 정신치료 지도감독을 하고 있다. 현재 대한신경정신의학회, 한국분석심리학회, 한국융분석가협회, 국제분석심리학회 정회원이다.
e-mail: doheenp@naver.com
homepage: www.lumennaturae.co.kr

우울증 거듭나기

TRANSFORMING DEPRESSION
Healing the Soul through Creativity

2009년 1월 22일 1판 1쇄 발행
2015년 4월 20일 1판 2쇄 발행

지은이 • David Rosen
옮긴이 • 이 도 희
펴낸이 • 김 진 환
펴낸곳 • (주) 학지사
121-838 서울특별시 마포구 양화로 15길 20 마인드월드빌딩 5층
대표전화 • 02) 330-5114 팩스 • 02) 324-2345
등록번호 • 제313-2006-000265호
홈페이지 • http://www.hakjisa.co.kr
커뮤니티 • http://cafe.naver.com/hakjisa

ISBN 978-89-93510-19-5 93180

정가 **14,000**원